61   85

DA
CAPO

An Italian Review Grammar

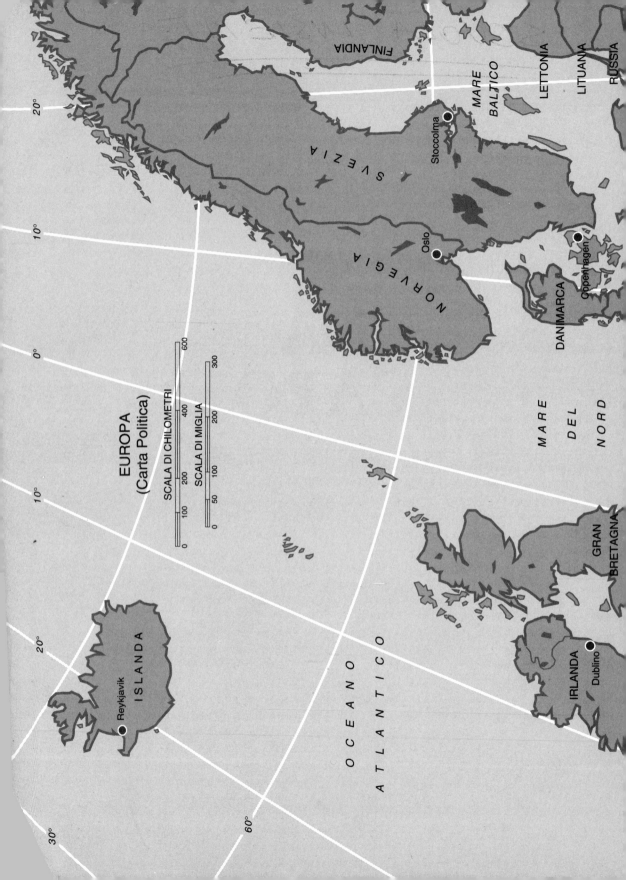

EUROPA
(Carta Politica)

SCALA DI CHILOMETRI
0   100   200   400   600

SCALA DI MIGLIA
0   50   100   200   300

ISLANDA

Reykjavik

OCEANO

ATLANTICO

IRLANDA
Dublino

GRAN
BRETAGNA

MARE
DEL
NORD

DANIMARCA

Copenhagen

NORVEGIA

Oslo

SVEZIA

Stoccolma

FINLANDIA

MARE
BALTICO

LETTONIA

LITUANIA

RUSSIA

30°

20°

10°

0°

10°

20°

60°

SVIZZERA

AUSTRIA

UNGHERIA

VALLE
D'AOSTA

TRENTINO-
ALTO
ADIGE

FRIULI-
VENEZIA
GIULIA

SLOVENIA

Trento

LOMBARDIA

VENETO

Udine

• Milano

Verona •

Trieste

• Torino

Padova •

Venezia

CROAZIA

PIEMONTE

SERBIA

FRANCIA

EMILIA-ROMAGNA   Ferrara

**BOSNIA-
ERZEGOVINA**

Bologna •

• Ravenna

Genova

• San Remo

LIGURIA

SAN MARINO

• Pisa

Ancona

MARE

MONTENEGRO

MARE

LIGURE

Elba

• Firenze

MARCHE

• Siena

Perugia •

A D R I A T I C O

TOSCANA

Orvieto •

**Corsica
(FRANCIA)**

UMBRIA

◉ Roma

L'Aquila •

ABRUZZI

LAZIO

MOLISE

MARE

Campobasso •

• Sassari

CAMPANIA

PUGLIA

Napoli •

Bari •

TIRRENO

Pompei
Amalfi

Potenza •

• Taranto

S A R D E G N A

BASILICATA

• Cagliari

ITALIA
(Carta Politica)

C A L A B R I A

SCALA DI CHILOMETRI

0   40   80   120   160

SCALA DI MIGLIA

0   20   40   60   80 100

Isole
Lipari

Reggio

Messina

MARE

Taormina

I O N I O

Palermo •

M A R E   M E D I T E R R A N E O

S I C I L I A

Catania

Agrigento •

Siracusa •

ALGERIA

TUNISIA

A F R I C A

DA
CAPO

An Italian Review Grammar

FOURTH EDITION

Graziana Lazzarino

University of Colorado at Boulder

Annamaria Moneti

Syracuse University

HOLT, RINEHART AND WINSTON
HARCOURT BRACE COLLEGE PUBLISHERS

Fort Worth Philadelphia San Diego New York Orlando Austin San Antonio
Toronto Montreal London Sydney Tokyo

Publisher TED BUCHHOLZ

Editor in Chief CHRISTOPHER P. KLEIN

Senior Acquisitions Editor JIM HARMON

Project Editor TASHIA STONE

Production Manager MELINDA ESCO

Art Director PEGGY YOUNG

ISBN: 0-03-009522-0
Library of Congress Catalog Card Number: 95-75317

ADDRESS EDITORIAL CORRESPONDENCE TO:
Harcourt Brace College Publishers
301 Commerce Street, Suite 3700
Fort Worth, TX 76102

ADDRESS ORDERS TO:
Harcourt Brace & Company
6277 Sea Harbor Drive
Orlando, FL 32887
1-800-782-4479 outside Florida
1-800-433-0001 inside Florida

PRINTED IN THE UNITED STATES OF AMERICA

0 1 2 3 4 016 9

A Mamma Isa
G. L.

A Giancarlo
AM. M.

PREFACE

When it was published in 1979, *Da Capo* became the foundation for intermediate Italian courses across the country. The second edition was even more enthusiastically welcomed. It featured a more comprehensive approach based on streamlined grammar presentations, emphasis on vocabulary acquisition, balanced development of the four skills, and an understanding of Italian culture. The third edition continued to reflect the most important changes taking place in foreign language instruction with an enhanced emphasis on oral communication and a variety of activities promoting proficiency in the Italian language. The fourth edition, in addition to slight improvements in the structure of the book, brings a new focus on contemporary Italian social realities. New topics are examined in chapter readings: the changing approach to education in Italy, the presence of immigrants in Italy, the difficulties faced by working women, and the Italian system of socialized medicine. Expanded questions and discussion topics offer varied opportunities for student participation and interaction in class.

Designed primarily for intermediate students, *Da Capo*, Fourth Edition, reviews and expands upon all aspects of grammar covered in beginning courses, while providing reading and oral practice within an integrated exercise program. For this reason it can serve as a basic textbook for experienced language learners who want to acquire the language at an accelerated pace or as a reference grammar for advanced and lifelong students.

Features of this edition

- *Per comunicare*

  The fourth edition of *Da Capo* continues to emphasize oral communication, a focus culminating in the PER COMUNICARE end-of-chapter section, which presents idiomatic language functionally within the framework of Italian culture. Students learn to react to real-life situations, from refusing an invitation to expressing joy or sorrow. Two series of activities allow students to internalize and practice these idiomatic expressions. *Che cosa dice?* requires the application of the functions in the case of a simple verbal exchange. *Situazioni*, organized around a role-play activity, challenges the overall communicative ability of the students in that it implies knowledge of vocabulary, structure, and culture. A listening comprehension cassette, shrinkwrapped with every new textbook, is based on the *Per comunicare* sections.

- *Chapter objectives*
  Each chapter is introduced by chapter objectives that allow students to anticipate content and linguistic structures.
- *Per cominciare*
  This section opens each chapter with a brief reading that, by means of comprehensible input, presents the grammar of the chapter within a culturally authentic context. The reading is followed by a vocabulary expansion section in which lexical terms are presented in semantic clusters and practiced through corresponding exercises.
- *Struttura*
  The presentation of grammar is streamlined in nature. Among other discrete points, *piacere,* conditional and subjunctive tenses, relative pronouns, the comparative and superlative, and infinitives are presented in a simplified way both conceptually and graphically. Slight changes have now been made in the presentation of the future and conditional tenses.
- *Esercizi*
  Exercises are interactive exchanges or have a context that reflects Italian life today. Every effort has been made to place exercises and situations within the framework of the "authentic simulated discourse," with the objective of introducing the students to the real everyday language of educated native speakers. The progression of the activities is from contextualized substitutions to open-ended and personalized exchanges.
- *Prima di leggere*
  Prereading activities introduce students to the themes and the situations of each reading and enhance their appreciation of the language.
- *Lettura*
  Readings in Chapters 7, 11, 12, and 13 have been replaced in the fourth edition with contemporary, stimulating selections whose objective is to inform students about present-day Italian society and to elicit lively discussion.
- *Postreading activities*
  Comprensione questions conclude each reading passage, along with the *Domande per Lei.* The *Temi per componimento o discussione* involve students actively in the reading experience.
- *Culture*
  Italian culture is woven into the dialogues, activities, and reading selections.
- *Design*
  Effective use of charts and graphic devices helps students in their learning experience, while up-to-date photographs and humorous cartoons enhance the text culturally.

Authors

Professor Graziana Lazzarino, University of Colorado at Boulder, is the original author of the first and second edition of *Da Capo.* Professor Annamaria Moneti, of Syracuse University, wrote the introductory readings and related activities, the new exercises, the reading activities, and the "Per comunicare" sections for the third edition; she also prepared the present fourth edition.

ANCILLARIES

Listening comprehension cassette

Shrinkwrapped with every textbook, this cassette provides listening practice based on the PER COMUNICARE section of each chapter.

Laboratory manual and cassettes

The laboratory manual includes oral exercises for practicing vocabulary and grammar, and a variety of other activities designed to improve the listening comprehension skill. The cassettes and tapescript to accompany the laboratory manual are available upon request from the publisher.

Situation cards for oral evaluation

The situation cards are designed to assist the instructor in testing and evaluating oral achievement. The cards provide individual students with a conversation topic or role-play situation that tests discrete items related to the vocabulary, grammatical structures, and/or linguistic function of a given chapter. The cards may also be used for impromptu speaking practice in the class. A correlation of textbook chapters to situation cards appears on the next page.

Correlation of text chapters to situation cards

CHAPTER	SITUATION CARDS
1	1, 2, 3, 4, 10, 15, 21, 30, 31, 43, 44, 64, 77, 91, 97
2	5, 9, 16, 17, 18, 19, 20, 22, 26, 68, 73, 79, 80, 81, 87, 91, 94, 97, 98
3	11, 12, 14, 15, 32, 34, 47, 49, 50, 65, 66, 83, 86
4	12, 14, 15, 24, 25, 27, 32, 33, 39, 45, 49, 55, 63, 81, 88, 89, 90, 95, 98, 99
5	4, 6, 7, 8, 9, 35, 36, 37
6	69, 70, 88, 90, 92
7	48, 51, 56, 59, 60, 71, 72, 74, 75, 80, 94, 96
8	43, 52, 56, 57, 62, 67, 70, 77, 78, 80, 84, 93, 97
9	23, 40, 78, 90
10	40, 43, 52, 53, 58, 61, 67
11	38, 39, 46, 54, 57, 71, 72, 79, 80, 92, 94, 99
12	28, 81
13	23, 81, 91
14	13, 41, 42, 87

Attualità video

The accompanying video program provides authentic listening and viewing materials from a variety of Italian regions. The nine episodes treat such diverse topics as university life, fashion, sports, tourism, and economics. Video clips of commercials, interviews, and documentaries are some of the varied formats used in the episodes. A viewer's manual is also available from the publisher.

Correlation of chapters to video episodes

CHAPTER	VIDEO EPISODES
1	1; 2
2	2
3	7; 4: *Pulcinella*
4	4
5	5
6	10
7	8: *Lotteria "Replay"*
8	10
9	11: *Citröen XM*
10	6; 8: *La pesca nel Nord Adriatico*
11	3; 6: *Se potessi avere*
12	9
13	9
14	11

ACKNOWLEDGMENTS

The authors would like to acknowledge the work of the many reviewers who have provided insightful comments and constructive criticism for improving all four editions of the text:

Vera Anderson	University of Arizona-Tucson
Pietro Aragno	University of Wisconsin at Madison
Giuliana Carugati	St. John's University
Deborah Contrada	University of Iowa
Angelo A. De Gennaro	Loyola Marymount College
Giuseppe Faustini	Skidmore College
Rosario Ferreri	University of Connecticut
Sylvia Giustina	University of Oregon
Ilona Klein	Loyola College in Maryland
Jan Kozma	University of Kansas
Bernadette Luciano	University of California-Santa Barbara
Cinzia D. Noble	Brigham Young University
Franco Manca	University of Nevada, Reno
Gaetana Marrone-Puglia	Princeton University
Giulio Massano	Southeastern Massachusetts University
John C. McLucas	Towson State University
Luigi Monga	Vanderbilt University
Augustus Pallotta	Syracuse University
Nicholas Patruno	Bryn Mawr College
ElisabettaPellegrini	University of Pennsylvania
Robin Pickering-Iazzi	University of Wisconsin-Milwaukee
Pina Piccolo	University of California-Santa Cruz
Robert J. di Pietro	University of Delaware
Albert Sbragia	University of Washington
Michael Sherberg	Washington University in St. Louis
Josephine Spina	Princeton University
Andrea di Tommaso	Wayne University
Claretta Tonetti	Boston University
Elissa B. Weaver	University of Chicago
Fiorenza Weinapple	Yale University
Donna L. Yowell	University of Washington

Special thanks go to the editorial staffs of Holt, Rinehart and Winston, Inc., and Harcourt Brace College Publishers, and especially to Barbara Lyons, for patient, invaluable support and guidance throughout the project.

INDICE

CAPITOLO 4   82

CAPITOLO 5   110

CAPITOLO 6   137

C A P I T O L O 14   351

A P P E N D I C E   375

L A C O N I U G A Z I O N E D E I V E R B I   381

V O C A B O L A R I O   396

I N D I C E A N A L I T I C O   417

DA CAPO

An Italian Review Grammar

CAPITOLO
1

Per cominciare

In ferie. Giovanna scrive all'amica Mirella e le racconta che cosa succede nella cittadina di Sabaudia.

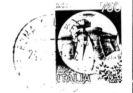

Per Mirella Motta
Via Balzaretti 50

20133 Milano

Sabaudia, 10 luglio 1991

Carissima Mirella,

     da tre giorni sono a Sabaudia, una cittadina a sud di Roma. Abito in una bella villa con giardino non lontano dal mare; l'affitto è molto caro, ma per fortuna non lo pago io. Sono qui con mia madre e mia sorella, papà deve lavorare e viene solo per il fine settimana. La mattina Ada ed io usciamo presto e andiamo al mare a piedi, qualche volta prendiamo la barca a vela o andiamo a pescare. La mamma viene più tardi in macchina.

     A Sabaudia d'estate ci sono molte attività interessanti: concerti, mostre d'arte e piccoli festival di musica popolare, ed è facile incontrare musicisti, pittori, scrittori, cantanti e artisti di ogni genere.

     Spesso la sera usciamo con i ragazzi che abitano nella casa accanto alla nostra e andiamo al cinema, in discoteca o a prendere il gelato al bar della piazza, dove spesso restiamo a chiacchierare fino a mezzanotte.

     E tu cosa fai di bello?

     Ciao. Ti lascio perché è molto tardi.

     Cari saluti a tutti e a te un abbraccio.

Giovanna

VOCABOLARIO UTILE

I passatempi Hobbies

Verbi

*andare in barca a vela[1] to sail
chiacchierare to chat
collezionare to collect
fare alpinismo to go mountain
  climbing
giocare a scacchi, a dama to
  play chess, checkers

pescare to fish
sciare to ski
suonare uno strumento to
  play an instrument
*uscire to go out
vedere una mostra to visit a
  show

Espressioni

andare in vacanza to go on vacation
essere in ferie to be on vacation; to be off work
fare una crociera to go on a cruise

Sostantivi

l'affitto rent
il circolo club
la mostra d'arte art exhibition
il posto place
la sala giochi arcade

ESERCIZI _____

a. *Completare le frasi con le parole o le espressioni opportune.*

  1. La mattina Giovanna e sua sorella _____ .
  2. Quando hanno del tempo libero gli abitanti di Sabaudia possono _____ .
  3. La sera le due ragazze _____ .
  4. I giovani di solito vanno _____ .
  5. Spesso passano la serata _____ .

b. *Vero o falso?*

  _____ 1. Sabaudia è una grande città del nord.
  _____ 2. Le ville in affitto per l'estate sono molto costose.
  _____ 3. A Sabaudia la gente va alla spiaggia.
  _____ 4. Non c'è nient'altro da fare.
  _____ 5. La mamma di Giovanna passa la giornata in giardino.
  _____ 6. Negli indirizzi italiani il codice postale va prima della città.

[1] In vocabulary lists in this text, an asterisk before a verb indicates that the verb requires **essere** in compound tenses.

S T R U T T U R A

I. Indicativo presente

Verbi regolari

A. Italian verbs are divided into three conjugations according to their infinitive endings:

First conj: verbs ending in **-are** (characteristic vowel **-a-**) **amare** (*to love*).
Second conj: verbs ending in **-ere** (characteristic vowel **-e-**) **credere** (*to believe*).
Third conj: verbs ending in **-ire** (characteristic vowel **-i-**) **finire** (*to finish*).

To form the **indicativo presente** (*present indicative*), drop the infinitive endings **-are,** **-ere, -ire** and add the appropriate endings to the stems (**am-, cred-, fin-**).

	AMARE	CREDERE	FINIRE	PARTIRE
Singular				
1st person	amo	credo	finisco	parto
2nd person	ami	credi	finisci	parti
3rd person	ama	crede	finisce	parte
Plural				
1st person	amiamo	crediamo	finiamo	partiamo
2nd person	amate	credete	finite	partite
3rd person	amano	credono	finiscono	partono

1. In the present tense **-ire** verbs fall into two groups:

a. Verbs requiring that **-isc-** be inserted between the stem and the endings, except in the first and second persons plural. (See the conjugation of **finire,** above.) These are the majority of **-ire** verbs.

b. Verbs not requiring the insertion of **-isc-**. (See the conjugation of **partire,** above.)

2. Following is a list of the most common verbs conjugated without **-isc-**:

aprire *to open*	apro	partire *to leave, depart*	parto
avvertire *to inform, warn*	avverto	scoprire *to discover*	scopro
coprire *to cover*	copro	seguire *to follow*	seguo
divertire *to amuse*	diverto	sentire *to hear, feel*	sento
dormire *to sleep*	dormo	servire *to serve*	servo
fuggire *to flee*	fuggo	soffrire *to suffer*	soffro
offrire *to offer*	offro	vestire *to dress*	vesto

B. Certain verbs require spelling changes in the present indicative.

1. Verbs ending in **-care** and **-gare,** such as **cercare** (*to look for*) and **pagare** (*to pay*), add **-h-** between the stem and those endings that begin with **-i-** (second person singular and first person plural) in order to retain the original sound of the stem (hard **c** or **g**).

cerc-o, cerc-**h**-i, cerc-**h**-iamo
pag-o, pag-**h**-i, pag-**h**-iamo

2. Verbs ending in **-ciare, -giare,** and **-sciare,** such as **incominciare** (*to begin*), **mangiare** (*to eat*), and **lasciare** (*to leave*), drop the -i- of the stem when the verb ending begins with -i- (second person singular and first person plural).

incominci-o, incominc-**i**, incominc-**iamo**
mangi-o, mang-**i**, mang-**iamo**
lasci-o, lasc-**i**, lasc-**iamo**

3. Verbs ending in **-gliare,** such as **sbagliare** (*to be mistaken*), also drop the -i- of the stem in the same two cases.

sbagli-o, sbagl-**i**, sbagl-**iamo**

4. Verbs ending in **-iare,** such as **studiare** (*to study*) and **inviare** (*to send*), drop the -i- of the stem in the second person singular only if the -i- is not stressed in the first person singular.

stu'dio, stud-**i**
inv<u>i</u>o, inv<u>i</u>-**i**

Uso dell'indicativo presente

A. The **indicativo presente** corresponds to three forms in English:

lavoro $\begin{cases} \textit{I work} \\ \textit{I am working} \\ \textit{I do work} \end{cases}$

The **indicativo presente** is also used to express an action in the future that is considered certain. There are usually other words in the sentence that indicate a future time.

Arrivano **fra un'ora.**
They'll arrive in an hour.

Quest'estate studio in Inghilterra.
This summer I'll be studying in England.

B. The **indicativo presente** accompanied by **da** + *a time expression* indicates an action or state that began in the past and continues in the present, that is, it indicates for how long or since when something has been going on. **Da** expresses both *for* and *since*. English uses the present perfect tense (*I have worked, I have been working*) to express this idea.

---

da quanto tempo + presente
presente + da + *time expression*

—Da quanto tempo lavori?
—*How long have you been working?*

—Lavoro da due mesi.
—*I have been working two months.*

Conosco Laura da un anno.
I've known Laura for a year.

Non mangiamo carne da giugno.
We haven't eaten meat since June.

—Attenzione, arrivano le formiche.

Alternative ways of expressing the same idea are:

> **quanto tempo è che** + **presente**
> **è** + *time expression in the singular*
> **sono** + *time expression in the plural* } + **che** + **presente**
> or
> **è** + **da** + *time expression (singular or plural)* + **che** + **presente**

Quanto tempo è che lavori?
How long have you been working?

Sono due mesi che lavoro.
È da due mesi che lavoro.
I have been working two months.

È un anno che conosco Laura.
È da un anno che conosco Laura.
I've known Laura for a year.

È da giugno che non mangiamo carne.
We haven't eaten meat since June.

ESERCIZI

a. *Trasformare le frasi sostituendo il soggetto in parentesi.*

1. I signori Borzini non ricordano nulla. (papà, io e Luca)
2. Tu e Paolo non studiate e perdete tempo. (Angela, io e Vittorio)
3. Io non cucino e non pulisco mai il frigo. (voi due, Diana e Marcello)
4. Gianni quando incomincia una cosa la finisce. (io, la zia Rita)
5. Il treno parte la sera e arriva la mattina. (gli aerei per l'Italia, noi)
6. Filippo dipinge quadri astratti e suona il violoncello. (io, tu e Silvia)

b. *Rispondere alle domande usando le espressioni utili indicate.*

ESEMPIO Luca passa sempre le serate al bar. E tuo marito?
Lui invece passa sempre le serate a casa.
anch'io   anche noi   neanch'io   neanche lui   io non
lui invece   mai   sempre   domani

1. Maria segue cinque corsi questo semestre. E tu?
2. Riccardo paga la cena questa sera. E noi?
3. I tuoi genitori passano le vacanze al mare. E voi ragazzi?
4. Giorgio ed io non dormiamo mai otto ore per notte. E tu?
5. Loro chiudono sempre la porta a chiave. E voi?
6. Io non gioco a tennis quattro volte la settimana. E tu e Gabriella?
7. I ragazzi in Italia incominciano l'università a ottobre. E noi?
8. Io e Pia andiamo in vacanza in agosto. E Marisa?

c. *Esprimere le seguenti frasi in un altro modo.*

ESEMPIO Vive in America da molti anni.
Sono molti anni che vive in America.

1. Conosciamo quella ragazza da molti mesi.
2. È molto tempo che non fumano una sigaretta.
3. Da quanto tempo aspettate l'autobus?
4. Sono tre settimane che non mangiamo pasta.
5. Non scrivo alle mie amiche da Natale.
6. Parli già da mezz'ora.

d. *Fare le domande mancanti.*

ESEMPIO Non la vedo da Pasqua.
Da quanto tempo non la vedi?

1. Sono quattro ore che studiamo e siamo stanchi.
2. È tanto tempo che non vado al cinema!
3. Gianni ed io siamo amici da quarant'anni.
4. Sono ormai molti anni che i Di Mauro sono vegetariani.

e. *Lavorando in coppia faccia a un compagno/una compagna le domande seguenti. Lui/lei risponde e fa domande a sua volta. Domandi...*

1. da quanto tempo abita in questa città.
2. da quando frequenta questa università.
3. se studia l'italiano da tanto tempo.
4. cosa fa questa sera.
5. se sono tanti giorni che non va al cinema.
6. se vuole venire con Lei a vedere un film italiano.
7. con quale mezzo e a che ora potete andare.
8. se dopo lo spettacolo c'è tempo per andare in discoteca.

Verbi irregolari

A. Two of the most important irregular verbs in the Italian language are **avere** (*to have*) and **essere** (*to be*).[1]

	avere	essere
	ho	sono
	hai	sei
	ha	è
	abbiamo	siamo
	avete	siete
	hanno	sono

B. There are only four irregular verbs in the first conjugation: **andare** (*to go*), **dare** (*to give*), **fare**[2] (*to do, to make*), and **stare** (*to stay*).

	andare	dare	fare	stare
	vado	do	faccio	sto
	vai	dai	fai	stai
	va	dà	fa	sta
	andiamo	diamo	facciamo	stiamo
	andate	date	fate	state
	vanno	danno	fanno	stanno

C. Most irregular verbs belong to either the second or third conjugation. There is no easy way to learn irregular verbs: they must be memorized. Common patterns appear for some of them.

	rimanere *to stay, remain*	salire *to go up*	tenere *to keep*	venire *to come*
	rimango	salgo	tengo	vengo
	rimani	sali	tieni	vieni
	rimane	sale	tiene	viene
	rimaniamo	saliamo	teniamo	veniamo
	rimanete	salite	tenete	venite
	rimangono	salgono	tengono	vengono

Note that the first person singular and third person plural add **-g-** to the stem.

[1] For a list of idiomatic expressions using the verb **avere,** see p. 22.
[2] **Fare** appears as a verb of the first conjugation, but in many tenses it has characteristics of the second conjugation. It is listed under "second conjugation" in the Appendix.

bere *to drink*	tradurre *to translate*	dire *to say, tell*
bevo	traduco	dico
bevi	traduci	dici
beve	traduce	dice
beviamo	traduciamo	diciamo
bevete	traducete	dite
bevono	traducono	dicono

These verbs use the Latin stems **bev-**, **dic-**, and **traduc-** plus the regular endings of the second and third conjugations. The one exception is **dite.**

sapere *to know*	morire *to die*	uscire *to go out*
so	muoio	esco
sai	muori	esci
sa	muore	esce
sappiamo	moriamo	usciamo
sapete	morite	uscite
sanno	muoiono	escono

Note that **sapere** follows the general pattern of first-conjugation irregular verbs.

D. Three frequently used verbs of the second conjugation are **dovere, potere,** and **volere.** Usually these verbs are followed by an infinitive.

dovere *to have to, must*	potere *to be able, can, may*	volere *to want*
devo/debbo	posso	voglio
devi	puoi	vuoi
deve	può	vuole
dobbiamo	possiamo	vogliamo
dovete	potete	volete
devono/debbono	possono	vogliono

Non devi ridere quando sbaglio.
You mustn't laugh when I make a mistake.

Sono tristi perchè non possono andare in ferie.
They're unhappy because they cannot go on vacation.

Luigino non vuole studiare. Vuole uscire!
Luigino doesn't want to study. He wants to go out.

—Allora, come va?

ESERCIZI

a. **I sedici anni di Pietro.** *Completare il paragrafo scegliendo una forma di* **avere** *o* **essere.**

Paolo e Pietro _____ in casa e aspettano i loro amici. Oggi _____ il loro compleanno. Compiono sedici anni, _____ gemelli (*twins*). In casa c' _____ aria di festa. Ci _____ tante cose da mangiare e Paolo _____ una gran voglia di assaggiare (*taste*) tutto. Pietro invece _____ preoccupato, _____ paura di non _____ abbastanza simpatico, di non _____ successo con le ragazze. Pietro _____ innamorato di Patrizia, ma lei non _____ nessuna intenzione di _____ il ragazzo. «Tu, Patrizia, _____ ragione» dice la mamma, «voi ragazzi _____ giovani e _____ tanto tempo davanti a voi!» Ma Pietro non _____ d'accordo. Gli adulti _____ strane idee sui giovani. _____ chiaro che non capiscono niente!

b. *Formare frasi di senso compiuto con i soggetti e le parole indicate.*

1. tu / cosa dire // quando / vedere un amico?
2. noi / non / promettere niente // venire / se / potere
3. loro / non salire // scendere
4. Gina e Aldo / sapere // che / essere tanto simpatici?
5. gli italiani / dare del tu alle persone // che / conoscere bene

6. voi / non dovere dare una risposta // se / non essere pronti
7. papà e mamma / non partire più // rimanere in Italia
8. tu e Maria / non potere fare l'esame // se / stare male

c. **Anche noi.** *Marina e le sue compagne di stanza scoprono di avere molte cose in comune. Seguire l'esempio usando diversi soggetti.*

ESEMPIO MARINA   Io bevo solo acqua.
       ELENA   **Anch'io e Antonella beviamo solo acqua.**

1. rimanere a casa la domenica sera
2. fare la spesa spesso
3. non potere spendere tanti soldi
4. volere studiare in biblioteca
5. dovere lavorare part-time
6. non sapere dov'è la mensa
7. uscire con altri studenti

d. **Storie italiane.** *Completare le seguenti frasi con la forma corretta del presente indicativo dell'infinito fra parentesi.*

1. Io e Silvia _____ (abitare) insieme. _____ (dividere) un appartamento di tre stanze e _____ (andare) molto d'accordo. Io _____ (lavorare) part-time; lei _____ (studiare): _____ (fare) il primo anno di Lettere. La sera, quando lei _____ (finire) di studiare, noi _____ (giocare) a carte, _____ (chiacchierare), _____ (sentire) dischi. Poi _____ (andare) a dormire. La mattina, mentre Silvia ancora _____ (dormire), io _____ (uscire) a fare la spesa, _____ (mettere) in ordine la casa, poi _____ (andare) in ufficio. Quasi sempre _____ (mangiare) insieme. _____ (essere) buone amiche.

2. Il protagonista del romanzo, Silvestro, _____ (avere) trent'anni, _____ (vivere) e _____ (lavorare) a Milano e da quindici anni non _____ (vedere) la Sicilia, dove è nato e dove _____ (vivere) ancora sua madre. _____ (essere) gli anni del fascismo e della guerra. Un giorno Silvestro _____ (ricevere) una lettera del padre, da Venezia, che gli _____ (chiedere) di andare in Sicilia, a trovare la madre per l'onomastico di lei (*her saint's day*). Silvestro non _____ (prendere) subito la decisione di partire, ma _____ (essere quasi costretto a farlo): _____ (andare) alla stazione per impostare una cartolina di auguri alla madre, ma qui _____ (vedere) un cartellone che _____ (invitare) a visitare la Sicilia e _____ (offrire) uno sconto sul biglietto di andata e ritorno. Ma soprattutto _____ (sentire) una specie di richiamo magico per la sua terra natale. Silvestro _____ (seguire) quel richiamo e _____ (salire) sul treno diretto in Sicilia.

e. **Parliamo un po'.** *Lavorando in coppia fare a un compagno/una compagna le domande seguenti. Lui/lei risponde e fa domande a sua volta. Domandare...*

1. che cosa fa la sera quando sta a casa.
2. se legge o guarda le televisione.
3. se suona uno strumento e quale.
4. dove va quando esce con gli amici.
5. quali sono i posti che preferisce.
6. da quanto tempo non mangia veramente bene.
7. se vuole venire con Lei a un ristorante italiano questa sera.

II. Pronomi personali soggetto

A. The subject pronouns in Italian are:

Singular		Plural	
io	*I*	noi	*we*
tu	*you (informal)*	voi	*you (informal)*
Lei[1]	*you (formal)*	Loro[1]	*you (formal)*
lui/egli	*he*	loro	*they (m, f)*
lei/ella	*she*		
esso	*it (m)*	essi	*they (m)*
essa	*it (f)*	esse	*they*

Egli and **ella** refer to people and are used instead of **lui** and **lei** in literary or formal style. **Esso** and **essa** refer to animals and things. The plural forms **essi/esse** can refer to people, animals, or things.

Subject pronouns are normally omitted because the verb ending indicates the person and number of the subject.

Quando andate in ferie?
When are you going to take off from work?

Paghiamo l'affitto domani.
We pay the rent tomorrow.

B. Subject pronouns, however, are used in the following cases:

1. After verbs, particularly after the verb **essere,** to emphasize the subject.

Lo dice lei.
She's the one who says it.

Pagano loro.
They're going to pay.

Siamo noi che lo vogliamo.
We're the ones who want it.

Sei tu, Maria?—Sì, sono io.
Is it you, Mary?—Yes, it's me.

Note that with **essere** the corresponding English construction often uses the impersonal *it*.

---

[1] **Lei** and **Loro,** meaning *you,* are not to be confused with **lei** (*she*) and **loro** (*they*). The capitalization is a visual clue indicating the difference. Although capitalization is optional, we use it in this text.

2. To emphasize the subject with such words as:

solo, solamente, soltanto	*only*
anche, pure, perfino	*also, too, even*
neanche, nemmeno, neppure	*not even, neither, not . . . either*

Solo tu puoi uscire!	Neanche noi mangiamo carne.
You're the only one who is allowed to go out!	*We don't eat meat either.*

3. To contrast one subject with another subject.

Tu dici la verità; lei dice bugie.	Lei può andare; noi restiamo.
You tell the truth; she tells lies.	*You may go; we'll stay.*

ESERCIZI

a. *Completare con la forma corretta del pronome.*

1. Anche _____ sei stanco?
2. Non dobbiamo pagare _____ ; pagano _____ !
3. _____ , Signora, dove abita?
4. _____ , Professore, preferisce parlare italiano o francese?
5. _____ domando e _____ rispondi, va bene?
6. _____ prendiamo un gelato e _____ , Mamma, cosa prendi?
7. Signori, _____ non entrano?
8. Signorine, _____ bevono Coca-Cola?
9. Ragazzi, _____ avete voglia di camminare?
10. _____ non sono sposata e nemmeno _____ è sposato.

b. **La festa.** *Graziella ha preparato una festa. Adriana è molto curiosa e fa domande sui preparativi. Rispondere usando i pronomi personali.*

1. Viene Andrea? (sì)
2. Solo Anna e Mario non possono venire? (sì)
3. Neanche Franco sa ballare? (no)
4. Anche le ragazze Giannelli portano le paste? (no)
5. Soltanto io e Lucia ti aiutiamo a preparare i rinfreschi? (sì)
6. Neppure Adriana, che è tanto ricca, porta un bel dolce? (no)
7. Soltanto Nicola e Paola portano i dischi? (sì)
8. Solamente io e Michele restiamo dopo la festa? (sì)

III. Nomi

Genere

All nouns are either masculine or feminine. Most end in a vowel. As a general rule, nouns ending in -o are masculine, and nouns ending in -a are feminine. Nouns ending in -e can be either masculine or feminine. Although there is no systematic way of determining the gender of nouns, especially those designating objects, abstract ideas, and concepts, there are some practical rules. Below are a few of the most helpful rules.

1. Nouns ending in -**ore** are masculine.

   autore   colore   fiore   pittore

2. Nouns ending in -**tà,** -**trice,** and -**zione** are feminine.

   qualità   città   autrice   complicazione

3. Most nouns ending in -**i,** -**ie,** -**ione,** and -**ù** are feminine.

   crisi   serie   opinione   gioventù

Formazione del femminile

A. Many nouns referring to people or animals are changed to the feminine form by replacing the masculine ending with a feminine ending.

Ending	Masculine	Feminine
-o → -a	amico	amica
-e → -a	signore	signora
-o → -essa	avvocato	avvocatessa
-a → -essa	poeta	poetessa
-e → -essa	studente	studentessa
-tore → -trice	lettore	lettrice

NOTE: **dottore** (*m*), **dottoressa** (*f*) is an exception.

B. Some nouns ending in -**e,** -**ga,** and -**ista** are masculine or feminine depending on the person referred to, and do not change endings in the singular.

un cantante	*a singer* (*m*)	**una cantante**	*a singer* (*f*)
un collega	*a colleague* (*m*)	**una collega**	*a colleague* (*f*)
un pianista	*a pianist* (*m*)	**una pianista**	*a pianist* (*f*)

C. ATTENZIONE! Note the differences in meaning between the following nouns, which appear to be related.

MASCULINE		FEMININE		MASCULINE		FEMININE	
busto	*bust*	**busta**	*envelope*	**pasto**	*meal*	**pasta**	*noodles*
caso	*case*	**casa**	*house*	**porto**	*port*	**porta**	*door*
collo	*neck*	**colla**	*glue*	**torto**	*wrong*	**torta**	*cake*
foglio	*sheet*	**foglia**	*leaf*				

Formazione del plurale

A. Most nouns become plural by changing the endings. The following chart shows the most common changes.

Change	Singular	Plural
-o → -i	bambino	bambini
-a → -e	ragazza	ragazze
-e → -i	padre/madre	padri/madri

B. Some masculine nouns change gender when they become plural; thus the singular is masculine and the plural is feminine.

SINGULAR		PLURAL	SINGULAR		PLURAL
braccio	*arm*	**braccia**	**osso**	*bone*	**ossa**
ciglio	*eyelash*	**ciglia**	**paio**	*pair, couple*	**paia**
dito	*finger, toe*	**dita**	**sopracciglio**	*eyebrow*	**sopracciglia**
labbro	*lip*	**labbra**	**uovo**	*egg*	**uova**
miglio	*mile*	**miglia**			

C. The plural of certain nouns depends on whether they are masculine or feminine.

1. Masculine nouns ending in **-a:**

Change	Singular	Plural
-a → -i	poeta	poeti
-ista → -isti	pianista	pianisti
-ca → -chi	duca	duchi
-ga → -ghi	collega	colleghi

2. Feminine nouns:

Change	Singular	Plural
-ista → -iste	pianista	pianiste
-ca → -che	banca	banche
-ga → -ghe	collega	colleghe

D. The plural of certain nouns depends on where the stress falls in the word.

1. Masculine nouns:

Stress	Change	Singular	Plural
the **-i** is not stressed	-io → -i	negozio	negozi
the **-i** is stressed	-io → -ii	zio	zii
stress is on syllable preceding **-co**[1]	-co → -chi	tedesco	tedeschi
stress is on second syllable preceding **-co**	-co → -ci	medico	medici

[1] Exceptions: **amico/amici; nemico/nemici; greco/greci; porco/porci.**

2. Feminine nouns:

Stress	Change	Singular	Plural
the -i is not stressed	-cia → -ce	doccia	doc**ce**
the -i is stressed	-cia → -cie	farma**cia**	farma**cie**
the -i is not stressed	-gia → -ge	pio**ggia**	pio**gge**
the -i is stressed	-gia → -gie	aller**gia**	aller**gie**

E. Masculine nouns ending in **-go** have the following changes:

Change	Singular	Plural
-go → -ghi	lago	la**ghi**
-ologo → -ologi	psic**o**logo	psic**o**logi

F. Invariable nouns:

The following types of nouns have the same form in both the singular and the plural.

1. Nouns ending in a consonant; most of these are foreign words:

   un film   **due film**   un camion   **due camion**

2. Nouns ending in an accented vowel:

   un caffè   **due caffè**   una città   **due città**

3. Nouns ending in **-i**:

   una crisi   **due crisi**   una tesi   **due tesi**

4. Nouns ending in **-ie**:

   una serie   **due serie**

   Exception: una moglie   **due mogli**

5. Family names:

   i Costa   *the Costas*

6. One-syllable nouns:

   un re   **due re**

7. Abbreviations:

una radio	**due radio** (*from* radiotelefonia)
un cinema	**due cinema** (*from* cinematografo)
una bici	**due bici** (*from* bicicletta)
una foto	**due foto** (*from* fotografia)
un frigo	**due frigo** (*from* frigorifero)

una moto	**due moto** (*from* motocicletta)
un'auto	**due auto** (*from* automobile)
un prof/una prof	**due prof** (*from* professore/professoressa)

NOTE: Abbreviations keep the gender of the words from which they are derived.

ESERCIZI

a. **Una zona turistica.** *Elisabetta parla degli alberghi e delle pensioni di suo padre. Completare il paragrafo con le seguenti parole e fare le modifiche necessarie.*

> lago   parco   albergo (2 volte)   pensione (2 volte)   bagno   doccia ristorante   giacca   cravatta   giardino   pesca   arancia   banca chiesa   biblioteca   negozio

Abitiamo in una zona turistica vicino a dei _____ e a dei grandi _____ . Mio padre ha due _____ e due piccole _____ familiari. Gli _____ sono molto eleganti, i _____ e le _____ sono di ceramica italiana; ci sono due _____ famosi in cui gli uomini sfoggiano (*show off*) _____ e _____ di stilisti (*designers*) internazionali. Anche le signore sono sempre molto eleganti. Le _____ sono più modeste ma l'atmosfera è molto simpatica. Ogni mattina, a colazione, offriamo agli ospiti la frutta dei nostri _____ : delle _____ o delle _____ a seconda della stagione. Nella città vicina ci sono due _____ , due _____ , una cattolica e una protestante, e due _____ , una pubblica e una privata. Ci sono anche tanti _____ di abbigliamento. Quando venite a trovarci?

b. **A casa Cattani.** *Riscrivere il brano cambiando il genere di tutti i sostantivi che denotano persone.*

> Questa sera c'è una festa a casa della signora Cattani. Viene molta gente: il professor Parenti che è l'autore di un nuovo libro sull'ecologia, il pianista Rovere con la moglie pittrice e il padre poeta, e la zia della padrona di casa, una cardiologa famosa, con il suo collega pediatra. Ci sarà anche la cantante Gina Presti e l'attore cinematografico Paolo Santini. Forse verrà anche una scrittrice americana in compagnia di un regista neozelandese che ha vinto un premio a Venezia. La cameriera è disperata. Vuole chiamare suo fratello in aiuto e magari anche suo cugino, ma non sa se la signora sarà d'accordo.

LETTURA

VOCABOLARIO UTILE

il comportamento behavior
il consumismo consumerism

l'elettrauto electrical parts repair shop
l'impegno engagement

Tempo libero con gli amici

l'impiego   employment, job
il locale   premises
la pretesa   demand, expectation
le serranda   rolling door shutter

lo stipendio   salary

eventuale   possible
quotidiano   daily

affiggere (*pp* affisso) un cartello   to post à sign
annoiarsi   to get bored
regalare   to present somebody with something
sacrificare   to sacrifice
trattarsi di   to be a matter of

PRIMA DI LEGGERE

Tonino Capone ha un'officina di elettrauto a Napoli. Lavora quanto è necessario per vivere, ma non gli interessa di arricchirsi. Secondo lui la gente lavora molto per guadagnare tanti soldi e comprare cose inutili. L'importante, invece, è di avere ogni giorno delle ore libere per leggere, andare al mare, parlare con gli amici, insomma, per fare quello che ci piace.

Un giorno l'autore trova che la sua macchina ha la batteria scarica e si dirige a piedi al più vicino elettrauto.

In gruppi di tre o più studenti discutete la vostra "filosofia della vita". Rispondete alle domande che seguono.

1. Perché la gente lavora?
2. È importante guadagnare molto e avere tanti soldi da spendere? Perché?
3. Che cosa vi piacerebbe avere?
4. È vero o no che abbiamo tutti bisogno di ore libere dal lavoro? Perché?

Tonino Capone ovvero filosofia napoletana

La serranda è abbassata e su essa è affisso un cartello con la scritta: «AVENDO GUADAGNATO QUANTO BASTA° TONINO È ANDATO AL MARE». Questa di Tonino è una scelta di vita che presuppone una filosofia.

5 «La vita quotidiana» dice Tonino «è come il Monopoli: all'inizio ogni giocatore riceve dal banco 24 gettoni° di libertà, un gettone per ogni ora del giorno. Il gioco consiste nel saperli spendere nel modo migliore.»

Ci troviamo in una pizzeria del Vomero°: è l'una di notte, non c'è 10 più nessun cliente, il locale sta per chiudere. A un tavolo d'angolo, davanti a tre tazzine di caffè, siamo rimasti seduti io, Tonino e Carmine, il cameriere anziano° della pizzeria.

«Noi per vivere» dice Tonino «abbiamo bisogno di due cose: un po' di soldi, per essere indipendenti dal punto di vista economico, e un 15 po' di affetto, per superare indenni° i momenti di solitudine. Queste due cose però non le regala nessuno: te le devi comprare e te le fanno pagare a caro prezzo con ore e ore di libertà. I meridionali°, per esempio, sono portati a desiderare il posto sicuro°, lo stipendio fisso tutti i ventisette°. Non dico che si tratti di un mestiere° stressante, tutt'altro°, 20 però in termini di libertà l'impiego è un impegno tra i più costosi che esistono: otto ore al giorno significano otto gettoni da pagare, senza considerare gli straordinari° e un eventuale secondo lavoro. E veniamo all'amore: anche in questo caso l'uomo si orienta per una sistemazione di tutto riposo°, si trova una moglie e spera di ottenere da lei quello 25 stipendio affettivo di cui sente il bisogno. Pure° questa soluzione ha il suo costo: nella migliore delle ipotesi sono altre sei ore di libertà che vanno a farsi benedire°. La moglie aspetta il marito che ha appena finito l'orario di ufficio e lo sequestra°. A questo punto facciamoci i conti: otto ore per il lavoro, sei per la moglie, ne restano ancora dieci e bisogna 30 dormire, lavarsi, mangiare e andare su e giù con la macchina tra la casa e il posto di lavoro.»

«Donn'Antò,» dice Carmine che, non essendo un intimo, dà del voi a Tonino e lo chiama donn'Antonio «l'unica cosa che non ho capito è questo fatto dei gettoni. Voi dite che uno, per procurarsi soldi, deve 35 cacciare° altri soldi...»

Glossary (right margin):

quanto: *what is enough*

tokens, chips

neighborhood of Naples

senior

unharmed

southerners
permanent job
here: monthly payday for public servants / job / not at all

overtime

sistemazione: *well-planned arrangement*
anche
vanno: *go down the drain / kidnaps*

tirar fuori

«Sì,» lo interrompe Tonino «ma si tratta di soldi immaginari, banconote° corrispondenti alle ore di tempo libero. Se tu sacrifichi tutte le ore della giornata per il lavoro e per tua moglie, non avrai più nemmeno un minuto per restare solo con te stesso.»

40 «Ho capito, donn'Antò,» annuisce° Carmine senza troppa convinzione «però vedete: io quando lavoro non mi annoio mai, quando sto con mia moglie diciamo che mi annoio così così, è quando resto solo con me stesso che mi annoio moltissimo e allora dico io: non è meglio che vado a lavorare?»

45 «Questo succede perchè nessuno ti ha mai insegnato a vivere da solo.»

(...)

«Comunque non è della solitudine che volevo parlare, ma del tempo libero. E chiariamo° subito una cosa: qua ognuno è padrone di° 50 passare il proprio tempo libero come meglio crede. C'è a chi piace° restare in casa da solo, a leggere o a pensare, c'è invece chi preferisce uscire° con gli amici e andare in trattoria, e c'è perfino chi si diverte a girare° con la macchina in mezzo al traffico. L'importante però è che ci sia sempre, per ciascuno di noi, quell'angolino° per potersi dedicare a 55 qualche cosa che non sia la pura occupazione del guadagnare e dello spendere. Oggi purtroppo il consumismo, con le sue pretese sempre più imperative, con le sue leggi di comportamento, ci costringe a tirare la carretta° molto più di quanto in realtà avremmo bisogno. Basterebbe infatti eliminare le spese superflue per poterci liberare, una volta per 60 tutte°, della condanna del super-lavoro.»

Antonio De Crescenzo, *Storia della filosofia greca*

(money) bills

nods

let us make clear /
ognuno: *everybody is free to*

c'è: *there are those who like instead*
to go
small corner, niche

ci: *forces us to slave (lit, to pull the cart)*
una: *once and for all*

COMPRENSIONE

1. Un giorno l'autore ha bisogno di Tonino ma non lo trova. Perché?
2. Nella sua filosofia personale Tonino paragona la vita al Monopoli. In che senso?
3. Secondo Tonino, di che cosa hanno bisogno gli uomini per essere contenti?
4. Sono cose che costano care? In che moneta si pagano?
5. Che cos'è che Carmine non capisce bene?
6. Con il suo discorso sui gettoni, di che cosa vuole parlare veramente Tonino?
7. Che cosa è importante secondo lui?
8. Qual è la soluzione?
9. Lei è d'accordo con Tonino o no? Perché?

Studio di parole

to marry

sposare, sposarsi con
to marry someone

Elena vuole sposare (sposarsi con)
   un uomo intelligente.
Helen wants to marry an intelligent man.

essere sposato
to be married

Sei sposato? Da quanto tempo sei sposato?
*Are you married? How long have you been
   married?*

sposarsi
to get married

Quando si sposa? A maggio?
When are you getting married? In May?

la sposa *bride*   **lo sposo** *bridegroom*

gli sposi *newlyweds*

Ecco la sposa! Viva gli sposi!
*Here comes the bride! Long live the
   newlyweds!*

to agree

essere d'accordo
to agree

Non sono d'accordo con te.
I don't agree with you.

andare d'accordo
to get along

Anna va molto d'accordo con Maria.
Anne gets along well with Maria.

mettersi d'accordo
to come to an agreement, to agree

Finalmente si sono messi d'accordo.
They finally came to an agreement.

d'accordo (*or* **va bene**)
agreed, OK

Allora, ci vediamo alle cinque—D'accordo!
Then we'll meet at five.—Agreed!

to be wrong

essere sbagliato
to be incorrect
Used when the subject is a thing or
   an idea.

Questo verbo è sbagliato.
This verb is wrong.

sbagliato
wrong (adj)

Il giallo è il colore sbagliato per me.
Yellow is the wrong color for me.

avere torto; sbagliare; sbagliarsi
to be wrong
Used when the subject is a
   person.

Mia madre ha torto (si sbaglia).
My mother is wrong.

sbaglio
mistake

Fai molti sbagli quando parli.
You make many mistakes when you speak.

to be right

essere giusto (corretto)
to be right (correct)
Used when the subject is a thing or
    an idea.

È giusto dire così?
Is it correct to say it this way?

avere ragione
to be right
Used when the subject is a
    person.

Tu vuoi sempre avere ragione!
You always want to be right!

giusto
right (adj)

Ecco la parola giusta!
Here's the right word!

As in the case of **avere ragione** and **avere torto,** many Italian idioms use the verb **avere** to describe a state of being, whereas the corresponding English expression generally uses the verb *to be.*

avere... anni	*to be . . . years old*	**avere fretta**	*to be in a hurry*
avere bisogno di	*to need*	**avere paura**	*to be afraid*
avere caldo	*to be warm*	**avere sete**	*to be thirsty*
avere fame	*to be hungry*	**avere sonno**	*to be sleepy*
avere freddo	*to be cold*	**avere voglia di**	*to feel like*

PRATICA

a.   *Scegliere le parole che completano meglio la frase.*

   1. Se dici questo (sei sbagliato/hai torto).
   2. Da quanto tempo (sono sposati/si sposano) i tuoi genitori?
   3. (È giusto/ha ragione) dire «Ciao!» a un professore?
   4. Perchè volete sempre (avere ragione/essere giusti)?
   5. (Non siamo/non andiamo) ancora d'accordo sul prezzo.

b.   *Inserire le espressioni opportune.*

   1. Mio marito ed io abbiamo sempre opinioni differenti, non _____ .
   2. Sono stanco/a, non _____ di uscire.
   3. Lavori troppo! Non _____ di una bella vacanza?
   4. Chiaretta è una bambina che _____ del buio.
   5. Sono due giorni che non mangiano, _____ .

c.   *Domande per Lei.*

   1. Come passa Lei la giornata? Ha molte ore libere?
   2. Come occupa il tempo libero?

22   CAPITOLO I

3. Preferisce la solitudine o la compagnia? Perché?
4. Secondo Lei è importante lavorare molto per guadagnare tanti soldi? Perché sì o perché no?
5. Preferisce avere a sua disposizione un grosso conto in banca o tante ore libere? Perché?

TEMI PER COMPONIMENTO O DISCUSSIONE

1. Perché è importante il tempo libero?
2. Secondo Tonino Capone, la gente lavora tanto per spendere molti soldi in cose superflue. Lei è d'accordo? Dia esempi concreti in favore o contro l'opinione di Tonino.
3. In che modo il consumismo della società contemporanea influisce sulle nostre scelte?

✦ PER COMUNICARE

Ti va di...? Adele invita Laura ad andare a vedere la mostra di De Chirico.

ADELE: Pronto, Laura?
LAURA: Ciao Adele! Allora, ti va di vedere la mostra?
ADELE: Ma certo. Marco dice che è stupenda. Dove ci vediamo?
LAURA: Hai voglia di prendere qualcosa prima? Ci troviamo al Bar degli Artisti ed entriamo alle dieci; il museo è aperto dalle nove alle due.
ADELE: Va bene. Allora alle nove e mezzo al bar. Ciao.

Estendere un invito

Che ne dici di andare/fare...?   *What about going/doing . . . ?*
Ti va/Le va di...?   *Do you feel like . . . ?*
Hai voglia di... ?
Andiamo a/da...!   *Let's go to . . . !*
Puoi/può venire stasera a...?   *Can you come tonight to . . . ?*

Accettare un invito

Ma certo!
Certamente!   *Certainly*
Con piacere.
Va bene. Dove ci troviamo?   *Ok. Where do we meet?*
A che ora ci vediamo?   *What time do we meet?*

Rifiutare un invito

Mi dispiace ma devo...   *I'm sorry, but I have to . . .*
Grazie, ma non posso proprio.   *(Thank you but) I really can't.*
Non mi è proprio possibile.
L'avessi saputo prima!   *Had I known it before!*
Se me lo avessi/avesse detto prima!   *If you had told me before!*

Parlare al telefono

Pronto, è in casa/c'è..., per favore?   *Hello, is . . . home, please?*
Chi parla?   *Who's speaking?*
Con chi parlo?
Sono..., mi fa parlare con...?
Buongiorno, sono..., mi passa/mi può   *It's . . . Could I speak to . . . ?*
    passare...?

Le spiace se lascio un messaggio?	
Le/gli dica che ha telefonato...	}
Grazie. ArrivederLa/ci.	
Ci sentiamo, allora.	

Do you mind if I leave a message?

Thank you. Goodbye.
Then we will hear from each other.

CHE COSA DICE?

1. Un amico Le telefona per proporLe di andare insieme in pizzeria. Lei ha un esame domani.
2. Il Suo professore di Relazioni Internazionali L'invita ad una festa in onore di studenti cinesi in visita all'università.
3. Lei telefona a un amico/un'amica per invitarlo/la a un concerto di musica rock, ma risponde il compagno/la compagna di stanza.
4. Degli amici di famiglia, che Lei trova antipatici, Le propongono un campeggio di una settimana in montagna.
5. Un ragazzo/una ragazza che Le piace molto Le telefona per invitarLa in discoteca questa sera, ma Lei ha appena accettato di fare da baby-sitter per i suoi vicini di casa.
6. Lei telefona a un amico/un'amica per proporgli/le di venire con Lei in barca il prossimo fine settimana.

SITUAZIONI

1. Lei è all'università. Suo padre viene a farLe visita e vuole sapere quanto tempo libero ha e come lo passa.
2. Lei è un/un'atleta, ma il Suo ragazzo/la Sua ragazza non è affatto sportivo/a. Ci dica cosa lui/lei fa quando non deve studiare o lavorare e se Lei è d'accordo o no.
3. I Suoi genitori intendono fare una festa per il Suo compleanno, ma Lei ha vinto una crociera per due persone alle Bahamas e intende andarci con il Suo ragazzo/la Sua ragazza. Ne parli con Sua madre.
4. C'è una mostra di Van Gogh nella Sua città. Telefoni a degli amici e faccia programmi precisi per andarci in gruppo.

CAPITOLO
2

Per cominciare

Come eravamo. Luciano racconta alla sua amica americana Leslie di quando era piccolo.

LUCIANO: Abitavamo a Milano. Ero un bambino allegro e spensierato. Certo, bisognava andare a scuola, anche il sabato purtroppo, ma io facevo presto i compiti e così avevo tempo per giocare o guardare i cartoni animati.

LESLIE: Eri bravo a scuola?

LUCIANO: Ma sì. Di solito prendevo dei bei voti. Ogni anno ero promosso e poi c'era una lunga estate di libertà.

LESLIE: Cosa facevi?

LUCIANO: Andavamo in montagna, in Val d'Aosta, dove c'era la casa del nonno. Lui era vedovo da tanti anni. Gli facevamo compagnia ed era tanto contento. Quando il tempo era bello ci portava a fare delle lunghe camminate e ci diceva i nomi delle piante e dei fiori delle Alpi. Se faceva brutto e non potevamo uscire, giocava con noi, ci raccontava le fiabe della regione e ci insegnava delle vecchie canzoni di montagna. Ad agosto c'era la fiera del paese con il luna-park e qualche volta veniva anche un piccolo circo. Noi bambini eravamo felici!

LESLIE: Che belle vacanze facevi da piccolo!

VOCABOLARIO UTILE

L'infanzia   childhood

l'asilo   kindergarten
la bambola   doll
i cartoni animati   cartoons
il circo   circus
la fiaba   fairy tale

la fiera   fair
il giocattolo   toy
la giostra   merry-go-round
il luna-park   amusement park

Lo zoo

l'anatra   duck
la foca   seal
l'orso   bear

la scimmia   monkey
la tigre   tiger

Espressioni

andare all'asilo   to attend kindergarten
da piccolo   as a child.
da grande   as a grown-up
essere in prima, seconda elementare
  to be in first, second grade

essere promosso   to pass an exam; to complete a (school) year successfully
fare compagnia (a)   to keep company
fare i compiti   to do one's homework
prendere un bel/brutto voto   to get a good/bad grade

Le emozioni

allegro cheerful, happy
malato sick
malinconico sad
sano healthy

scatenato boisterous
solitario aloof, lonely
spensierato carefree
tranquillo quiet

ESERCIZI

a. *Scegliere l'espressione che meglio descrive il testo letto.*

1. Luciano era un bambino _____ .
   a. triste
   b. contento
   c. malato
   d. povero

2. La famiglia di Luciano passava le vacanze _____ .
   a. in città
   b. al mare
   c. in un grande albergo
   d. sulle Alpi

3. Luciano andava in vacanza _____ .
   a. nel mese di luglio
   b. tutta l'estate
   c. un mese in campeggio
   d. pochi giorni

4. Il nonno di Luciano _____ .
   a. fumava la pipa in poltrona
   b. giocava a carte con i suoi amici
   c. era contento di stare con i bambini
   d. abitava al mare

b. **L'intrusa (the intruder).** *Sottolineare la parola che non ha relazione con le altre. Spiegare il perché.*

1. zoo	acquario	scimmia	circo
2. foca	orso	tigre	bambola
3. asilo	fiaba	fiera	giocattolo
4. circo	luna-park	compito	giostra

c. **I luoghi dei bambini.** *Che cosa si trova nei luoghi seguenti?*

1. un circo
2. uno zoo
3. un asilo
4. un luna-park

d. **Come sei?** *Che cosa fa un bambino/una bambina...?*

1. malato/a
2. sano/a
3. solitario/a
4. tranquillo/a
5. scatenato/a
6. malinconico/a

STRUTTURA

I. Imperfetto

Verbi regolari

The **imperfetto** (*imperfect* or *past descriptive*) is formed by adding the characteristic vowel and the appropriate endings to the stem. The endings are the same for all three verb conjugations: **-vo, -vi, -va, -vamo, -vate, -vano.**

amare	credere	finire
amavo	credevo	finivo
amavi	credevi	finivi
amava	credeva	finiva
amavamo	credevamo	finivamo
amavate	credevate	finivate
amavano	credevano	finivano

Verbi irregolari

Very few verbs are irregular in the **imperfetto.** The most common are shown below.

essere	bere[1]	dire[1]	fare[1]	tradurre[1]
ero	bevevo	dicevo	facevo	traducevo
eri	bevevi	dicevi	facevi	traducevi
era	beveva	diceva	faceva	traduceva
eravamo	bevevamo	dicevamo	facevamo	traducevamo
eravate	bevevate	dicevate	facevate	traducevate
erano	bevevano	dicevano	facevano	traducevano

C'era and **c'erano** correspond to the English *there was, there were.*

C'era un pacco per noi.
There was a package for us.

Non c'erano molte lettere.
There weren't many letters.

---

[1] In the **imperfetto,** as in the **presente,** the verbs **bere, dire, fare,** and **tradurre** use the Latin stems **bev-, dic-, fac-,** and **traduc-.**

Uso dell'imperfetto

A. The **imperfetto** is used:

1. To express an habitual action in the past (equivalent to the past tense, or to *used to* or *would* + verb in English).

   Andavamo in campagna ogni week-end.
   We went to the country every weekend.

2. To express an action in progress in the past (equivalent to *was* + *-ing* verb in English).

   I bambini **dormivano** mentre io **lavavo** i piatti.
   The children were sleeping while I was doing the dishes.

3. To describe conditions and states of being (physical, mental, and emotional) **in the past,** including time, weather, and age **in the past.**

   Quand'**ero** bambina, **avevo** i capelli ricci.
   When I was a child, I had curly hair.

   Quando **pioveva** e **faceva** freddo, nessuno **aveva** voglia di giocare fuori.
   When it was raining and cold, nobody felt like playing outside.

   Tutti **sapevano** che Patrizia **era** innamorata di Lorenzo.
   Everybody knew that Patrizia was in love with Lorenzo.

B. The imperfetto may also indicate for how long or since when something had been going on.

   —Da quanto tempo lavoravi?   —*How long had you been working?*
   —Lavoravo da due mesi.   —*I had been working for two months.*

   —Quanto tempo era che lavoravi?   —*How long had you been working?*
   —Erano due mesi che lavoravo.   —*I had been working for two months.*

ESERCIZI

a. **Adesso e prima.** *Lei ora abita lontano da casa. Racconti ai Suoi nuovi amici come è cambiata la Sua vita. Usi la forma affermativa con le parole suggerite e il verbo all'imperfetto.*

   Esempio Adesso non viaggiamo più.
   Prima viaggiavamo sempre.

   1. Ora non faccio più passeggiate in montagna.
   2. Ora non vado più allo zoo o al circo.
   3. Ora io e Andrea non giochiamo più a tennis.
   4. Adesso non mi diverto più a cucinare per gli amici.

5. Ora non devo più prendere le vitamine per far contenta mia madre.
6. Ora gli amici non vengono più da me la sera a sentire la musica.
7. Adesso Maria ed io non ci vediamo più ogni giorno.
8. Adesso mio padre non protesta più quando torno tardi.

b. *"Lui" si sente in colpa* (guilty), *vuole scusarsi ma gli piace anche fare un po' la vittima. Completare con la forma corretta di* **essere** *o* **avere.**

1. Sono venuto a casa tua ma tu non c'_____ .
2. Non ho aspettato perché _____ fretta.
3. La mia macchina _____ dal meccanico, quindi _____ a piedi.
4. Il tempo _____ bruttissimo e (io) _____ un gran freddo.
5. Al bar ho ordinato un tè, ma quando me l'hanno portato _____ appena tiepido (*lukewarm*).
6. Sono andato a comprare i biglietti del teatro ma il botteghino (*box office*) _____ chiuso.
7. Quando sono arrivato a casa _____ tardi.
8. Non ti ho telefonato perché _____ paura di disturbare.
9. Volevo chiederti scusa. Ieri tu _____ ragione. (Io) _____ uno snob insopportabile e non voglio ammetterlo.

c. **Il mio eroe.** *Un astronauta famoso visita la scuola elementare di Gabriele. Gabriele, che sogna di diventare pilota, gli fa molte domande. Trasformare i verbi in parentesi all'imperfetto, poi immaginare di essere l'astronauta e rispondere alle domande.*

1. Che cosa (volere) _____ diventare Lei quando (essere) _____ piccolo?
2. (Lei) (prendere) _____ dei bei voti quando (fare) _____ le elementari?
3. Quanti anni (avere) _____ quando ha volato per la prima volta?
4. (Essere) _____ nervoso? (Avere) _____ paura?
5. Mentre (volare) _____ verso la luna, a che cosa (pensare) _____ ? Che cosa (mangiare) _____ e (bere) _____ ?
6. Sulla luna (esserci) _____ degli extraterrestri? (Parlare) _____ italiano?

d. *Riscrivere ogni frase sostituendo l'imperfetto al presente.*

1. Mia sorella abita a Roma ma non viene spesso a trovarci. Di solito andiamo noi da lei e stiamo a casa sua.
2. Non so mai cosa fare la domenica pomeriggio. I miei amici vanno a vedere la partita ma a me il calcio non interessa. Così sto a casa e mi annoio.
3. Anna lavora come interprete in un'agenzia di viaggi. È una ragazza molto carina e simpatica. Un collega, un certo Alberto, la guarda sempre. Tutti dicono che è innamorato di lei ma che non ha il coraggio di parlarle perché è timido e ha paura di un rifiuto (*refusal*).

e. **Da quanto tempo...? Quanto tempo era che...?** *Esprimere in un altro modo le seguenti frasi.*

ESEMPIO Luca aspettava Lucia da tre ore.
Erano tre ore che Luca aspettava Lucia.

1. Fausto era innamorato di Luisa da diversi anni.
2. Erano quasi due mesi che aspettava una sua lettera.
3. Ma lo sciopero della posta durava ormai da sei settimane.
4. Era tanto tempo che provava a telefonarle.
5. Ma il telefono di Luisa era guasto (*out of order*) da più di un mese.
6. Non si vedevano da Natale.
7. Erano due anni che vivevano lontani.
8. Forse Luisa da un po' di tempo aveva un altro ragazzo.

f. **Il paese della cuccagna** (the land of plenty). *Da bambino/a quale era il Suo gioco preferito? Aveva tanti giocattoli? Preferiva giocare da solo/a o con gli amici/le amiche? Che cosa le piaceva fare quando era freddo? E quando faceva caldo? Quando era malato/a? Con un compagno/una compagna di classe parli della Sua infanzia. Alternatevi a fare domande e a rispondere. Poi riferite le informazioni alla classe.*

Alcune parole utili:

il Mon<u>o</u>poli la palla
i soldatini *toy soldiers* i Lego
le figurine *trading cards* la b<u>a</u>mbola
le biglie *marbles* la bicicletta

NOTE: **giocare a** *to play* (*a game*)

—*Non volevi le tue lettere indietro?*

II. Aggettivi

A. Italian adjectives agree in gender and number with the nouns they modify. They can be divided into three classes, depending on the ending of the adjective in the masculine singular: -o, -e, or -a.

		SINGULAR		PLURAL	
		Masculine	Feminine	Masculine	Feminine
First class	(4 endings)	-o	-a	-i	-e
Second class	(2 endings)		-e		-i
Third class [1]	(3 endings)		-a	-i	-e

nuovo nuova
intelligente
ottimista

nuovi nuove
intelligenti
ottimisti ottimiste

Studiamo parole nuove.
We are studying new words.

Fabio ha due figlie intelligenti.
Fabio has two intelligent daughters.

È un ragazzo ottimista.
He is an optimistic young man.

1. A few adjectives like **ogni** (*every*), **qualsiasi** (*any*), and **qualche** (*some*) have only one form and are used only with singular nouns.

   ogni ragazzo e ogni ragazza
   every boy and girl

   qualsiasi richiesta
   any request

   qualche uomo e qualche donna
   some men and women

2. The adjective **blu** (*blue*) and other adjectives of color that were originally nouns (**rosa, viola, marrone,** etc.) are invariable.

   un vestito rosa e un vestito rosso
   a pink dress and a red dress

   scarpe nere e guanti marrone
   black shoes and brown gloves

3. If an adjective modifies two or more nouns of different genders, it must be used in the masculine plural form.

   Il vino e la birra sono cari.
   Wine and beer are expensive.

4. Certain adjectives change their spelling in the plural. These changes follow the same pattern that nouns do (see page 15). Other spelling changes in adjectives depend on where the stress falls in the word.

---

[1] There are only a few adjectives in this class, but they are frequently used. The most common are: **comunista, fascista, socialista, femminista, ottimista, pessimista,** and **egoista.**

	Change	Singular	Plural
stress on syllable preceding -co	-co to -chi	stanco	stanchi
	-ca to -che	stanca	stanche
stress on second syllable preceding -co	-co to -ci	antipatico	antipatici
	-ca to -che	antipatica	antipatiche
	-go to -ghi	lungo	lunghi
	-ga to -ghe	lunga	lunghe
the -i- is not stressed	-io to -i	vecchio	vecchi
	-ia to -ie	vecchia	vecchie
the -i- is stressed	-io to -ii	restio	restii
	-ia to -ie	restia	restie
	-cio to -ci	riccio	ricci
	-cia to -ce	riccia	ricce
	-gio to -gi	greggio	greggi
	-gia to -ge	greggia	gregge

B. The position of adjectives is governed by the following rules:

1. Descriptive adjectives generally follow the noun they modify.

una ragazza simpatica	un vino rosso	due vestiti eleganti
a pleasant girl	*a red wine*	*two elegant dresses*

They *always* follow the noun when modified by **molto** (*very*) or another adverb.

un palazzo **molto** bello	una signora **abbastanza** giovane
a very beautiful palace	*a fairly young lady*

2. Numerals and demonstrative, possessive, interrogative, and indefinite adjectives generally precede the noun they modify.

le prime cinque lezioni	i nostri zii	un'altra strada
the first five lessons	*our uncles*	*another road*

3. A few common descriptive adjectives usually precede the noun.

bello	buono	grande	giovane	lungo
brutto	cattivo	piccolo	vecchio	

Facevamo lunghe passeggiate.	C'era sempre un cattivo odore in cucina.
We used to take long walks.	*There was always a bad smell in the kitchen.*

ESERCIZI

a. *Mettere al femminile e poi cambiare dal singolare al plurale.*

> ESEMPIO simpatico e gentile
> **simpatica e gentile**
> **simpatiche e gentili**

1. povero ma onesto
2. bello ma egoista
3. stanco morto
4. sano e salvo (*safe and sound*)
5. lungo e difficile
6. utile e necessario
7. stretto o largo? (*narrow or wide?*)
8. dolce o amaro? (*sweet or bitter?*)
9. grande e grosso
10. studioso e intelligente
11. felice e contento
12. brutto e antipatico
13. vecchio e malato
14. bianco, rosso e verde

b. *Completare le frasi con la forma corretta dell'aggettivo fra parentesi. Mettere l'aggettivo al posto giusto.*

ESEMPIO (straniero) Studiamo due lingue.
Studiamo due lingue straniere.

1. (italiano) Conosci questo pittore?
2. (giallo) Mi piacciono le rose.
3. (antico) Voglio comprare dei mobili.
4. (pubblico) I giardini erano magnifici.
5. (vecchio) Sono quadri.
6. (insopportabile) Hanno due bambini.
7. (brutto) Che odore!
8. (altro) Abbiamo un professore di fisica.
9. (barocco) Capite la musica?
10. (riccio) Mi piacciono i tuoi capelli.

c. *Mettere al plurale.*

ESEMPIO occhio nero
occhi neri

1. persona ricca
2. uovo fresco
3. giacca blu
4. moglie giovane
5. braccio lungo
6. catalogo artistico
7. albergo centrale
8. figlio unico
9. commedia magnifica
10. crisi inutile
11. parco famoso
12. esempio giusto
13. partito fascista
14. dito sporco
15. caffè caldo
16. film idiota
17. rivista comunista
18. ingegnere tedesco
19. specie rara
20. esercizio noioso

d. *Com'era Lei quando era bambino/a? Lavorando in coppia ciascuno dei due interlocutori descriva all'altro com'era da bambino/a usando le parole che seguono in frasi complete.*

ESEMPIO **Quando ero bambino/a ero studioso/a.**

1. biondo(a) / bruno(a)
2. grasso(a) / magro(a)
3. malinconico(a) / allegro(a)
4. timido(a)/esuberante
5. nervoso(a) / tranquillo(a)
6. disordinato(a) / ordinato(a)
7. ribelle / ubbidiente

Grande e *santo*

In addition to their regular forms, **grande** and **santo** may have shortened forms, but only when they precede the noun they modify.

1. **Grande** (*great, big*) can be shortened to **gran** before singular or plural nouns beginning with a consonant other than **s** + consonant, **z,** or **ps.**

   un gran poeta   una gran fame   gran signori
   (*but* un grande scrittore)

   Grande can become **grand'** in front of singular or plural words beginning with a vowel.

   un grand'amore   una grand'attrice   grand'insulti

   The invariable form **gran** can be used as an adverb before an adjective to express the meaning of *quite.*

   una gran bella casa   un gran bell'uomo
   quite a beautiful home   *quite a handsome man*

2. **Santo** (*Saint*) is shortened to **San** before masculine names beginning with a consonant other than **s** + consonant, and to **Sant'** before masculine and feminine names beginning with a vowel.

   San Pietro   Santa Teresa   Sant'Antonio   Sant'Elena
   (*but* Santo Stefano)

   Santo (meaning *holy* or *blessed*) follows the regular pattern **santo, santa, santi, sante** and may precede or follow a noun.

   la Terra Santa   il Santo Padre   tutto il santo giorno
   the Holy Land   *the Holy Father*   *the whole blessed day*

ESERCIZI

a.   *Inserire la forma corretta di* **grande** *o* **santo.** *Usare la forma abbreviata quando è possibile.*

     ESEMPIO   Il tempo è una **gran** medicina.

      1. Mi fate un _____ piacere se venite a trovarmi.
      2. La festa di _____ Giovanni è il 24 giugno; quand'è la festa di _____ Anna?
      3. Conosci la vita di _____ Caterina?
      4. C'era una _____ folla in piazza quel giorno.
      5. Il signor Agnelli è un _____ industriale.
      6. Il palazzo non sembrava _____ .
      7. È vero che studiate tutto il _____ giorno?
      8. Elena è una _____ bella donna.
      9. Il santo protettore di Bari è _____ Nicola.
     10. Le due _____ passioni di Marco sono il cinema e la televisione.

III. Articolo indeterminativo

The forms of the **articolo indeterminativo** (*indefinite article*) are shown below. The form used depends on the gender of the noun it modifies as well as on the first letter of the word that follows it.

	Masculine	Feminine
before a consonant	un	una
before **s** + consonant, **z**, or **ps**	uno	una
before a vowel	un	un'

un romanzo e una commedia	*a novel and a comedy*
uno zio e una zia	*an uncle and an aunt*
un amico e un'amica	*a male friend and a female friend*

The word immediately following the article determines the form used (as in English, *an egg, a rotten egg*).

uno studente   **un** altro studente   **un'**edizione   **una** nuova edizione

A. **Un, uno, una,** and **un'** not only correspond to the English article *a, an;* they are also the forms of the numeral **uno** (*one*).

Un caffè e una Coca-Cola, per favore!
One coffee and one Coca-Cola, please!

B. The indefinite article is omitted after the verbs **essere** and **diventare** (*to become*) before unmodified nouns indicating profession, nationality, religion, political affiliation, titles, and marital status.

Giancarlo vuole diventare medico.	Enrico era avvocato; era un bravo avvocato.
Giancarlo wants to become a doctor.	*Henry was a lawyer; he was a good lawyer.*
Lei era cattolica e lui era protestante.	È sposato o è scapolo?
She was a Catholic and he was a Protestant.	*Is he married or is he a bachelor?*

NOTE: **Fare** + *definite article* is an alternative to **essere** + *profession.*

Enrico era avvocato.   Enrico faceva l'avvocato.

C. The article is also omitted after **che** (*what a*) in exclamations.

Che bella ragazza!	Che peccato!
What a beautiful girl!	*What a pity!*

ESERCIZI

a. *Inserire la forma corretta dell'articolo indeterminativo.*

1. È vero che avete aspettato _____ ora e _____ quarto?
2. Ho _____ dubbio: mi hai detto di portare _____ amico o _____ amica?
3. Perchè non fai _____ sforzo?
4. Dobbiamo comprare _____ nuovo frigo.
5. Non è _____ buon'idea.
6. «Bel Paese» è il nome di _____ formaggio italiano.
7. Ho bisogno di _____ zaino (*backpack*).
8. Dovete invitare _____ altra ragazza.

b. *Cambiare dal plurale al singolare.*

ESEMPIO   due giornali e due riviste
un giornale e una rivista

1. due alberghi e due pensioni
2. due mani e due piedi
3. due pere e due fichi
4. due italiani e due tedeschi
5. due signori e due signore
6. due automobili e due biciclette
7. due città e due paesi
8. due mogli e due mariti

c. **Antonio.** *Inserire le forme opportune dell'articolo indeterminativo. Indicare con una x gli spazi vuoti in cui l'articolo non serve.*

Antonio era _____ cameriere. Era _____ italiano, ma voleva diventare _____ americano. Lavorava in _____ ristorante francese in _____ piccola città americana. Era _____ buon lavoro e lui era contento perché guadagnava _____ mucchio (*a lot*) di soldi. Voleva frequentare _____ università prestigiosa e diventare _____ avvocato. Sperava di trovare _____ moglie buona e simpatica e di abitare con lei in _____ bella casa vicino a _____ lago. Invece ha vinto alla lotteria ed è diventato _____ buono a nulla (*good for nothing*).

Buono e nessuno

Buono (*good*) and **nessuno** (*no, not . . . any*) have parallel forms when they directly precede the noun they modify. Note the similarity with the forms of the indefinite article **un**.

	SINGULAR	
	Masculine	Feminine
before a consonant	un / buon / nessun	una / buona / nessuna
before s + consonant, z, or ps	uno / buono / nessuno	una / buona / nessuna
before a vowel	un / buon / nessun	un' / buon' / nessun'

Buono is regular in the plural: **buoni** and **buone.**

buon libro
buon'automobile
buono stipendio
buoni amici

nessun italiano
nessun'italiana
nessun padre
nessuno zio

When **buono** follows the noun it modifies, either directly or after the verb, the regular pattern applies: **buono, buona, buoni, buone.**

un libro buono
a good book

Quest'arancia non sembra buona.
This orange doesn't seem good.

ESERCIZI _____

a. *Inserire la forma corretta di* **buono** *o* **nessuno.**

  ESEMPIO Non c'era **nessuno** sbaglio.

  1. Oggi sono di _____ umore perchè ho ricevuto una _____ notizia.
  2. _____ altro negozio vende questi dolci.
  3. Le sue intenzioni non erano _____.
  4. Non avete _____ ragione per criticarmi.
  5. Ti raccomando i _____ spettacoli e i _____ compagni.
  6. Edmondo non ama _____ altra donna.
  7. Non avevo _____ voglia di andare al cinema.
  8. Non devi farlo, non è una _____ azione!
  9. Non conosco _____ psichiatra italiano.
  10. Il vino diventa _____ con gli anni.

IV. Numeri cardinali

A. Cardinal numbers are used in counting, in indicating quantities, and in stating most dates. The Italian cardinal numbers from one to thirty are:

1 uno	11 u̲ndici	21 ventuno
2 due	12 do̲dici	22 ventidue
3 tre	13 tre̲dici	23 ventitré
4 quattro	14 quatto̲rdici	24 ventiquattro
5 cinque	15 qui̲ndici	25 venticinque
6 sei	16 se̲dici	26 ventisei
7 sette	17 diciassette	27 ventisette
8 otto	18 diciotto	28 ventotto
9 nove	19 diciannove	29 ventinove
10 dieci	20 venti	30 trenta

The numbers from forty on are:

40 quaranta	100 cento	700 settecento	1.000.000 un milione
50 cinquanta	200 duecento	800 ottocento	2.000.000 due milioni
60 sessanta	300 trecento	900 novecento	1.000.000.000 un miliardo
70 settanta	400 quattrocento	1.000 mille	2.000.000.000 due miliardi
80 ottanta	500 cinquecento	2.000 duemila	
90 novanta	600 seicento		

B. The following are some points to remember when using numbers.

1. The number **uno** follows the rules of the indefinite article.

   un caffè, un espresso, uno scotch, una Coca-Cola, un'aranciata

2. Numbers ending with -**uno** (21, 31, etc.) usually drop the -**o** in front of a plural noun.

   ventun ragazzi, trentun ragazze

3. The indefinite article is not used with **cento** (*hundred*) and **mille** (*thousand*), but it is used with **milione.**

   cento soldati, mille soldati, **un** milione di soldati

4. *Eleven hundred, twelve hundred,* etc., are expressed as **millecento** (*one thousand one hundred*), **milleduecento** (*one thousand two hundred*).

5. The plural of **mille** is **mila:**

   mille lire, duemila lire, centomila lire

6. **Milione** (pl. **milioni**) and **miliardo** (pl. **miliardi**) are nouns and take **di** before another noun.

   sessanta milioni **di** italiani, due miliardi **di** lire
   But: due milioni cinquecentomila lire

C. Numbers are written differently in Italian and English.

1. In Italian, a comma is used instead of a decimal point to separate numbers from their decimals.

   14,95 (read **quattordici e novantacinque**) = 14.95

2. A period is used instead of a comma to separate thousands from hundreds and millions from thousands.

   10.000 = 10,000   57.000.000 = 57,000,000

D. An approximate quantity can be indicated by collective numbers, most of which are formed by adding the suffix -**ina** to the cardinal number (minus the final letter).

venti	**una ventina** *about twenty*
quaranta	**una quarantina** *about forty*

Exceptions: **un centinaio** (pl. **centinaia**) *about a hundred* (*hundreds*); **un migliaio** (pl. **migliaia**) *about a thousand* (*thousands*).

These collective numbers are nouns and take **di** before another noun. In the singular they are preceded by the indefinite article.

Conosco una ventina di persone.
I know about twenty people.

Ho visto centinaia di studenti.
I saw hundreds of students.

ESERCIZI

a. **L'elenco telefonico (telephone book).** *Ecco alcuni numeri di telefono e il relativo numero di teleselezione* (area code). *Imparare a pronunciarli e a scriverli all'italiana.*

ESEMPI Roma: (06) 47 53 64 **quattro / sette / cinque / tre / sei / quattro**
47 53 64 **quarantasette / cinquantatré / sessantaquattro**
69 97 462 **sessantanove / novantasette / quattrocentosessantadue**

1. Genova:	(10)	34 78 092	20 56 79
2. Firenze:	(55)	44 60 92	57 94 563
3. Milano:	(02)	79 86 345	70 84 21
4. Napoli:	(81)	78 76 75	90 74 20
5. Pisa:	(50)	44 37 869	23 33 43

—*Deve smettere di pensare ai soldi. Ma davvero possiede ottocento miliardi di lire?*

b. **Anna fa i conti (Anna is balancing her checkbook).** *Ha proprio speso tanto questo mese! Pronunciare i numeri ad alta voce e poi scriverli.*

scarpe marrone	95.000
borsa di pelle verde	115.000
affitto	750.000
luce, gas e telefono	118.000
regalo per Marina	374.000
riparazione macchina	278.000
vitto (*food*)	310.000
varie	60.000
totale	2.100.000

V. Il tempo

A. Che tempo fa?   *How is the weather?*
Com'è il tempo?   *What is the weather like?*
Fa bello (bel tempo).
È bello.   } *It's nice (fine) weather.*
Il tempo è bello.
Fa brutto (tempo).
Fa cattivo tempo.   } *It's bad weather.*
(Il tempo) è brutto.
Fa caldo (freddo, fresco).   *It's hot (cold, cool).*

B. C'è afa.   *It's muggy.*
C'è foschia.   *It's hazy.*
C'è (la) nebbia.   *It's foggy.*
C'è il sole.   *It's sunny.*
C'è (tira) vento.   *It's windy.*
È sereno.   *It's clear.*
È coperto (nuvolo).   *It's cloudy (overcast).*

C. Piove. (piovere)   *It's raining.*   la pioggia   *rain*
Nevica. (nevicare)   *It's snowing.*   la neve   *snow*
Grandina. (grandinare)   *It's hailing.*   la grandine   *hail*

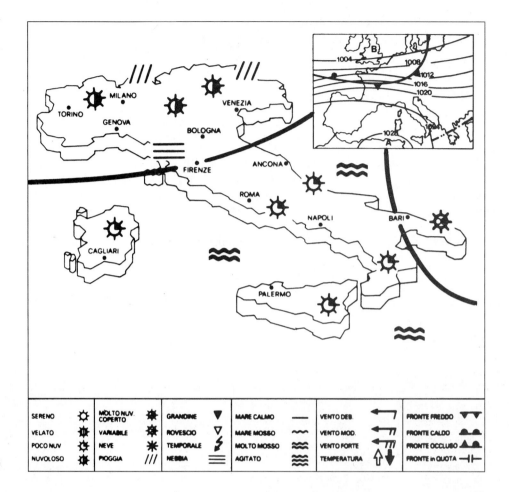

SERENO	☼	MOLTO NUV. COPERTO		GRANDINE	▼	MARE CALMO	—	VENTO DEB.		FRONTE FREDDO	
VELATO		VARIABILE		ROVESCIO	▽	MARE MOSSO	~~	VENTO MOD.		FRONTE CALDO	
POCO NUV		NEVE		TEMPORALE	ϟ	MOLTO MOSSO	≈≈	VENTO FORTE		FRONTE OCCLUSO	
NUVOLOSO		PIOGGIA	///	NEBBIA	≡	AGITATO	≋	TEMPERATURA		FRONTE in QUOTA	

ESERCIZI

a.   **Che tempo fa?** *In gruppi di due o tre studenti scambiarsi domande sul tempo. Dare tutte le informazioni possibili.*

1. Che tempo fa oggi?
2. Come sono le stagioni a San Francisco?
3. Com'è l'inverno a New York?
4. È bello l'autunno nella Sua città?
5. Nevica qualche volta a Pasqua a Washington DC?
6. Dove fa bello oggi in Italia?
7. Che tempo fa a Milano? e a Palermo?
8. Se andiamo in Italia a luglio, che tempo troviamo?
9. E se andiamo a Natale?

LETTURA

VOCABOLARIO UTILE

il bagno   bath
la calza   sock, stocking
la camera da letto   bedroom
i capelli (*pl*)   hair (on a person's head)
il dolce   dessert
la luce   light
il piatto   dish, plate

la regola   rule
il ricordo   memory
il rumore   noise
la salute   health
lo sforzo   effort
il vestito   dress, suit
la vetrina   shop window

corto   short (in length)
liscio   straight

riccio   curly

fare bene a   to be good for
fare male a   to be bad for, to hurt
farsi male   to get hurt
lamentarsi (di)   to complain (about)

mettersi   to put on
odiare   to hate
scegliere   to choose
vestire   to dress;
  vestirsi   to get dressed

Insieme al parco

Il seguente brano, *Ricordi d'infanzia*, è l'inizio del romanzo **Vestivamo alla marinara** di Susanna Agnelli. L'autrice è nipote di Giovanni Agnelli, fondatore della Fiat nel 1899, e sorella di Gianni Agnelli, l'attuale presidente della Fiat.

Nel brano l'autrice rievoca la sua vita a Torino negli anni Trenta quando era bambina e viveva in famiglia con i fratelli e le sorelle e la governante inglese, Miss Parker.

In base alle informazioni precedenti discutere in gruppi di due o tre studenti le seguenti domande.

1. Com'era la vostra vita quando avevate otto o dieci anni? Nella vostra descrizione includete gli elementi seguenti: la città, la famiglia, la casa, i pasti, i vestiti, la scuola, i giochi, gli amici.
2. Torino è una città italiana del nord. Come la immaginate? Pensate alle case, ai negozi, alle strade, ai mezzi di trasporto, ecc.
3. Come poteva essere la giornata di una bambina italiana ricca, che aveva fratelli, sorelle e una governante inglese e viveva a Torino negli anni Trenta?

Ricordi d'infanzia

Il corridoio era lungo, a destra e a sinistra si aprivano° le camere da letto. A metà corridoio° c'era la camera da gioco dove stavamo quasi sempre, piena di scaffali° e di giocattoli. Noi eravamo tanti e avevamo molte governanti che non si amavano fra di loro: sedevano nella camera
5 da gioco e si lamentavano del freddo, del riscaldamento°, delle cameriere, del tempo, di noi. D'inverno le lampadine erano sempre accese; la luce di Torino che entrava dalle finestre era grigia e spessa°.

Vestivamo sempre alla marinara[1]: blu d'inverno, bianca e blu a mezza stagione e bianca in estate. Per pranzo ci mettevamo il vestito
10 elegante e le calze di seta° corte. Mio fratello Gianni si metteva un'altra marinara. L'ora del bagno era chiassosa, piena di scherzi e spruzzi°; ci affollavamo° nella camera da bagno, nella bagnarola°, e le cameriere impazzivano°. Ci spazzolavano° e pettinavano i capelli lunghi e ricci, poi li legavano° con enormi nastri° neri.
15 Arrivava Miss Parker. Quando ci aveva radunati° tutti: «*Let's go*» diceva «e non fate rumore». Correvamo a pazza velocità lungo° il corridoio, attraverso l'entrata di marmo, giravamo l'angolo appoggiandoci° alla° colonnina dello scalone e via fino alla° saletta da pranzo dove ci fermavamo ansimanti°. «Vi ho detto di non correre», diceva Miss
20 Parker «*one day* vi farete male e la colpa° sarà soltanto vostra. A chi direte grazie?»

Ci davano da mangiare° sempre quello che più odiavamo; credo che facesse parte della nostra educazione britannica. Dovevamo finire

	were located
	A: *halfway down the corridor / shelves*
	heating
	thick
	silk
	splashing
	we all crowded / bathtub
	went out of their minds / brushed
	tied / ribbons
	gathered
	along
	appoggiandoci: *leaning against the / via: all the way to the*
	panting
	fault
	they fed

---

[1] **La marinara** means *sailor suit*, so **vestire alla marinara** means *to wear a sailor suit, to dress like a sailor.*

tutto quello che ci veniva° messo sul piatto. Il mio incubo° erano le

25 rape° e la carne, nella quale apparivano piccoli nervi bianchi ed elastici.
Se uno non finiva tutto quello che aveva nel piatto se lo ritrovava da-
vanti° al pasto seguente.

Il dolce lo sceglievamo a turno°, uno ogni giorno. Quando era la
volta° di Maria Sole noi le dicevamo: «Adesso, per l'amor del cielo,

30 non scegliere "crème caramel" che nessuno può soffrire°». Invariabilmente Miss Parker chiedeva: «*So, Maria Sole, che dolce, domani?
It's your turn*». Maria Sole esitava, arrossiva° e sussurrava°: «Crème
caramel».

«Ma perché continui a dire "crème caramel" se non ti piace?»

35 «Non mi viene in mente nient'altro».

Ancor oggi non ho scoperto se quella dannata "crème caramel" le
piacesse davvero e non osasse° ammetterlo o se fosse troppo grande lo
sforzo di pensare a un altro dolce.

Dopo colazione facevamo lunghe passeggiate. Attraversavamo la

40 città fino a piazza d'Armi, dove i soldati facevano le esercitazioni°.
Soltanto se pioveva ci era permesso camminare sotto i portici (i famosi
portici di Torino) e guardare le vetrine dei negozi. Guardarle senza fermarsi, naturalmente, perché una passeggiata è una passeggiata e non un
trascinarsi in giro° che non fa bene alla salute.

45 Torino era, anche allora, una città nota per le sue pasticcerie.
Nella luce artificiale delle vetrine apparivano torte arabescate°, paste
piene di crema, cioccolatini, marzapani, montagne di brioches, fon-
dants colorati disposti in tondo° sui piatti come fiori, ma noi non ci
saremmo mai sognati di poter entrare in un negozio a comprare quelle

50 tentatrici delizie°. "Non si mangia tra i pasti; *it ruins your appetite*" era una
regola ferrea che mai ci sarebbe venuto in mente di° discutere.

Così camminavamo dalle due alle quattro, paltò° alla marinara e
berrettino tondo alla marinara con il nome di una nave di Sua Maestà
Britannica scritta sul nastro, Miss Parker in mezzo a due di noi da una

55 parte e uno o due di noi dall'altra finché non era l'ora di tornare a casa.

Susanna Agnelli, *Vestivamo alla marinara*

---

era / *nightmare*
turnips

in front
a: *in turn*
turn
stand

blushed / whispered

non: *didn't dare*

facevano: *were drilling*

trascinarsi: *dawdling around*

decorated with arabesques (fancy ornamentations)
in: *around*

tentatrici: *tempting delicacies*
ci: *we would never consider*
winter coat

COMPRENSIONE

1. Nel racconto trovate le parole che si riferiscono alla casa degli Agnelli.
2. Quali sono gli elementi che suggeriscono che la famiglia Agnelli era ricca?
3. Perché le vetrine delle pasticcerie contenevano "tentatrici delizie" per i bambini? Che cosa dovevano mangiare invece loro?
4. Come è descritta la città di Torino?
5. L'autrice paragona la disciplina di Miss Parker alla vitalità dei bambini. Descrivete il loro comportamento nell'ora del bagno e durante la passeggiata.

6. Fate una lista degli elementi dell'educazione di Miss Parker: in una colonna descrivete le cose che i bambini dovevano fare e nell'altra le cose che non potevano fare.
7. Rileggete gli ultimi tre paragrafi del racconto. Vi sembra che l'autrice faccia un parallelo tra i soldati che si esercitano in piazza d'Armi e i bambini che passeggiano con Miss Parker vestiti alla marinara? Perché sì o perché no?

Studio di parole

to stop

fermare
to stop someone or something

Il poliziotto ferma la macchina.
The policeman stops the car.

fermata *stop (bus, streetcar, train)*

smettere di + *infinitive*
to cease doing something, to quit

Voglio smettere di mangiare dolci.
I want to stop eating sweets.

fermarsi
to stop, to come to a halt

Perché ti fermi davanti a tutti i negozi?
Why do you stop in front of all the stores?

Smettila!
Stop it! Cut it out!

to think

pensare a
to think of (about) = to have on one's mind; to take care of

Non voglio pensare all'esame.
I don't want to think about the exam.

Chi pensa ai rinfreschi?
Who's going to take care of the refreshments?

pensare di + *infinitive*
to plan, to intend to do something

Pensiamo di andare in Italia quest'estate.
We're planning to go to Italy this summer.

pensare di
to think of (about) = to have an opinion on

Che cosa pensate dell'educazione britannica?
What do you think of British upbringing?

to walk

camminare
to walk (no destination indicated)

Non dovete camminare sul tappeto.
You must not walk on the rug.

fare una passeggiata
to take a walk, to go for a walk

Dopo colazione facciamo lunghe passeggiate.
After breakfast we take long walks.

andare a piedi
to walk (to a place)

Perché non vai in ufficio a piedi?
Why don't you walk to the office?

education

istruzione (*f*)
education

Luigi ha sposato una ragazza senza
  istruzione.
Luigi married a girl without any education.

istruito *educated;* **educato** *well-mannered,*
  polite

educazione (*f*)
upbringing, manners

Ho ricevuto una buona educazione da mia madre.
I received a good upbringing from
  my mother.

PRATICA

a. *Scegliere la parola che completa meglio la frase.*

1. Dobbiamo guardare le vetrine senza (fermarci / smettere).
2. Come vado all'università? Ci (cammino / vado a piedi).
3. Non devi pensare solo (ai / dei) soldi!
4. Nessun ostacolo lo può (fermare / smettere).
5. A molte persone piace correre; a me piace (camminare / andare).
6. A che ora (smettete / fermate) di lavorare? Alle sette?
7. Che cosa pensate (a / di) questo libro?
8. Giorgio è molto (educato / istruito): ha tre lauree!

b. *Completare le frasi inserendo la forma italiana richiesta tra parentesi in inglese.*

1. Devi proprio (*stop*) _____ fumare.
2. Hai un esame tra due giorni, non puoi continuare a (*think*) _____ di-vertimenti.
3. I bambini Martelli sono veramente molto carini e (*well-mannered*) _____ .
4. Dopo l'incidente Claudio deve (*walk*) _____ col bastone (*walking stick*).

5. Piero non (*thinks any more*) _____ fare il pittore, vuole diventare informatico (*computer expert*).
6. L'autobus 64 (*stops*) _____ qui.

c. *Domande per Lei.*

1. Che pensa di fare dopo la lezione d'italiano? questo week-end? alla fine del semestre?
2. A che cosa pensa quando è felice? e quando è triste?
3. Quando cammina, Lei si ferma davanti alle vetrine dei negozi? Perché sì o perché no?
4. Quali cose vuole smettere di fare e quali cose vuole cominciare a fare?
5. Dove va a piedi? in macchina? in aereo?
6. Le piace camminare? Se sì, dove e per quanto tempo?
7. C'è una buona pasticceria nella Sua città? Cosa c'è in vetrina?
8. Com'erano i Suoi capelli quando era piccolo/a? lunghi? corti? ricci? lisci?
9. Secondo Lei, è bene abituare i bambini a finire tutto quello che hanno nel piatto? Quali altre cose devono imparare a fare i bambini?
10. Lei mangia tra i pasti? Secondo Lei, è vero che mangiare tra i pasti rovina l'appetito?

TEMI PER COMPONIMENTO O DISCUSSIONE

1. Nel brano letto avete visto alcune regole dell'educazione britannica. Quali regole fanno parte dell'educazione che avete ricevuto voi? Quali regole dovrebbero far parte di qualsiasi educazione?
2. Ricordi d'infanzia. Come trascorreva il weekend quando era piccolo/a? Cosa faceva con gli amici/le amiche? Aveva un amico/un'amica inseparabile? Com'era? ecc.

PER COMUNICARE

Dai, racconta! Leslie, l'amica americana di Luciano, non è mai stata in Italia ed è molto curiosa.

LESLIE: A Milano abitavi in centro, non è vero?
LUCIANO: Sì, avevamo una casa in via Manzoni.
LESLIE: Era una casa grande?
LUCIANO: Sì, cioè, mi spiego: non era una casa, era un grande appartamento in un vecchio palazzo.
LESLIE: Ah sì? Ma è vero che in Italia sono pochi quelli che vivono in una casa con giardino e garage come in America?
LUCIANO: Eh, sì. Grande o piccolo abbiamo quasi tutti un appartamento.
LESLIE: Interessante! Dai, raccontami di più dell'Italia!

Controllare l'informazione

(Non) è vero che...?	
(Non) è così?	*Isn't it so?*
Dico bene?	
Mi sbaglio?	*Am I wrong?*
Correggimi se sbaglio, ma...	*Tell me if I'm wrong, but . . .*

Chiarire e spiegare

Cioè, volevo dire...	*Rather, I meant . . .*
Non proprio	*Not really*
O meglio	*Rather*
Piuttosto	
Mi spiego	*Let me explain*
A dir la verità	*To tell you the truth*
Veramente	

Sollecitare l'interlocutore

Dai, racconta!	*Come on, tell me!*
E poi che cosa ha detto/fatto?	
E dopo, com'è andata a finire?	*And then, how did it turn out?*
Vuoi/vuole dire che...?	

Esprimere incredulità

Ma è vero che...?
Mi hanno detto che...   *They told me that . . .*
Dici sul serio?   *Are you serious?*
Non sarà mica vero che...   *It isn't true that . . . , is it?*
È impossibile, non ci credo!
Stai scherzando!   *You must be joking!*

CHE COSA DICE?

1. Un collega Le dice che è venuto a cercarLa un signore che guidava una Ferrari rossa.
2. Ha comprato i biglietti per andare a sentire Luciano Pavarotti ma un amico Le dice che il cantante è ammalato. Lei telefona al botteghino per avere conferma della notizia.

3. Ha detto al Suo ragazzo / alla Sua ragazza che ha una macchina nuova, ma adesso spiega che invece l'ha comprata usata.
4. Un / a collega ha preso in prestito il Suo libro d'italiano e ora Le sta dicendo che non lo trova più.
5. Ha promesso a un amico / un'amica di passare una settimana con lui. Ora gli / le telefona per cambiare il programma e dirgli / le che invece saranno solo tre giorni.
6. I Suoi amici sono certi che Lei è un ottimo suonatore di flauto e La invitano a far parte di un gruppo musicale; sfortunatamente Lei non è bravo come loro.

SITUAZIONI

1. Lei sta guardando con un amico / un'amica un vecchio album di fotografie. Ci sono foto di Lei bambino / a, dei Suoi familiari e delle casa in cui abitava quando era piccolo / a. L'amico / a Le chiede di raccontargli / le della Sua infanzia e anche Lei vuole informazioni sulla vita dell'amico / a. Riferisca la conversazione.
2. Lei e il Suo compagno / la Sua compagna vogliono prendere in affitto un appartamento insieme. Discutete le vostre preferenze e poi scrivete un annuncio per un giornale locale.
3. Immagini di essere ospite di Suo nonno / Sua nonna e di fargli / le molte domande sulla vita in America durante la crisi economica degli anni Trenta. Insieme ad un compagno / una compagna, che Le fa da interlocutore / trice, prepari la conversazione.
4. Lei lavora all'agenzia immobiliare (*real estate*) "Sant'Andrea". [See figure on previous page.] Un / a cliente vuole comprare un appartamento e Le spiega quali sono i suoi desideri. Lei propone alcune soluzioni e si offre di accompagnarlo / la a vedere le abitazioni disponibili.

CAPITOLO
3

Per cominciare

In ascensore. Marina incontra la signora Bussini, la vicina di casa, in ascensore. La signora è piena di buste e pacchetti.

MARINA: Buongiorno signora. È stata in centro?

SIGNORA: Sì, da Benedettini, c'erano i saldi di fine stagione. Marina, non ho mai visto dei prezzi così bassi!

MARINA: Davvero? Normalmente Benedettini è così caro... anche durante i saldi è difficile trovare qualcosa veramente a buon mercato.

SIGNORA: Hai ragione. Comunque dopo sono andata da Brogini e lì sì che ho speso un mucchio di soldi.

MARINA: Ha comprato il regalo per Giovanna?

SIGNORA: Ma sì; il commesso mi ha fatto un buono sconto su un servizio di posate stupendo, sai, l'ultima collezione di Alessi. Non ho saputo resistere. Pensa che non avevo abbastanza contanti e ho usato la carta di credito per la prima volta in vita mia!

MARINA: Dice davvero? Be', eccoci arrivate. Faccia tanti auguri a Giovanna da parte mia. ArrivederLa signora.

SIGNORA: Senz'altro, ciao Marina. Salutami la mamma.

VOCABOLARIO UTILE

I negozi

negozio di **abbigliamento** clothing store

arredamento home furnishing store

articoli sportivi sporting good store

biancheria intima lingerie store

elettrodomestici appliance store

mobili furniture store

strumenti musicali music store

I prezzi

a buon mercato/a poco

a prezzo basso } cheap

a rate mensili in monthly installments

in saldo/in svendita on sale

conveniente convenient

caro

costoso } expensive

dispendioso

economico economical

Le compere **Purchases**

fare un affare to get a bargain
fare un assegno to write a check
fare delle spese/degli acquisti to shop
fare la spesa to shop for groceries
fare lo sconto (su qualcosa) to give a discount
pagare in contanti/con la carta di credito to pay cash/with a credit card

risparmiare to save
stare bene to fit well
stare male to fit poorly
saldi di fine stagione end of season sale
un mucchio di a lot of

ESERCIZI

a. *Vero o falso?*

_____ 1. Maria ha incontrato la signora Bussini nel corridoio.
_____ 2. Benedettini ha sempre dei prezzi molto convenienti.
_____ 3. Da Brogini la signora ha risparmiato.
_____ 4. La signora ha comprato il regalo per Giovanna con la carta di credito.
_____ 5. La signora usa sempre la carta di credito quando fa le spese.
_____ 6. Marina fa gli auguri alla madre di Giovanna.

b. *Sostituire alle parole in corsivo un'espressione equivalente.*

1. La signora non aveva abbastanza *soldi* per pagare il servizio di posate.
2. Gli articoli di Benedettini sono belli ma molto *cari*.
3. La commessa *ha venduto il vestito ad un prezzo più basso*.
4. Non mi posso permettere di pagare la macchina in contanti: pago *un tanto* (**amount**) *al mese*.
5. Durante *i saldi* i prezzi sono sempre *convenienti*.
6. *Ho pagato 50.000 lire in meno.*

c. **Adesso tocca a Lei.** *Con un compagno/una compagna parli delle compere nel Suo paese. Quando fa degli acquisti come paga? Quando usa la carta di credito e quando fa un assegno? Che cosa compra in contanti? a rate? Quali negozi hanno dei saldi e quando? Alternate i ruoli ed usate le seguenti parole nelle vostre risposte:*

la bottiglieria *liquor store*
la calzoleria *shoe store*
il concessionario d'automobili *car dealer*
il fotografo *camera store/photographer*
i grandi magazzini *department stores*
il negozio di generi alimentari *food store*
il negozio di articoli sportivi *sporting good store*
l'oreficeria *jeweler*
la pasticceria *pastry shop*

STRUTTURA

I. Passato prossimo

The **passato prossimo** is a compound tense. It is formed by the appropriate form of the present tense of an auxiliary verb, either **avere** or **essere**, plus the past participle of the verb. The past participle is formed by adding the appropriate ending to the infinitive stem.

INFINITIVE	ENDING	PAST PARTICIPLE
amare	-ato	**amato**
credere	-uto	**creduto**
finire	-ito	**finito**

A. For verbs conjugated with **avere**, the past participle does not change forms unless a direct object pronoun precedes the verb (see p. 92).

PASSATO PROSSIMO *WITH* AVERE					
amare		**credere**		**finire**	
ho	amato	ho	creduto	ho	finito
hai	amato	hai	creduto	hai	finito
ha	amato	ha	creduto	ha	finito
abbiamo	amato	abbiamo	creduto	abbiamo	finito
avete	amato	avete	creduto	avete	finito
hanno	amato	hanno	creduto	hanno	finito

Maria ha mangiato la torta.
Mary ate the cake.

Anche i bambini hanno mangiato la torta.
The children have eaten the cake, too.

B. For verbs conjugated with **essere**, the past participle acts like an adjective and agrees in gender and number with the subject of the verb. There are thus four possible endings: **-o, -a, -i, -e.**

PASSATO PROSSIMO *WITH* ESSERE					
entrare		**cadere**		**uscire**	
sono	entrato/a	sono	caduto/a	sono	uscito/a
sei	entrato/a	sei	caduto/a	sei	uscito/a
è	entrato/a	è	caduto/a	è	uscito/a
siamo	entrati/e	siamo	caduti/e	siamo	usciti/e
siete	entrati/e	siete	caduti/e	siete	usciti/e
sono	entrati/e	sono	caduti/e	sono	usciti/e

Maria è uscita.
Mary went out.

Anche i bambini sono usciti.
The children went out too.

When the subject includes both masculine and feminine, the past participle is in the masculine.

Teresa e Lorenzo sono partiti.
Teresa and Lorenzo have left.

C. **Essere** is used with:

1. Most intransitive verbs. An intransitive verb is a verb that cannot have a direct object. Most of these verbs are verbs of motion or being (**andare** *to go,* **stare** *to stay*). See the Appendix for a list of verbs requiring **essere** in the **passato prossimo**.

Chi è andato in aereo?
Who went by plane?

La posta non è arrivata.
The mail didn't arrive.

Quando siete partiti?
When did you leave?

Le ragazze sono state a letto.
The girls stayed in bed.

Essere uses the past participle of **stare** as its past participle: **stato.** Thus the **passato prossimo** of **stare** and **essere** is the same:

Sono stato fortunato.
I was lucky.

Sono stato a casa.
I stayed home.

2. Reflexive and reciprocal verbs (see Capitolo 5):

Mi sono lavato.
I washed (myself).

Ci siamo visti al cinema.
We saw each other at the movies.

D. The **passato prossimo** is used to report a completed action or event or fact that took place in the past. There are three equivalents in English:

ho lavorato $\begin{cases} \textit{I have worked} \\ \textit{I worked} \\ \textit{I did work} \end{cases}$

Note that the English equivalent to the **passato prossimo** can be either a compound form or, as is usually the case, a simple form.

ESERCIZI

a.   *Inserire la forma corretta di* **avere** *o* **essere** *e dare la desinenza corretta del participio.*

1. Il signor Bianchi _____ vendut _____ molti dischi.
2. Quanto tempo _____ durat _____ la conferenza?
3. Perché voi due non _____ venut _____ ?
4. Giovanna ed io _____ ricevut _____ molte lettere.
5. Mamma, non _____ uscit _____ ieri?
6. Tutti i bambini _____ avut _____ un regalo a Natale.

7. Questa rivista non _____ costat _____ molto.
8. Papà, _____ dormit _____ bene?
9. Teresa _____ stat _____ molto gentile con me.
10. _____ capit _____ , ragazzi?
11. Noi _____ rimast _____ a casa tutto il giorno.
12. Nonno, tu _____ nat _____ in Italia o in America?
13. Non capisco perché la professoressa si _____
    arrabbiat _____ .
14. I miei zii _____ viaggiat _____ molto.

Participi passati irregolari

The following verbs have an irregular past participle. Most of them are second-conjugation verbs. An asterisk indicates those that require **essere**.

INFINITIVE	PAST PARTICIPLE	INFINITIVE	PAST PARTICIPLE
acc**e**ndere *to light, to turn on*	**acceso**	*rimanere *to remain*	**rimasto**
		risp**o**ndere *to answer, reply*	**risposto**
aprire *to open*	**aperto**	r**o**mpere *to break*	**rotto**
bere *to drink*	**bevuto**	sc**e**gliere *to choose*	**scelto**
chi**e**dere *to ask*	**chiesto**	*sc**e**ndere *to go down*	**sceso**
chi**u**dere *to close*	**chiuso**	scr**i**vere *to write*	**scritto**
c**o**rrere *to run*	**corso**	sm**e**ttere *to stop*	**smesso**
dec**i**dere *to decide*	**deciso**	sp**e**gnere *to turn off*	**spento**
dire *to say, tell*	**detto**	sp**e**ndere *to spend*	**speso**
fare *to do, make*	**fatto**	*succ**e**dere *to happen*	**successo**
l**e**ggere *to read*	**letto**	tradurre *to translate*	**tradotto**
m**e**ttere *to put*	**messo**	vedere *to see*	**visto/veduto**
*mor**i**re *to die*	**morto**	*venire *to come*	**venuto**
*n**a**scere *to be born*	**nato**	v**i**ncere *to win*	**vinto**
offrire *to offer*	**offerto**	v**i**vere *to live*	**vissuto**
p**e**rdere *to lose*	**perso/perduto**	ucc**i**dere *to kill*	**ucciso**
pr**e**ndere *to take*	**preso**		

Hanno speso diecimila lire.
They spent ten thousand liras.

Perché non siete venuti?
Why didn't you come?

Chi ha rotto il bicchiere?
Who broke the glass?

Che cosa è successo?
What happened?

Verbs ending in -**scere** and -**cere** have a past participle ending in -**iuto**.

Ho conosciuto uno scrittore.
I met an author.

Il film è piaciuto a tutti.
Everyone liked the film.

ESERCIZI

a. *Inserire la forma corretta del passato prossimo del verbo fra parentesi.*

1. Che cosa (perdere) _____ , mamma?
2. Tutti (prendere) _____ il caffè.
3. Alberto (diventare) _____ un famoso scrittore.
4. I prezzi in Italia mi (sembrare) _____ molto cari.   .
5. Signorina, quanto (spendere) _____ ?
6. Voi (venire) _____ a piedi?
7. Uno studente mi (chiedere) _____ se poteva fumare, ma io (rispondere) _____ di no.
8. Anche voi (bere) _____ birra?
9. Io (dire) _____ buon giorno, loro mi (dire) _____ ciao!
10. Neanche lei (tradurre) _____ le frasi.
11. I miei amici (decidere) _____ di aspettare un altro mese.
12. Che tempo (fare) _____ ieri?
13. Noi (scegliere) _____ un appartamento di quattro stanze.
14. Non ricordo che cosa (succedere) _____ dieci anni fa.
15. Nessuno (accendere) _____ la radio.

b. **Maschile, femminile.** *Riscrivere ogni frase cambiando dal maschile al femminile e viceversa e facendo ogni cambiamento necessario. Ricordare che molti nomi hanno la stessa forma per il maschile e per il femminile e che il solo cambiamento necessario è quello dell'articolo o dell'aggettivo.*

1. Il protagonista del nuovo film ha annunciato il suo matrimonio.
2. Mio nipote è andato in vacanza.
3. Un uomo si è avvicinato al bambino.
4. Sua sorella è diventata farmacista.
5. Il dottore mi ha fatto i raggi X (*read* "ics").
6. Il grande scrittore ha tenuto una conferenza stampa.
7. Nessun amico mi ha scritto a Natale.
8. L'autrice del libro è morta.

c. **Gli scioperi.** *Michele racconta quello che ha fatto durante un periodo di scioperi. Riscrivere il brano al passato prossimo.*

Ci sono molti scioperi in questo mese e decido di partecipare anch'io. Invece di lavorare faccio delle belle passeggiate. Prendo tanti libri in biblioteca e li leggo con interesse. Preparo dei pranzi meravigliosi e li offro agli amici. Qualche volta vado al cinema qui vicino e vedo dei vecchi film di Chaplin molto divertenti. Decido perfino di comprare un televisore nuovo e spendo un mucchio di soldi. Che bello fare sciopero!

d. **Che giornataccia** (what a bad day)! *Raccontare ad un amico/un'amica che cosa ha fatto oggi. L'amico/a Le fa domande e Lei risponde facendo riferimento alla lista seguente. Alternatevi i ruoli.*

1. svegliarsi alle 7,00
2. fare la doccia
3. fare colazione e vestirsi in fretta e furia
4. correre alla fermata dell'autobus
5. perdere l'autobus
6. arrivare all'università in ritardo ed entrare nell'aula sbagliata
7. rimanere a lezione fino all'una
8. pranzare alla mensa con Roberta
9. cominciare la ricerca di storia in biblioteca
10. prendere l'autobus e scendere una fermata prima
11. fare due passi prima di arrivare a casa

e. **Il milionario eccentrico.** *Il signor Bonaventura è un milionario eccentrico. Un giorno Le offre diecimila dollari a una condizione: Lei deve poi dirgli come ha speso i soldi. Lei accetta, prende i soldi, li spende e adesso spiega come li ha spesi.*

Essere *o* avere?

Some verbs may be conjugated with either **essere** or **avere** depending on how they are used.

A. Some weather expressions take either **essere** or **avere**.

È piovuto. (Ha piovuto.) È nevicato. (Ha nevicato.) È grandinato. (Ha grandinato.)
It rained. *It snowed.* *It hailed.*

B. Some verbs require **essere** when used intransitively (without a direct object) and **avere** when used transitively (with a direct object). Note that sometimes the meaning of the verb changes.

passare	**Sono passato** in biblioteca. *I stopped at the library.*	**Ho passato** un'ora in biblioteca. *I spent one hour in the library.*
salire	**Sono saliti** sul treno. *They boarded the train.*	**Hanno salito** la collina. *They climbed the hill.*
scendere	**Siamo scesi** in cantina. *We went down in the cellar.*	**Abbiamo sceso** le scale. *We went down the stairs.*
cambiare	La mia vita è **cambiata.** *My life has changed.*	**Ho cambiato** abitudini. *I changed habits.*

comminciare	Quando è **cominciato** l'anno accademico? *When did the academic year start?*	Quando **hai cominciato** la lezione? *When did you begin the lesson?*
finire	Le vacanze **sono finite** il 30 agosto. *Vacation was over on August 30.*	**Abbiamo finito** il libro. *We have finished the book.*

C. Some verbs of movement take **essere** if a point of departure or a point of arrival is mentioned, no matter how general; otherwise they take **avere**.

correre	**Sono corso** a casa a prendere la chiave. *I ran home to get the key.*	Sono stanco perché **ho corso.** *I am tired because I ran.*
saltare	Il gatto **è saltato** dalla finestra. *The cat jumped from the window.*	Il bambino **ha saltato** tutto il giorno. *The child jumped up and down all day.*
volare	L'uccello **è volato** sull'albero e poi **è volato** via. *The bird flew to the tree and then flew away.*	Il nonno non **ha** mai **volato.** *Grandpa has never flown.*

D. When used by themselves (not followed by an infinitive), **dovere, potere,** and **volere** require **avere**.

Non sei andato?—No, non ho potuto.
You didn't go?—No, I couldn't.

When followed by an infinitive, these three verbs are conjugated with **avere** or **essere** depending on whether the verb in the infinitive normally requires **avere** or **essere**. It is, however, becoming more and more frequent to use **avere** with **dovere, potere,** and **volere** regardless of what verb follows.

Non ho potuto dormire. *I couldn't sleep.*	È dovuto partire. Ha dovuto partire. *He had to leave.*

If **dovere, potere,** and **volere** are followed by a reflexive verb, two constructions are possible: one with **avere** and the reflexive pronoun attached to the infinitive of the verb; the other with **essere** and the reflexive pronoun preceding the conjugated form of **essere** (see p. 120).

Ho dovuto lavar**mi.** **Mi** sono dovuto lavare. *I had to wash.*	Non avete voluto curar**vi.** Non **vi** siete voluti curare. *You refused to take care of yourselves.*

ESERCIZI

a. *Riscrivere le seguenti frasi al passato prossimo.*

1. Quando andiamo all'università, passiamo davanti al monumento a Cristoforo Colombo.
2. Dove passi le vacanze?
3. Quando finiscono le lezioni?
4. Non vogliono partire in marzo.
5. La ragazza scende dal treno e corre verso i genitori.
6. Salgono e scendono le scale molte volte e così si stancano.
7. Non vi fermate?—No, non possiamo fermarci.
8. A che ora comincia il film?
9. Corro a casa appena posso.
10. Voli sempre con l'Alitalia?

II. Articolo determinativo

The **articolo determinativo** (*definite article*) has seven different forms according to the gender, number, and first letter of the word it precedes. The English equivalent is always *the*. Its forms are:

	SINGULAR		PLURAL	
	Masculine	Feminine	Masculine	Feminine
before a consonant	il	la	i	le
before s + consonant, z, and ps	lo	la	gli	le
before a vowel	l'	l'	gli	le

il dottore e lo psichiatra
la sorella e l'amica
gli americani e le americane

Note that the article is repeated in Italian before each noun.

The word immediately following the article is the one that determines its form.

il ragazzo   **l'**altro ragazzo
the boy   *the other boy*

lo zio   **il** giovane zio
the uncle   *the young uncle*

Preposizioni articolate

Some common prepositions combine with the definite article to form a single word.

	+il	+lo	+la	+l'	+i	+gli	+le
PREPOSITIONS + ARTICLES							
a	al	allo	alla	all'	ai	agli	alle
da	dal	dallo	dalla	dall'	dai	dagli	dalle
su	sul	sullo	sulla	sull'	sui	sugli	sulle
in	nel	nello	nella	nell'	nei	negli	nelle
di	del	dello	della	dell'	dei	degli	delle
con	col				coi		

Note that in modern Italian **con** may combine with the article in only two instances:

con + il = **col**   con + i = **coi**

al caffè della stazione
at the railroad station bar

tè col (con il) latte
tea with milk

nelle ore dei pasti
at mealtimes

nel palazzo dell'avvocato
in the lawyer's building

sui treni e sugli aeroplani
on the trains and on the planes

all'inizio e alla fine
at the beginning and the end

A. The preposition alone is used in common expressions referring to places and rooms of a house.

in campagna	*in, to the country*	**in salotto**	*in, to the living room*
in montagna	*in, to the mountains*	**in biblioteca**	*in, at, to the library*
in città	*in, to the city/town, downtown*	**in giardino**	*in, to the garden*
in paese	*in, to the village*	**in chiesa**	*in, to the church*
in camera	*in, to the bedroom*	**a teatro**	*at, to the theater*

The article must be used, however, if the noun is modified by an adjective or phrase.

nel giardino pubblico
in the public garden

nella biblioteca dello zio
in the uncle's library

B. Note the following special idiomatic uses of prepositions.

alla radio	*on the radio*	**al** telefono	*on the phone*
alla televisione	*on TV*	**sul** giornale	*in the newspaper*

C. The prepositions listed in the chart above, especially **a** and **di,** may be used with other prepositions to form prepositional phrases.

vicino a	*near*	**prima di**	*before*
lontano da	*far from*	**oltre a**	*in addition to*
davanti a	*in front of*	**fino a**	*till, until*
dietro (a)	*behind*	**invece di**	*instead of*

Devo prendere la medicina prima dei pasti o
dopo i pasti?
*Shall I take the medicine before the meals or
after the meals?*

C'è una banca vicino all'università.
There is a bank near the university.

Bevono il tè invece del caffè.
They drink tea instead of coffee.

Cosa c'è dietro il (al) muro?
What is behind the wall?

Uso dell'articolo determinativo

A. Unlike English, the definite article in Italian is used in the following cases:

1. With geographical names (names of continents, countries, rivers, states, provinces, large islands, mountains, lakes).

L'Italia è bella.
Italy is beautiful.

Conosci **il** Massachusetts?
Do you know Massachusetts?

However, the article is omitted after **in** if the geographical term is unmodified, feminine, and singular.

La Toscana è **in** Italia, **nell'**Italia centrale.
Tuscany is in Italy, in central Italy.

Boston è **nel** Massachusetts, **nell'**America del Nord.
Boston is in Massachusetts, in North America.

2. With days of the week in the singular to indicate that something happens regularly.

Mangiamo pesce **il** venerdì.
We eat fish on Fridays.

However, it is omitted when referring to a specific day.

Mario è arrivato venerdì.
Mario arrived on Friday.

3. With proper names preceded by a title (**Signore,**[1] **Dottore, Professore, Avvocato, Conte, Signora, Signorina,** etc.).

Il Professor Bianchi insegna bene.
Professor Bianchi teaches well.

It is omitted, however, when one speaks directly to the person using the title.

Professor Bianchi, ha letto il romanzo *Il bell'Antonio?*
Professor Bianchi, have you read the novel Il bell'Antonio?

Buon giorno, signora Rossi. Come sta?
Good morning, Mrs. Rossi, how are you?

---

[1] Titles ending in **-ore** drop the **-e** before a proper name or noun. The capitalization of titles is optional.

64 CAPITOLO 3

4. Before names of languages (all languages are masculine) unless they are preceded by **di** or **in**. The article is also frequently omitted when the language is the object of the verbs **parlare, insegnare,** or **studiare:**

Impariamo **il** francese.
We are learning French.

Ecco il libro **di** francese.
Here is the French book.

È scritto **in** francese.
It is written in French.

In classe **parliamo francese.**
In class we speak French.

5. Before nouns used in a general sense or indicating a whole category.

Gli uomini sono mortali.
Men are mortal.

La pazienza è una virtù.
Patience is a virtue.

Lo zucchero è bianco.
Sugar is white.

6. Instead of the English possessive (*my, your, his,* etc.) when referring to the parts of the body, articles of clothing, and personal effects belonging to the subject of the verb (see p. 99).

Ha alzato **la** mano.
He raised his hand.

Ti sei messo **i** guanti?
Did you put on your gloves?

7. After the verb **avere** with nouns that give a physical description.

Mirella ha **i** capelli biondi e **gli** occhi verdi.
Mirella has blond hair and green eyes.

La bambina aveva **le** mani fredde.
The child had cold hands.

8. When combined with **a** to convey *every* or *per*.

Lavoriamo otto ore **al** giorno.
We work eight hours a day.

Novanta chilometri **all'**ora.
Ninety kilometers an (per) hour.

Costa mille lire **al** chilo.
It costs a thousand liras a kilo.

ESERCIZI

a. *Inserire la forma corretta dell'articolo o della preposizione (semplice o articolata).*

1. _____ italiano è facile, non è vero?
2. Vanno sempre _____ cinema.
3. Mio padre è professore _____ spagnolo.
4. _____ autunno è bello _____ montagna.
5. Ho ricevuto una cartolina _____ zii.
6. Non ricordi il prezzo _____ broccoli?
7. Sento il vento _____ mia pelle.
8. Davanti _____ albergo c'è una statua.
9. _____ Professor Vivaldi è malato.
10. C'è troppo sale _____ minestra.

11. _____ fine del film i due si sposano.
12. Abbiamo passato le vacanze _____ Germania del sud.
13. _____ piccolo Mario non si sente bene.
14. _____ bambini americani non vanno a scuola _____ sabato.
15. Che cosa c'è _____ televisione stasera?
16. Quante ore _____ giorno studiate?
17. Dicono che _____ amore è cieco (*blind*).
18. _____ ragazze avevano _____ capelli lunghi.

III. *Bello* e *quello*

Bello (*beautiful, handsome, fine*) and **quello** (*that*) have parallel forms when they precede the noun they modify. Note the similarity with the forms of the definite article.

	SINGULAR		PLURAL	
	Masculine	Feminine	Masculine	Feminine
before a consonant	il/bel/quel	la/bella/quella	i/bei/quei	le/belle/quelle
before s + consonant, **z**, and **ps**	lo/bello/quello	la/bella/quella	gli/begli/quegli	le/belle/quelle
before a vowel	l'/bell'/quell'	l'/bell'/quell'	gli/begli/quegli	le/belle/quelle

quell'avvocato e **quello** psichiatra   **bei** negozi e **belle** vetrine   **quei begli** occhi

A. When **bello** follows the noun it modifies, either directly or after the verb, it takes the regular adjective endings: **bello, bella, belli, belle.**

Un ragazzo bello può essere egoista.
A handsome young man can be selfish.

L'americana era bella.
The American was beautiful.

I fiori diventano belli dopo la pioggia.
Flowers become beautiful after the rain.

—No, no! Non quello...

B. When **quello** is used as a pronoun, it follows the regular pattern: **quello, quella, quelli, quelle.**

Prendo quello.
I'll take that one.

Preferiamo questi, non quelli.
We prefer these, not those.

ESERCIZI

a.   **Lo spettacolo di ieri.** *Lucia è andata a teatro ieri sera e ora ne parla con Claudia. Inserire la forma corretta di* **quello** *e* **bello.**

LUCIA: Ho visto un _____ spettacolo ieri sera.
CLAUDIA: Dove?
LUCIA: In _____ _____ teatro nuovo di via Pacini.
CLAUDIA: Chi c'era?
LUCIA: C'erano _____ _____ ragazzi che abbiamo conosciuto a casa di Enrico e c'era anche _____ tipo strano che sembra Einstein.
CLAUDIA: Chi erano gli attori?
LUCIA: C'erano solo due personaggi: _____ maschile era un uomo sui quarant'anni molto affascinante, _____ femminile era una _____ signora che faceva la psichiatra.
CLAUDIA: Com'era la scena (*stage setting*)?
LUCIA: Era molto _____ . C'era un _____ scrittoio come _____ di tuo nonno e tanti altri _____ oggetti d'arte. Insomma, è stata proprio una _____ rappresentazione.

IV. Interrogativi

A. The most common interrogative adverbs are:

come[1]	*how*
come mai	*how come*
dove[1]	*where*
quando	*when*
perché	*why*

In questions beginning with interrogative adverbs, the subject is usually placed at the end.[2]

Dove studia l'italiano Mario?
Where does Mario study Italian?

---

[1] **Come** and **dove** usually become **com'** and **dov'** in front of forms of **essere** beginning with **e-**: **Com'era verde la mia valle!** *How green was my valley!* **Dov'è il concerto?** *Where is the concert?*
[2] In Italian yes-and-no questions, the subject may be placed either at the beginning or at the end of the question: **Gino abita in Italia? Abita in Italia Gino?** *Does Gino live in Italy?*

Perché and **come mai,** however, allow for two positions for the subject: at the end of the question or before the verb.

Perché studia l'italiano Mario?
Perché Mario studia l'italiano?
Why does Mario study Italian?

B. The interrogative adjectives are:

quanto, -a, -i, -e	*how much, how many*
che	*what, what kind of*
quale, quali	*which, what*

As with all adjectives, interrogative adjectives agree in gender and in number with the noun they modify except for **che,** which is invariable.

Quanto tempo avete?
How much time do you have?

In che modo intende pagare?
How (in what way) do you plan to pay?

Che frutta vende?
What kind of fruit does he sell?

Quanti figli ha?
How many children do you have?

Quanta birra hanno comprato?
How much beer did they buy?

In quale città è nato?
In which city were you born?

Quale implies a choice between two or more alternatives, whereas **che** is used in more general terms. In modern usage, however, **quale** and **che** are often used interchangeably.

Che (quali) libri usiamo?
What books are we using?

In che (quale) anno è nato?
What year were you born?

C. The interrogative pronouns are:

chi	*who, whom*
che, cosa, che cosa	*what*
quanto, -a, -i, -e	*how much, how many*
quale (qual[1]), quali	*which (one), which (ones)*

Chi legge i fumetti?
Who reads comic strips?

Quanti hanno detto di sì?
How many said yes?

Che cosa (che, cosa) ha detto?
What did you say?

Quali hai preso?
Which ones did you take?

1. Prepositions, such as **di, a** and **con,** always precede an interrogative pronoun because Italian sentences must never end with a preposition.

Di chi parliamo?
Whom are we talking about?

A chi dai questi fiori?
To whom are you giving these flowers?

Con chi uscite stasera?
With whom are you going out tonight?

---

[1] **Quale** may become **qual** before forms of **essere** beginning with e-.

2. **Di chi,** with the meaning *whose*, is directly followed by a form of **essere**.

Di chi è quel cane?   Di chi sono i libri?
Whose dog is that?   *Whose books are they?*

3. **Che cosa** + **essere** is used to ask for the definition of the word that follows **essere**.

Che cosa è la semiotica?   Che cosa è l'odio   Che cosa sono le «fragole»?
What is semiotics?   *What is hatred?*   *What are "fragole"?*

Quale (qual), quali + **essere** is used to ask for information and not for the definition of the word.

Qual è la differenza?   Qual è il problema?   Quali sono le qualità di un
What is the difference?   *What's the problem?*   buon marito?
                                                 What are the qualities of a good
                                                 husband?

ESERCIZI

a.   *Gli amici di Luigi sono tornati dalle vacanze. Marco vuole sapere com'è andata. In base alle risposte, formulare le domande di Marco usando le parole interrogative.*

1. Sono venuti in aereo.
2. Sono partiti da Londra.
3. Sono arrivati questa mattina.
4. Hanno detto che erano contenti di vederci.
5. Sono andato a prenderli io in macchina.
6. Sono andato a prenderli con la macchina di Roberta.
7. Hanno passato le vacanze in Europa.
8. Hanno passato le vacanze con i loro parenti italiani.
9. Sono stati in Italia tre settimane.
10. Erano cinque anni che non tornavano in Italia.
11. Hanno portato regali a me e ai miei genitori.
12. Ora si riposano per due giorni e lunedì tornano a lavorare.

—**Non fa che ripetere: «Chi sono? Da dove vengo? Dove vado?»**.

b.   **Come hanno passato le vacanze?** *Il signor Giannini e la signora Rosati sono in autobus e parlano delle loro vacanze. In gruppi di due studenti mettete in scena la conversazione. Includete le espressioni seguenti: dove andare, perché, con chi, come/con quale mezzo di trasporto, quanto tempo restare, che cosa vedere, che cosa fare la sera, quanto spendere.*

V. L'ora

A. Italians use both the twelve-hour and the twenty-four-hour clocks to tell time. Official time (for trains, buses, planes, theaters, movies, etc.) is expressed using the twenty-four-hour system. After twelve noon one continues counting up to 24 (midnight). Following is a list comparing the two systems.

12-hour clock		24-hour clock	
12 (noon)	mezzogiorno	le dodici	12:00
1 P.M.	l'una	le tredici	13:00
2 P.M.	le due	le quattordici	14:00
3 P.M.	le tre	le quindici	15:00
4 P.M.	le quattro	le sedici	16:00
5 P.M.	le cinque	le diciassette	17:00
6 P.M.	le sei	le diciotto	18:00
7 P.M.	le sette	le diciannove	19:00
8 P.M.	le otto	le venti	20:00
9 P.M.	le nove	le ventuno	21:00
10 P.M.	le dieci	le ventidue	22:00
11 P.M.	le undici	le ventitré	23:00
12 (midnight)	mezzanotte	le ventiquattro	24:00

The feminine definite article (**l'**, **le**) is used before the number of the hour. It agrees in form with **ora** (*hour*) or **ore** (*hours*), which is not expressed. All times other than one o'clock are plural and thus require the feminine plural article **le**.

l'una	le due	le undici
one o'clock	*two o'clock*	*eleven o'clock*

B. To indicate a fraction of an hour, from the hour to half past use **e** + the minutes elapsed; from the half hour to the hour use **e** + the minutes elapsed or the next hour minus the number of minutes to go.

le due e cinque	le quindici e trenta	l'una e quaranta (le due meno venti)
2:05	*3:30 P.M.*	*1:40*

Un quarto (*a quarter*) and **mezzo** (*a half*) are also used, but not with the twenty-four-hour clock.

le due e un quarto	le tre e mezzo	le cinque meno un quarto
le due e quindici	le tre e trenta	le quattro e quarantacinque
2:15	*3:30*	*4:45*

In everyday conversation the distinction between A.M. and P.M. is made by adding the following expressions to the time: **di mattina** or **del mattino** (*in the morning*), **del pomeriggo** (*in the afternoon*), **di sera** or **della sera** (*in the evening*), **di notte** (*in the night, at night*).

le otto di mattina	le quattro del pomeriggio
8 A.M.	*4 P.M.*
le nove di sera	le due di notte
9 P.M.	*2 A.M.*

C. To ask and tell time in the present and in the past, use the following expressions:

Che ora è?	**Che ora era?**	**A che ora?**
Che ore sono?	**Che ore erano?**	*At what time?*
What time is it?	*What time was it?*	
È mezzogiorno.	**Era mezzogiorno.**	**A mezzogiorno.**
It is noon.	*It was noon.*	*At noon.*
È l'una.	**Era l'una.**	**All'una.**
It is one o'clock.	*It was one o'clock.*	*At one.*
Sono le due.	**Erano le due.**	**Alle due.**
It is two o'clock.	*It was two o'clock.*	*At two.*

Note that **essere** is used in the third person singular for **mezzogiorno, mezzanotte,** and **l'una** and in third person plural for all other hours.

The verb **mancare** may also be used to express time.

Mancano venti minuti alle due.	Mancava un minuto a mezzanotte.
It is twenty minutes to two.	*It was one minute to midnight.*

Come esprimere la parola time

The English word *time* corresponds to several words in Italian, depending on the idea being expressed.

1. **Ora** means *time of day, hour,* or the proper time to do something.

Signorina, ha l'ora?	Mamma, è già ora di mangiare?
Signorina, do you have the time?	*Mother, is it time to eat yet?*

2. **Volta** expresses an instance or an occasion. **Qualche volta** means *sometimes.*

Devi farlo ancora una volta.	Sono venuti tre volte.
You must do it once more.	*They came three times.*

3. **Tempo** refers to duration of time, a period of time, or time in the abstract.

Avete aspettato molto tempo?	Non ho tempo ora.	Il tempo è denaro.
Did you wait a long time?	*I don't have time now.*	*Time is money.*

4. **Divertirsi** means *to have a good time.*

Ci divertiamo sempre a Roma.
We always have a good time in Rome.

ESERCIZI

a. *Completare con* **ora, volta** *o* **tempo.**

1. Hanno visto il film tre _____ .
2. Jack non ha _____ per divertirsi.
3. Ogni _____ che viene lei, piove!
4. A che _____ è l'ultimo treno?
5. Bambini, è _____ di andare a dormire.
6. Tu non perdi _____ !
7. Che _____ sono?
8. C'era una _____ una bella principessa.

VI. Giorni, stagioni, mesi, anni

A. Days of the week are not capitalized and do not require an article unless an habitual action is expressed.

Sono arrivati sabato.
They arrived (on) Saturday.

Non lavorano **il** sabato.
They don't work on Saturdays.

B. Le stagioni

1. The names of the seasons are not capitalized and are usually preceded by the definite article.

Là primavera è la mia stagione preferita.
Spring is my favorite season.

2. **In** or **di** is used without the definite article to express *in* + the season.

In primavera piove spesso.
It often rains in the spring.

Dove vanno le mosche **d'**inverno?
Where do flies go in the winter?

C. I mesi

1. Months are masculine, are not capitalized, and do not require an article.

Di solito agosto è il mese più caldo.
Usually August is the hottest month.

2. **In** or **a** is used to express *in* + the month.

In gennaio fa freddo.
It's cold in January.

Si sono sposati **a** maggio.
They married in May.

3. The masculine definite article + a cardinal number + a month is used to express a specific day of the month or *on* + the day of the month. An exception is *the first*, which is **il primo** + the month.

il due settembre
September second
on September second

l'undici settembre
September eleventh
on September eleventh

il primo settembre
September first
on September first

4. Italian uses a different word order than English in numerical abbreviations.

9/5 = il nove maggio (not *September fifth!*)
1/9 = il primo settembre (not *January ninth!*)

D. Gli anni

The masculine singular definite article is used when referring to a year. The article combines with prepositions.

Il 1929 è stato un anno molto difficile.
1929 was a very difficult year.

La guerra è finita **nel** 1945.
The war ended in 1945.

Kennedy fu presidente **dal** 1960 **al** 1963.
Kennedy was president from 1960 to 1963.

E. The following expressions are commonly used in reference to dates and time.

1. To ask about dates:

In che giorno?—Il cinque ottobre.
On what day?—On October fifth.

Quanti ne abbiamo oggi?—Ne abbiamo cinque.
What's today's date?—It's the fifth.

Che giorno è oggi?—È il cinque ottobre.
What day is today?—It is October fifth.

2. To express times of the day:

di mattina (la mattina)
in the morning

di sera (la sera)
in the evening

di pomeriggio (nel pomeriggio)
in the afternoon

di notte (la notte)
at night

3. To indicate past time:

due ore (giorni, settimane, mesi) fa
two hours (days, weeks, months) ago

il mese scorso (la settimana scorsa, l'anno scorso)
last month (last week, last year)

4. To indicate future time:

fra due ore (giorni, settimane, mesi)
in two hours (days, weeks, months)

il mese prossimo (la settimana prossima, l'anno prossimo)
next month (next week, next year)

5. To indicate duration and approximation of time:

dalle due alle tre	fino alle quattro	verso le cinque
from two to three	*until four*	*around five o'clock*

ESERCIZI

a. **Parliamo un po'.**

1. Che giorno era ieri? Quanti ne avevamo?
2. Fino a che ora resta all'università ogni giorno Lei?
3. Dov'era due anni fa e cosa faceva?
4. Qual è il Suo giorno preferito? Qual è la Sua stagione preferita? Perché?
5. Lei studia meglio di sera, di notte o di mattina?
6. Che cosa ha fatto ieri dalle undici a mezzogiorno?
7. Che cosa ha intenzione di fare l'estate prossima?
8. Quale data è importante per Lei? Perché?
9. Quante volte ha saltato la lezione d'italiano quest'anno?

b. **Brevi interviste.**

1. Lei è esperto/a di oroscopi e Antonio è venuto da Lei per un consiglio. Gli chieda le informazioni necessarie: la data di nascita, il giorno della settimana e l'ora.
2. Lei studia italiano in Minnesota. C'è un nuovo studente che viene dalle Isole Vergini. Scambiatevi le informazioni sul tempo e le stagioni nei rispettivi paesi, e spiegate quali sono per voi i mesi migliori dell'anno e perché.
3. I Suoi genitori Le telefonano spesso. Oggi Le chiedono se è molto impegnato/a. Li informi sull'orario delle lezioni giorno per giorno.

LETTURA

VOCABOLARIO UTILE

la bancarella (market) stall
la borsa handbag
il dubbio doubt
i generi alimentari food items
il golfino sweater
la pelletteria leather store
il paragone comparison

apposta on purpose
in compenso in return

la provvista supply
la réclame advertising
la roba stuff
le scarpe da ginnastica sneakers
la scelta choice
lo/la stilista designer
il tailleur (woman's) suit
il vitto food

sotto casa near home

Spesso le boutique offrono modelli esclusivi

abituarsi   to get used to
accontentarsi   to be content with
sistemarsi   to settle (down)
consigliare bene/male   to give
  good/bad advice
fare bella figura   to look smart/
  elegant

potersi permettere (non me lo posso
  permettere)   to be able to afford
  (I can't afford it)
valere la pena (non ne vale la pena)
  to be worthwhile (it's not worth it)

PRIMA DI LEGGERE

Elisa Ercolessi ha conseguito° la laurea in fisica presso l'Università di   *obtained*
Bologna e ora è candidata al dottorato di ricerca° in fisica teorica alla   *PhD*
Syracuse University. Le abbiamo domandato le sue opinioni sul "fare gli
acquisti" in America.

   In gruppi di tre o più studenti esaminate i vari modi di fare gli
acquisti nel vostro paese. Pensate alla qualità dei prodotti, ai prezzi, agli
sconti, ai vari tipi di negozi e centri commerciali... Quali difficoltà e quali
vantaggi pensate che abbiano gli stranieri negli Stati Uniti? Che difficoltà
pensate di trovare voi in un paese straniero?

Intervista con Elisa

Domanda *Da quanto tempo è negli Stati Uniti?*

Risposta Sono venuta alla fine dell'anno scorso.

Domanda *Come si è sistemata?*

Risposta Ho preso un appartamento, è modesto, ma non potevo permettermi molto di più.

Domanda *Trova che la vita è cara in America?*

Risposta Non necessariamente. Ho notato che, se uno si accontenta, è possibile mangiare e vestirsi spendendo poco.

Domanda *Dove fa le spese?*

Risposta Per il vitto al supermercato. I prezzi sono forse più bassi che in Italia, ma non c'è paragone con il macellaio o il negozio di frutta e verdura sotto casa.

Domanda *Ma anche in Italia ci sono i supermercati. Lei non ci va?*

Risposta Sì, certo. Ora abbiamo addirittura gli ipermercati dove si compra all'ingrosso°, ma ci andiamo una volta al mese per le provviste di base come l'olio, lo zucchero, la pasta... quella roba lì che magari° costa meno. Ma il fruttivendolo o il mercato rionale° hanno prodotti freschi. Una cosa che mi ha colpito è che qui ho potuto comprare frutta e verdure tutto l'anno senza la differenza dovuta alle stagioni.

all'ingrosso°: wholesale
magari°: perhaps
mercato°: neighborhood market

Domanda *Ha fatto spese di altro genere?*

Risposta Ho comprato jeans e magliette e tante scarpe da ginnastica; in Italia un paio di Nike costano ottanta o novantamila lire.

Domanda *E cos'altro?*

Risposta Niente. I vestiti belli

costano quanto in Italia e allora tanto vale° comprarli là. Devo anche dire che non ho ancora imparato a fare le spese in un grande magazzino, anche se bello. C'è troppa roba di qualità differenti, io ho la decisione difficile° e la grande scelta mi aumenta i dubbi. E poi, a dir la verità, non ho capito dove conviene fare le spese. I giornali sono sempre pieni di réclame di svendite e ogni volta mi domando se ho speso bene i miei soldi, se non hanno alzato apposta i prezzi prima di abbassarli, se non mi sono lasciata imbrogliare.

tanto vale°: you might as well
io ho: I am slow to decide

Domanda *Ma a Bologna dove fa le spese?*

Risposta Mah, io sono abitudinaria°. Conosco un paio di boutique che vendono modelli esclusivi anche se non firmati da stilisti famosi, una pelletteria che ha delle belle borse, i golfini si trovano dappertutto°, qualche volta perfino sulle bancarelle del mercato... Finisco per andare sempre negli stessi posti, anche perché mi conoscono, mi consigliano bene e mi fanno lo sconto.

abitudinaria°: person of fixed habits
dappertutto°: everywhere

Domanda *Lei è sempre molto elegante, evidentemente compra della roba di buona qualità e non a buon mercato, mi sbaglio?*

Risposta Dipende. Le cose belle non sono mai veramente a buon mercato. Un bel tailleur, per esempio, parte dal mezzo milione°; in compenso fa bella figura per diversi anni.

parte°: starts from $400

Domanda *Secondo Lei, che cosa conviene comprare in America?*

Risposta Gli oggetti elettrici e elettronici: radio, televisori, videoregistratori, lettori CD°,

lettori°: CD players

computers, forni a microonde, asciugacapelli... Solo che poi in Italia non funzionano perché la tensione è differente.

Domanda *È vero. Allora, cosa riporterà in Italia?*
Risposta Un mare° di libri e una bella macchina fotografica.   *great quantity*

COMPRENSIONE

1. Elisa ha già un titolo universitario? Quale?
2. Che cosa fa in America?
3. Dove abita? Dove fa la spesa? Secondo voi mangia spesso in casa o va al ristorante?
4. A Elisa piacciono tutti i prodotti che trova nei negozi di generi alimentari?
5. Quali articoli di vestiario ha comprato Elisa? Perché?
6. Elisa si è abituata a fare le spese nei grandi magazzini? Le piace? Perché sì, perché no?
7. Secondo voi Elisa spende tanti soldi ogni anno per rinnovare tutto il guardaroba?
8. Quali sono gli articoli che si comprano a buon prezzo in America?
9. Che cosa pensa di riportare in Italia Elisa? Perché?

Studio di parole

to raise, to rise

alzare
to raise, to cause to rise
Used with a direct object.

Perché hai alzato la mano?
Why did you raise your hand?

aumentare
to raise, to increase

Hanno aumentato il prezzo del caffè.
They raised the price of coffee.

aumento *raise, increase*

alzarsi
to get up, to stand up

La domenica mi alzo sempre tardi.
On Sundays I always get up late.

essere alzato; stare alzato
to be up; to stay up

Sono le sei e la mamma è già alzata.
It's six o'clock and mama is already up.

to turn

voltare or **girare**
to cause to turn, to turn
Used with a direct object.

Ho voltato l'automobile e sono tornato a casa.
I turned the car around and went home.

voltarsi or **girarsi**
to turn (oneself) around

Mi sono girato a guardare.
I turned around to look.

Devi girare la pagina.
You must turn the page.

Molti italiani si voltano quando vedono passare una bella macchina.
Many Italians turn when they see a pretty car go by.

to ask

chiedere (qualcosa **a** qualcuno)
to ask for, to request

domandare (qualcosa **a** qualcuno)
to ask (a question), to inquire

Ho chiesto il conto al cameriere.
I asked the waiter for the bill.

Domanda a papà quando torna.
Ask daddy when he's coming back.

Non mi piace chiedere favori alla gente.
I don't like to ask people for favors.

Vi ho domandato il prezzo tre volte!
I've asked you for the price three times!

The distinction between **chiedere** (= **chiedere per avere**) and **domandare** (= **interrogare per sapere**) is not always maintained. **Chiedere** is used more and more frequently and seems to be replacing **domandare**.

Note: *To ask a question* is **fare una domanda.**

Mi fate sempre tante domande!
You always ask me so many questions!

PRATICA

a. *Scegliere la parola che completa meglio la frase.*

1. Non dovete (chiedere/fare) domande imbarazzanti.
2. Non sono ancora le otto e la mamma (si alza/è alzata) da due ore!
3. Ho bisogno della ricevuta (*receipt*). Ricordati di (chiederla/domandarla)!
4. Non sappiamo perché non hanno (alzato/aumentato) il prezzo della benzina quest'estate.
5. Vincenzo (volta/si volta) sempre quando vede passare una bella ragazza.

b. *Inserire le parole opportune.*

1. Abbiamo perso la strada! Perché non _____ a destra?
2. In periodo di esami noi _____ a studiare fino a tardi.
3. I miei studenti _____ sempre tante _____ e io rispondo.
4. Quando papà _____ la voce vuol dire che è arrabbiato.
5. Ho bisogno di soldi, ma non ho il coraggio di _____li ancora a mia madre.
6. Diego voleva _____ti un'informazione, ma non c'eri.

c. *Domande per Lei.*

1. In quali giorni della settimana si alza tardi Lei? Quante volte si è alzato/a tardi questa settimana?

2. Lei trova facile chiedere favori alla gente? Che cosa chiede senza problema e che cosa non chiede mai?
3. Hanno aumentato le tasse (*tuition*) alla Sua università negli ultimi anni? Quanto paga all'anno? Le sembra troppo, poco, giusto? Perché?
4. Se è per la strada per quali motivi si volta Lei? E i suoi amici/le sue amiche?
5. Lei fa spesso domande in classe? Perché sì, perché no?

TEMI PER COMPONIMENTO O DISCUSSIONE

1. Quali sono i vantaggi e/o gli svantaggi di fare le spese in un grosso centro commerciale, dove si trova di tutto, invece che in diversi negozi in città?
2. Tutti noi, ogni volta che compriamo qualcosa, facciamo delle scelte in relazione al nostro bilancio (*budget*). Dati i soldi che ha, che cosa compra Lei? (dei bei vestiti, un'automobile nuova, libri, gioielli, mobili, dischi...) Dove? Perché?
3. Paragoni (*compare*) il modo di acquistare i generi alimentari negli Stati Uniti con quello di altri paesi che conosce o di cui ha sentito parlare. Per esempio, come si farà la spesa in Europa, in Africa o in Cina? Tenga in considerazione fattori come l'organizzazione della società, la disponibilità (*availability*) dei prodotti a livello locale, la loro conservazione, i mezzi di trasporto, ecc.

◼ PER COMUNICARE

Nel negozio di calzature.   Carla vuole comprare un paio di scarpe in un negozio nel centro di Palermo.

COMMESSO: Prego signorina.

CARLA: Vorrei vedere quei mocassini marrone in vetrina, per favore.

COMMESSO: Che numero porta?

CARLA: Il trentotto e mezzo.

COMMESSO: Vengo subito.

CARLA: Sono proprio delle belle scarpe. Quanto vengono?

COMMESSO: Centoquarantamila con lo sconto del venticinque per cento.

CARLA: Sono piuttosto care!

COMMESSO: Ma sono molto comode e di ottima qualità. Vuole provare anche la sinistra?

CARLA: No, grazie. Sono molto belle ma vorrei pensarci un po'.

Offrire un servizio

Desidera?	
Prego.	*How can I help you?*
Mi dica.	
In che cosa Le posso essere utile?	*What can I do for you?*
Tocca a Lei, mi dica.	*It's your turn.*

Sollecitare un servizio

Per favore/piacere/cortesia...	
Mi dà/mostra/fa vedere...?	
Vorrei vedere/provare...	
Ho/avrei bisogno di...	
Non ha/avrebbe per caso...?	*By any chance, you wouldn't have . . .*
Sa dove posso trovare...?	

Fare acquisti

(Sì) mi piace. Lo/la prendo.	
Va bene. Prendo questo/a.	
(Non) è proprio quello che cercavo.	*This is (not) really what I was looking for.*
Mi ci faccia pensare...	*Let me think about it.*
Abbia pazienza! Non so quale/i scegliere.	*Be patient. I don't know what to choose.*
Grazie, ma è troppo caro/a.	

Chiedere il prezzo

Quanto costa/viene?
Quanto fa in tutto?
In tutto costa/viene/sono... mila lire.   *Altogether, it's . . . thousand liras.*
Mi fa lo sconto?
Che sconto mi fa?
Allora, quanto Le devo?   *How much do I owe you, then?*

CHE COSA DICE?

1. Lei entra nella pelletteria "Mirella" perché vuole vedere una valigia blu in vetrina. Cosa domanda?
2. È sabato pomeriggio e la libreria di Suo padre è piena di clienti. Dica a una signora che è il suo turno e chieda cosa desidera.
3. È il compleanno del Suo fidanzato/della Sua fidanzata e vuole comprargli/le qualcosa d'oro. Chieda al gioielliere di farLe vedere qualcosa.
4. Sta scegliendo una nuova montatura per gli occhiali dall'ottico di famiglia, ma non sa quale prendere. L'ottico deve servire altri clienti, Lei si scusa e dice di essere indeciso/a.

SITUAZIONI

1. Lei vuole regalare un televisore al suo ragazzo/alla sua ragazza. Il commesso Le propone alcuni apparecchi molto belli, ma costano troppo. Finalmente trova quello che vuole, ma non ha abbastanza contanti; per fortuna il negozio accetta i traveler's checks.
2. Deve fare degli acquisti per Sua madre. Telefoni ad un amico/un'amica e gli/le chieda se vuole venire in centro con Lei. L'amico/l'amica Le chiede che cosa deve comprare e in quali negozi vuole andare. Lui/lei accetta di venire e entrambi stabilite il luogo e l'ora dell'appuntamento. (Possibili suggerimenti: un rullino di foto per Sua madre, della carta per il computer di Sua sorella, una scatola di cioccolatini per Sua nonna, una cintura di pelle per Suo padre, i biglietti per il teatro, un dolce, dei fiori...)
3. Il Suo amico Jack è tornato dall'Italia con una bellissima giacca di pelle. Secondo Lei deve averla pagata moltissimo. Invece Jack l'ha comprata a un mercato di Firenze e Le racconta quanti soldi ha risparmiato, come ha fatto l'affare, ecc.
4. Lei ha comprato un nuovo divano (*sofa*). Spieghi a Sua madre che non aveva abbastanza soldi e ha dovuto chiederli a un amico/un'amica. Li ha ottenuti, ma al 15% di interesse. Pazienza! Ora la Sua camera è più bella con il divano nuovo.

CAPITOLO
4

Per cominciare

Alberto è in ritardo. La mamma ha bisogno della macchina e aspetta Alberto con impazienza. Eccolo finalmente!

MAMMA: Sei arrivato! Non tornavi più!

ALBERTO: Scusa. Ho incontrato Sabina e siamo rimasti a parlare.

MAMMA: Come sta?

ALBERTO: Bene! Non l'ho mai vista così contenta. Lei e Andrea sono andati ad abitare nella loro nuova casa in viale Manzoni.

MAMMA: Mi fa piacere. Erano diversi anni ormai che abitavano con i genitori di lui. L'hanno comprata la casa?

ALBERTO: No, l'hanno avuta in eredità dalla zia di Andrea.

MAMMA: Capisco, sì. Lidia voleva molto bene a suo nipote. Lei non si è mai sposata, non aveva figli, e Andrea è sempre stato il suo nipote preferito.

ALBERTO: È vero, lo dicevano tutti. Poi, quando sua zia ha capito che stava proprio male, ha fatto testamento e gli ha lasciato l'appartamento.

MAMMA: Mi fa proprio piacere. Ma lasciami andare ora. Ti aspettavo perché avevo bisogno della macchina.

VOCABOLARIO UTILE

La famiglia

il coniuge   spouse
i genitori   parents
il figlio, la figlia   son, daughter
il fratello, la sorella   brother, sister

il (bis)nonno, la (bis)nonna
   (great-)grandfather, (great-)grandmother
il gemello, la gemella
   twin brother, twin sister

I parenti

il cognato, la cognata   brother-in-law, sister-in-law
il genero, la nuora   son-in-law, daughter-in-law
il suocero, la suocera   father-in-law, mother-in-law

il cugino, la cugina   cousin
il nipote, la nipote   nephew/niece; grandson/granddaughter
lo zio, la zia   uncle, aunt

Stato civile

celibe   single (man)
nubile   single (woman)
coniugato/a   married
divorziato/a   divorced

separato/a   separated
scapolo   bachelor
vedovo/a   widower/widow

Espressioni

* **andare a trovare**   to visit
  aver fiducia in   to trust
  comportarsi bene, male   to behave properly, to misbehave
  divorziare, separarsi   to divorce, to separate
  essere affezionato a   to be fond of
  essere in buoni rapporti   to have a good relationship
  fare testamento   to make one's will
  festeggiare   to celebrate
  lasciare/ricevere in eredità   to bequeath, to inherit
  litigare   to quarrel
  voler bene a   to love

ESERCIZI _____

a.   *Rispondere alle domande seguenti.*

1. Perché era in ritardo Alberto?
2. Dove sono andati ad abitare Andrea e Sabina?
3. Come hanno ottenuto la loro nuova abitazione?
4. Perché la zia Lidia ha lasciato l'appartamento ad Andrea?
5. Che cosa ha fatto la zia di Andrea quando ha capito che stava proprio male?

b.   *Dare il contrario delle espressioni sottolineate.*

1. Si sono sposati a maggio.
2. Sul passaporto c'è scritto che Piero è ancora celibe.
3. Piero è affezionato a Carla.
4. Vanno d'accordo.
5. Si fanno molta compagnia.
6. Si comportano molto bene con i parenti di lui e di lei.

c.   **Chi sono?** *Rispondere con il corrispondente termine di parentela.*

ESEMPIO   Chi è il padre di Suo marito?
          È mio suocero.

1. la moglie di Suo figlio
2. il figlio di Sua sorella
3. il fratello di Suo marito
4. il marito di Sua figlia
5. il fratello di Sua sorella
6. Suo padre e Sua madre
7. la sorella di Suo padre
8. il padre di Sua madre
9. il figlio di Sua figlia
10. Suo zio, Sua cugina e Suo nipote

STRUTTURA

I. Passato prossimo e imperfetto

A. The **passato prossimo** and the **imperfetto** each have specific uses and express different things about the past. They cannot be used interchangeably without affecting the meaning of a sentence.

1. The **passato prossimo** is a *narrative* tense used to report a specific action that was completed in the past. The action may have lasted a short time or a long time, and it may have taken place once or a specified number of times, but it was completed. The **passato prossimo** answers the question *What happened?*

   Ieri sera Riccardo **ha studiato** fino a mezzanotte.
   Last night Richard studied until midnight.

2. The **imperfetto** is a *descriptive* tense used to describe how things or people were in the past. It is also used to express a past action that was habitual, that is, repeated over a general period of time, or a past action in progress, that is, going on, with no reference to its completion. The **imperfetto** answers the questions *What was it like? What used to happen? What was happening?*

   Ogni sera Riccardo **studiava** fino a mezzanotte.
   Every evening Richard studied until midnight. (habitual action)

   Ieri sera Riccardo **studiava** quando è arrivato un telegramma.
   Last night Richard was studying when a telegram arrived. (action in progress)

   Riccardo **era** un bravo studente: **studiava** all'Università di Firenze e **prendeva** bei voti.
   Richard was a good student: he studied at the University of Florence and got good grades. (description)

B. There are particular cases where a careful distinction between the two tenses is necessary.

1. The **imperfetto** describes conditions and states of being (physical, mental and emotional) in the past that have no specific beginning; the **passato prossimo** expresses the onset of a state of being at a definite time in the past.

   Quando ero piccola, **avevo** paura del buio.
   When I was little, I was scared of the dark.

   Quando la polizia mi ha fermato, **ho avuto** paura.
   When the police stopped me, I got scared.

2. The **imperfetto** expresses an action that was going on while something else was also going on (**imperfetto**) or when something else happened (**passato prossimo**).

   I bambini **dormivano** mentre io **lavavo** i piatti.
   The children were sleeping while I was doing the dishes.

   I bambini **dormivano** quando papà **ha telefonato.**
   The children were sleeping when daddy called.

C. The verbs most often used in the **imperfetto** are **avere** and **essere** as well as verbs indicating emotions and mental states: **amare, credere, desiderare, pensare, potere, ricordare, sapere, sperare, volere,** etc.

Erano stanchi perché **avevano** troppo lavoro.
They were tired because they had too much work.

Giovanni **amava** Laura e **sperava** di sposarla entro la fine dell'anno.
Giovanni loved Laura and was hoping to marry her by the end of the year.

Time, age, and weather in the past are also usually expressed by the **imperfetto.**

Quanti anni **avevi** quando ti sei sposato?   **Era** mezzanotte quando sono tornati a casa.
How old were you when you got married?   *It was midnight when they returned home.*

D. Certain verbs take on different meanings or different implications depending on whether they are used in the **imperfetto** or the **passato prossimo.**

conoscere	**Conoscevo** un industriale.	**Ho conosciuto** un industriale.
	I knew *an industrialist.*	I met *an industrialist.*
sapere	**Sapevo** che Mario era sposato.	**Ho saputo** che Mario era sposato.
	I knew *Mario was married.*	I found out *that Mario was married.*

The **imperfetto** of the verbs **dovere, potere,** and **volere** leaves uncertain whether or not the action one *was supposed to do, was capable of doing,* or *was willing to do* was ever carried out; the **passato prossimo,** in contrast, indicates clearly that the action was carried out.

dovere	**Dovevamo** comprare molte cose.	**Abbiamo dovuto** comprare molte cose.
	We had to (were supposed to) buy many things.	*We had to buy many things.*
potere	Mi **potevano** capire.	Mi **hanno potuto** capire.
	They could (had the ability to) understand me.	*They could (were able to, managed to) understand me.*
	(no reference to a specific occasion)	(one specific occasion)
volere	**Volevano** offrire il caffè.	**Hanno voluto** offrire il caffè.
	They wanted to offer coffee.	*They insisted upon offering coffee.*
	Marco **non voleva** rispondere.	Marco **non ha voluto** rispondere.
	Marco didn't want to answer.	*Marco refused to answer.*

E. The **imperfetto** and the **passato prossimo** are often used together in the same context. The **imperfetto** describes the circumstance that accompanies the main action, which is expressed by the **passato prossimo.** [1] The **imperfetto** sets the scene and provides the background; the **passato prossimo** advances the plot.

---

[1] In formal narrations (novels, short stories, historical works), the **passato remoto** is normally used instead of the **passato prossimo** (see p. 142).

Era mezzanotte (*description*) e tutti dormivano (*description*). I ladri hanno rotto (*action*) una finestra e sono entrati (*action*). Hanno preso (*action*) tutto quello che hanno trovato (*action*) e sono andati via (*action*).

Ieri mattina quando mi sono alzato (*action*) non mi sentivo bene (*description*). Sono andato (*action*) alla finestra e ho guardato (*action*) fuori. Mi sono subito sentito (*change of state*) meglio. Era (*description*) una bella giornata. Il sole splendeva (*description*) e gli uccelli cantavano (*description*). Tutti sembravano (*description*) felici.

The **imperfetto** also expresses the habitual nature of a particular action.

Piero era innamorato (*description*) di Patrizia ma non aveva il coraggio (*description*) di parlarle. Ogni volta che la vedeva (*habit*) scappava (*habit*)... Una sera l'ha vista (*action*) in biblioteca: Patrizia era sola (*description*) e studiava (*description*) molto diligentemente. Piero si è avvicinato (*action*) e le ha chiesto (*action*): «Scusa, sai che ore sono?»

ESERCIZI

a. *Mettere le seguenti frasi al passato. Un verbo sarà al passato prossimo, l'altro all'imperfetto.*

ESEMPIO Tornano a casa perché è tardi.
        Sono tornati a casa perché era tardi.

1. Non mangio molto perché non ho appetito.
2. Lui non si ferma perché ha fretta.
3. Dato che piove, stiamo a casa.
4. Noi non usciamo perché non ci sentiamo bene.
5. Dato che hai mal di testa, prendi due aspirine.
6. Non telefonano perché non ricordano il numero.
7. Non scrivete perché non avete l'indirizzo?

b. *Formare nuove frasi mettendole o all'imperfetto o al passato prossimo, secondo il senso, e usando le espressioni fra parentesi.*

ESEMPIO Faccio colazione (ogni mattina; stamattina)
        Facevo colazione ogni mattina.
        Ho fatto colazione stamattina.

1. Pranzo al ristorante. (di solito; ieri sera)
2. Prendi l'autobus. (tutti i giorni; oggi)
3. Non comprano caramelle di menta. (stamattina; di solito)
4. Uscite soli. (la sera; quella volta)
5. Andiamo al cinema. (il sabato; sabato scorso)
6. Si vedono. (il 5 agosto 1991; ogni estate)
7. Parla in italiano. (ieri; in generale)

c. **Dopo la festa.** *Completare il brano inserendo i verbi indicati all'imperfetto o al passato prossimo secondo il senso.*

Marina è tornata tardi, (essere) _____ una bella festa, lei (divertirsi) _____ e non (volere) _____ andar via. La mattina dopo (alzarsi) _____ tardi, (sentirsi) _____ male e (avere) _____ un gran mal di testa. La mamma, con aria di disapprovazione le (dire) _____: «Cosa (mangiare) _____ ieri sera? Qualcosa ti (fare) _____ male?» Lei non (rispondere) _____, (sorridere) _____ soltanto. Non (volere) _____ dare tante spiegazioni. Più tardi (telefonare) _____ Franco e le (proporre) _____ di venirla a prendere e di portarla a lezione in macchina.

d. *Mettere al passato scegliendo il tempo opportuno (o imperfetto o passato prossimo).*

1. La bambina non sta bene: è a letto con la febbre, è calda e agitata. La mamma chiama il dottore. Il dottore viene e visita la bambina. Dice che ha l'appendicite e che bisogna operarla. Lui consiglia di portarla all'ospedale a Roma.

2. Sento la sveglia e mi alzo. Vado subito nel bagno, faccio la doccia e mi vesto. Poi vado in cucina. Il mio compagno di camera dorme ancora e russa (*is snoring*) come un camion carico in salita. Scendo le scale di corsa e vado a bere un caffè nel bar sotto casa perché così, a stomaco vuoto, non mi sento troppo in forma. Salgo sulla mia Ferrari al solito posteggio, innesto la marcia e parto come un razzo. Subito mi accorgo che dietro di me c'è una macchina. Accelero e anche la macchina accelera. È una Cadillac nera 1960. Guardo bene nello specchietto retrovisivo (*rear-view mirror*). La guida un tizio (*guy*) grosso con gli occhi gialli, una specie di gorilla che ha anche una cicatrice (*scar*) sulla mano destra. Vedo che la sua giacca, dalla parte sinistra, ha un rigonfiamento (*bulge*). Prendo una strada deserta, freno di colpo, poi salto giù.

(Adapted from Carlo Manzoni)

e. **Lui e lei.** *Mettere l'infinito tra parentesi all'imperfetto o al passato prossimo secondo il senso.*

Quando si sono sposati (volersi molto bene) _____. (volersi bene) _____ per cinque anni, ma ora tutto è finito. Loro (volere) _____ avere tanti bambini, ma (nascere) _____ un figlio solo, Lorenzo. Il bambino aveva diciotto mesi quando loro (divorziare) _____. Ora lui vive con la mamma. Quando lui e lei (essere) _____ ancora insieme, lei non (lavorare) _____, (occuparsi) _____ solo della casa e del bambino. Poi (dovere) _____ cercare un impiego. (Trovare) _____ un posto in un'agenzia di viaggi. Lei (essere) _____ molto preoccupata perché non (sapere) _____ la geografia, ma tutto (andare) _____ bene. Alla fine (conoscere) _____ un rappresentante che in quel periodo (fare) _____ molti viaggi all'estero. Un giorno lui la (invitare) _____ a cena, due o tre volte (andare) _____ al cinema o a teatro. Ora sono felicemente sposati.

II. Pronomi personali (oggetto diretto)

A. A direct object is a person or thing that directly receives the action of the verb. It answers the question *whom?* or *what?* Verbs that take a direct object are called *transitive verbs* (for example, *to see, to find, to eat*). Those that cannot take a direct object are called *intransitive verbs* (for example, *to come, to wait up for, to think about*). The forms of the direct object pronouns are:

		Singular		Plural
1st person	mi	*me*	ci	*us*
2nd person	ti	*you (informal)*	vi	*you (informal)*
	La	*you (formal)*	Li, Le	*you (formal)*[1]
3rd person	lo	*him, it (m)*	li	*them (m)*
	la	*her, it (f)*	le	*them (f)*

1. Italian direct object pronouns normally precede a conjugated verb.

   Conoscete Luigi?—Sì, **lo** conosciamo bene.
   Do you know Luigi?—Yes, we know him well.

   Lei compra i biscotti, io **li** faccio.
   She buys cookies; I make them.

2. **Lo, la** (and less often **mi, ti, ci, vi**) drop their final vowel before verbs beginning with a vowel, except forms of **essere,** and before the forms **ho, hai, ha, hanno** from **avere.** However, the plural forms **li, le, Li, Le** are *never* elided.

   Ti aiuto quando posso.
   I help you when I can.

   Abbiamo la televisione, ma non
     l'accendiamo mai.
   We have a TV but we never turn it on.

   L'italiano? **L'**hanno imparato in Italia.
   Italian? They learned it in Italy.

   Li invitate a cena.
   You invite them to supper.

3. Direct object pronouns, governed by an infinitive, normally follow it and are attached to it. The infinitive drops the final **-e.**

   Perché fingi di non conoscer**mi**?
   Why do you pretend not to know me?

   Ho voglia di comprar**lo.**
   I feel like buying it.

   If the infinitive is governed by the verbs **dovere, potere,** and **volere,** the pronouns may either be attached to the infinitive or placed before the entire verb phrase.

   Voglio invitar**ti.**
   Ti voglio invitare.
   I want to invite you.

   Dobbiamo aiutar**la.**
   La dobbiamo aiutare.
   We must help her.

---

[1]**Li** and **Le** are rarely used and are replaced by the informal **vi: Signori, vi invito a prendere un caffè.** *Ladies and gentlemen, I invite you to have a cup of coffee.*

B. Ecco (*here is, here are, there is, there are*) points or draws attention to one or more persons, places, or things.

Ecco il nonno e la nonna!   Ecco la pensione!   Ecco la risposta giusta!
Here are grandpa and grandma.   *Here is the small hotel.* *Here's the right answer.*

1. **Ecco** is not the same as **c'è, ci sono** (*there is, there are*). The latter forms state that a person, place, or thing exists without pointing or drawing attention to it.

   Ecco i tuoi vestiti!   **Ci sono** dei bei vestiti nei negozi del centro.
   Here are your clothes.   *There are fine clothes in the stores downtown.*

   Ecco il libro che cercavi!   **C'è** un libro molto interessante in libreria.
   There's the book you were looking for.   *There's a very interesting book at the bookstore.*

   Ecco gli studenti!   **Ci sono** degli studenti qui?
   Here are the students.   *Are there any students here?*

2. When **ecco** is used with a pronoun rather than a noun, the pronoun is a direct object pronoun and is attached to **ecco**.

ecco**mi**	*Here I am.*	ecco**ci**	*Here we are.*
ecco**ti** ecco**La** }	*Here you are.*	ecco**vi** ecco**Li** ecco**Le** }	*Here you are.*
ecco**lo**	*Here he/it is.*	ecco**li**	*Here they (m) are.*
ecco**la**	*Here she/it is.*	ecco**le**	*Here they (f) are.*

C. Some Italian verbs take a direct object, whereas their English equivalents require a preposition + object.

ascoltare   *to listen to*
chiedere   *to ask for*
pagare   *to pay for*
aspettare   *to wait for*
cercare   *to look for*
guardare   *to look at*

Amo la musica; l'ascolto spesso.   È un bel libro: quanto l'hai pagato?
I love music; I often listen to it.   *It's a fine book. How much did you pay for it?*

Se vuoi il conto, devi chieder**lo**.   Avete trovato le chiavi o **le** cercate ancora?
If you want the check, you must ask for it. *Have you found the keys, or are you still looking
                                              for them?*

D. The invariable pronoun **lo** is used with **credere** or **pensare** (*to think*), **sperare** (*to hope*), **sapere** (*to know*), **dire** (*to tell*), and **chiedere** (*to ask*) to express the object of the verb that is understood.

Lo credi?	Non **lo** sappiamo.
Do you think so?	*We don't know.*
Può andare in Italia?—**Lo** spero davvero.	Chi **l'**ha detto a Elena?
Can you go to Italy?—I really hope so.	*Who told Elena?*

With some verbs **lo** can be replaced by **di sì** in affirmative sentences, and by **di no** in negative sentences.

Credo (penso) **di sì** (**lo** credo).	Credo (penso) **di no** (non **lo** credo).
I think so.	*I don't think so.*

ESERCIZI _____

a.   **Non è vero!** *Silvana pensa che Daniele non l'aiuti abbastanza. Immagini di essere Daniele e di contraddire quanto dice Silvana. Completi ogni frase.*

   ESEMPIO   Non pulisci mai il tuo studio.
   Non è vero! Lo pulisco ogni sabato.

   1. Non fai mai la spesa.
   2. Non mi aiuti mai a cucinare.
   3. Non lavi mai i piatti.
   4. Non ordini mai il pranzo in rosticceria (*delicatessen shop*).
   5. Non compri mai le paste.
   6. Non paghi mai le bollette del gas e della luce.
   7. Non porti mai Antonio all'asilo.
   8. Non mi ascolti mai.

b.   **Non lo so.** *Ha prestato* (lent) *alcune cose al Suo compagno/alla Sua compagna di stanza e ora le rivuole. Gli/le chieda dove le ha messe.*

   ESEMPIO   STUDENTE 1   Dove sono i miei occhiali da sole?
   STUDENTE 2   **Io non li ho (non li vedo, non li trovo).**
   oppure   **Eccoli!**

   1. le fotografie della festa
   2. la scatola delle aspirine
   3. gli appunti (*notes*) di francese
   4. il rasoio
   5. la schiuma da bagno
   6. il dentifricio
   7. le cassette di Eros Ramazzotti
   8. le chiavi della macchina

c. *Rispondere alle domande usando il pronome* **lo** *e i verbi* **chiedere, credere/pensare, dire, sapere, sperare.**

1. Chi ha vinto il campionato di calcio?
   (You have no idea.)
2. È vero che Flavia ha ereditato le perle della nonna?
   (This is what her brother says.)
3. Possiamo prendere la macchina nuova?
   (They must ask your father about it.)
4. È vero che vai a studiare in Italia?
   (This is something you really wish.)
5. Credi che Silvana diventerà una vecchia zitella?
   (You do/don't think so.)

III. L'accordo del participio passato

The past participle of a verb conjugated with **avere** is invariable unless a third person direct object pronoun (**lo, la, li, le**) precedes the verb. In such cases the past participle agrees with the pronoun in gender and number.

Ho mangiato la pizza. (*no agreement*)
I ate the pizza.

L'ho (**la** ho) mangiata tutta. (*agreement*)
I ate it all.

Hai aperto le lettere?—No, non **le** ho aperte.
Did you open the letters?—No, I didn't open them.

Ho comprato dei bei dischi. **Li** ho pagati troppo, però!
I bought some beautiful records. I paid too much for them, though!

Note that the singular direct object pronouns **lo** and **la** are elided with the forms of **avere** that follow, but the plural forms **li** and **le** are not elided.

—La stoffa che ho comprato per coprire le poltrone, l'ho pagata veramente una sciocchezza.

1. The direct object pronoun **La** (*you*, formal) is considered masculine if the person addressed is male, feminine if female. The past participle agrees accordingly.

Professore, scusi se non **L**'ho salutato.
Excuse me, Professor, if I didn't greet you.

Signora, scusi se non **L**'ho salutata.
Excuse me, Madam, if I didn't greet you.

2. The agreement of the past participle with the other direct object pronouns (**mi, ti, ci, vi**) is optional.

Mamma, dov'eri? Non **ti** ho vist**o** (vista).
Mother, where were you? I didn't see you.

Ragazzi, **vi** abbiamo cercat**o** (cercati) dappertutto.
Boys, we looked for you everywhere.

ESERCIZI

a. *I genitori di Pietro e Lucia tornano dalle vacanze dopo aver lasciato i figli soli per due settimane. Che cosa trovano? Seguire l'esempio.*

ESEMPIO lasciare una Coca-Cola nel congelatore (*freezer*)
Chi ha lasciato una Coca-Cola nel congelatore?
L'ha lasciata Pietro.

1. usare i bicchieri di cristallo
2. mettere la cuccia del cane (*dog house*) in bagno
3. rompere la porta del garage
4. avere un incidente con la macchina
5. lasciare l'immondizia (*trash*) in cantina
6. non avere pagato la luce
7. cogliere tutti i fiori del giardino
8. lasciare aperte le finestre mentre pioveva
9. rovinare le videocassette
10. usare i cosmetici della mamma

b. *Domandare ad un compagno/una compagna quali film, programmi televisivi o opere di teatro ha visto ultimamente. Lui/lei risponde, usando i pronomi, e spiega il perché della risposta. Alcune parole utili:*

ieri sera	i mondiali di calcio	vedere
l'anno scorso	l'Ultimo Imperatore	registrare (*to tape*)
due settimane fa	il concerto di Pavarotti	guardare
	il telegiornale	
	la domenica sportiva	

ESEMPIO STUDENTE 1 Hai guardato le Olimpiadi invernali l'anno scorso?
STUDENTE 2 **Sì, le ho guardate. Gli sport invernali sono affascinanti.**
No, non le ho guardate. Non ho avuto tempo.

IV. Negativi

A. A negative sentence in Italian must always have a negative word before the verb. Most often this negative word is **non.** Only object pronouns are placed between **non** and the verb.

Maria Luisa **non** capisce il francese.
Marie Louise doesn't understand French.

Non ho comprato una pipa.
I didn't buy a pipe.

Quando mi vede, **non** mi saluta.
When he sees me, he doesn't greet me.

B. Other words may be used with **non** and the verb to form negative sentences:

non... **affatto**	*not at all*
non... **ancora**	*not yet* (its affirmative counterpart is **già,** *already*)
non... **che**	*only*
non... **mai**	*never*
non... **mica**	*not at all, not in the least, not really*
non... **né... né...**	*neither . . . nor*
non... { **neanche** **neppure** **nemmeno**	*not . . . even*
non... **nessuno** (pronoun)	*nobody, no one, not . . . anybody*
non... **nessuno/a** (adjective)	*no, not . . . any, not a single*
non... { **niente** **nulla**	*nothing, not . . . anything*
non... **più**	*no longer, no more, not . . . again* (its affirmative counterpart is **ancora,** *still*)

Non is necessary when the companion negative word follows the verb. If, however, a negative word other than **non** precedes the verb, **non** is omitted.

Non sono **affatto** stanco.
I'm not at all tired.

Non è **mica** stupido.
He is not at all stupid.

Non li vediamo **più.**
We don't see them anymore.

Non conosco **né** Firenze **né** Roma.
I know neither Florence nor Rome.

Nessuno è perfetto.
Nobody is perfect.

Niente era facile.
Nothing was easy.

Neanche noi paghiamo.
We don't pay either.

Né Lorenzo **né** Teresa capiscono.
Neither Lorenzo nor Teresa understands.

1. **Niente** (**nulla**) and **nessuno** can be used in a question without **non** to mean *anything* or *anyone*.

Hai bisogno di **niente?**
Do you need anything?

Ha riconosciuto **nessuno?**
Did you recognize anyone?

2. Several negative words can be used in the same sentence.

Sono tirchi: **non danno mai niente** a **nessuno.**
They are stingy: they never give anything to anyone.

C. To express *no, not . . . any* with a plural noun, use either a negative verb and the plural noun or a negative verb and the singular noun preceded by the appropriate form of **nessuno.**

Non leggo giornali.
I don't read any newspapers.

Non vedo macchine.
I don't see any cars.

Non leggo **nessun** giornale.
I don't read a single newspaper.

Non vedo **nessuna** macchina.
I don't see a single car.

ESERCIZI

a. **Lei è malato/a.** *Un amico/un'amica La viene a trovare ma Lei è di cattivo umore e risponde sempre in modo negativo.*

1. C'è qualcosa di buono in frigo? (niente)
2. Ma come, non c'è del latte, delle uova...? (né, né)
3. Non è venuto qualcuno a portare la spesa? (nessuno)
4. Non è venuta Paola ieri sera? (neppure)
5. Ma tu che cosa hai fatto? (nulla)
6. Cosa fai tutto il giorno? Guardi la TV? (mai)
7. Sono le 9,00, hai mangiato? (non ancora)
8. Ma insomma, come sei scorbutico/a! (affatto) È solo che sono stufo/a di essere malato/a.

b. **Sai se...?** *Antonietta è andata a trovare il fratello che si è appena sposato. La nonna è curiosa e vuole sapere come vanno le cose. Rispondere alle domande della nonna usando i pronomi e le forme positive o negative.*

ESEMPIO Pagano l'affitto puntualmente?
       Sì, lo pagano puntualmente.

1. Hanno ringraziato tutti i parenti dei regali?
2. Vanno a trovare i suoceri spesso?
3. Scelgono le tende della cucina la prossima settimana?
4. Fanno la spesa insieme?
5. Hanno una colf (*cleaning lady*)?
6. Hanno comprato il tavolo per il soggiorno?
7. È vero che Diana aspetta un bambino?
8. Diana cerca sempre un lavoro?

—Si è bloccato: non va nè avanti nè indietro . . .

V. Aggettivi e pronomi possessivi

The same forms are used for both possessive adjectives and possessive pronouns. Note that the definite article is normally part of the possessive form.

	SINGULAR		PLURAL	
	Masculine	**Feminine**	**Masculine**	**Feminine**
my/mine	il mio	la mia	i miei	le mie
your/yours	il tuo	la tua	i tuoi	le tue
your/yours (formal)	il Suo	la Sua	i Suoi	le Sue
his/hers/its	il suo	la sua	i suoi	le sue
our/ours	il nostro	la nostra	i nostri	le nostre
your/yours	il vostro	la vostra	i vostri	le vostre
your/yours (formal)	il Loro	la Loro	i Loro	le Loro
their/theirs	il loro	la loro	i loro	le loro

A. Possessive adjectives precede the noun they modify. They agree with the noun in gender and number: *my university,* **la mia università;** *our teachers,* **i nostri professori.**

1. No distinction is made between *his* and *her.* The possessive agrees with the *object* possessed, *not* with the person who possesses it.

l'uomo e **la sua** pipa
the man and his pipe

la donna e **il suo** cane
the woman and her dog

Paolo e **il suo** amico
Paolo and his friend

Francesca e **il suo** amico
Francesca and her friend

2. If clarification is needed, **di lui** or **di lei** is used.

l'amico **di lui**   l'amico di lei
his friend   *her friend*

3. The English *of mine, of yours*, etc., is expressed by the possessive adjective placed before the noun without the definite article. There is no equivalent for *of* in these constructions.

un mio amico   due miei cugini   questa nostra città
a friend of mine   *two cousins of mine*   *this city of ours*

4. When the possessive form is preceded by a preposition, the article combines with the preposition (see p. 63).

davanti **alla** mia porta   **dalle** tue finestre   **nei** suoi occhi
in front of my door   *from your windows*   *in his (her) eyes*

B. Another possessive adjective is **proprio** (**il proprio, la propria, i propri, le proprie**). **Proprio** must be used in impersonal expressions instead of the usual possessive forms in the third person. It corresponds to the English *one's* or *one's own*.

Bisogna riconoscere i propri errori.   È necessario ascoltare la propria coscienza.
One must recognize one's mistakes.   *It is necessary to listen to one's conscience.*

C. In some Italian expressions the possessive adjective is used without the definite article and is often placed after the noun.

a casa mia (sua, ecc.)   *at my (his, etc.) house*   a nostra disposizione   *at our disposal*
È colpa tua.   *It is your fault.*   per conto mio   *on my own*
da parte sua   *on his behalf*   Sono affari loro.   *It's their business.*
in vita nostra   *in our life*

Il possessivo con termini di parentela

The possessive adjective is used *without* the definite article when it modifies nouns expressing a family relationship in the *singular*. **Il loro** is an exception: it always requires an article. Compare:

mio zio   **i miei** zii
tuo cugino   **i tuoi** cugini
sua sorella   **le sue** sorelle
nostra cugina   **le nostre** cugine
vostra madre   **le vostre** madri
il loro fratello   **i loro** fratelli

If the noun expressing a family relationship is modified by an adjective, or if it takes a suffix, the article is retained. Compare:

mio marito   **il mio** futuro marito   *my future husband*
nostra zia   **la nostra** povera zia   *our poor aunt*
tuo cugino   **il tuo** cuginetto   *your little cousin*

ESERCIZI

a. **Andiamo alla festa.** *Con chi vanno alla festa queste persone? Usare gli aggettivi possessivi.*

ESEMPIO   Anita / un amico
      Anita va con un suo amico.

1. io e Giulio / un cugino
2. Maria / delle compagne di corso
3. mia cognata / la zia
4. Lei e Sua moglie / i suoceri
5. tu / degli amici
6. tu e Marina / i figli
7. Gaetano / la fidanzata
8. Sua nuora / i genitori

b. *Inserire la forma corretta di* **suo** *e* **loro.**

1. Laura non troverà mai _____ orecchini in questo disordine.
2. Anna e Luca dicono che Baglioni è _____ cantante preferito.
3. Claudio cerca _____ camicia bianca nella stanza di _____ sorella.
4. Quale madre non ama _____ figli?
5. Ogni regione italiana ha _____ storia e _____ caratteristiche.
6. Hanno avuto _____ problemi.
7. Non capisco gli italiani e _____ politica.
8. Elena vuole molto bene a _____ padre.

c. **L'album di famiglia.** *In gruppi di tre o quattro studenti portate in classe fotografie dei vostri genitori, parenti ed amici. Spiegate agli altri chi sono le varie persone. Descrivete l'aspetto fisico, il carattere, ecc.*

d. **Il mio cugino preferito.** *Con un compagno/una compagna parlate dei vostri parenti. Alternatevi a rispondere e domandate...*

1. chi è/era il vostro parente preferito.
2. quale tipo di rapporto avete/avevate con lui/lei.
3. quando lo/la andate/andavate a trovare.
4. quali altri parenti avete perso di vista.
5. quali parenti vedete ancora, che cosa fanno, se sono sposati, separati, ecc.

Pronomi possessivi

Possessive pronouns have the same forms as possessive adjectives. They agree in gender and number with the nouns they replace.

Mi dai la tua penna? Ho perso **la mia.**
Will you give me your pen? I've lost mine.

I tuoi fiori sono belli; anche **i nostri** lo sono.
Your flowers are beautiful; ours are, too.

1. Possessive pronouns normally retain the article, even when they refer to relatives.

Mio marito sta bene; come sta **il tuo?**
My husband is well; how is yours?

Suo padre ha parlato **col mio.**
Your father spoke with mine.

2. The masculine plural forms **i miei, i tuoi, i Suoi,** etc., are used to refer to relatives, close friends, and followers.

Tanti saluti **ai tuoi.**
Best regards to your family.

Arrivano **i nostri!**
Here come our people!

3. When a possessive pronoun is used after a form of **essere** and the sentence expresses possession, the article is usually omitted.

È **Sua** quella macchina?
Is that car yours?

Questi dischi sono **Suoi?**
Are these records yours?

Quel che è **mio** è **tuo.**
What is mine is yours.

The article is retained if emphasis is desired or a distinction needs to be made.

Questa è la mia macchina. Quella là è **la Sua.**
This is my car. That one is yours.

Differenze nell'uso del possessivo fra l'italiano e l'inglese

1. In Italian possessive adjectives are usually omitted when possession is obvious. This is particularly true in reference to parts of the body or items of clothing.

Ho lasciato **l'ombrello** al ristorante.
I left my umbrella at the restaurant.

Hai cambiato **idea.**
You have changed your mind.

Luigino dorme con **la bocca aperta.**
Luigino sleeps with his mouth open.

Perché scuoti sempre **la testa?**
Why do you always shake your head?

To show possession with a plural subject, the singular form is used to refer to the thing possessed when each person has only one such item.

Abbiamo alzato **la voce.**
We raised our voices.

I bambini oggi portano **il cappotto** ma non i guanti.
Today the children are wearing their coats but not their gloves.

2. Express phrases such as *my book and Mary's, your friends and the lawyer's* with a form of **quello** + **di** + *the possessor* (see p. 224).

il mio libro e quello di Maria
my book and Maria's
(my book and that of Maria)

i tuoi amici e quelli dell'avvocato
your friends and the lawyer's

3. Express phrases such as *at/to Luigi's, at/to my brother's, at/to the butcher's* with **da** + *a person's name* or a noun referring to a person, or with the phrase **a (in) casa di** + *noun* when referring to someone's residence.

Ci piace mangiare **da Luigi.**
We like to eat at Luigi's.

Siete andati **dall'avvocato?**
Did you go to the lawyer's?

Elena abitava **dagli zii.**
Elena was living at her aunt and uncle's.

Stasera studiamo **in casa di** Roberto (**da Roberto**).
Tonight we're studying at Robert's.

ESERCIZI

a.   **Fare la valigia** (to pack). *Le vostre due figlie hanno fatto le valigie per le imminenti vacanze. Controllate che non abbiano dimenticato nulla. Seguite l'esempio e usate i pronomi possessivi.*

     ESEMPIO MADRE Hai preso i miei asciugamani?
                FIGLIA I tuoi? Sì, li ho presi.

1. prendere la cinepresa (*camcorder*) di papà
2. prendere le scarpe di Gino e Daniele
3. mettere in valigia il tuo costume da bagno e quello di tua sorella
4. mettere in valigia la mia macchina fotografica
5. prendere il tuo libro di algebra
6. trovare i miei occhiali da sole
7. cercare il calcolatore di Daniele
8. prendere la carta stradale di Gino

LETTURA

VOCABOLARIO UTILE

la faccenda di casa   household chore
la lettere   humanities;
  fare lettere   to study humanities
il mobile   piece of furniture;
  i mobili   furniture
il paese   village; country

paterno   paternal, on one's father's side;
  materno   maternal

la pensione   inexpensive hotel
la serata   evening
il sogno   dream;
  fare un sogno   to have a dream
la stanza   room

senz'altro   of course
solo   alone, lonely

Studentessa liceale nel suo angolo di lavoro

aiutare qualcuno a + *inf* to help someone do something
ammobiliare to furnish;
   ammobiliato furnished
*__crescere__ (*pp* __cresciuto__) to grow up
disturbare to bother, to disturb

sopportare[1] to tolerate;
   insopportabile unbearable
trovarsi bene con qualcuno to feel comfortable with someone
perdere di vista qualcuno to lose
   touch with someone

PRIMA DI LEGGERE

A Roma oggi, Elena, studentessa universitaria, ha bisogno di una stanza.
Legge un'inserzione° sul giornale, telefona, prende appuntamento, e va a   *(want) ad*
vedere la stanza.

1. Secondo voi, perché Elena cerca una stanza?
2. Quali possono essere i motivi di Teresa, la signora che ha messo l'in-
    serzione sul giornale, per affittare una stanza del proprio apparta-
    mento?
3. Voi affittereste una stanza a uno sconosciuto/una sconosciuta°?   *stranger*
4. Con un altro studente/un'altra studentessa immaginate il dialogo tra
    le due donne quando Elena va a vedere la stanza.

[1] Note: *to support* is **mantenere.**

La stanza

TERESA: Allora vuol guardare la stanza? (Apre una porta in fondo e
guardano la stanza.) Oggi non si vede San Pietro perché c'è la
nebbia. Sennò° si vede. L'aria è buona, siamo sotto al Giani-   *otherwise*
colo[1]. Lei è studentessa? cosa studia?

5 ELENA: Lettere. Faccio il second'anno.[2] L'anno scorso stavo dagli zii,
ma non ci voglio più stare dagli zii perché c'è rumore. Dormo
con due cugine e la sera, quando devo stare alzata a studiare, si
lamentano della luce. I miei genitori vivono in campagna, vicino a Pistoia. Hanno là una piccola pensione per stranieri.

10 Non mi danno molti soldi, perché non ne hanno molti, e dicono che posso stare dagli zii. Dagli zii non spendo niente.
Però non mi piace. No, non è che non mi piace, ma c'è rumore.

TERESA: Io non voglio soldi per la stanza. Un po' di compagnia e
qualche piccola faccenda di casa. Vivo sola.

15 ELENA: Non è sposata?

TERESA: Sono sposata. Sono separata. Siamo rimasti abbastanza in
buoni rapporti, spesso lui mi viene a trovare. Mi ha telefonato
anche poco fa. Mi ha detto: «Ma sì, fai bene, cercati una
ragazza, una studentessa, per non essere sola in casa». Perché

20 io, la notte, sola in questa casa, ho paura. Prima avevo la donna
di servizio, ma rubava, e l'ho mandata via. Ma poi era vecchia.
Io non mi trovo bene coi vecchi. Forse perché sono cresciuta in
casa dei nonni, i nonni paterni. Non mi volevano bene. Preferivano mio fratello. Che brutta infanzia! Per esempio non sto

25 con mia madre perché è vecchia. Non la tollero. Non è che non
ci° vado d'accordo, del resto° è impossibile non andare d'ac-   *with her /* **del:** *besides*
cordo con mia madre, perché non dice mai una parola. Penso
che in tutta la sua vita avrà detto non più di cento parole. Ma
non tollero, non la sopporto. Va d'accordo lei con sua madre?

30 ELENA: Oh sì. Ma mia madre non è vecchia. È tanto giovane. Sem-   *to keep*
briamo sorelle. E non fa mica niente per conservarsi° giovane.   **sapone:** *laundry soap*
Si lava la faccia col sapone da bucato°. Alle sei della mattina è   **a:** *pleated, plaid skirt*
in piedi, con la sua sottana scozzese a pieghe°, i suoi scar-   *work boots / knee socks*
poni°, i suoi calzettoni° rossi. Sta sempre con gli scarponi   **sguazza:** *splashes*

35 perché gira per la campagna, sguazza nei rigagnoli°, affonda°   *through small*
nel fango. Va nell'orto, va nel pollaio°, va nella legnaia°,   *streams / sinks*
va in paese a fare la spesa col sacco in spalla°. Non si riposa un   *chicken coop / woodshed*
attimo, ed è sempre allegra. Mia madre è una donna straordi-   **in:** *on her shoulders*
naria.   *(back)*

---

[1] The **Gianicolo** is a hill on the west bank of the Tiber.
[2] **Faccio il second'anno; prim'anno; terz'anno; quart'anno.** I am a sophomore; freshman; junior; senior.

(...)

40 TERESA: Allora la vuole la stanza?

ELENA: Senz'altro, grazie, penso di sì. Posso venire già domani?

TERESA: Venga domani. L'aspetto. Non la disturberò quando deve studiare. Ma quando smetterà un momento di studiare, ci faremo
un poco di compagnia. Ho bisogno di compagnia. Sono ri-
45 masta sola come un cane. E non so stare sola, questa è la cosa
orribile. Mi viene l'angoscia°.

ELENA: Non ha amiche?

TERESA: No. Avevo amiche quand'ero ragazza, ma poi le ho perse di
vista, perché ero sempre con Lorenzo, e non avevo bisogno di
50 nessuno quando avevo lui. Avevamo amici e amiche in comune,
quelli con cui passavamo le serate, ma ora non li vedo più. Non
ne ho voglia, perché mi ricordano il tempo che avevo Lorenzo
ed ero sua moglie, e si stava° così bene, spensierati, felici come
due ragazzi, e con tanti sogni.

55 ELENA: Ma non ha detto che era un inferno la vita con lui?

TERESA: Sì, era un inferno. Ma io ero felice in quell'inferno, e darei la
vita per tornare indietro, per essere di nuovo come un anno fa.
Ci siamo separati solo da un anno. Separazione consensuale°.
Sua madre voleva che facesse la separazione per colpa°, così
60 non mi pagava gli alimenti°. Lui non ha voluto. Dopo che ci
siamo separati, m'ha aiutato a cercare questa casa, e m'ha dato
dei soldi per ammobiliarla. Ho comprato qualche mobile. Il
buffet.

ELENA: Il buffet di palissandro°? Questo che vuole vendere?

65 TERESA: Sì. Cosa me ne faccio di° un buffet? Non ho piatti. Non invito
mica mai nessuno a pranzo. Mangio in cucina. Son sola.

ELENA: Ma allora perché l'ha comprato?

TERESA: Non so. Credo che l'ho comprato perché avevo l'idea che
Lorenzo tornasse a stare con me. E allora, se tornava, io dovevo
70 dargli una vera casa.

ELENA: E invece non tornerà?

TERESA: Non tornerà mai. È finita°.

Natalia Ginzburg, *L'inserzione*

Mi: *I get panicky*

stavamo

by mutual consent
per: *pressing charges*
alimony

rosewood

Cosa: *what shall I do
with*

È: *it's all over*

COMPRENSIONE

1. Perché Teresa non vuole soldi per l'affitto della casa?
2. Quali informazioni dà Elena di se stessa e della propria situazione?
3. Quali informazioni invece dà Teresa di se stessa e del suo rapporto con l'ex
marito?

4. Paragonate i rapporti che Elena e Teresa hanno con i vari membri della loro famiglia.
5. Quali azioni della madre di Elena potrebbero essere definite «straordinarie»?
6. La madre di Teresa e la madre di Elena: con quale delle due andrebbe più facilmente d'accordo Lei? Perché?
7. Teresa spiega perché non va d'accordo coi vecchi: Lei trova plausibile la sua spiegazione?
8. Che impressione ha della vita attuale di Teresa?
9. Lei pensa che Elena si troverà bene in casa di Teresa? Perché?

Studio di parole

to know

conoscere
to be acquainted or familiar with (people, places); to meet

Conosci quell' uomo?
Do you know that man?

Sì, l'ho conosciuto in casa di amici.
Yes, I met him at my friends' house.

Conosco la città e i suoi monumenti.
I know the city and its monuments.

sapere + *infinitive*
to know how, to be able to do something

Non so nuotare.
I don't know how to swim. (I can't swim.)

sapere
to be aware of, to have knowledge of (facts); to find out

Sai dove sono andati?
Do you know where they went?

Come avete saputo che Cristina si è sposata?
How did you find out that Christine got married?

to see

vedere
to see, to watch, to meet

Hai visto questo film?
Have you seen this film?

Ci vediamo stasera.
We'll see each other (we'll meet) tonight.

trovare (in the expressions **andare a trovare, venire a trovare**)
to see socially, to visit

Quando andiamo a trovare la nonna?
When are we going to visit Grandmother?

Lui viene a trovarmi spesso.
He comes to see me often.

to remember

ricordare qualcosa/qualcuno
ricordarsi di qualcosa/qualcuno
(used interchangeably)
to remember something/someone

Ricordi quella domenica?
Ti ricordi di quella domenica?
Do you remember that Sunday?

ricordar(si) di + *infinitive*
to remember doing something

Devi ricordarti di pagare il conto.
You must remember to pay the check.

Non ricordo d'aver comprato il giornale.
I don't remember having bought the newspaper.

to forget

dimenticare qualcosa/qualcuno
dimenticarsi di qualcosa/qualcuno
(used interchangeably)
to forget something/someone

Non dimenticate mai nessuno voi?
Non vi dimenticate mai di nessuno voi?
Don't you ever forget anyone?

dimenticar(si) di + *infinitive*
to forget doing something

Chi ha dimenticato di spegnere la luce?
Who forgot to turn off the light?

to remind

ricordare qualcosa **a** qualcuno
to remind someone about something

Ho ricordato a Giorgio la sua promessa.
I reminded George of his promise.

ricordare a qualcuno **di** + *infinitive*
to remind someone to do something

Vuoi ricordare a Maria di comprare il latte?
Will you remind Mary to buy the milk?

to tell

dire (qualcosa **a** qualcuno)
to say, to tell

Gli voglio dire una cosa.
I want to tell him something.

Può dirmi l'ora?
Can you tell me the time?

parlare di qualcosa/qualcuno **a** qualcuno
to tell, to speak about something or someone to someone

Ha parlato a tutti della sua famiglia.
He spoke to everyone of (talked about) his family.

raccontare (qualcosa **a** qualcuno)
to narrate, to recount, to relate

Ti voglio raccontare una favola, una storia, una barzelletta, i miei guai, la trama, un sogno.
I want to tell you a fable, a story, a joke, my problems, the plot, a dream.

to steal

rubare qualcosa **a** qualcuno
to steal (a thing); to take away something from someone

Le hanno rubato il portafoglio.
They stole the wallet from her.

derubare or **rapinare** qualcuno
to rob (a person)

Mia zia è stata derubata/rapinata.
My aunt was robbed.

to rent

affittare
to rent (as owner or renter)

La signora ha affittato la camera grande.
The lady rented the large room.

noleggiare
to rent moveable things (as owner or renter)

Mio zio noleggia barche ai turisti.
My uncle rents boats to tourists.

prendere in affitto
to rent (as renter)

La studentessa vuole prendere in affitto una stanza con uso di cucina.
The student wants to rent a room with kitchen privileges.

prendere a nolo
to rent moveable things (as renter)

Volevamo prendere a nolo un'automobile.
We wanted to rent a car.

affitto and **noleggio** *rent*

PRATICA

a. *Scegliere la parola che completa meglio la frase.*

1. Chi (sa/conosce) come si chiama mio padre?
2. Vi voglio (dire/raccontare) un sogno che ho fatto stanotte.
3. Chi ha (derubato/rubato) Marina?
4. Avevano pensato di (noleggiare/affittare) una macchina, ma poi sono andati in treno.
5. Cristina ha (conosciuto/saputo) il suo futuro marito a una festa.
6. È terribile. Giorgio ha (rubato/derubato) una collana dal gioielliere.

b. *Inserire le forme opportune secondo i suggerimenti.*

1. Chi (*to forget*) _____ di chiudere il garage?
2. Devo (*to remind*) _____ Mario _____ andare in banca.
3. I Sabatini (*to rent*) _____ una villa al mare.
4. Cesare è insopportabile! (Lui) (*to tell*) _____ tutti la storia della sua vita. Che noia! E per di più (*to tell*) _____ sempre tante bugie.

5. Io non (*to know*) _____ il marito di Franca, ma (*to know*)
   _____ che è un industriale molto ricco.
6. Il nonno (*to talk*) _____ sempre _____ politica o
   _____ economia italiana degli anna Trenta.
7. Matteo non (*to forget*) _____ di telefonare ai suoi genitori almeno una
   volta la settimana.
8. È incredibile, ma Elena non (*to know*) _____ guidare!

c. *Domande per Lei.*

1. Lei è studente o studentessa? Che anno fa?
2. Dove vive Lei? In una residenza universitaria, in una stanza ammobiliata, in un appartamento o in una casa? Vive solo/a o con altre persone?
3. Dove mangia quando è solo/a? E quando invita qualcuno a pranzo?
4. Lei sa stare solo/a o ha bisogno di compagnia? Di solito con chi passa le serate?
5. Con quale dei Suoi parenti va più d'accordo Lei? Perché?
6. Lei si trova bene con le persone che parlano poco?

TEMI PER COMPONIMENTO O DISCUSSIONE

1. Preparare una conversazione nella quale uno studente/una studentessa fa la parte di Teresa così com'è (*as is*) o parafrasando la sua situazione. L'altro/a fa la parte di Elena aggiungendo propri contenuti.
2. Immaginate di essere la Teresa del racconto e scrivete l'inserzione per affittare la stanza.
3. Si trova in un'università lontana da dove vive la Sua famiglia. Scriva una lettera a casa nella quale parla del Suo compagno/della Sua compagna di stanza, della residenza universitaria in cui abita, dei corsi che segue, delle attività del tempo libero, ecc.
4. Teresa dice: «Non so star sola». Saper stare soli è un'arte che non tutti hanno. Parlare dei problemi della solitudine nella società contemporanea.

PER COMUNICARE

Al telefono. Filippo sta parlando al telefono con il suo amico Carlo per comunicargli una grande notizia.

FILIPPO: Pronto, Carlo?
CARLO: Filippo! Che piacere sentirti! Come stai?
FILIPPO: Benissimo! È nato Luigi!
CARLO: Auguri! Quando è nato?
FILIPPO: Ieri sera poco prima delle 11,00, e pesa quasi quattro chili!
CARLO: Magnifico! E la mamma e il bambino stanno bene?
FILIPPO: Sì, sì, grazie. E non è tutto! Ieri mi è arrivata la notizia di una promozione e di un aumento di stipendio.
CARLO: Congratulazioni! Sono proprio contento per te!

Fare gli auguri

Tanti auguri!
Falle/gli gli auguri da parte mia/nostra.   *Give her/him my/our wishes.*
Buon anno!
Buon Natale!
Buona Pasqua!
Buone feste!   *Season's Greetings.*
Buon compleanno!
Felice anniversario!
...cento di questi giorni!   *. . . and many more (lit: hundred of these days)*

Auguri di pronta guarigione!   *Wishes for a quick recovery.*
Ti auguro di guarire presto!   *Get well soon!*

Congratularsi

Complimenti!
Congratulazioni!
Mi congratulo per la promozione/il
    nuovo libro/la vittoria alle elezioni...
Mi fa molto piacere/sono proprio con-
    tento/a per te!
Te lo meritavi davvero!   *You really deserved it.*

Esprimere apprezzamento

Bravo/a!
Molto bene!
Hai fatto un ottimo lavoro!
Ti meriti il riconoscimento di noi tutti.   *You deserve our recognition.*

Esprimere rammarico

Mi rincresce.   ⎫
Mi dispiace moltissimo.   ⎬   *I'm really sorry.*
Dio mio, che disgrazia!
Fai/faccia le mie/nostre condoglianze a...   *Give my condolences to . . .*

CHE COSA DICE?

1. Il Suo/La Sua collega d'uffico ha appena ricevuto una promozione.
2. È l'anniversario di matrimonio dei Suoi genitori.
3. Matteo, il Suo fratello minore, è diventato «eagle scout».
4. Il Suo bisnonno compie novantacinque anni.
5. Il marito della Sua vicina di casa ha avuto un incidente stradale. Lei incontra la Sua vicina in ascensore.
6. È il 31 dicembre e Lei telefona agli amici.
7. Il fratello della Sua amica Silvia è rimasto vedovo. Lei incontra Silvia in autobus.

SITUAZIONI

1. Lei va a far visita alla Sua amica Marcella che si sta per sposare. Riferisca la conversazione tra Lei e la Sua amica.
2. Immagini di essere un avvocato e di avere un processo (*trial*) importante. È tornato/a in ufficio per rivedere certi dati e trova che il Suo/la Sua assistente Le ha preparato una documentazione utilissima. Gli/Le scriva un biglietto in cui lo/la ringrazia ed esprime il Suo apprezzamento.
3. La Sua amica Irene ha aperto qualche mese fa una boutique molto elegante in centro. Ieri ha saputo che il negozio è fallito (*bankrupt*) e che Irene è piena di debiti. Le telefoni per avere notizie e manifestarle il Suo rammarico.
4. Il Suo ex capufficio La invita al battesimo di suo figlio Nicola. Purtroppo Lei parte per la Grecia il giorno della cerimonia. Gli scriva un biglietto spiegando che le dispiace di non poter partecipare e faccia gli auguri al neonato.

CAPITOLO
5

Per cominciare

Una cena importante.   La signora Morandi e la figlia hanno invitato a cena i Guiducci, i genitori di Franco che da un anno è il ragazzo di Simona. La mamma e Simona discutono i preparativi.

SIMONA: Per primo facciamo delle penne all'arrabbiata? A Franco piacciono molto.

MAMMA: Non so, sono piccanti, forse non vanno bene per tutti.

SIMONA: Allora i tortellini alla panna.

MAMMA: Buon'idea! E per secondo?

SIMONA: Delle scaloppine di vitello al Marsala?

MAMMA: Sì, con un contorno di insalata mista.

SIMONA: Ci occorrono formaggi?

MAMMA: Direi di no, facciamo le cose semplici. Ordiniamo un dolce, un bel mille-foglie,[1] e finiamo con della frutta fresca.

SIMONA: Se mi dici che cosa ci occorre, penso io a fare la spesa.

MAMMA: Mi bastano poche cose al mercato. Il resto lo posso ordinare.

SIMONA: Telefoni anche al pasticciere?

MAMMA: Sì, sì, gli telefono io. A proposito, non sarà un po' pesante la cena? Non farà male al tuo futuro suocero?

SIMONA: Ma no, gli farà bene allo spirito! Mangia sempre delle cose che non sanno di niente!

VOCABOLARIO UTILE

Sostantivi

la carne   meat
il cibo   food
il contorno   side (vegetable) dish
la crema   custard
la frutta fresca/di stagione   fruit in season
la merenda   snack (time)

la panna (montata)   (whipped) cream
il pesce   fish
il primo, secondo (piatto)   first, second course
la torta gelato   ice-cream cake
la verdura   vegetables

Aggettivi

bollito   boiled
cotto   cooked
crudo   raw
dolce   sweet, mild
fritto   fried
grasso   greasy, fat

insipido   tasteless, bland
magro   lean
piccante   spicy, hot
salato   salty
saporito   tasty/flavory

---

[1] **Millefoglie:** Torta di pasta sfoglia (*puff-paste*) a più strati inframezzati con crema o cioccolato.

Verbi

cucinare to cook
*dimagrire to lose weight
*ingrassare to put on weight

Espressioni

cotto { **al forno** baked
alla griglia on the grill/ barbecued
a vapore steamed

essere a dieta to be on a diet

fare da mangiare to cook
fare una cura dimagrante to be on a diet
fare un dolce to bake a cake
non sapere di niente to be tasteless

ESERCIZI _____

a.   *Vero o falso?*

_____ 1. Simona vuole preparare un dolce per il suo futuro suocero.
_____ 2. Il padre di Franco mangia sempre cose saporite.
_____ 3. La signora Morandi fa i tortellini perché vanno bene per tutti.
_____ 4. La cena a casa Morandi include l'antipasto, il primo, due secondi, i formaggi, il dolce e la frutta.
_____ 5. Per primo offriranno l'insalata.
_____ 6. Simona è disposta ad andare al mercato.
_____ 7. La signora Morandi fa la spesa per telefono.

b.   *Inserire le parole opportune.*

1. Piero ed io ci alziamo ad ore differenti e non facciamo mai la _____ insieme.
2. Per secondo prendo il pollo alla cacciatora, ma non so cosa ordinare come _____ .
3. È difficile invitare a cena Renato, sta facendo _____ e dice che non può mangiare quasi niente.
4. Anna ha paura del colesterolo, mangia quasi sempre _____ .
5. Durante l'inverno non è facile trovare della buona frutta _____ .

c.   *Dare il contrario di ciascuna parola o espressione.*

1. insipido
2. magro
3. ingrassare
4. non sapere di niente
5. dimagrire

STRUTTURA

I. Pronomi personali (oggetto indiretto)

A. An indirect object differs from a direct object in that the action of the verb affects it *indirectly*; the action of the verb is done *to* or *for* the indirect object. Compare:

DIRECT	INDIRECT
I brought *the book.*	I brought *my sister* the book.
	I brought the book *to my sister.*
	I brought the book *for my sister.*

An indirect object answers the question *to whom?* or *for whom?* In English it may either stand alone or be introduced by *to* or *for.* In Italian, however, the indirect object noun is always introduced by **a;** the indirect object pronoun stands alone without **a.**

B. Indirect object pronouns differ from direct object pronouns only in the third person singular and plural forms.

		Singular		Plural	
1st person		**mi**	*to me*	**ci**	*to us*
2nd person		**ti**	*to you* (informal)	**vi**	*to you*
		Le	*to you* (formal)	**Loro**	*to you*
3rd person		**gli**	*to him*	**loro (gli)**	*to them*
		le	*to her*		

1. Indirect object pronouns, like direct object pronouns, normally precede a conjugated verb except for **loro** and **Loro,** which follow the verb.

Non **le** danno molti soldi.
They don't give her much money.

Gli ho offerto un caffè.
I offered him a cup of coffee.

In contemporary usage **loro** is often replaced by **gli,** which precedes the verb.

Quando parliamo **loro?**
Quando **gli** parliamo?
When shall we speak to them?

2. With the exception of **loro,** indirect object pronouns governed by an infinitive normally follow it and are attached to it. The infinitive drops the final **-e.**

Ho bisogno di parlar**Le.**
I need to talk to you.

Preferiamo non dir**ti** niente.
We prefer not to tell you anything.

Perché avete deciso di non scrivere **loro?**
Why did you decide not to write to them?

If the infinitive is governed by the verb **dovere, potere,** or **volere,** the pronoun may either be attached to the infinitive or be placed before the entire verb phrase.

Posso parlar**Le?**   Non dobbiamo risponder**gli.**
Le posso parlare?   Non **gli** dobbiamo rispondere.
May I talk to you?   *We mustn't answer him.*

3. When the verb is in a compound tense and an object pronoun precedes it, it is important to know whether the object pronoun is direct or indirect in order to use the correct form of the past participle. The past participle can agree with the preceding direct object pronoun (see p. 92); it *never* agrees with a preceding indirect object pronoun.

Patrizia? L'ho vist**a** ieri ma non le ho parlat**o.**
Patrizia? I saw her yesterday, but I didn't speak to her.

4. Some Italian verbs take an indirect object, whereas their English equivalents take a direct object.

Telefono **a Mario.**   **Gli** telefono.
I phone Mario.   *I phone him.*

The most common of these verbs are:

bastare	*to suffice, to last*	**piacere**	*to please*
chiedere (domandare)	*to ask*	**rispondere**	*to answer*
dire	*to tell*	**somigliare**	*to resemble, to be like*
dispiacere	*to be sorry*	**telefonare**	*to phone*
fare bene	*to be good for*	**volere bene**	*to love, to care for*
fare male	*to hurt, to be bad for*		

Signora, chi **Le** ha risposto?   Il fumo **gli** fa male.
Ma'am, who answered you?   *Smoking is bad for him.*

Telefonate agli amici; telefonate **loro**
  (**gli** telefonate) ogni giorno.
*You call your friends; you call them
  every day.*

Somiglio a mia madre; **le** somiglio nel naso.
I resemble my mother; I take after her in the nose.

ESERCIZI

a.   *Sostituire all'oggetto indiretto la forma corretta del pronome corrispondente.*

ESEMPIO Leggo la lettera a mio fratello.
    Gli leggo la lettera.

1. Voglio bene a mio padre.
2. Abbiamo chiesto ai bambini come stavano.
3. Quando hai parlato alla professoressa?
4. Non capite che date fastidio al nonno?
5. Offro sempre un caffè all'avvocato.
6. Non volete scrivere ai vostri genitori?
7. È vero che somigli alla zia?
8. Non danno molti soldi ai figli.

—Le ripeto, dottore, è un caso davvero insolito...

b. *Inserire* **lo** *o* **gli.**

1. Siamo stati contenti di riveder _____ e di parlar _____ .
2. Qualcuno _____ ha mandato un pacco.
3. Non _____ avete ancora ringraziato?
4. Tutti volevano aiutar _____ .
5. Perché fingete di non conoscer _____ ?
6. Chi _____ ha insegnato il francese?
7. La carne non _____ fa bene.
8. Il suo stipendio non _____ basta.

c. *Inserire* **la** *o* **le.**

1. Che cosa _____ hai regalato per il suo compleanno?
2. _____ salutiamo sempre quando _____ vediamo.
3. Non _____ hanno detto la verità.
4. Devi risponder _____ in italiano.
5. Nessuno _____ invita.
6. Perché non _____ telefonate?
7. Quante volte _____ hai scritto?
8. Perché _____ avete raccontato questa barzelletta?

d. *Completare con le forme dirette o indirette dei pronomi personali.*

Lorenzo e Teresa sono separati però lui va a trovar _____ regolarmente
e telefona spesso. Dopo che si sono separati, lui _____ ha aiutata a cercare
casa e _____ ha anche dato i soldi per ammobiliar _____ .
Lorenzo vuole ancora bene a Teresa ma lei non _____ ama più. Una volta
lui ha detto: «_____ voglio ancora bene.» E lei _____
ha risposto: «Non _____ voglio più vedere. Non venire più a trovar-
_____ !»

e.   **Parliamo un po'.** *Rispondere alle domande seguenti usando i pronomi appropriati.*

1. Lei scrive ai Suoi genitori? A chi scrive spesso? Scrive delle lettere romantiche al Suo fidanzato/alla Sua fidanzata? Che cosa gli/le dice?
2. Che cosa presta al Suo compagno/alla Sua compagna di stanza? Perché? Che cosa chiede Lei al Suo compagno/alla Sua compagna di prestarLe?
3. Il vostro professore d'italiano corregge sempre i compiti? Spiega bene le regole della grammatica?

f.   *Lei non vuole dare troppe informazioni al Suo avvocato. Sua sorella si preoccupa. Completare la conversazione inserendo le risposte suggerite e usando i pronomi.*

1. —Hai telefonato all'avvocato? —Sì, _____ ho telefonato.
2. —Hai detto la verità? —No, _____ tutta la verità.
3. —Ma lui non ti ha fatto domande? —Sì, _____ fatto molte domande.
4. —E tu che cosa hai detto? —Non _____ ho risposto sempre.
5. —Ma perché? —Perché non voglio dir _____ tutto.
6. —Sei proprio strano, proprio come tuo padre. —Sì, lo so, (io) _____ rassomiglio molto.
7. —L'avvocato ti ha mandato il conto? —Sì, _____ ha mandato il conto.
8. —L'hai pagato? —No, non _____ ho ancora mandato l'assegno.
9. —Non so cosa dirti. —Non devi dir _____ niente. Non ti preoccupare!

II. *Piacere* e verbi come *piacere*

To express likes, dislikes, and interests, Italian uses the verb **piacere,** which functions very differently from its English equivalent. The verb **piacere,** meaning *to like* or *to be pleasing,* is one of a number of common Italian verbs that use an indirect object where English uses a subject.

A Giovanni piace il caffè.	*John likes coffee.*
↓ ↓	↓ ↓
Indirect object Subject	Subject Direct object

A. With verbs like **piacere** the subject generally follows the verb; it is the subject that determines a singular or plural verb. (Note that **piacere** is mostly used in the third person singular or plural.)[1]

A Maria piacciono i dolci, ma la cioccolata non le piace.
Maria likes sweets, but she doesn't like chocolate.

Note that when the person who *likes* is expressed by a noun, it is introduced by **a;** when expressed by a pronoun, the indirect pronoun alone is used.

B. When what is *liked* is expressed by an infinitive (*he likes to read*), **piacere** is used in the third person singular even if the infinitive has a plural object.

Ci piace leggere.   Ci piace leggere i fumetti.
We like to read.   *We like to read comic strips.*

---

[1] The other persons of **piacere** are occasionally used: **Tu mi piaci così come sei.** *I like you as you are.* **Noi conservatori non piacciamo ai giovani.** *Young people don't like us conservatives.*

C. Note that **piacere** is conjugated with **essere** in compound tenses; thus its past participle agrees in gender and number with the subject (that which is *liked*). The past tenses of **piacere** in the third person singular and plural are:

	Singular	Plural
Imperfetto	piaceva	piacevano
Passato prossimo	è piaciuto/piaciuta	sono piaciuti/piaciute

Gli **piaceva** correre.	Mi è **piaciuta** Roma.	Ti **sono piaciute** altre città?
He used to like to run.	*I liked Rome.*	*Did you like other cities?*

D. Note that in the following expressions there is no pronoun equivalent for the English *it* and *them*. Instead, these pronouns are expressed in the singular and plural verb endings.

Mi piace molto.	Mi piace di più.	Ti piacciono?
I like it a lot.	*I like it better.*	*Do you like them?*

E. The following verbs function like **piacere**:

non piacere	*to dislike, not to like*
dispiacere	*to be sorry; to mind; to be bothered*
mancare	*to not have, to lack, to be short of; to miss*
occorrere	*to need*
restare	*to have ... left*

ESERCIZI

a.   **Che cosa regalare?** *È Natale e Lei sta decidendo che cosa regalare a parenti ed amici. Seguire l'esempio.*

ESEMPIO   Suo padre / la musica classica
STUDENTE 1   **A tuo padre piace la musica classica?**
STUDENTE 2   **Sì, gli piace. Esatto... gli posso comprare un disco di Vivaldi.**
or   **No, non gli piace.**

1. la suocera / i profumi francesi
2. i nonni / i dolci
3. tu e la tua ragazza / una cinepresa
4. la mamma / dei libri italiani
5. lo zio Giorgio / un binocolo
6. i tuoi fratelli gemelli / un nuovo videogioco
7. tu / un telefono personale
8. il tuo fidanzato/la tua fidanzata / una Parker d'oro

b. *Dite come vi piacciono i seguenti cibi.*

> ESEMPIO a te il pesce / fritto o alla griglia?
>
>> STUDENTE 1 **Come ti piace il pesce, fritto o alla griglia?**
>> STUDENTE 2 **Mi piace alla griglia.**

1. alla mamma le patate / lesse (*boiled*) o in insalata?
2. a papà le uova / fritte o sode (*hard boiled*)?
3. a Gabriella la carne / arrosto o alla griglia?
4. a te il gelato / di frutta o al cioccolato?
5. a voi la frutta / fresca o cotta?
6. agli amici i formaggi / dolci o piccanti?

c. **Che te ne pare?** *Rispondere alle seguenti domande usando le espressioni in parentesi. Seguire l'esempio.*

> ESEMPIO Che cosa ti piace fare? (passeggiare all'aria aperta)
>> **Mi piace passeggiare all'aria aperta.**

1. A Sua moglie come sembra questo albergo? (molto buono)
2. Che cosa sembra impossibile a Maria e a Pietro? (di potersi sposare)
3. Che cosa manca al cuoco per il dolce? (la farina e lo zucchero)
4. Quante pagine restano a Antonia da leggere? (trenta pagine)
5. Quante macchine vi occorrono per la gita a Venezia? (solamente una macchina)
6. Quali cose non ti piace fare? (fare gli esercizi d'italiano, pulire la mia stanza, cucinare)
7. Quanti giorni di ferie ti restano? (una settimana)
8. Che cosa vi dispiace di non saper fare? (parlare bene l'italiano, pilotare un aereo, suonare il sassofono)

d. **Ecco il risultato.** *In coppia, cambiate le frasi secondo l'esempio e aggiungete le conseguenze. Usate i verbi:* **dispiacersi, mancare, occorrere, (non) piacere, restare.**

> ESEMPIO Non ho più francobolli.
>> STUDENTE 1 **Mi occorrono dei francobolli.**
>> STUDENTE 2 **Allora devi andare alla posta.**

1. Devi lavorare in ufficio altre quattro ore.
2. Senza l'olio non possiamo fare la pizza.
3. Non hai abbastanza tempo per finire il componimento.
4. Il proprietario del ristorante "Tre Fontane" ha saputo che il cuoco è malato.
5. Siamo ospiti a casa Mancusi; ci hanno dato le chiavi di casa e le abbiamo perse.
6. Claudio ha tutto quello che vuole.
7. Chiara de ragazza adorava Robert Redford.
8. Io e Nino non amiamo le verdure molto cotte.

e. **Parliamo un po'.** *Lavorando in gruppi di due o più studenti discutete i preparativi per una settimana bianca* (skiing trip) *sulle Alpi. Cercate di inserire nella conversazione alcune delle espressioni che seguono.*

1. **piacere:** le montagne, lo sci, l'inverno, la neve, le serate intorno al caminetto (*fireplace*), viaggiare, visitare paesi stranieri
2. **restare:** molte cose da fare, ancora due esami prima delle vacanze, tre settimane di studio
3. **mancare:** biglietti aerei, passaporti, prenotazione dell'albergo
4. **occorrere:** sci nuovi, soldi, lezioni di sci

III. Verbi riflessivi

A reflexive verb is one in which the action reverts back to the subject.

I see myself in the mirror.
He considers himself intelligent.
They amuse themselves playing ball.

In English, the reflexive meaning is often understood but not expressed.

I washed (myself) this morning.   *He shaved (himself) last night.*

In Italian, reflexive verbs are *always* conjugated with reflexive pronouns. Reflexive pronouns are the same as the object pronouns except for the third person singular and plural forms.

PRONOMI RIFLESSIVI			
	Singular		**Plural**
1st person	mi	*myself*	ci	*ourselves*
2nd person	ti	*yourself*	vi	*yourselves*
3rd person	si	*yourself / oneself* *himself / herself*	si	*yourselves/themselves*

In dictionaries and vocabulary lists reflexive verbs can be recognized by the endings **-arsi**, **-ersi**, and **-irsi**. The **-si** is the third person reflexive pronoun attached to the infinitive with the final **-e** dropped. Below is the present indicative of regular reflexive verbs for the three conjugations.

	lavarsi *to wash*	vedersi *to see oneself*	vestirsi *to get dressed*
	mi lavo	mi vedo	mi vesto
	ti lavi	ti vedi	ti vesti
	si lava	si vede	si veste
	ci laviamo	ci vediamo	ci vestiamo
	vi lavate	vi vedete	vi vestite
	si lavano	si vedono	si vestono

A. Reflexive pronouns precede the conjugated verb forms but are attached to the infinitive. Even when the verb is in the infinitive form, its reflexive pronoun agrees with the subject.

Ho bisogno di lavar**mi**.
I need to wash.

Perché preferite alzar**vi** presto?
Why do you prefer to get up early?

B. When a reflexive infinitive is used with a form of **dovere, potere,** or **volere,** the reflexive pronoun can be attached to the infinitive or placed before the entire verb phrase.

Il bambino non vuole vestir**si**.
Il bambino non **si** vuole vestire.
The child doesn't want to get dressed.

Il bambino non ha voluto vestir**si**.
Il bambino non **si** è voluto vestire.
The child refused to get dressed.

Note that when the reflexive pronoun precedes **dovere, potere,** or **volere** in a compound tense, these verbs are conjugated with **essere.**

C. In compound tenses all reflexive verbs are conjugated with **essere,** and the past participle agrees in gender and number with the subject.

Cristina si è vestit**a** in fretta.
Christina got dressed in a hurry.

Perché vi siete arrabbiat**i**?
Why did you get angry?

Uso dei verbi riflessivi

A. The reflexive is used in Italian when the subject does some action to a part of his or her body: *I washed my face; They put on their gloves.* In Italian the definite article is used with parts of the body and clothing instead of the possessive adjective as in English.

Mi sono lavato **la** faccia.
I washed my face.

Si mettono **i** guanti.
They put on their gloves.

B. Many verbs in Italian have reflexive forms but are not always reflexive in meaning.

accorgersi (di)	*to notice*	**lamentarsi (di)**	*to complain (about)*
alzarsi	*to get up*[1]	**laurearsi**	*to graduate (from a university)*
annoiarsi	*to get bored*	**riposarsi**	*to rest*
divertirsi	*to have a good time*	**sentirsi**	*to feel*
farsi male	*to hurt oneself*	**svegliarsi**	*to wake up*

C. The reflexive form in Italian is also used to express meanings that are not reflexive.

1. Verbs can be used reflexively to emphasize the involvement of the subject in the action expressed by the verb. Compare:

Ho comprato una bicicletta.
I bought a bicycle.

Mi sono comprato/a una bicicletta.
I bought myself a bicycle.

---

[1] Note that Italian often uses the reflexive form of a verb whereas English uses **to get** + another word.

2. Verbs can be used in the plural with the plural reflexive pronouns **ci, vi, si** to express a reciprocal or mutual action: *(to) each other, (to) one another.*[1]

Lorenzo ed io **ci amiamo.**
Lorenzo and I love each other.

Ci siamo visti ieri sera.
We saw each other last night.

Si sono conosciuti all'università.
They met (each other) at the university.

Vi scrivete ogni giorno.
You write to each other every day.

ESERCIZI

a. **Io invece...** *Seguire l'esempio e completare ciascuna frase con la forma riflessiva del verbo in corsivo.*

ESEMPIO Carla *mette* i bambini a letto.
Io invece mi metto gli occhiali e guardo la TV.

1. Mia cognata non *aiuta* mai mio fratello. Io e Mario invece _____ quando possiamo.
2. Carlo *fa compagnia* alla zia. I miei zii invece _____ a vicenda.
3. Io e la mamma *prepariamo* la cena. Mio fratello invece _____ per uscire.
4. Giacomo *sveglia* il suo compagno di stanza alle 7,30. Noi invece _____ alle 6,00 ogni mattina.
5. La mamma *lava* il neonato. Gli altri figli invece _____ da soli.
6. Io e mio marito *parliamo* sempre troppo. Voi due invece non _____ da tre giorni.
7. Laura non *telefona* mai a Vittorio. Lei e Carlo invece _____ ogni sera.
8. Io *saluto* i miei colleghi. Io e Marco però abbiamo litigato e non _____ più.

b. **Una storia che finisce male.** *Raccontare la storia di Riccardo e Gabriella prima al presente e poi al passato usando i seguenti verbi.*

vedersi al supermercato / guardarsi, parlarsi / darsi appuntamento / rivedersi molte volte / innamorarsi / andare in vacanza, scriversi / telefonarsi / sposarsi / non andare d'accordo / bisticciare / separarsi / divorziare

c. *Descrivete una giornata tipica della vostra vita usando il maggior numero possibile di verbi riflessivi. Descrivete poi un giorno speciale del vostro passato in cui avete fatto tutto in modo diverso.*

d. **Parliamo un po'.** *Rispondere alle seguenti domande.*

1. A che ora si è svegliato/a stamattina? Si è alzato/a subito o è rimasto/a a letto per un po'?
2. Si lava sempre i denti al mattino? Quante volte al giorno se li lava?

---

[1] To clarify that a sentence is to be understood reciprocally rather than reflexively, one of the following phrases may be added: **fra (di) loro** *among themselves*, **l'un l'altro (l'un l'altra)** *one another*, **a vicenda, reciprocamente, vicendevolmente** *mutually.*

3. A chi assomiglia di più, a Suo padre o a Sua madre?
4. In che anno si sono conosciuti i Suoi genitori? Quando si sono sposati? Lei quando pensa di sposarsi?
5. I Suoi amici si ricordano sempre del Suo compleanno? Lei cosa fa se si dimenticano di farLe gli auguri?
6. Di che cosa si lamentano normalmente gli studenti universitari?

IV. Suffissi speciali

To express special shades of meaning of a noun or an adjective English uses suffixes (bird*ie*, green*ish*) or a descriptive adjective or adverb (*little house, rather fat*). In Italian, the preferred way to indicate size, quality, and speaker's attitude is to use a suffix rather than a separate qualifying word: cas**etta** (*little house*); libr**one**[1] (*big book*); vent**accio** (*bad wind*). When a suffix is added to a word, the final vowel of the word is dropped.

A. The following suffixes indicate smallness or express affection and endearment:[2]

-ino, -ina, -ini, -ine	uccello *bird*	uccellino *cute, little bird*
-etto, -etta, -etti, -ette	cugino *cousin*	cuginetto *little cousin*
-ello, -ella, -elli, -elle	fontana *fountain*	fontanella *little fountain*
-icello, -icella, -icelli, -icelle	vento *wind*	venticello *breeze*
-icino, -icina, -icini, -icine	cuore *heart*	cuoricino *little heart*
-olino, -olina, -olini, -oline	radio *radio*	radiolina *little radio*
-uccio, -uccia, -ucci, -ucce	bocca *mouth*	boccuccia *cute, little mouth*

B. The suffixes **-one, -ona, -oni, -one** indicate largeness.[3]

naso *nose* →	nasone *big nose*	
libri *books* →	libroni *big, heavy books*	

C. The following suffixes indicate the idea of bad quality or ugliness. They can express either a material or moral sense.

-accio, -accia, -acci, -acce	tempo *weather*	tempaccio *awful weather*
-astro, -astra, -astri, -astre	poeta *poet*	poetastro *really bad poet*
-iciattolo, -iciattola, -iciattoli, -iciattole	mostro *monster*	mostriciattolo *gremlin*

[1] Words that end in -one or -ona add a -c- before adding one of the listed suffixes: bastone *stick* → (+ -ino) bastoncino.

[2] Some feminine words become masculine when one of the listed suffixes is added:

la finestra *window* →	il finestrino *small window*
la stanza *room* →	lo stanzino *small room*

Also note that more than one suffix can be attached to the same word: fiore *flower* → fior-ell-ino, cassa *case* → cass-ett-ina.

[3] Some feminine words take the masculine suffix -one and become masculine:

la nebbia *fog* →	il nebbione *dense fog*
la palla *ball* →	il pallone *soccer ball*
la porta *door* →	il portone *street door*

D. Many of the above suffixes may also be added to adjectives.

bello *beautiful*   bellino *pretty, cute*
pigro *lazy*   pigrone *quite lazy*
dolce *sweet*   dolciastro *sickeningly sweet*
noioso *boring*   noiosetto *rather boring*

E. A number of Italian nouns appear to end in one of the preceding suffixes. Their meaning, however, is in no way influenced by the suffix.

posto *place*   postino *postman* (*nice little place is* posticino)
tacco *heel*   tacchino *turkey* (*little heel* is tacchetto)
burro *butter*   burrone *ravine*

ESERCIZI

a.   *Sostituire una parola sola alle parole in corsivo.*

1. Il mio compagno è un *ragazzo grande e grosso*.
2. Non mi piacciono le persone che usano *parole brutte*.
3. A Natale gli abbiamo regalato un *piccolo treno*.
4. Ti mando un *grosso bacio*.
5. È un *vino leggero* che non fa male. (Use **-ello.**)
6. Una *nebbia molto densa* è scesa sulla città. (Rewrite the whole sentence after you've found your word.)
7. È un bel ragazzo, ma ha un *grosso naso*.
8. Come mai sei uscito con questo *tempo così brutto*?
9. Si credono illustri, ma sono dei *poeti da strapazzo* (hack poets).
10. È stata una conferenza *piuttosto noiosa*.

V. Aggettivi e pronomi indefiniti

Indefinite adjectives and pronouns indicate quantity and quality without referring to any particular person or thing. Italian indefinites can be grouped into three categories according to how they are used: as adjectives, as pronouns, and as both adjectives and pronouns.

A. The following are the most common indefinite *adjectives*. They are invariable and always modify a singular noun.

AGGETTIVI INDEFINITI			
ogni	*every*	**qualsiasi**	*any, any sort of*
qualche	*some*	**qualunque**	*any, any sort of*

Ogni inverno andiamo in montagna.
Every winter we go to the mountains.

Qualche negozio era già chiuso.
Some stores were already closed.

Qualsiasi libro va bene.
Any book is fine.

Devo farlo a qualunque costo.
I must do it at any cost.

B. The following are the most common indefinite *pronouns*. They are used only in the singular.

PRONOMI INDEFINITI			
uno/a	*one*	**chiunque**	*anyone*
ognuno/a	*everyone*	**qualcosa**	*something*
qualcuno/a	*someone, some*	**niente, nulla**	*nothing*

Uno non sa mai cosa dire.
One never knows what to say.

La porta era aperta a chiunque.
The door was open to anyone.

Ognuno ha i propri difetti.
Everyone has his/her own faults.

C'è qualcosa che non va.
There's something wrong.

Qualcuno ha preso la mia penna.
Someone took my pen.

Non volevano niente.
They didn't want anything.

1. **Qualcosa, niente,** and **nulla** are considered masculine for agreement purposes.

Niente è perdu**to**.
Nothing is lost.

È success**o** qualcosa?
Has something happened?

2. When **qualcosa** and **niente** are followed by an adjective, **di** precedes the adjective, which is always masculine; when they are followed by an infinitive, **da** precedes the infinitive.

Abbiamo visto qualcosa **di** bello.
We saw something pretty.

Non ho niente **da** vendere.
I have nothing to sell.

C. The following indefinites can be used as both *adjectives* and *pronouns*.

AGGETTIVI E PRONOMI INDEFINITI	
alcuni, -e (plural only) *some, a few*	Ci sono alcuni errori. *There are a few mistakes.*
	Non tutte le ragazze hanno capito; alcune sono confuse. *Not all the girls have understood; some are confused.*

altro, -a, -i, -e *other*	Ci sono altre ragioni. *There are other reasons.*
altro *something (anything) else*	Desidera altro? *Do you need anything else?*
altri, -e *others*	Dove sono andati gli altri? *Where have the others gone?*
certo, -a, -i, -e *certain*	Quella ragazza ha un certo fascino. *That girl has a certain charm.*
	Certi non capiscono. *Certain (people) don't understand.*
ciascuno, -a (singular only) *each, each one*	Consideriamo ciascuna proposta. *We consider each proposal.*
	Hai parlato con ciascuno di loro? *Did you speak to each of them?*
molto, -a, -i, -e *much, many, a lot (of)*	Mangiamo molto formaggio e molta frutta. *We eat a lot of cheese and a lot of fruit.*
	Molte non sono venute. *Many (girls) didn't come.*
nessuno, -a (singular only) *no, none, no one*	Non ho nessuno zio a Chicago. *I have no uncles in Chicago.*
	Nessuno vi ha chiamato. *No one called you.*
parecchio, -a, parecchi, parecchie *a lot (of), several*	Abbiamo visto parecchie persone. *We saw several people.*
	Hai speso parecchio! *You spent a lot!*
poco, -a, pochi, -e *little, few*	C'era poco tempo. *There was little time.*
	Pochi lo sanno. *Few people know it.*
quanto, -a, -i, -e *how much, how many*	Quante parole inutili! *How many useless words!*
	Quanti hanno pagato? *How many have paid?*
tanto, -a, -i, -e *so much, so many*	Hanno fatto tanti errori. *They have made so many mistakes.*
	Tanti non ricordano perché. *So many don't remember why.*
troppo, -a, -i, -e *too much, too many*	Hai usato troppo zucchero. *You've used too much sugar.*
	Siamo in troppi. *There are too many of us.*

(*Continued*)

AGGETTIVI E PRONOMI INDEFINITI (*Continued*)	
tutto, -a, -i, -e *all, whole, every*	Ho mangiato tutta la torta. *I ate the whole cake.*
tutto *everything*	Chi ha visto tutto? *Who saw everything?*
tutti, -e *everyone*	Tutti amano le vacanze. *Everyone loves vacations.*

1. **Tutto** takes an article when used as an adjective.

   Abbiamo lavorato tutta **la** settimana.　　Tutti **i** bambini lo sanno.
   We have worked all (the whole) week.　　*All children know this.*

   Tutto is used in the idiomatic expressions **tutt'e due** *both*, **tutt'e tre** *all three*, **tutt'e quattro** *all four*. Note that the definite article is used when such expressions modify a noun.

   tutt'e due **i** ragazzi　　　　　　　　tutt'e tre **le** riviste
   both boys　　　　　　　　　　　　　*all three magazines*

2. Some of the words listed above are also commonly used as adverbs, and as such they are invariable.

molto	*very, quite, awfully*
poco	*not so, not very, hardly*
quanto	*how* (same as **come**)
tanto	*so* (same as **così**)
troppo	*too*

   Siamo molto stanchi.　　　　　　　　Siena è poco lontana.
   We are very tired.　　　　　　　　　*Siena is not very far.*

   Quanto sono intelligenti!　　　　　　Erano tanto felici.
   How intelligent they are!　　　　　　*They were so happy.*

   Sei troppo egoista.
   You are too selfish.

ESERCIZI

a.　　*Scegliere la parola corretta.*

　　　1. ＿＿＿＿＿＿＿ (Qualunque/chiunque) può venire con noi.
　　　2. ＿＿＿＿＿＿＿ (Nessuna/nulla) persona è venuta a piedi.
　　　3. ＿＿＿＿＿＿＿ (Ogni/ognuno) uomo ha i suoi problemi.
　　　4. Posso fare ＿＿＿＿＿＿＿ (qualcuno/qualcosa) per lui?

5. Solo _____ (qualche/qualcuno) prigioniero è riuscito a fuggire.
6. Per ammobiliare la stanza, bastano _____ (alcuni/ogni) mobili.
7. _____ (Chiunque/qualunque) letto è buono per dormire quando abbiamo sonno.
8. In biblioteca c'erano solo _____ (qualche/alcune) studentesse.
9. Non sappiamo _____ (nessuno/niente).
10. Ho letto _____ (qualche/qualcuno) dei suoi romanzi.

b. *Mettere un pronome indefinito al posto delle parole sottolineate.*

ESEMPIO   Ho imparato <u>tante cose</u> in questo corso.
          Ho imparato tanto in questo corso.

1. <u>Ogni persona</u> è responsabile delle sue azioni.
2. Ha bisogno di <u>altre cose</u>?
3. <u>Nessuna persona</u> lo dice.
4. <u>Nessuna cosa</u> sembra facile all'inizio.
5. <u>Qualsiasi persona</u> lo farebbe in poco tempo.
6. Voi volete sapere <u>troppe cose</u>.
7. <u>C'è un uomo</u> che ti vuole parlare.
8. <u>Ogni cosa</u> era sul tavolo.
9. <u>Qualche persona</u> ha detto di no.
10. Potevamo comprare del vino per <u>pochi soldi</u>.

c. *Scegliere la parola corretta.*

1. Quella signora ha _____ (tanto/tanti) soldi.
2. Abitano _____ (poche/poco) distante da casa mia.
3. Siamo _____ (troppo/troppi) isolati in questo posto.
4. C'era _____ (molto/molta) neve in montagna.
5. Avete _____ (poco/poche) idee.
6. _____ (Quanti/quanto) sono i tuoi cugini? Sette o diciassette?
7. _____ (Quanto/quanta) è bella la giovinezza!
8. È una ragazza _____ (molto/molta) strana.
9. Mia madre sembrava _____ (tante/tanto) giovane.
10. _____ (Troppe/troppa) gente crede ancora a queste cose.

VI. Il partitivo

A. The partitive is expressed in English by *some, any, a few*. This idea can be conveyed in Italian in the following ways:

1. By combined forms of **di** + *definite article* (**del, dello, della, dell', dei, degli, delle**).

Ho mangiato **del** formaggio.   Conosciamo **degli** italiani.
I ate some cheese.   *We know some Italians.*

2. By **qualche** + *singular noun* or **alcuni, -e** + *plural noun* to mean *some, a few*. Although **qualche** always takes a singular noun and **alcuni, -e** always a plural noun, they express the same plural meaning in English.

Invitano **qualche amica.**   **Qualche studente** lo sapeva.
Invitano **alcune amiche.**   **Alcuni studenti** lo sapevano.
They invite some girlfriends.   *A few students knew it.*

3. By **un poco di, un po' di** to mean *some, a bit of*, with singular nouns that are either abstract (*time, patience*) or that express a measurable rather than a countable quantity (*milk, bread*).

Abbiamo bisogno di un po' di tempo.   Volete un po' di latte?
We need some time.   *Do you want some milk?*

B. The partitive is left unexpressed in negative sentences and is frequently omitted in interrogative sentences.

Ci sono lettere per me?   Non abbiamo soldi.
Ci sono **delle** lettere per me?   *We don't have any money.*
Are there any letters for me?

ESERCIZI

a.   *Inserire la forma corretta: del, dello, ecc.*

1. Ha ordinato acqua minerale.
2. Ci sono italiane alte e snelle.
3. Compriamo insalata e frutta.
4. Conoscono avvocati e ingegneri.
5. Cerchi giornali e riviste italiane.
6. Sono bei ragazzi.
7. Ieri sera ho preso pesce.
8. Vogliamo vino, birra e scotch!

b.   *Inserire* **qualche** *o* **alcuni/alcune.**

1. Hanno avuto _____ guaio.
2. C'erano _____ parole difficili nell'esercizio.
3. Ho bisogno di _____ cosa.
4. Abbiamo passato _____ ore insieme.
5. Si sono sposati _____ anni fa.
6. Avete letto _____ bel racconto in classe?
7. L'ho già visto in _____ altro luogo.
8. La polizia ha fermato _____ macchina.

c.   **La spesa.** *Simona ha fatto la spesa e mamma vuol sapere se ha comprato tutto quello che le occorre. Inserire le forme opportune dei partitivi:* **di** + (*articolo*), **qualche, alcuno, un po' di...**

MAMMA: Hai comprato _____ pane?
SIMONA: Sì, e anche _____ cornetto salato per domani mattina. Ho preso anche _____ grissini e _____ pizza all'olio.
MAMMA: C'era _____ bella frutta al mercato?

SIMONA: No, ho trovato solo _____ fragole e _____ pere, e allora ho comprato _____ scatola di frutta surgelata (*frozen*). Per la macedonia va bene.

MAMMA: E l'insalata?

SIMONA: Ho preso _____ di tutto, anche il radicchio e l'indivia belga. Come sono cari! Mi sono rimasti solo _____ biglietti da mille lire.

MAMMA: Pazienza! Senti, c'è ancora un po' di caffè caldo nella caffettiera.

SIMONA: Ah, grazie! Vado in cucina a prenderlo.

Cucina casalinga, cibo sano

L E T T U R A

VOCABOLARIO UTILE

il passo step
la pelle skin

la ruga wrinkle
il sangue blood

il digiuno fast;
  a digiuno fasting

*avvenire to take place
digiunare to fast
donare to give
evitare to avoid

imporre to impose; to require
liberare to free
migliorare to improve, better
subire to undergo

PRIMA DI LEGGERE

In gruppi di tre o più studenti discutete i problemi dell'alimentazione moderna. Nel corso della discussione cercate di rispondere alle domande seguenti.

1. Quali sono i cibi che fanno male/bene alla salute?
2. Che cosa mangiamo di solito, e che cosa invece dovremmo mangiare?
3. Perché decidiamo di fare una cura dimagrante?
4. Carlo Gioia dice che il digiuno libera il corpo dalle tossine e ci fa stare meglio. Vi sembra una buona idea? Perché?

Digiunare fa bene

Il digiuno, dice il giornalista, è un mezzo per prevenire le malattie e perfino° per ringiovanire. Anche quando stiamo bene «i germi, le tossine, le tensioni nervose si accumulano nell'organismo e prima o poi si manifestano vari disturbi°. Il digiuno preventivo può evitare questa si-
5 tuazione o ritardarla, depurando il sangue, aumentando i globuli rossi° e liberando così il corpo dalle tossine.»

Digiunare fa bene a chi sta bene e a chi sta male. Anche i malati hanno bisogno di eliminare le tossine. Per chi svolge un lavoro intellettuale il digiuno è un alleato° prezioso, infatti «dona una straordinaria
10 lucidità, migliora la memoria e dà nuovo sprint all'intelletto.»

Avete mai pensato di digiunare per ringiovanire? «Ripulendo il corpo il digiuno ne rallenta il deterioramento e ne prolunga la freschezza... Inoltre permette alla pelle di subire una vera metamorfosi». Il colorito migliora e perfino le rughe diventano meno evidenti.
15 Questo avviene perché digiunando si eliminano le scorie espulse° dalle cellule, non solo, ma si utilizzano le sostanze superflue accumulate nell'organismo.

Digiunare è anche un sistema per perdere peso. Medici e dietologi° sono d'accordo nel consigliare agli obesi di dimagrire: «Diabete,
20 pressione alta°, malattie cardiache° sono più frequenti nelle persone obese, che sembra siano anche esposte a rischi di tumore.»

Carlo Gioia avrà anche ragione a dire che digiunare una settimana un paio di volte l'anno fa bene alla salute, ma come si fa? «Un digiuno impone, prima di tutto, una preparazione. Durante la settimana che
25 precede il digiuno bisogna seguire una dieta leggera di cibo e nutrirsi di

even

troubles, illnesses
globuli: *red corpuscles*

ally

scorie: *waste expelled*

dietitians
pressione: *high blood pressure* / **malattie:** *heart diseases*

alimenti naturali, specialmente di frutta e legumi assortiti. Occorre ridurre molto gli alcoolici e il fumo. È opportuno inoltre rallentare il ritmo della propria vita, eliminando tutte le attività che non sono essen-ziali.» Il che non significa stare senza far nulla, si può leggere, giocare a
30 carte e magari suonare il pianoforte, purché non si passi il tempo in at-tività faticose.

Dopo alcuni giorni «non si avverte più la fame°, una benefica pace e una rinnovata energia cominciano ad invadere tutta la persona. Il resto° del cammino sarà tutto «in discesa»° e avverrà una purificazione
35 fisica e mentale fino a questo momento sconosciuta.»

non si: *one doesn't feel hungry*

remainder / *easy (way down)*

Per concludere, secondo Gioia, il digiuno funziona perfettamente per depurare il corpo, evitare le malattie e ringiovanire. A chi intenda digiunare l'autore consiglia di rivolgersi ad un dietologo. L'articolo inoltre dà gli indirizzi di alcuni centri italiani specializzati per la con-
40 sulenza° sul digiuno; hanno l'aria di essere° delle costosissime cliniche private dove si spende moltissimo per «fare la fame».°

advice / hanno: *they seem to be*
fare: *to starve*

Adapted from *Il Corriere della Sera*, 24 settembre 1990

COMPRENSIONE

1. Perché fa bene digiunare ogni tanto?
2. A chi consiglia di digiunare Carlo Gioia?
3. In che senso il digiuno fa ringiovanire?
4. Come ci si prepara al digiuno?
5. Digiunare è facile? Come conviene passare il tempo? Perché?
6. A chi ci si rivolge per aiuto e consigli?

Studio di parole

to taste

sapere di
to taste; to have a flavor

Non sa di niente.
It has no flavor.

assaggiare
to taste, to try (food)

È buono! Vuoi assaggiarlo?
It's good! Do you want to try it?

to play

suonare
to play (an instrument), to ring

Suono il piano e la chitarra.
I play the piano and the guitar.

giocare a + noun
to play (a game, a sport)

Io gioco a tennis; tu giochi a carte.
I play tennis; you play cards.

È suonato il campanello?
Chi ha suonato il campanello?
Has the bell rung?
Who has rung the bell?

recitare
to act, to play a role

Quell'attore recita bene.
That actor acts well.

praticare (fare) uno sport
to play a sport

Quante persone praticano questo
sport?
How many people play this sport?

to work

lavorare
to work

Lavorano in una fabbrica di biciclette.
They work in a bicycle factory.

funzionare
to work (machines, systems, etc.)

Il televisore non funziona.
The TV is not working.

to spend

passare
to spend (time)

Passavamo il tempo allegramente.
We spent the time happily.

Dove hai passato le vacanze?
Where did you spend your vacation?

spendere
to spend (money)

Hai pagato duemila lire? Hai speso
troppo.
*Did you pay two thousand liras? You
spent too much.*

PRATICA

a. *Scegliere la parola o l'espressione che completa meglio la frase.*

1. Dove hai intenzione di _____ Natale quest'anno? Con i tuoi?
2. Il mio orologio non _____ bene. È sempre indietro di dieci minuti!
3. Quando hai imparato a _____ il piano e a _____ a tennis?
4. In quel ristorante uno _____ poco e mangia bene.
5. Da quanto tempo _____ in quest'ufficio Lei?
6. Mi piacciono gli attori che _____ bene.
7. Tu, quali sport _____ quando hai tempo?
8. Il postino _____ sempre due volte.

b. *Inserire le parole mancanti nel significato opportuno.*

Alessandro ha deciso di non (*to work*) _____ per un mese. Sa bene
come (*to spend*) _____ il tempo. La mattina ha intenzione di (*to play*)
_____ degli sport, per esempio di (*to play*) _____ a golf e

di andare in piscina. Deve perdere peso. Il medico gli ha ordinato una dieta, ma non (*to work*) _____ . Lui (*to spend*) _____ delle ore a contare le calorie, cerca di non fare colazione e va a (*to work*) _____ con una fame da lupi. Quando va al mercato (*to spend*) _____ un mucchio di soldi in salmone e in formaggi magri, poi torna a casa e (*to play*) _____ la parte dell'eroe che ha il coraggio di rifiutare la pasta asciutta. Però (*to like*) _____ il vino e i liquori, sta sempre seduto alle scrivania e va sempre in macchina. Gli farà proprio bene (*to spend*) _____ le mattinate a (*to play*) _____ a golf o a nuotare in piscina, anche se per l'abbonamento (*membership*) alla società sportiva dovrà (*to spend*) _____ mezzo milione l'anno.

c. *Domande per Lei.*

1. È d'accordo con Carlo Gioia sui benefici del digiuno? Perché?
2. Ha mai deciso di stare a dieta per un po'? Per quali ragioni? Com'è andata?
3. Lei spende molto o poco per mangiare? Che cosa compra?
4. Quando mangia fuori dove va? Che cosa ordina?
5. Le piace cucinare? Che cosa?
6. Qual'è il Suo piatto preferito? Quando lo prepara?

TEMI PER COMPONIMENTO O DISCUSSIONE

1. Secondo l'opinione di molti il «fast food» non è particolarmente buono e forse non fa neanche bene alla salute, però è molto diffuso. Perché piace tanto alla gente? Piace anche a Lei?
2. Nei supermercati ci sono tante confezioni di cibi pronti. Sono prodotti buoni? Chi li compra? Perché? Non sono cari?
3. Cosa Le piace mangiare? Lei segue una dieta particolare? Secondo lei cosa si mangia di più? Dove? Con chi?
4. Qual'è la Sua ricetta preferita? La descriva al resto della classe usando alcuni dei vocaboli seguenti, se necessario.

affettare	*to slice*	**mescolare**	*to mix*
aggiungere	*to add*	**soffriggere**	*to brown*
cuocere	*to cook*	**tritare**	*to mince*

PER COMUNICARE

La tavola apparecchiata

C'è ancora una preferenza per la tovaglia anche se è venuto di moda il servizio all'americana (*place mats*). Ogni commensale (*table companion*) avrà uno o due piatti, uno dei quali sarà «fondo» se il pranzo prevede una minestra. A sinistra dei piatti si mettono le forchette (non più di due), a destra il coltello e il cucchiaio (se serve). In alto, davanti ai piatti ci saranno le posatine da frutta e da dessert; un po' a destra i bicchieri dell'acqua e del vino, un po' a sinistra il piattino del pane e la coppetta dell'insalata. Il tovagliolo, piegato in due o a triangolo, va a destra del piatto. La forchetta rimane sempre a sinistra, la mano destra usa soltanto il cucchiaio e il coltello.

Il burro non viene messo in tavola, si usa soltanto per la prima colazione. Se il caffè è servito a tavola, le tazzine saranno portate al momento. Il pane è in un cestino°, ma non c'è bisogno di coprirlo con un tovagliolo perché di solito non è servito caldo. I candelabri e le candele sulla tavola sono una moda di importazione recente, tradizionalmente la stanza da pranzo è molto bene illuminata.

small b·

Le persone a tavola tengono le braccia il più possibile vicino al corpo e ambedue le mani rimangono visibili durante tutto il pranzo. Buon appetito!

Offrire da bere o da mangiare

Le/Ti posso offrire qualcosa da bere?	*Can I offer you something to drink?*
Che cosa prendi/prende?	*What will you have?*
Prendi qualcosa da mangiare/bere?	*Would you like something to eat/drink?*
Vuoi/Vuole assaggiare...?	*Would you like to try . . . ?*
Ti va/hai voglia di bere/mangiare...?	*Do you feel like drinking/eating . . . ?*
Come lo preferisci il vino? bianco o rosso?	*Do you prefer white or red wine?*

Accettare cibo o bevande

Sì, grazie.	*Yes, thank you.*
Perché no? Lo/La prendo/bevo volentieri.	*Why not. I'll eat/drink it with pleasure.*
Con molto piacere, grazie.	*With pleasure, thank you.*
Sì, volentieri.	*Yes, please.*
Sì, ma la prossima volta offro io.	*Yes, but next time, I'll treat.*

Rifiutare cibo o bevande

No, grazie: sono a dieta.	*No thanks, I'm dieting.*
Grazie, ma sono astemio/a.	*Thanks, but I don't drink.*
Ti/La ringrazio, ma non posso mangiare/bere...	*Thanks, but I can't eat/drink . . .*

Sono a posto/sto bene così, grazie.   *I'm fine, thanks.*
No, grazie, non si disturbi/non ti   *Thanks, but don't bother.*
  disturbare.

Espressioni per la tavola

La cena è servita.	*Dinner is served.*
È pronto. Venite a tavola.	*It's ready. Come to the table.*
Buon appetito!	*Enjoy your meal!*
Serviti/Si serva pure!	*Help yourself!*
Non fare/faccia complimenti: ne	*Don't be shy: have some more.*
prenda un altro po'.	
Mi passi/passa il sale..., per cortesia?	*Can you please pass the salt . . . ?*
Buonissimo!	*Very good!*
Questo è davvero speciale/delizioso.	*This is really special/delicious.*
Mi dà la ricetta?	*Can you give me the recipe?*

CHE COSA DICE?

1. Ha appena sperimentato una nuova ricetta per la torta di mele. Propone alla vicina, che sta lavorando in giardino, di assaggiarla.
2. Vuole fare il risotto alla milanese. Chieda la ricetta a Sua zia.
3. Incontra il Suo avvocato al bar e vuole offrirgli/le il caffè.
4. Il Suo/La Sua capufficio sta andando allo snack bar e Le chiede se Lei vuole qualcosa.
5. Le offrono della Sambuca, ma Lei non beve alcoolici.
6. Il pranzo è pronto e Sua madre chiama tutti a tavola.
7. Ha preparato una cena tipica americana per uno studente italiano che è piuttosto timido e mangia poco. Lei lo invita a mangiare di più.
8. Al mare il vicino di ombrellone le offre un aperitivo. Lei accetta e dice che la prossima volta è il Suo turno.

SITUAZIONI

1. Prima di andare da McDonald's chieda al Suo compagno/alla Sua compagna di stanza se ha fame. Domandi cosa vuole da mangiare, da bere e se vuole il dolce. Dica che gli/le vuole offrire il pranzo visto che lui/lei l'ha aiutata a studiare per il compito di italiano. Il Suo compagno/La Sua compagna La ringrazia e dice di volere un hamburger al formaggio e delle patatine fritte, ma non prende niente da bere.
2. Lei è a cena a casa del Suo fidanzato/della Sua fidanzata. Con altri tre studenti che assumeranno i diversi ruoli (padre, madre e fidanzato/a) rappresenti la serata.
3. Lei passa a casa dei Rossi per riportare a Mario gli appunti di matematica. La famiglia sta festeggiando la promozione della figlia Susanna. Lei saluta tutti e si

congratula con Susanna. Il signor Rossi Le vuole offrire qualcosa da bere, Mario La invita a restare e la signora Le porta un pezzo di torta gelato. Lei però ha fretta. Rifiuta cortesemente e inventa una scusa per poter tornare a casa.

4. Con un compagno/una compagna del corso di italiano discuta un menù per ciascuna delle situazioni seguenti.

a. un picnic con un ragazzo/una ragazza che ha appena conosciuto/a

b. una cena veloce con un paio di amici che sono venuti a trovarvi inaspettatamente

c. un rinfresco per la festa di laurea (*graduation party*) della vostra amica Laura

CAPITOLO

6

Per cominciare

Al liceo scientifico. La signora Di Stefano ha accettato di fare una breve conferenza alla scuola di suo figlio Nicola che frequenta il primo liceo scientifico. Le hanno chiesto di parlare di Enrico Fermi. Ecco i suoi appunti.

Enrico Fermi nacque a Roma nel 1901. Nel 1922 ottenne la Laurea di Dottore in Fisica e nel 1926 era professore di fisica teorica all'Università di Roma. Nel 1934 decise di occuparsi di fisica sperimentale insieme a Edoardo Amaldi, Bruno Pontecorvo, Franco Rasetti e Emilio Segré, i cosiddetti «ragazzi di via Panisperna» dal nome della strada in cui avevano il laboratorio. Nel 1937 Fermi e collaboratori trovarono che era possibile ottenere la radioattività indotta dai neutroni lenti. Proprio per questa scoperta l'anno successivo Fermi ricevette il Premio Nobel per la fisica. In quel periodo in Italia erano entrate in vigore le leggi antisemitiche fasciste e la moglie di Fermi, Laura Capon, era di famiglia ebrea. I Fermi andarono a Stoccolma per l'assegnazione del Premio Nobel e non tornarono in Italia, si stabilirono invece negli Stati Uniti. Nel 1942, alla University of Chicago, Fermi diresse un famoso esperimento nel quale si produsse energia nucleare controllata.

Intanto la famiglia cercava di imparare la lingua e i costumi del paese, e di adattarsi alla nuova cultura. Laura aveva già scoperto alcuni anni prima che non è facile trovare un idraulico quando si cerca un «ploombber». Il processo di «americanizzazione» continuò a Los Alamos dove, durante la seconda guerra mondiale, Fermi collaborò alle ricerche per lo sviluppo delle armi atomiche.

Alla fine della guerra (1946) i Fermi tornarono a Chicago dove Enrico morì nel 1954.

VOCABOLARIO UTILE

Sostantivi

le **abitudini** habits
la **comunicazione** communication
la **conferenza** lecture; conference
l'**incomunicabilità** incommunicability
l'**isolamento** isolation
la **legge** law

il **liceo (classico, scientifico, linguistico)** high school (with classical, scientific, linguistic oriented programs)
la **ricerca** research
la **scoperta** discovery
lo **sviluppo** development

Aggettivi

cosiddetto so-called
ebreo Jewish
indotto induced

lento slow
successivo following

Verbi

adattarsi to adapt oneself to
apprendere to learn

dirigere to direct
produrre to produce, to bring about

Espressioni

breve soggiorno   short stay
entrare in vigore   to be in force (of a law)
lunga permanenza   long stay
proprio per questo   precisely for this reason
usi e costumi   customs (of a people)

ESERCIZI

a.   *Vero o falso?*

_____   1. Quando Fermi divenne professore era già anziano.
_____   2. A Roma fu professore di ingegneria elettronica.
_____   3. Ottenne il premio Nobel nel 1939.
_____   4. Non tornò in Italia a causa delle leggi razziali.
_____   5. Diresse l'esperimento sull'energia nucleare controllata alla Columbia University nel 1942.
_____   6. La famiglia Fermi non ebbe difficoltà di adattamento in America.
_____   7. Fermi partecipò alle ricerche sulla bomba atomica a Los Alamos.
_____   8. Quando morì, a Chicago, era molto vecchio.

b.   *Inserire le parole che meglio completano le frasi.*

1. Tutti i cittadini devono rispettare _____ .
2. Gli immigrati hanno difficoltà ad apprendere _____ e i _____ del nuovo paese.
3. Nel 1992 si celebrò il cinquecentenario della _____ dell'America da parte di Cristoforo Colombo.
4. I risultati della _____ sull'energia nucleare hanno contribuito a cambiare il nostro mondo.
5. Parlare le lingue straniere è importante per una migliore _____ fra i popoli.
6. Una buona alimentazione è necessaria allo _____ fisico e intellettuale del bambino.
7. Da quando gli è morta la moglie il signor Ponte non vede più nessuno, vive in campagna in completo _____ .

c.   *Creare nuove frasi che contengano le seguenti parole o espressioni.*

1. lento
2. lunga permanenza
3. incomunicabilità
4. successivo
5. conferenza

STRUTTURA

I. Passato remoto

Verbi regolari

The **passato remoto** (*past absolute*) is formed by adding to the stem the characteristic vowel of the verb (except for the third person singular) and the appropriate endings: **-i, -sti, -mmo, -ste, -rono.** To form the third person singular, **-are** verbs add **-ò** to the stem, **-ere** verbs add **-è**, and **-ire** verbs add **-ì.**

amare	credere	finire
amai	credei (credetti)	finii
amasti	credesti	finisti
amò	credè (credette)	finì
amammo	credemmo	finimmo
amaste	credeste	finiste
amarono	crederono (credettero)	finirono

Note the accent mark in the third person singular and the placement of stress in the third person plural.

Most **-ere** verbs have an alternate set of endings for the first and third persons singular and the third person plural.

Carlo andò in cucina e si sedè (sedette) al tavolo.
Carlo went into the kitchen and sat at the table

Verbi irregolari

Following are the **passato remoto** forms of some common irregular verbs:

avere	essere	dare	stare
ebbi	fui	diedi (detti)	stetti
avesti	fosti	desti	stesti
ebbe	fu	diede (dette)	stette
avemmo	fummo	demmo	stemmo
aveste	foste	deste	steste
ebbero	furono	diedero (dettero)	stettero

A. The majority of the verbs that have an irregular **passato remoto** (most of which are -**ere** verbs) follow a "1-3-3" pattern: the irregularity occurs only in the first person singular and the third persons singular and plural; -**i**, -**e**, and -**ero** are the respective endings. The endings of the other persons are regular.

chiedere		
(1) **chiesi**	chiedemmo	
chiedesti	chiedeste	
(3) **chiese**	(3) **chiesero**	

B. The most common verbs following the 1-3-3 pattern are listed below. It is helpful to learn the irregular forms of the **passato remoto** together with the past participle since, quite often, both are irregular and sometimes have the same irregular stem.

Infinitive	Passato remoto (1st person singular)	Past Participle
accendere	**accesi**	acceso
chiudere	**chiusi**	chiuso
conoscere	**conobbi**	conosciuto
decidere	**decisi**	deciso
leggere	**lessi**	letto
mettere	**misi**	messo
nascere	**nacqui**	nato
perdere	**persi**	perso/perduto
piacere	**piacqui**	piaciuto
prendere	**presi**	preso
rimanere	**rimasi**	rimasto
rispondere	**risposi**	risposto
rompere	**ruppi**	rotto
sapere	**seppi**	saputo
scegliere	**scelsi**	scelto
scendere	**scesi**	sceso
scrivere	**scrissi**	scritto
spegnere	**spensi**	spento
spendere	**spesi**	speso
succedere	**successi**	successo
tenere	**tenni**	tenuto
vedere	**vidi**	visto/veduto
venire	**venni**	venuto
vincere	**vinsi**	vinto
vivere	**vissi**	vissuto
volere	**volli**	voluto

C. Bere, dire, fare, and **tradurre** use the original Latin stems **bev-, dic-, fac-,** and **traduc-** to form the regular persons.

bere	dire	fare	tradurre
bevvi	dissi	feci	tradussi
bevesti	**dic**esti	**fac**esti	**traduc**esti
bevve	disse	fece	tradusse
bevemmo	**dic**emmo	**fac**emmo	**traduc**emmo
beveste	**dic**este	**fac**este	**traduc**este
b<u>e</u>vvero	d<u>i</u>ssero	f<u>e</u>cero	trad<u>u</u>ssero

Uso del passato remoto e del passato prossimo

A. The **passato remoto,** like the **passato prossimo,** expresses an action completed in the past. Following are the formal rules that govern the use of these two tenses.

1. If the action took place in a period of time that is not yet over (today, this month, this year), or if the effects of the action are continuing in the present, the **passato prossimo** is used.

    In questo mese **ho letto** molto.   Tu **hai ereditato** molti soldi.
    This month I've read a lot.   *You have inherited a lot of money.*

2. If the action occurred during a period of time that is over (two months ago, last year, the other day) and is considered completely finished and has no continuing effect or reference to the present, the **passato remoto** is used.

    L'altro giorno **incontrai** tuo fratello.   L'anno scorso **andammo** al mare.
    The other day I met your brother.   *Last year we went to the beach.*

3. Today many Italians (especially in the North) never use the **passato remoto** in speaking or writing unless it is formal writing. Some people use both tenses. Others (especially in the South) tend to use the **passato remoto** every time they write or talk about the past, no matter how recent it may be. Students of Italian are advised to use the **passato prossimo** in everyday conversation and to learn the forms of the **passato remoto** in order to understand them, to write them, and above all to recognize them when used in literary texts.

B. The **imperfetto** is used with both the **passato prossimo** and the **passato remoto** for descriptions (ongoing actions, outward conditions, or inner states of mind) or habitual actions.

Dato che non **avevano** molto tempo, **par-**   Arrivai (sono arrivato) alla stazione proprio
tirono (sono partiti) subito.   mentre il treno **partiva.**
Since they didn't have much time, they left right   *I got to the station while the train was leaving.*
away.

—... e immaginatevi il ribrezzo che provò il ranocchio ad essere trasformato in principe...

ESERCIZI

a. **Guido è un tipo strano.** *Sostituire il passato remoto al passato prossimo.*

Guido è un tipo strano. L'abbiamo conosciuto a casa di amici e poi l'abbiamo visto al cinema. M'interessa e cerco di sapere tutto di lui. So che è andato in biblioteca ed è riuscito a trovare il libro che cercava, però è uscito senza cappello e ha preso il raffreddore. Poi è venuto a riportarti dei dischi. Tu l'hai invitato ad entrare ma lui ha preferito restare sulla porta di casa. Gli hai chiesto come stava, ma lui non ha risposto. Ti ha salutato cortesemente e se ne è andato. È entrato in farmacia a comprare una medicina, ha preso delle aspirine e poi si è messo in macchina. Tra il raffreddore e le aspirine era mezzo addormentato ed ha avuto un incidente. L'incidente è avvenuto sull'autostrada, per fortuna non ci sono stati morti né feriti gravi. Però la sua bella Lancia Delta aveva una serie di ammaccature (*dents*) e lui l'ha portata dal carrozziere (*body shop*). Per un po' di giorni è andato in ufficio in metropolitana. Quando i colleghi gli hanno chiesto notizie, lui ha detto: «È stata colpa mia, ho sbagliato a prendere l'autostrada in quelle condizioni.» Giusto! Ma chissà cosa gli passava per la testa quel giorno!

b. **Il congresso.** *Dica cosa fecero i partecipanti al congresso sugli usi dell'energia nucleare. Riscrivere la frasi usando l'imperfetto e il passato remoto.*

1. Quasi tutti i partecipanti noleggiano una macchina perché c'è lo sciopero dei trasporti pubblici.
2. Partecipa anche la nostra professoressa di fisica perché uno dei relatori è un suo conoscente, ex collaboratore di Fermi.
3. Molti fanno domande perché il tema è interessante.
4. Alla fine ci chiedono se vogliamo firmare una petizione.

5. Il mio vicino di posto (*seat*) se ne va via presto perché non è d'accordo con quello che dicono i relatori.
6. Il professor Brown lascia il congresso prima della fine perché deve prendere l'aereo.
7. Tu e la tua compagna di corso ascoltate tutte le relazioni del congresso perché trattano di argomenti interessanti per la vostra tesi.

c. *Completare il seguente brano usando l'imperfetto o il passato remoto.*

Molto tempo fa _____ (vivere) nella città di Verona un ricco signore che _____ (avere) un novelliere (*storyteller*) al quale, per passatempo, _____ (fare) raccontare delle favole durante le lunghe serate d'inverno. Una notte che il novelliere _____ (avere) gran voglia di dormire, il suo signore gli _____ (dire), come al solito, di raccontare qualche bella storia. Allora egli _____ (raccontare) la seguente novella: «Ci _____ (essere) una volta un contadino che era andato alla fiera (*fair*) con cento monete (*coins*) e aveva comprato due pecore (*sheep*) per ogni moneta. Tornato (*having returned*) con le sue pecore a un fiume che aveva passato pochi giorni prima, _____ (trovare) che il fiume era molto cresciuto per una gran pioggia. Mentre il contadino _____ (stare) alla riva e _____ (aspettare) aiuto, _____ (vedere) venir giù per il fiume un pescatore (*fisherman*) con una barchetta, ma tanto piccola che _____ (contenere) soltanto il contadino e una pecora per volta. Il contadino _____ (cominciare) a passare con una pecora; il fiume _____ (essere) largo; egli _____ (remare, *to row*) e _____ (passare)». Qui il novelliere _____ (smettere) di raccontare. «Continua» _____ (dire) il signore. Ed egli _____ (rispondere): «Lasciate passare le pecore, poi racconterò il fatto». E _____ (mettersi) comodamente a dormire.

(Adapted from *Il Novellino*)

d. **Dove conoscesti la nonna?** *Con un compagno/una compagna sviluppare la conversazione al passato remoto o all'imperfetto in base ai suggerimenti dati. Seguire l'esempio.*

ESEMPIO conoscere la nonna a casa di amici di famiglia
STUDENTE 1 **Nonno, dove conoscesti la nonna?**
STUDENTE 2 **La conobbi a casa di amici di famiglia.**

1. lei / essere / una bella ragazza di ventitré anni
2. io / innamorarmi / subito di lei
3. io dopo un mese / dirle che // volere sposarla
4. lei / rispondere che // io dovere parlare con suo padre
5. suo padre / dire che // essere d'accordo
6. le due famiglie / incontrarsi a casa della nonna
7. io / essere molto nervoso / e rompere un bicchiere. // essere / una cosa terribile
8. noi / sposarsi a ventisei anni
9. mio suocero / fare una bellissima festa
10. dopo dieci mesi / nascere un bel bambino. // essere tuo padre

II. Trapassato prossimo e trapassato remoto

There are two past perfect tenses in Italian that correspond to the past perfect in English. They are called the **trapassato prossimo** and the **trapassato remoto.**

A. The **trapassato prossimo** is formed with the **imperfetto** of **avere** or **essere** plus the past participle of the verb. The agreement of the past participle follows the same rules as those for the **passato prossimo** (see pp. 56–57).

Verbs Conjugated with *avere*		Verbs Conjugated with *essere*	
avevo	amato	ero	partito/a
avevi	amato	eri	partito/a
aveva	amato	era	partito/a
avevamo	amato	eravamo	partiti/e
avevate	amato	eravate	partiti/e
avevano	amato	erano	partiti/e

The **trapassato prossimo** corresponds to the English past perfect (*had* + past participle: *I had worked, he had gone, she had fallen*). It expresses an action in the past that had already occurred before another action, expressed or implied, took place.

Laura si è messa il vestito che **aveva comprato.**
Laura put on the dress she had bought.

Ero stanco perché **avevo lavorato** troppo.
I was tired because I had worked too much.

Non ti ho detto che **erano venuti** soli?
Didn't I tell you they had come (they came)[1] alone?

B. The **trapassato remoto** is formed with the **passato remoto** of **avere** or **essere** plus the past participle of the verb.

Verbs Conjugated with *avere*		Verbs Conjugated with *essere*	
ebbi	amato	fui	partito/a
avesti	amato	fosti	partito/a
ebbe	amato	fu	partito/a
avemmo	amato	fummo	partiti/e
aveste	amato	foste	partiti/e
ebbero	amato	furono	partiti/e

The **trapassato remoto** also corresponds to the English past perfect. It is used only in subordinate clauses introduced by conjunctions of time, such as **quando, dopo che,**

---

[1] Note that in English the simple past can be used instead of the past perfect.

(non) appena, come (*as*), **finché** (**non**), and only if the verb in the independent clause is in the **passato remoto.** Its use is thus very limited and confined mostly to formal narrative.

Appena **ebbe detto** quelle parole, si pentì.   Quando egli **fu uscito,** tutti rimasero zitti.
As soon as he had said those words, he was sorry.   *When he had left, everybody kept quiet.*

ESERCIZI

a.   *Sostituire ai verbi fra parentesi la forma corretta del trapassato prossimo o remoto.*

1. Quando siamo usciti, _____ (smettere) di piovere.
2. Gli ho raccontato la barzelletta che mi _____ (raccontare) tu.
3. Professore, Le ho portato il libro che mi _____ (chiedere).
4. Appena mi _____ (riconoscere), mi salutarono cordialmente.
5. Trovammo un ragazzo che _____ (addormentarsi) su una panchina.
6. Hai detto che _____ (capire), ma in realtà non hai capito un bel niente!
7. Visitammo la città dopo che _____ (riposarsi) un po'.
8. Non appena _____ (finire) il loro lavoro, partirono per un viaggio.
9. Aspettai finché tutti _____ (uscire) e poi telefonai.
10. La bambina aveva ancora fame perché _____ (mangiare) solo un panino.

III. *Ci*

Ci is used in several ways in Italian. As we have already seen, it is the first person plural of object pronouns and reflexive pronouns (for example, **Ci danno delle caramelle; Ci siamo alzati alle sette**).

A. Ci is also used to replace a prepositional phrase introduced by **a, in,** or **su.**[1]

1. **a (in, su)** + *a place* (the English equivalent is usually *there*):

Sei stato **a Roma?**—No, non **ci** sono mai stato.
Have you been to Rome?—No, I've never been there.

Tosca abita **in campagna,** ma non **ci** sta volentieri.
Tosca lives in the country, but she doesn't live there willingly.

If a place has not been previously mentioned, **là** or **lì** is used instead of **ci.**

Dove posso sedermi?—Siediti lì!
Where can I sit?—Sit there!

2. **a (su)** + *a thing* (or, less frequently, *a person*):

Tu credi alla psicanalisi?—No, non **ci** credo.
Do you believe in psychoanalysis?—No, I don't believe in it.

Posso contare **sul tuo silenzio?**—Sì, **ci** puoi contare.
May I count on your silence?—Yes, you may count on it.

[1] For a list of verbs that require **a** or **su,** see Appendix, pp. 376 and 378.

3. **a** + *an infinitive phrase:*

Sono riusciti **a finirlo?**—Sì, **ci** sono riusciti.
Did they succeed in finishing it?—Yes, they succeeded in that.

Voglio provare **a mangiare** meno; voglio provar**ci.**
I want to try to eat less; I want to try it.

Note that the placement of **ci** is the same as that of the object pronouns.

B. Some common verbs acquire an idiomatic meaning when combined with **ci.**

entrarci	Tu non **c'entri.**
to have something to do with	*You have nothing to do with it.*
vederci (no direct object)	Ho acceso la luce perché non **ci vedevo.**
to be able to see	*I turned on the light because I couldn't see.*
sentirci (no direct object)	Dovete parlare più forte; non **ci sentiamo.**
to be able to hear	*You must speak louder; we can't hear.*
metterci	Quanto tempo **ci hai messo** per finire la tesi?
to take (time)	*How long did it take you to finish your thesis?*
	Una lettera **ci mette** di solito una settimana.
	A letter usually takes one week.
volerci	**Ci vuole** molto tempo per imparare bene una
to take (time, money, effort, etc.)	lingua: **ci vogliono** anni!
	It takes a long time to learn a language well; it takes years!
	Ci vogliono molti soldi per vivere in Italia?
	Does it take a lot of money to live in Italy?

Volerci is used in the third person singular or plural depending on the noun it precedes. It is conjugated with **essere** in compound tenses.

Ci vuole + *singular noun*	**C'è voluto/a** + *singular noun*
Ci vogliono + *plural noun*	**Ci sono voluti/e** + *plural noun*

Non **c'è voluta** un'ora per tradurre la lettera; **ci sono volute** due ore!
It didn't take an hour to translate the letter; it took two hours!

Both **metterci** and **volerci** express the idea of *taking time,* but they function differently. **Metterci** is used when the person or thing taking time is indicated. **Volerci** is used when only the length of time is indicated.

Ci metto due ore per pranzare.
It takes me two hours to eat dinner.

Ci vogliono due ore per pranzare.
It takes two hours to eat dinner.

Note that if another verb follows **metterci** or **volerci,** it is expressed by **per** or **a** + *infinitive.*

Ci vuole un mese **per (a) finire** tutto.
It takes a month to finish everything.

Quanto ci avete messo **a (per) venire?**
How long did it take you to get here?

ESERCIZI

a. **Mi dica...** *Giovanna è famosa per la sua curiosità. Fa molte domande, ed alcune piut-tosto bizzarre. Rispondere usando* **ci.**

1. Mi dica, ha mai provato a fare la pizza?
2. Ha mai mangiato al ristorante «Il Caminetto»?
3. È mai stato/a al Festival dei Due Mondi a Spoleto?
4. È mai andato/a a un'udienza del Papa?
5. È mai salito/a sulla cupola di San Pietro?
6. Ha mai giocato a calcio?
7. Ha mai provato a fare una cura dimagrante?
8. È mai riuscito/a a perdere peso?
9. Lei crede ai fantasmi?

b. *Riscrivere le seguenti frasi usando* **volerci** *invece di* **essere necessario.**

ESEMPIO Sono necessarie molte cose per vivere bene.
Ci vogliono molte cose per vivere bene.

1. Che cosa è necessario per riuscire nella vita?
2. Un tempo non era necessario molto per vivere bene.
3. È necessaria molta pazienza coi bambini e con le persone anziane.
4. Quali qualità sono necessarie per essere un buon marito o una buona moglie?
5. Non sono state necessarie molte parole per convincerlo.
6. Furono necessari sessanta milioni per comprare quell'automobile.

C'è scritto: «Made in Japan».

c. *Completare le seguenti frasi con la forma corretta di* **volerci** *o* **metterci.**

1. Tu hai letto il romanzo in un'ora? Io _____ tre ore!
2. Quanto tempo _____ per costruire una casa in America?
3. Quando non c'erano i jet, _____ molte più ore per traversare l'Atlantico; oggi, da New York a Milano, _____ solo sette ore e quindici minuti!
4. Io scrivo sempre a mia madre in Italia; una lettera _____ cinque o sei giorni in condizioni normali.
5. Ha detto di sì, ma _____ molto per convincerlo.
6. Quando c'è molto traffico, i miei cugini _____ un'ora per traversare la città.

d. *Completare le seguenti frasi con la forma corretta di* **andarci, contarci, entrarci, resisterci, sentirci, starci, vederci.**

1. È stata un'esperienza terribile: io a vedere un'autopsia non _____ più.
2. La nonna a settant'anni leggeva ancora senza occhiali, _____ benissimo.
3. Io soffro di claustrofobia: dieci giorni in nave non _____ .
4. Non capisco perché non mi lasci parlare e mi dici cose che non _____ niente.
5. Cesare promette sempre di pensare a tutto ma poi non fa niente: proprio non puoi _____ .
6. Gli ho detto mille volte di avvertirmi quando torna tardi, ma proprio non _____ .

IV. *Ne*

A. **Ne** has several uses in Italian. Just like **ci**, **ne** is used to replace a prepositional phrase. Most of the time the prepositional phrase is introduced by **di**,[1] sometimes **da**.

1. **di** + *a person or thing*

Non dovete avere paura **degli esami;** non dovete **averne** paura.
You must not be afraid of the exams; you must not be afraid of them.

Che cosa pensate **del presidente?** Voglio sapere che cosa **ne**[2] pensate.
What do you think about the president? I want to know what you think about him.

2. **di** + *an infinitive phrase*

Hai voglia **di uscire** stasera?—No, non **ne** ho voglia.
Do you feel like going out tonight?—No, I don't feel like it.

---

[1]For a list of verbs and expressions that require **di**, see the Appendix, p. 377.
[2]**Ne** is used with the verb **pensare** when **pensare** means to think about in the sense of to have an opinion about. **Ci**, however, must be used with **pensare** when it means to think about in the sense of to direct one's thoughts toward: Pensi all'Italia quando ne sei lontana?—Sì, ci penso sempre. *Do you think about Italy when you are away?—Yes, I think about it all the time.*

3. **da** + *a place* (the English equivalent *from there* is not always expressed):

> È già uscito **dal portone?**—Sì, **ne** è uscito proprio in questo momento.
> *Did he already go out the door?—Yes, he just this minute went out (of it).*

Note that the placement of **ne** is the same as that of object pronouns.

B. Ne is also used in the following cases.

1. **Ne** replaces the partitive construction (see p. 127). Its English equivalent is *some* or *any*.

> Vuoi **del formaggio?**—Sì, **ne** voglio.
> *Do you want some cheese?—Yes, I want some.*

2. **Ne** also replaces nouns preceded by a number or an expression of quantity (**molto, poco, tanto, troppo,** etc.; **un chilo, due bottiglie, tre scatole,** etc.). Note that the number or expression of quantity remains. **Ne** means *of it, of them,* even though this is often not expressed in English.

> Quante sorelle avete?—**Ne** abbiamo **due.**
> *How many sisters do you have?—We have two.*

> Leggono molti giornali?—Sì, **ne** leggono **molti.**
> *Do they read many newspapers?—Yes, they read many.*

> Hai comprato il pane?—Sì, **ne** ho comprato **un chilo.**
> *Did you buy the bread?—Yes, I bought one kilo.*

With **tutto,** direct object pronouns are used instead of **ne.** In English we can say *I ate all of it;* in Italian one must say: **L'ho mangiato tutto,** *I ate it all.*

> Non ho più arance; **le ho** mangiate tutte.
> *I don't have any more oranges; I ate them all.*

3. When **ne** replaces nouns in the partitive construction or nouns preceded by an expression of quantity, and the verb is in a compound tense, the past participle agrees in gender and number with the noun **ne** replaces.

> Hanno comprato **dei romanzi?**—Sì, **ne** hanno comprati.
> *Did they buy any novels?—Yes, they bought some.*

> Hai visitato molte **chiese?**—Sì, **ne** ho visitate sette.
> *Did you visit many churches?—Yes, I visited seven.*

C. Ne can also be used idiomatically in the following cases.

1. **Ne** is often used redundantly in addition to the prepositional phrase it would ordinarily replace.

> Che **ne** dici **di questo quadro?**   **Del romanzo** era meglio non parlarne.
> *What do you think of this painting?*   *It was better not to talk about the novel.*

2. **Ne** can be added to the verbs **andare** and **stare.** These verbs become reflexive to form **andarsene, starsene,** but do not change in meaning except for **andarsene,** which means both *to go off* and *to go away* (the same as **andare via**).

Quando sono stanca, **me ne vado** a letto.
When I'm tired, I go off to bed.

Voi **ve ne andate**? Noi rimaniamo ancora un po'.
Are you leaving? We'll stay a little while longer.

Me ne sto a casa a guardare la TV.
I'm staying home to watch TV.

ESERCIZI

a. *Completare le seguenti frasi usando* **ci** *o* **ne**.

1. Voi credete agli UFO?—No, non _____ crediamo.
2. Che cosa pensate di questo libro?—Be', veramente non sappiamo cosa pensar _____ .
3. Hanno bisogno di carta?—No, non _____ hanno bisogno.
4. Allora, posso contare sul tuo aiuto?—Sì, _____ puoi contare senz'altro!
5. Tre bicchieri non bastano; bisogna prender _____ almeno sei.
6. Avevate paura del buio quando eravate bambini?—Sì, _____ avevamo paura.
7. Io ho partecipato alle loro riunioni; _____ vuole partecipare anche Lei?
8. Hai pensato alle conseguenze dello sciopero? Bisogna pensar _____ a queste cose!
9. Arrivarono a Genova la mattina e _____ ripartirono la sera.
10. È vero che si sono lamentati dei loro superiori?—Sì, se _____ sono lamentati.
11. È un'università famosa; _____ hanno studiato molti grandi scrittori.
12. Che cosa sapete dell'ultima crisi di governo in Italia?— _____ sappiamo poco.
13. Signorina, è stata allo zoo questa settimana?—Sì, _____ sono stata due volte.
14. Ragazzi, siete passati in biblioteca?—Sì, _____ siamo passati.

b. *Due studenti parlano tra di loro. Inserire le parti mancanti usando* **ci** *e* **ne**.

ESEMPIO Allora andate al museo?
    —**Sì, ci andiamo domani.**

1. Quanti biglietti avete comprato?— _____ quindici.
2. Viene anche il professore?—Sì, _____ .
3. Parlerete di arte contemporanea?—Certo, _____ a lungo.
4. Hai letto qualche articolo?—Ma sì, _____ sette o otto.
5. Hai pensato all'argomento della tesi?—Certo che _____ !
6. Quante scelte hai?— _____ tre.
7. Beato te! Io non _____ nessuna.—Non ti preoccupare, _____ è tempo!
8. Stavi andando in biblioteca?—No, _____ sono appena uscito.
9. Allora andiamo a prendere il caffè?—No, scusa, non _____ ho voglia. Preferisco andarme _____ a casa e cercare di dormire un po'.

V. Pronomi personali (forme combinate)

A. When a verb has both a direct and an indirect object pronoun, the combined forms are governed by certain rules:

1. The indirect object always precedes the direct object.

2. The indirect object pronouns **mi, ti, ci, vi** change the final -i to -e. **Gli** changes to **glie-** and is written as one word with the other object pronoun.

3. **Gli, le,** and **Le** *all* become **glie-** before the other object pronouns.

Indirect Object Pronouns	Direct Object Pronouns				
	+ lo	+ la	+ li	+ le	+ ne
mi	me lo	me la	me li	me le	me ne
ti	te lo	te la	te li	te le	te ne
gli le Le	glielo	gliela	glieli	gliele	gliene
ci	ce lo	ce la	ce li	ce le	ce ne
vi	ve lo	ve la	ve li	ve le	ve ne
... loro	lo... loro (glielo)	la... loro (gliela)	li... loro (glieli)	le... loro (gliele)	ne... loro (gliene)

B. In present-day Italian the forms with **glie-** tend to replace **lo, la, li, le, ne + loro.**

1. The combined forms occupy the same position in a sentence as the single forms. They precede a conjugated verb and follow an infinitive and are attached to it. They can either precede or follow an infinitive governed by **dovere, potere,** or **volere.**

Te lo hanno promesso? Allora devono dar**telo!**
Did they promise it to you? Then they must give it to you!

Se avete la macchina, perché non **ce la** prestate?
If you have the car, why don't you lend it to us?

Vuole il conto? **Glielo** porto subito.
Do you want the check? I'll bring it to you immediately.

Se vi chiedono dove abito, non dovete dir**lo loro** (dir**glielo**).
If they ask you where I live, you must not tell them.

Le avete mandato le rose?—Sì, **gliele** abbiamo mandate.
You sent her the roses?—Yes, we sent them to her.

Note that the past participle still agrees in gender and number with the preceding direct object pronoun, even when the direct object pronoun is combined with another pronoun.

2. When a reflexive verb takes a direct object pronoun or **ne**, the reflexive pronoun combines with the other pronouns according to the rules above. In the third person singular and plural, **si** becomes **se.**

Reflexive Pronouns	Direct Object Pronouns				
	lo	la	li	le	ne
mi	me lo	me la	me li	me le	me ne
ti	te lo	te la	te li	te le	te ne
si	se lo	se la	se li	se le	se ne
ci	ce lo	ce la	ce li	ce le	ce ne
vi	ve lo	ve la	ve li	ve le	ve ne
si	se lo	se la	se li	se le	se ne

Quando vi lavate i capelli?—**Ce li** laviamo ogni giorno.
When do you wash your hair?—We wash it every day.

L'esame era troppo difficile così **me ne** sono lamentato.
The exam was too difficult so I complained about it.

Se hanno bisogno degli occhiali, perché non vogliono metter**seli?**
If they need glasses, why don't they want to put them on?

3. When **ci** is used with **avere** in colloquial Italian, it combines with the direct object pronouns and **ne** to form **ce lo, ce la, ce li, ce le, ce ne** + **avere**.

Scusi, ha detto che non ha più pane?—È vero, non **ce n'**ho più.
Excuse me, did you say that you have no bread left?—That's right, I don't have any left.

Ci avevate già la televisione in Italia nel 1960?—Sì, **ce l'**avevamo già.
Did you already have TV in Italy in 1960?—Yes, we already had it.

4. When **ne** is used with the verb **esserci** (**c'è, ci sono, c'era,** etc.), **ci** becomes **ce: ce n'è, ce ne sono, ce n'era,** etc.

C'è del vino?—Sì, **ce n'è.**
Is there any wine?—Yes, there is some.

C'era molta gente; **ce n'**era molta davvero.
There were a lot of people; there were really a lot.

Ci sono ristoranti italiani?—No, non **ce ne** sono.
Are there any Italian restaurants?—No, there aren't any.

Espressioni idiomatiche con pronomi combinati

The following are some idiomatic expressions that include a combined form of personal pronouns. Each expression uses the feminine **la,** which refers to an unexpressed noun such as **cosa, vita, causa,** etc. We have already seen this use of **la** in **smetterla** (see p. 47).

avercela con qualcuno
to have a grudge against someone, to have it in for someone

Io non ti ho fatto niente; perché **ce l'hai** con me?
I didn't do anything to you; why do you have a grudge against me?

farcela
to manage, to cope

Aveva studiato poco ma **ce l'ha fatta** agli esami.
He hadn't studied very much but he did all right on his exams.

cavarsela	Laura non è una cuoca esperta però **se la cava.**
to manage, to get by	*Laura isn't an experienced cook but she gets by.*
godersela	Michele non fa nulla tutto il giorno e **se la gode.**
to enjoy life	*Michael does nothing all day and just enjoys life.*
prendersela (= **offendersi**)	Lui ci ha rimproverato e noi **ce la siamo presa** (ci siamo offesi).
to take offense	*He reprimanded us and we took offense.*

Note that the reflexive pronouns change but **la** is invariable. If the verb is in a compound tense, the past participle agress with **la.**

ESERCIZI

a.   *Sostituire alle parole sottolineate la forma corretta dei pronomi corrispondenti e riscrivere le frasi.*

1. —Ha già raccontato questa favola ai bambini?
   —Sì, ho già raccontato questa favola ai bambini.
2. —Non vuoi chiedere l'indirizzo alla ragazza?
   —No, non voglio chiedere l'indirizzo alla ragazza.
3. —Offri sempre il caffè al dottore?
   —Sì, offro sempre il caffè al dottore.
4. —Chi ha portato sei rose alla signora?
   —È Carlo che ha portato sei rose alla signora.
5. —Qualcuno ha indicato la strada ai turisti?
   —No, nessuno ha indicato la strada ai turisti.
6. —Hai aperto la porta al professore?
   —Sì, io apro sempre la porta al professore.
7. —Sei tu che hai dato le caramelle ai bambini?
   —No, è la nonna che ha dato le caramelle ai bambini.
8. —Chi voleva parlare della droga agli studenti?
   —Sono io che volevo parlare della droga agli studenti.

b.   *Completare le seguenti frasi con i pronomi adatti.*

1. È vero che non gli hai voluto restituire le lettere? È vero: non _____ ho voluto restituire.
2. Mi puoi spiegare la situazione?—Mi dispiace, ma non posso spiegar _____.
3. Ti ha descritto la casa?—No, non _____ ha descritta.
4. Quand'è che ci mostri le foto?— _____ mostro dopo cena, va bene?
5. Perché non si mette gli occhiali?—Non _____ mette perché ci vede.
6. Ve ne andate già?—Sì, _____ andiamo perché è tardi.
7. Mamma, mi racconti una favola?— _____ racconto anche (*even*) due se finisci la minestra.
8. Si ricorda il nome di quel cantante?—No, non _____ ricordo.

9. Quanti dollari le hai chiesto?— _____ ho chiesti cento.
10. Avete detto il prezzo alla mamma?—No, non vogliamo dir _____ .

c. *Riscrivere le seguenti frasi sostituendo alle parole sottolineate i pronomi adatti e facendo i cambiamenti necessari.*

1. Mi racconti <u>la trama?</u>
2. Ci potete parlare <u>dello sciopero?</u>
3. Non tutti si accorgono <u>dei propri difetti.</u>
4. Non ti hanno presentato <u>la signora?</u>
5. Le hai portato <u>gli appunti?</u>
6. Vi hanno promesso <u>l'aumento?</u>
7. Perché non vuole insegnarci <u>le parolacce?</u>
8. Gli hai regalato <u>i piatti?</u>
9. Gli hai regalato dodici <u>piatti?</u>
10. È vero che gli italiani sanno godersi <u>la vita?</u>

d. *Luciano si è appena iscritto al vostro corso d'italiano. Lavorando in gruppo cercate di capire che tipo è. Domandate...*

1. se se la prende facilmente. (perché?)
2. se se la cava agli esami senza studiare tanto. (come?)
3. se ce la fa a ballare tutta la notte. (come fa?)
4. se prende la vita sul serio o se se la gode? (Qual è la sua filosofia?)
5. se è disposto a dare soldi agli amici che gli chiedono un prestito (*loan*). (perché sì/no?)
6. se ce l'ha con qualcuno. (con chi?)

Immigrati italiani a New York

LETTURA

VOCABOLARIO UTILE

l'amicizia friendship;
  fare amicizia to make friends
la fantasia imagination

emarginato excluded

*accorgersi di to notice;
  to realize
andare a caccia to go hunting
andare in pensione to retire
conversare to converse, to chat
farsi capire to make oneself understood

i fumetti comics
il pregiudizio prejudice
lo straniero foreigner

giudicare to judge
giurare to swear; to promise
rendersi conto to realize
rivolgere la parola to talk to,
  to address
voler dire to mean

PRIMA DI LEGGERE

Dopo aver insegnato in una scuola elementare, Gianni Rodari cominciò a scrivere per i bambini con lo scopo di stimolarne l'immaginazione e l'invenzione fantastica. Secondo Rodari la fantasia ha un ruolo fondamentale nello sviluppo dei bambini, non solo come mezzo per «vedere» la realtà in modo nuovo e originale, ma anche come strumento di educazione linguistica e civica.

    Il protagonista del racconto *Il topo dei fumetti* è un povero topo (*mouse*) che non riesce a farsi capire dai compagni perché non parla la loro lingua.

In gruppi di tre o quattro studenti discutete il problema dell'incomunicabilità.

1. Che cosa può voler dire parlare la stessa lingua?
2. La gente, quando parla, dà sempre lo stesso significato alle parole? Dare un esempio.
3. Cercate sempre di capire quello che vi dicono gli altri?
4. Quali sono le vostre reazioni quando non capite quello che gli altri dicono? Vi sentite superiori, inferiori, emarginati...?
5. In italiano l'espressione «parlare turco (*Turkish*)» vuol dire parlare in maniera incomprensibile, non esprimersi chiaramente. Qual è la corrispondente espressione in inglese?

Il topo dei fumetti

Un topolino dei fumetti, stanco di abitare tra le pagine di un giornale e desideroso di cambiare il sapore° della carta con quello del formaggio, spiccò° un bel salto e si trovò nel mondo dei topi di carne e d'ossa. _taste / fece_

—*Squash!*[1]—esclamò subito, sentendo odor di gatto.

5 —Come ha detto?—bisbigliarono° gli altri topi, messi in soggezione° da quella strana parola. _whispered / awe_

—*Sploom, bang, gulp!*—disse il topolino, che parlava solo la lingua dei fumetti.

—Dev'essere turco,—osservò un vecchio topo di bastimento°, _ship_

10 che prima di andare in pensione era stato in servizio° nel Mediterraneo. _in: on duty_
E si provò a rivolgergli la parola in turco. Il topolino lo guardò con meraviglia e disse:

—*Ziip, fiish, bronk.*

—Non è turco,—concluse il topo navigatore.

15 —Allora cos'è?

—Vattelappesca°. _who knows? (familiar)_

Così lo chiamarono Vattelappesca e lo tennero un po' come lo scemo del villaggio°. _scemo: village idiot_

—Vattelappesca,—gli domandavano,—ti piace di più il parmi-

20 giano o il groviera°? _Swiss cheese_

—*Spliiit, grong, ziziziiir,*—rispondeva il topo dei fumetti.

—Buona notte,—ridevano gli altri. I più piccoli, poi, gli tiravano la coda apposta° per sentirlo protestare in quella buffa maniera:—*Zoong,* _on purpose, deliberately_
splash, squarr!

25 Una volta andarono a caccia in un mulino°, pieno di sacchi di fa- _mill_
rina° bianca e gialla. I topi affondarono° i denti in quella manna e masti- _flour / sank_
cavano° facendo: *crik, crik, crik,* come tutti i topi quando masticano. Ma _chewed_
il topo dei fumetti faceva:—*Crek, screk, schererek.*

—Impara almeno a mangiare come le persone educate,—bor- _grumbled_

30 bottò° il topo navigatore.—Se fossimo su un bastimento saresti già
stato buttato a mare. Ti rendi conto o no che fai un rumore disgustoso?

—*Crengh,*—disse il topo dei fumetti, e tornò a infilarsi° in un sacco _tornò: slipped in again_
di granturco°. _corn_

Il navigatore, allora, fece un segno agli altri, e quatti quatti° se la _very quietly_

35 filarono°, abbandonando lo straniero al suo destino, sicuri che non _andarono via_
avrebbe mai ritrovato la strada di casa.

Per un po' il topolino continuò a masticare. Quando finalmente si
accorse di essere rimasto solo, era già troppo buio per cercare la strada
e decise di passare la notte al mulino. Stava per addormentarsi,

40 quand'ecco nel buio° accendersi due semafori° gialli, ecco il fruscio° _darkness / luci / rustling_
sinistro di quattro zampe di cacciatore. Un gatto!

---

[1] In Italian cartoons and comics many exclamations reproducing sounds are borrowed from English.

—*Squash!*—disse il topolino, con un brivido°.   shudder
—*Gragrragnau!*—rispose il gatto. Cielo, era un gatto dei fumetti!
La tribù° dei gatti veri lo aveva cacciato perché non riusciva a fare   group, tribe
45 *miao*° come si deve.   meow
    I due derelitti° si abbracciarono, giurandosi eterna amicizia e pas-   poveretti
sarono tutta la notte a conversare nella strana lingua dei fumetti. Si
capivano a meraviglia°.   a: marvelously

Gianni Rodari, *Favole al telefono*

COMPRENSIONE

1. Dove abitava il topo dei fumetti? Perché cambiò «casa»?
2. Che lingua parlava? Secondo voi chi poteva capirlo?
3. Che cosa pensa il topo di bastimento? Ha ragione o si sbaglia?
4. Dove andarono un giorno tutti insieme e che cosa successe?
5. Perché Vattelappesca non tornò a casa con i compagni?
6. Chi arrivò di notte al mulino?
7. Come mai il gatto non mangiò il topo e i due diventarono amici?

Studio di parole

to happen

*accadere   *avvenire   *capitare   *succedere

The four verbs above all convey the meaning *to happen*. **Succedere** is used the most frequently. Do not confuse **succedere** with *to succeed,* which is **riuscire.** All four verbs are conjugated with **essere** in the compound tenses.

Che cosa è accaduto? Che cosa accadde? ⎫
Che cosa è avvenuto? Che cosa avvenne? ⎪
Che cosa è capitato? Che cosa capitò?   ⎬   *What happened?*
Che cosa è successo? Che cosa successe? ⎭

to succeed

* riuscire a + *infinitive*   *** riuscire di** + *infinitive*
to succeed in doing something   *to succeed in doing something*
Used in all persons because the subject of   Used only in the third person singular.
    the verb is the one who succeeds.   The one who succeeds is expressed by
                                                        an indirect object.

Io non riesco a parlare.
I cannot talk.

Non mi riesce di parlare.
I cannot talk.

Francesca non è riuscita a farlo.
Francesca couldn't do it.

A Francesca non è riuscito di farlo.
Francesca couldn't do it.

Riuscire a + *infinitive* is the more common of the two constructions.

Related expressions: **riuscita** *issue, result;* **buona riuscita, successo** *success;* **cattiva riuscita, insuccesso** *failure*

L'iniziativa ha avuto buona riuscita (successo).
The enterprise was successful.

Note that there is no Italian adjective equivalent to *successful.* The idea is expressed by **avere successo** or **riuscire.**

to try

cercare di + *infinitive*
to try, to attempt to do something

provare a + *infinitive*
to try to do something

Ha cercato di convincermi ma non ci è riuscito.
He tried to convince me but he didn't succeed.

Se non capisce, prova a parlargli in inglese.
If he doesn't understand, try to speak English to him.

Cercare means *to try* in the sense of attempting to do something; **provare,** on the other hand, expresses the idea of trying to do something as an experiment, a test.

Provare + *noun* means *to try, to try on, to try out.*

Hai provato le fettuccine?
Have you tried the fettuccine?

Ho comprato il vestito senza neppure provarlo.
I bought the dress without even trying it on.

Related word: **prova** *test, trial; rehearsal*

PRATICA

a.   *Inserire le forme opportune di* **riuscire** *e* **provare.**

1. Marina è molto contenta, _____ a prendere trenta e lode nell'esame di storia.
2. Non _____ a dormire abbastanza? Perché non _____ a bere meno caffè?
3. Lucia torna dal supermercato. La compagna di camera le domanda: «_____ a comprare tutto? Ti sono bastati i soldi?».
4. Anna è triste, si sente incompresa perché non le _____ di farsi capire dagli amici.
5. Non ci vedi bene? _____ ad accendere la luce!

b. *Inserire la parola che completa meglio la frase.*

Annalisa (cercare/provare) _____ smettere di fumare, ma non (succedere/avere successo) _____ . Purtroppo (succedere/cercare) _____ sempre qualcosa: si sentiva depressa, aveva un esame, aveva litigato con il suo ragazzo... Date le circostanze non (riuscire/cercare) _____ resistere. (Lei cercare/provare) _____ perfino l'ipnosi, ma senza (prova/successo) _____ . Un vero disastro! Maria dice che Annalisa non ha volontà. Lei (riuscire/succedere) _____ smettere di fumare in due settimane.

c. *Domande per Lei.*

1. Che cosa dice il modo di parlare di una persona? Avete mai giudicato gli altri in base al loro modo di esprimersi?
2. Date alcuni esempi di pregiudizi o stereotipi legati a gruppi etnici del vostro paese.
3. Conoscete qualcuno che si sia comportato/comportata come i topi di carne ed ossa del racconto? Spiegate.
4. Come ci aiutano la fantasia e la creatività nella vita quotidiana?

TEMI PER COMPONIMENTO O DISCUSSIONE

1. Cambiate la fine del racconto e immaginate che il topo non incontri il gatto dei fumetti al mulino. Che cosa accade al topo? (Nella narrazione usate il passato remoto.)
2. L'individuo e la società possono eliminare l'incomprensione causata dalle barriere linguistiche e culturali.
3. L'inglese deve essere la sola lingua ufficiale degli Stati Uniti. Un gruppo esamina i pro e l'altro i contro di tale posizione. L'insegnante agisce da moderatore/trice e la classe ha un dibattito sul tema. (Prima di iniziare consultate le espressioni a pp. 161–162.)

◈ PER COMUNICARE

Ma allora, dov'era Fermi? Dopo il discorso della signora Di Stefano molti ragazzi/molte ragazze alzano la mano per fare domande.

STUDENTE 1: Scusi...

SIGNORA: Sì, dimmi.

STUDENTE 1: Io sapevo che Fermi ha ricevuto il Premio Nobel per la bomba atomica.

SIGNORA: No, ti sbagli, ma sono in molti a pensarlo.

STUDENTE 2: Ma non è possibile! A Stoccolma ci è andato da Roma, mica da Chicago!

CLASSE: Brava! Giusto! È vero!

STUDENTE 3: Ma allora, dov'era Fermi?

STUDENTE 2: Era a Los Alamos, in una città segreta a duemila metri d'altezza.

SIGNORA: Hai ragione! È proprio come dici tu!

STUDENTE 4: Posso dire una cosa?

SIGNORA: Sì, certamente!

STUDENTE 4: Secondo me la bomba è una gran brutta invenzione.

Chiedere la parola

Scusa/scusi/scusate... }	*Excuse me . . .*
Permetti/permette...?	
Posso dire/aggiungere...?	*May I say/add . . . ?*
Vorrei dire una cosa.	*I would like to say something.*

Dare la parola

Sì, dica/dimmi... }	*Please, tell me . . .*
Dì/dica pure.	
Prego!	*Go ahead!*
Prego, certamente!	*Certainly!*

Esprimere accordo

Sì, è vero. È così.	*It's true. It is so.*
Proprio così.	*Really so.*
Hai/ha ragione.	*You are right.*
Sono pienamente d'accordo.	*I fully agree.*
È come dici tu/dice Lei.	*It's really as you say.*

Esprimere disaccordo

No, non è così. Ti sbagli.	*No, it's not so. You are wrong.*
Assolutamente no!	*Not at all!*
Non sono d'accordo.	*I do not agree.*
Non è come dici tu/dice Lei.	*It is not as you say.*
A dire il vero io penso che...	*Actually, I believe . . .*

CHE COSA DICE?

1. Lei ha comprato un computer ma qualcosa non funziona. Il venditore non vuole cambiarglielo e dice che l'ha rotto Lei.
2. Si discute il mondiale di calcio (*soccer world cup*). I Suoi amici parlano tutti insieme e Lei vorrebbe dire la Sua (opinione).
3. Immagini di essere un ispettore/un'ispettrice di polizia e di stare studiando un caso difficile. Un Suo/Una Sua collega le offre delle possibili interessanti soluzioni.
4. Suo padre Le dice: «Il dottore pensa che, se voglio stare tranquillo, devo fare l'operazione.»
5. Il Suo/La Sua collega è al telefono e lei ha bisogno urgente di parlare con lui/lei.

SITUAZIONI

1. Il Suo fratello minore Le dice che ha intenzione di aprire una pizzeria. Lui pensa di avere delle buone ragioni. Lei è di opinione contraria.
2. Sua sorella e Suo cognato stanno bisticciando (*are arguing*) a proposito di come chiamare il bambino che sta per nascere. Si interrompono a vicenda e non si mettono d'accordo. Riferisca quello che si dicono.
3. Lei sta discutendo un progetto di lavoro con altri compagni/altre compagne. Qualcuno nel gruppo è molto timido e tende a parlare poco, ma Lei sa che si tratta di una persona che ha sempre delle ottime idee. Ne sollecita l'opinione e dichiara il Suo accordo.

CAPITOLO
7

Per cominciare

Le sorprese della vita.   Marina ha grandi progetti per il futuro. Si trasferirà in California e si dedicherà alla pittura.

Palermo, 14/7/'96

Caro Giorgio,

due righe con le ultime notizie.

Forse ti darò un dispiacere, ma devo dirti che i miei programmi per l'immediato futuro sono cambiati.

Ora che ho finito l'università, dovrei cercarmi un impiego a tempo pieno, invece darò le dimissioni dallo studio dove lavoro la sera e andrò in California dal mio amico Richard. Abiteremo insieme, divideremo le spese e risparmieremo. Così io realizzerò il mio sogno di dedicarmi alla pittura. Come ben sai, avrei voluto fare la scuola d'arte, ma mio padre non era d'accordo.

Carmela ti avrà detto che ho avuto in eredità un appartamento a Catania e un po' di soldi. Ne avrò abbastanza per vivere. Quando avrò finito i soldi tornerò. Mio padre si rassegnerà. Un giorno avrò un lavoro regolare, porterò a casa uno stipendio favoloso e lui sarà contento.

Non so se diventerò una grande pittrice, ma mi farà bene uscire di casa e vivere all'estero per un po'. Incontrerò gente nuova e farò nuove esperienze. Sarà interessante.

Come va il tuo nuovo lavoro al conservatorio? Sei stato fortunato a trovarlo in così poco tempo!

Ti scriverò da San Francisco. Perché non mi vieni a trovare durante le vacanze? Resterò almeno un anno, hai tempo per pensarci.

Ti abbraccio,

Marina

VOCABOLARIO UTILE

Sostantivi

il conservatorio music school
la pittura painting
i programmi plans

la scuola d'arte art school
lo stipendio salary
lo studio office; study

Verbi

dedicarsi to devote oneself to
dividere to share

rassegnarsi (a) to resign oneself to
realizzare to make (come) true, fulfill

Espressioni

averne abbastanza to have enough
  (of something)
a tempo pieno/parziale full/part
  time
dare le dimissioni to resign, to quit
  (a job)

dare un dispiacere a qualcuno
  to worry/trouble someone
essere contento/scontento (di)
  to be happy/unhappy (with)

ESERCIZI

a. *Vero o falso?*

_____ 1. Marina continuerà a lavorare a tempo pieno.
_____ 2. In California Marina pagherà la sua parte delle spese.
_____ 3. Marina ha studiato pittura.
_____ 4. Quando tornerà Marina andrà ad abitare con suo padre.
_____ 5. Il padre di Marina non è contento.
_____ 6. Marina frequenterà il conservatorio.
_____ 7. Giorgio è fortunato.

b. *Completare le frasi in maniera opportuna.*

1. In questo ufficio non resisto più!—Ma perché non _____?
2. Franco lavora all'Olivetti e ha un ottimo _____.
3. Flavia non studia più chimica, ha deciso di _____ alla ceramica.
4. Tutti abbiamo dei sogni che non _____ mai.
5. L'architetto Nigro ha uno _____ nuovo in centro. È molto bello.
   L'hai visto?
6. Dopo la laurea Piero ha trovato subito un lavoro a tempo _____ ed
   è molto _____.
7. Matteo è tristissimo. Lucia l'ha lasciato e lui non si _____.

STRUTTURA

I. Futuro

There are two future tenses in Italian that correspond to the two future tenses in English. They are called **futuro semplice** and **futuro anteriore**.

A. The **futuro semplice** (*simple future*) is formed by dropping the final -e of the infinitive and adding the endings -ò, -ai, -à, -emo, -ete, -anno; -are verbs change the -a- of the infinitive ending to -e-.

amare	credere	finire
amerò	crederò	finirò
amerai	crederai	finirai
amerà	crederà	finirà
amer**emo**	crederemo	finiremo
amer**ete**	crederete	finirete
amer**anno**	creder**anno**	finir**anno**

Note that unlike the other simple tenses, the third person plural of the future retains the stress on its ending.

1. Some verbs have spelling changes in the future for phonetic reasons.

   Verbs ending in -**care** and -**gare** insert an **h** after **c** and **g** in order to maintain the hard sound:

   cercare: cercherò, cercherai, etc.
   pagare: pagherò, pagherai, etc.

   Verbs ending in -**ciare**, -**giare**, and -**sciare** drop the **i** of the stem:

   cominciare: comincerò, comincerai, etc.
   mangiare: mangerò, mangerai, etc.
   lasciare: lascerò, lascerai, etc.

2. A number of verbs have irregular stems in the **futuro semplice**.

   Some verbs drop the characteristic vowel of the infinitive:

	Infinitive		Future
	andare	**andr-**	andrò
	avere	**avr-**	avrò
	cadere	**cadr-**	cadrò
	dovere	**dovr-**	dovrò
	parere	**parr-**	parrò
	potere	**potr-**	potrò
	sapere	**sapr-**	saprò
	vedere	**vedr-**	vedrò
	vivere	**vivr-**	vivrò

Some verbs, besides dropping the characteristic vowel of the infinitive, undergo further changes:

Infinitive		Future
bere (bevere)	**berr-**	berrò
rimanere	**rimarr-**	rimarrò
tenere	**terr-**	terrò
valere	**varr-**	varrò
venire	**verr-**	verrò
volere	**vorr-**	vorrò

Some verbs in **-are** keep the characteristic vowel of the infinitive:

Infinitive		Future
dare	**dar-**	darò
fare	**far-**	farò
stare	**star-**	starò

3. The future of **essere** is:

essere
sarò
sarai
sarà
saremo
sarete
saranno

B. The **futuro anteriore** (*future perfect*) is formed with the future of **avere** or **essere** plus the past participle of the verb.

Verbs Conjugated with *avere*		Verbs Conjugated with *essere*	
avrò	amato	sarò	partito/a
avrai	amato	sarai	partito/a
avrà	amato	sarà	partito/a
avremo	amato	saremo	partiti/e
avrete	amato	sarete	partiti/e
avranno	amato	saranno	partiti/e

Uso del futuro

A. The **futuro semplice** is used to express an action in the future. There are three possible equivalents in English: *I will stay, I'm going to stay, I will be staying.*[1]

Ricorderò sempre le mie vacanze in Spagna.
I'll always remember my vacation in Spain.

A quale albergo starete?—Staremo all'Hilton.
Which hotel will you be staying at?—We'll be staying at the Hilton.

Lavoreranno tutta la settimana?
Are they going to work the whole week?

B. The **futuro anteriore** is used to express an action that will be completed in the future by a specified time. Its English equivalent is *will have* + past participle.

Domani, a quest'ora, avrete già finito.
By this time tomorrow you will have finished.

C. The future tenses are also used to express probability, that is, an uncertainty, a conjecture, or a deduction. The **futuro semplice** expresses probability in the present; the **futuro anteriore** expresses probability in the past.[2]

Sarà vero, ma non ci credo.
It may be true, but I don't believe it.

Non sono ancora arrivati? Avranno perso il treno.
Haven't they arrived yet? They must have missed the train.

Che cosa sarà successo?
What could have happened?

D. The future tenses are also used frequently after **se** and **quando** and other conjunctions of time, such as **appena, non appena,** and **finché** to express a future action when the verb of the main clause is in either the future or the imperative. In English the corresponding tenses are the present for the **futuro semplice** and the present perfect for the **futuro anteriore.**

Quando sarò grande, farò l'ingegnere.
When I grow up, I'll be an engineer.

Se non avrai la febbre, ti alzerai.
If you don't have a fever, you'll get up.

Appena arriveranno, telefonaci!
As soon as they get there, call us!

Quando avrò finito, mi riposerò.
When I have finished, I'll rest.

---

[1] Remember that in Italian the present can also be used to express a future action when accompanied by an expression of future time (see p. 5).

[2] Probability can also be expressed in other ways: by **forse** or **probabilmente** plus a verb in a present or past tense, or by the verbs **potere** or **dovere** + *infinitive.* Se la ragazza è arrossita, deve essere timida. *If the girl blushed, she must be shy.* Non hanno risposto? Forse non hanno sentito la domanda. *They didn't answer? Maybe they didn't hear the question.*

—*Spesso mi chiedo cosa farà quando andrà in pensione.*

ESERCIZI

a. **Volere e potere...** *Tutte le persone nominate in quest'esercizio realizzano i loro desideri. Cambiare secondo l'esempio.*

ESEMPIO Silvia vuole scrivere un libro.
Silvia scriverà un libro.

1. Fausto vuole partire alla fine di luglio.
2. I ragazzi vogliono ballare tutta la notte.
3. Noi vogliamo sapere chi ha rapito la figlia dell'industriale.
4. Tu vuoi venire a casa mia.
5. Io voglio stare a letto.
6. Voi volete rimanere con noi.
7. Noi vogliamo vivere in Italia.
8. Laura vuole tenere la finestra aperta.

b. **Non l'hanno fatto ma lo faranno prima o poi** (sooner or later)... *Completare le seguenti frasi usando il futuro.*

ESEMPIO Non l'ho fatto, ma **lo farò prima o poi.**

1. Non ho tradotto le frasi, ma...
2. Non l'hai lasciato entrare, ma...
3. Non è caduta, ma...
4. Non siamo passati in biblioteca, ma...
5. Non avete visto «Casablanca», ma...
6. Non te ne sei interessato, ma...
7. Non avete risposto, ma...
8. Non ha imparato l'italiano, ma...

c. **La cartomante** (The fortune teller). *Immagini di essere Elena e di andare da una cartomante per farsi predire il futuro. La cartomante, impersonata da un compagno/ una compagna, risponde alle Sue domande. Segua i suggerimenti dati.*

Domandi...

1. che cosa farà dopo la laurea.
2. dove vivrà.
3. quale tipo di lavoro troverà.
4. se userà una lingua straniera sul posto di lavoro.
5. se e quando incontrerà il principe azzurro (*Mr. Right*).
6. se si sposerà o rimarrà nubile.

d. **L'incidente d'auto.** *Caterina ha avuto un incidente. Che cosa sarà successo? Esprimere le ipotesi usando il futuro.*

1. Probabilmente non ha visto la curva.
2. Deve essersi fatta male.
3. Forse la mamma non lo sa ancora.
4. Suo marito deve essere molto preoccupato.
5. Deve aver telefonato al suo amico chirurgo.
6. Probabilmente rimangono tutti e due all'ospedale.
7. I bambini devono essere soli a casa.
8. O forse c'è andata Silvana.

e. **Indovina!** *Stamattina la segretaria non è venuta in ufficio. Quale sarà stata la ragione? Fare cinque ipotesi plausibili.*

ESEMPIO Non avrà sentito la sveglia. Avrà l'influenza.

f. **Azioni future.** *Mettere al futuro.*

ESEMPIO Dorme quando è stanco.
       Dormirà quando sarà stanco.

1. Escono se ne hanno voglia. Usciranno
2. Veniamo quando possiamo. Verremo
3. Se sai bene l'inglese, puoi trovare un buon lavoro. saperai, porrai
4. Se vogliono un tavolo, devono aspettare. vorranno, dovranno
5. Appena ho finito, ti telefono. finirò, telefonerò
6. Finché stai con me, non paghi niente. starai, pagherai
7. Lo salutiamo se lo riconosciamo. saluteremo, riconosceremo
8. Che cosa faccio dopo che mi sono laureato/a? farrò, mi sarò

g. **Sognare ad occhi aperti** (Daydreaming). *Luigi è un tipo dinamico che ama fare programmi per il futuro. Che cosa sogna di fare? Completi le frasi seguenti e poi parli dei Suoi sogni per il futuro.*

1. Quando saprò l'italiano...
2. Appena Barbara si laureerà...

3. Se papà mi darà soldi...
4. Non appena io e Gianni compreremo...
5. Se avrò finito...
6. Finché mia sorella vivrà con i miei genitori...

II. Condizionale

There are two conditional tenses in Italian that correspond to the two conditional tenses in English. They are called **condizionale presente** and **condizionale passato**.

A. The **condizionale presente** (*present conditional*), like the **futuro semplice**, is formed by dropping the final -e of the infinitive and adding the conditional endings **-ei, -esti, -ebbe, -emmo, -este, -ebbero; -are** verbs change the -a- of the infinitive ending to -e-.

amare	credere	finire
amer**ei**	creder**ei**	finir**ei**
amer**esti**	creder**esti**	finir**esti**
amer**ebbe**	creder**ebbe**	finir**ebbe**
amer**emmo**	creder**emmo**	finir**emmo**
amer**este**	creder**este**	finir**este**
amer**ebbero**	creder**ebbero**	finir**ebbero**

1. In the conditional, verbs ending in **-care** and **-gare; -ciare, -giare,** and **-sciare** undergo the same spelling changes that occur in the future (see p. 166).

   Al tuo posto io non **pagherei** niente.   **Incomincereste** da capo voi?
   In your place I wouldn't pay anything.   *Would you start again from the beginning?*

2. Verbs that are irregular in the future (see p. 167) have the same irregularities in the conditional.

   Berremmo volentieri un caffè.   **Vorrei** fermarmi ma non posso.
   We'd be glad to have a cup of coffee.   *I would like to stay but I can't.*

3. The conditional of **essere** is:

essere
sarei
saresti
sarebbe
saremmo
sareste
sarebbero

B. The **condizionale passato** (*conditional perfect*) is formed with the present conditional of **avere** or **essere** plus the past participle of the verb.

Verbs Conjugated with *avere*		Verbs Conjugated with *essere*	
avrei	amato	sarei	partito/a
avresti	amato	saresti	partito/a
avrebbe	amato	sarebbe	partito/a
avremmo	amato	saremmo	partiti/e
avreste	amato	sareste	partiti/e
avrebbero	amato	sarebbero	partiti/e

Uso del condizionale

A. The **condizionale presente** corresponds to *would*[1] + verb. Just as in English, it is used in the following cases:

1. To express polite requests, wishes, and preferences.

Vorresti lavorare per me?
Would you like to work for me?

Preferirei un bicchiere di latte.
I would prefer a glass of milk.

2. To express the consequence of a hypothetical situation (see p. 269).

Mangerei ora se avessi tempo.
I would eat now if I had the time.

3. To express doubt (see p. 273).

Non so se verrebbero volentieri.
I don't know whether they would be glad to come.

B. The **condizionale passato** corresponds to *would have* + verb and is used in the same cases as the **condizionale presente.**

Sarebbero venuti se li avessimo invitati.
They would have come if we had invited them.

Dubito che avrebbero capito.
I doubt they would have understood.

---

[1] Other Italian constructions that translate English *would* (where *would* does not have a conditional meaning) are:

Imperfetto:	Ogni sabato andavamo al cinema.
	Every Saturday we would (used to) go to the movies.
Passato prossimo:	Le ho chiesto di aprire la porta, ma lei non ha voluto aprirla.
	I asked her to open the door, but she wouldn't (refused to) open it.
Passato remoto:	Le chiesi di aprire la porta, ma lei non volle aprirla.
	I asked her to open the door, but she wouldn't (refused to) open it.

C. The **condizionale passato** is used to express a future action introduced by verbs of knowing, saying, telling, or informing in a past tense. In English the present conditional is used in such cases (*He said he would come*):

Hai detto che **avresti pagato** tu.
You said you would pay.

Non aveva promesso che **avrebbe scritto?**
Hadn't he promised he would write?

Hanno detto che **sarebbero venuti,** ma io ero certo che **sarebbero stati** a casa.
They said they'd come, but I was certain they would stay home.

D. Note that the conditional of **fare meglio a** + *infinitive* expresses *had better, would do well to, would be better off to.*

Faresti meglio a tacere.
You'd better be quiet.

Avreste fatto meglio ad aspettare.
You would have been better off to wait (waiting).

ESERCIZI

a. **All'ospedale.** *Dopo l'incidente Caterina non si può muovere dal letto. Cambiare le frasi usando il condizionale secondo l'esempio.*

ESEMPIO Mi porti dell'acqua?
Mi porteresti dell'acqua?

1. Mi fai un favore? Mi compri un giornale?
2. Ti dispiace aprire la finestra?
3. Mi dà quella scatola di aspirine?
4. Sanno spiegarmi perché questo mal di testa non passa?
5. Mi piace sedermi in terrazzo. Potete aiutarmi?
6. Non voglio stare qui un'altra settimana.
7. Preferisco avere la lampada vicino al letto.

b. **Io avrei fatto le cose diversamente...** *Reagire a ogni situazione cominciando con* **Io non** *e usando il condizionale passato.*

ESEMPIO Hai comprato quell'automobile?
Io non avrei comprato quell'automobile.

1. Sei andato a quella festa?
2. Siete usciti con questo tempaccio?
3. Avete chiesto scusa?
4. Si sono offesi per quello scherzo?
5. Ti sei fidato di quell'uomo?
6. Le hai regalato una sedia?

c. **Buone intenzioni.** *Certe persone inventano sempre dei pretesti per evitare responsabilità. Completare le frasi con un pretesto logico.*

ESEMPIO io / aiutarla a far trasloco (*to move*) / ma...
La aiuterei a far trasloco, ma ho mal di schiena.

1. io e Gabriele / cercare lavoro / ma...
2. voi / poter finire la tesi a marzo / ma...

3. tu / fare amicizia con gli studenti stranieri / ma...
4. io / pagare in contanti / ma...
5. io e mio cognato / venire al battesimo di Giorgio / ma...
6. Angelo / tenerti il cane durante le ferie / ma...
7. noi / stare a casa sabato sera / ma...

d. **Promesse, promesse.** *Che cosa hanno promesso di fare le seguenti persone?*

ESEMPIO il dottore / venire nel pomeriggio
Il dottore ha promesso che sarebbe venuto nel pomeriggio.

1. noi / smettere di fumare
2. tu / passare in biblioteca
3. gli zii / aspettarci fino alle cinque
4. il professore / spiegarmi l'uso dell'imperfetto
5. la signora / non lamentarsi del freddo
6. voi / alzarsi presto
7. io / prendere una decisione
8. Lei / metterci poco tempo

e. **Farebbe meglio...** *La portiera e la signora Adele stanno parlando degli altri inquilini* (tenants). *Seguire gli esempi.*

1. Dica che cosa farebbero meglio a fare questi inquilini.

ESEMPIO La signora Del Bue si separa dal marito.
Farebbe meglio a non separarsi dal marito.

a. Il signor Perotti beve tanto.
b. La figlia dell'avvocato mangia sempre gelati.
c. I Cerruti fumano due pacchetti di sigarette al giorno.
d. Le figlie di Enrico ridono e chiacchierano sempre.
e. La signora Adelina non esce mai di casa.
f. Lo scapolo del terzo piano si arrabbia così facilmente!

2. Ora dica che cosa avrebbero fatto meglio a fare. Completare ogni frase con una soluzione diversa.

ESEMPIO I Davoli hanno comprato una casa al mare.
Avrebbero fatto meglio a comprare un appartamento.

a. Marcello si dedica alla pittura da mesi.
b. La signora Antonelli è andata in pensione.
c. Il figlio di Cerruti si è laureato in archeologia.
d. Abbiamo venduto la Maserati di mio zio.
e. Avete preso l'aereo per andare in Sicilia.
f. Ho dato le dimissioni.

III. *Dovere, potere* e *volere*

Dovere

Dovere + *infinitive* can express two basic meanings: necessity or moral obligation, and probability.

Tutti devono morire.
Everyone must die.

Deve essere tardi.
It must be late.

There are many English equivalents for **dovere** in the various tenses.

Presente: *must, have to, am supposed to*

Devo restituirti il libro.
I must return the book to you.

Imperfetto: *had to, was supposed to*

Il treno doveva arrivare alle otto.
The train was supposed to arrive at eight.

Passato prossimo or **remoto:** *had to, was obliged to*

Mario ha dovuto (dovette) aspettare quasi mezz'ora.
Mario had to wait almost half an hour.

Futuro semplice: *will have to*

Dovranno prendere un altro aereo.
They will have to take another plane.

Futuro anteriore: *will have had to, probably had to*

Avranno dovuto pagare l'intera somma.
They probably had to pay the entire sum.

—Ti avevo detto che questa storia del diluvio doveva restare tra noi!

Condizionale presente: *would have to, should, ought to*

Fa freddo. Dovresti metterti il cappotto.
It's cold. You should put on your coat.

Condizionale passato: *would have had to, should have, ought to have*

Lei avrebbe dovuto dirmelo prima.
You should have told me sooner.

ESERCIZI

a.   *Usare* **dovere** + infinito *al posto del futuro.*

ESEMPIO   Avrà vent'anni.
   Deve avere vent'anni.
   Avrà studiato molto.
   Deve aver studiato molto.

1. Saranno stanchi.
2. Conoscerete molta gente.
3. Saprà molte lingue.
4. L'avrò sognato.
5. Avrà sbagliato strada.
6. Avremo lasciato l'ombrello al ristorante.

b.   *Lei è d'accordo o no? Spiegare perché.*

1. Ogni persona dovrebbe avere degli hobby.
2. Ogni casa dovrebbe avere la lavastoviglie.
3. Ogni famiglia americana dovrebbe avere due macchine.

c.   **Sei insopportabile!** *Marco e Giulia non si trovano mai d'accordo su nulla. Seguire l'esempio usando i suggerimenti dati.*

ESEMPIO   Lucia fa medicina all'università di Milano. (lettere)
   Dovrebbe fare lettere.
   Ho preso il raffreddore. (mettersi la giacca)
   Avresti dovuto metterti la giacca.

1. Sono un po' giù. Preferisco rimanere a casa stasera. (uscire)
2. Non mi sento bene, ho mal di stomaco. (mangiare di meno)
3. Ho mangiato per consolarmi. M'è andato male un esame. (studiare di più)
4. Come sei noioso! Sapevi che Alfredo ha comprato una Lancia? (Alfa Romeo)
5. Ed è andato a passare le vacanze in Svizzera. (Jugoslavia)
6. Ma Alfredo è ricco. Ha regalato a Pia un orologio d'oro. (regalarle niente)
7. Tanto lei non lo sposa. (sposarlo)
8. Lei gli ha detto categoricamente di no. (dire di sì)
9. Ma non le piace e non lo ama. (sposarlo lo stesso)

Potere

Potere can express two basic meanings: ability to do something and permission to do something.

Non posso correre; sono troppo stanca!
I can't run; I'm too tired!

Posso farLe una domanda indiscreta?
May I ask you a personal question?

There are many English equivalents for **potere** in the various tenses.

Presente: *can, may, am capable, am allowed*

Dove possiamo trovare un buon ristorante?
Where can we find a good restaurant?

Imperfetto: *could, was able, was allowed*

Tosca non poteva sopportare il silenzio.
Tosca could not stand silence.

Passato prossimo or **remoto:** *could, managed to, succeeded in*

Non hanno potuto (poterono) entrare perché non avevano le chiavi.
They couldn't get in because they didn't have the keys.

Futuro semplice: *will be able, will be allowed*

I bambini potranno stare alzati fino alle dieci.
The children will be allowed to stay up until ten.

Condizionale presente: *could, might, would be able, would be allowed*

Potrebbe dirmi che ore sono?
Could you tell me what time it is?

Condizionale passato: *could have, might have*

Avremmo potuto pagarti ieri.
We could have paid you yesterday.

ESERCIZI

a. *Se vogliamo che gli altri ci aiutino dobbiamo essere più cortesi. Formulare le domande usando il condizionale presente di **potere**.*

> **ESEMPIO** Mi dice che ore sono?
> **Potrebbe dirmi che ore sono?**

1. La aiuta a traversare la strada?
2. Ci dà una mano?
3. Vi fermate un momento?
4. Stai a casa e guardi i bambini?
5. Finisce di lavare i piatti?
6. Vengono subito dopo cena?

b. *Lei è d'accordo? Sì, no, perché?*

1. Con un po' di buona volontà potremmo evitare tanti sprechi.
2. Molti potrebbero fare più esercizio, se volessero.
3. Ciascuno di noi potrebbe organizzare meglio il proprio tempo.

c. **Potere e non potere.** *Riformulare le frasi che seguono con il verbo* **potere** *nel modo e tempo opportuni.*

ESEMPIO Tutti gli anni Giulio andava in vacanza alle Bahamas.
Tutti gli anni Giulio poteva andare in vacanza alle Bahamas.

1. Laura mangia un mucchio di grassi e non le sale mai il colesterolo.
2. Vent'anni fa ho comprato una casa al mare spendendo relativamente poco.
3. Io e Lucia andremmo al cinema, ma non c'è niente di interessante da vedere.
4. I ragazzi giocheranno a tennis nel pomeriggio. Non piove più.
5. Pensi che papà e mamma si fermino a dormire dallo zio Mario?
6. Tu non sei venuto con noi perché non ti sentivi bene.

Volere

Volere corresponds to the English *to want, to wish* and has many English equivalents in the various tenses.

Presente: *want, wish, intend, feel like*

Vogliamo andare in Europa quest'estate.
We want to go to Europe this summer.

Imperfetto: *wanted, wished, intended, felt like*

Antonio voleva partire nel pomeriggio, ma è poi partito dopo cena.
Antonio intended to leave in the afternoon, but he left after supper.

Passato prossimo or **remoto:** *wanted, insisted upon*

Hanno voluto (vollero) offrire il caffè a tutti.
They wanted to offer everyone coffee (and they did).

Futuro semplice: *will want, will wish*

La zia vorrà continuare a vivere nella vecchia casa.
The aunt will want to continue living in the old house.

Condizionale presente: *would want, would like*

Vorrei chiederti un favore.
I would like to ask a favor of you.

Condizionale passato: *would have wanted, would have liked*

Avrebbero voluto invitarla.
They would have liked to invite her.

ESERCIZI

a.   *Inserire il verbo* **volere** *nel modo e tempo opportuni.*

1. Non siete mai contenti! Insomma, cosa volete?
   <u>Voglio</u> essere lasciati in pace!
2. Come mai sei uscita così tardi dall'ufficio?
   <u>Volevo</u> finire un lavoro al computer.
3. Cosa regali a tua moglie per il suo compleanno?
   <u>Volevo</u> proprio regalarle una macchina nuova, ma non ho soldi.
4. Perché sei arrabbiata con me?
   Perché non <u>volevi</u> farmi il favore di accompagnarmi a casa.
5. Cosa farà Claudio dopo la laurea?
   Penso che <u>vorrà</u> prendere il dottorato di ricerca in biofisica.
6. Andrà in pensione papà l'anno prossimo?
   Macché! Vedrai che <u>vorrebbe</u> continuare a lavorare.

b.   **Decisioni.** *Pensa che sia (sia stata) una buona idea? Perché sì, perché no?*

1. Una Sua amica vuole interrompere gli studi e andare a fare l'assistente sociale nel Terzo Mondo.
2. Io vorrei dimagrire e ho deciso di digiunare per una settimana.
3. Dario e Carla hanno voluto sposarsi prima della laurea; ora sono disoccupati e continuano a vivere con i genitori di lei.

c.   **Che tipo difficile!** *Completare il brano con le forme opportune del verbo* **volere.**

Andrea non _____ più studiare, ora dice che _____ fare il marinaio sulle navi da trasporto. L'anno scorso _____ iscriversi a medicina, l'anno prima diceva che _____ fare l'attore, suppongo che l'anno prossimo _____ darsi alla politica. Anche da piccolo era un tipo difficile. Ci _____ tanta pazienza con lui. Noi gli _____ molto bene e _____ vederlo contento, ma forse sbagliamo. Gli ci _____ dei genitori all'antica, che lo costringano a fare quello che _____ loro. I genitori sanno quello che ci _____ per i figli e hanno quasi sempre ragione.

Venditore ambulante su una spiaggia italiana.

LETTURA

VOCABOLARIO UTILE

il cambiamento change
il/la connazionale compatriot
il diritto right
il disagio discomfort
il dovere duty
la licenza permit
abusivo unauthorized
particolare out of the ordinary,
  unusual

il marciapiede sidewalk
il passante passerby
il quadrato square
lo scherzo joke
il semaforo traffic light
la sorte fate, destiny

accontentarsi to be satisfied/content
mettere da parte to save
mettere in mostra to display
portare via to take away

precipitarsi to rush
***provenire** to come (from)
spingere (*pp* **spinto;** *pr* **spinsi**)
  to push, to drive

L'articolo che segue tratta degli immigrati in Italia, in particolare di quelli che provengono dai paesi del Terzo Mondo. Il fenomeno dell'immigrazione non è nuovo e sono molte le ragioni che spingono la gente a lasciare il proprio paese. In gruppi di tre o quattro studenti esaminate i motivi per cui la gente decide di stabilirsi in un paese straniero e quali difficoltà incontra.

1. Chi sono gli immigrati e che cosa sperano?
2. Pensate che siano essenzialmente i poveri ad emigrare? Perché sì, perché no?
3. Conoscete o avete sentito parlare di persone importanti e famose che vivono all'estero? Quali motivi avranno?
4. Come reagisce la gente locale nei confronti degli stranieri? Fa differenza se sono ricchi o poveri, istruiti o di modesta cultura, bianchi o di colore?
5. Che tipo di lavoro trovano gli immigrati?
6. Siete a conoscenza di altri paesi in cui l'immigrazione sia diventata un problema sociale; per esempio: difficoltà di integrazione, intolleranza, contrasti culturali?

Vu cumprà? (Vuoi comprare?)

Sono molti gli stranieri che vivono in Italia, alcuni sono venuti per libera scelta personale, altri, molti altri, spinti dalla necessità e dalla speranza di una vita migliore.

Da qualche tempo si è verificata in Italia una immigrazione parti-
5 colare, quella degli "extracomunitari", come sono definiti gli stranieri provenienti° da paesi che non fanno parte della Comunità Europea.   *coming from*
Secondo le statistiche, i "regolari", cioè quelli che sono in possesso di regolare permesso di soggiorno°, sarebbero più di settecentomila;   **permesso:** *residence permit*
quanto poi ai "clandestini" non è chiaro quanti siano, chi dice un mi-
10 lione, chi dice due. Sono essenzialmente concentrati nelle zone urbane del centro-nord e provengono da paesi mediterranei vicini all'Italia quali il Marocco, la Tunisia e la Jugoslavia; altri sono venuti da paesi lontani: Filippine, Egitto e Cina. Recentemente c'è stato un forte movimento di immigrazione dall'Albania, che ha creato difficoltà al governo
15 italiano e polemiche tra i cittadini. Inizialmente ai "boat people" albanesi sono stati concessi° sei mesi di tempo per cercare un lavoro e   *granted*
ottenere il regolare permesso di soggiorno, ma il loro numero sempre crescente ha provocato un cambiamento di politica e i clandestini sono stati rimpatriati.
20   Ma perché sono venuti e continuano a venire in Italia? Essenzialmente per la situazione di disagio che esiste a casa loro. Sia che si tratti del Terzo Mondo o di paesi europei, i motivi per emigrare sono simili: guerriglie, conflitti etnici, dittature, carestie°, povertà. Il nuovo paese,   *famine*

invece, soprattutto se visto da lontano, sembra bello, come lo mostra la
25 televisione o come appare dagli abiti° e dai soldi dei turisti che danno *attire*
invariabilmente l'impressione di ricchezza e di vita facile.

Una volta in Italia, che cosa fanno? I fortunati riescono a trovare
lavoro come domestici°, nel settore alberghiero, nell'edilizia°, nell'agri- *servants / building in-*
coltura e nelle attività industriali. Altri ottengono la licenza di vendi- *dustry*
30 tore ambulante°, che permette loro di esercitare il piccolo commercio *peddler*
di monili°, oggetti di pelle, occhiali da sole e articoli di artigianato del *(costume) jewelry*
loro paese. Mettono in mostra i loro oggetti su piccole bancarelle alle-
stite° sui marciapiedi o addirittura per terra°, su un quadrato di stoffa *prepared / **addirittura:***
colorata. Sono stranieri dai tratti somatici° e dagli abiti "diversi" che *directly on the ground*
tratti: features
35 abbordano° i passanti con l'espressione:—Vu cumprà?—cercando di *approach*
imbonire° i loro articoli. I clandestini sono essenzialmente "lavavetri", *exalt the qualities of*
quelli che si precipitano a pulire i parabrezza delle macchine ferme ai
semafori sperando in un compenso. Altri offrono fiori, altri ancora sono
venditori abusivi di sigarette, mestiere pericoloso perché, essendo in
40 Italia i tabacchi monopolio di stato, venderli senza il regolare "bollo"° è *imprint*
reato°. Certo non è una vita facile, eppure per marocchini, tunisini, *crime*
senegalesi, etiopi e, più di recente, albanesi, l'Italia è ancora una specie
di terra promessa, dove si spera di trovare un lavoro, e magari, con un
po' di fortuna, riuscire anche a mettere da parte qualche soldo.

45 Qual è stata la reazione dell'Italia? Quello di accogliere e possibil-
mente integrare nel tessuto sociale italiano gente tanto diversa non è
uno scherzo; si tratta di un problema serio di cui ancora si discutono le
soluzioni. Nel dicembre dell'89 è stata promulgata una legge, la cosiddetta "legge Martelli", che stabilisce le modalità d'immigrazione non-
50 ché° i diritti e i doveri degli immigrati. I "regolari" godono di parità di *as well as*
trattamento rispetto ai lavoratori italiani e degli stessi diritti: hanno
accesso ai servizi sociali e sanitari, alla scuola e alla casa, e ad un programma di interventi sociali ed economici *"atti a favorire*° l'inserimento *atti: fit to facilitate*
socio-culturale degli stranieri e il mantenimento della loro identità culturale". Si tratta
55 di una legge molto umana e democratica, che fa sicuramente onore
all'Italia. Evidentemente gli italiani non hanno dimenticato la sorte dei
molti connazionali emigrati in paesi stranieri, le loro difficoltà e i loro
sacrifici. Questo non significa che non avvengano episodi di intolleranza anche se, forse, meno violenti di quelli che si sono verificati in
60 Francia e in Germania. L'opinione pubblica è divisa: alcuni vorrebbero
aprire le porte in nome della solidarietà umana; altri temono possibili
conseguenze negative. Gli immigrati poveri si accontentano di poco,
sono disposti ad accettare salari inferiori alla media e fanno pertanto
concorrenza° ai locali i quali protestano dicendo:—Ci portano via il *fanno: compete with*
65 lavoro—. Nel frattempo, soprattutto nelle grandi città, i "vu cumprà"
continuano ad offrire la loro merce guardati con benevolenza da alcuni,
con timore o intolleranza da tanti altri, perché purtroppo tutto ciò che
è diverso provoca disagio.

COMPRENSIONE

1. Chi sono gli extracomunitari?
2. Quanti sono?
3. Da dove vengono?
4. Perché emigrano?
5. Come sopravvivono i "vu cumprà" in Italia?
6. Pensate che siano diversi dagli altri immigrati e dai cittadini italiani? In che modo?
7. Che cosa stabilisce la legge Martelli?
8. Come reagisce l'opinione pubblica italiana al problema dell'immigrazione?

Studio di parole

joke

scherzo
joke, practical joke, trick, something said or done to cause amusement

Lo dico sul serio, non è uno scherzo.
I'm saying it seriously, it's not a joke.

barzelletta
joke, a story to make people laugh

Non mi piacciono le barzellette che racconti.
I don't like the jokes you tell.

Related expressions: **fare uno scherzo** *to play a trick;* **per scherzo** *jokingly* (the opposite is **sul serio** *seriously*)

change

cambiamento
change, alteration

Ci sono stati molti cambiamenti di governo in Italia.
There have been many changes of government in Italy.

spiccioli
small change, money of low denomination

Ho bisogno di spiccioli per l'autobus.
I need some change for the bus.

cambio
exchange

Quant'è il cambio del dollaro oggi?
What is the dollar's rate of exchange today?

È un agente di cambio.
He's a foreign exchange agent.

resto
amount of money returned when payment exceeds the sum due

Non ho il resto da darLe.
I don't have change for you.

to change

cambiare
to change; alter (takes **avere**)
to change, become different
  (takes **essere**)

Voglio cambiare i mobili del salotto.
*I want to change the living room fur-
  niture.*

Il tempo è cambiato.
The weather has changed.

Hanno cambiato casa.
They've moved.

cambiarsi
to change one's clothes

Sei tutto bagnato; cambiati!
You're all wet; change your clothes!

cambiare idea
to change one's mind

Ha cambiato idea; andrà a Yale, non a
  Harvard.
*He changed his mind; he'll go to Yale,
  not Harvard.*

to exchange

scambiare
to exchange (one thing for another)

Ho scambiato un orologio con un
  anello.
I exchanged a watch for a ring.

Quando ci vediamo, scambiamo due
  parole.
*When we see one another, we exchange a
  few words.*

Related word: **scambio** *exchange*

scambiarsi
to give to one another, to exchange

Le amiche si scambiano regali.
Friends exchange gifts.

cambiare
to change (exchange) money

Hai potuto cambiare le lire in dollari?
*Were you able to exchange the liras into
  dollars?*

PRATICA

a. *Scegliere la parola o l'espressione che completa meglio la frase.*

1. Fanno _____ gli italiani il primo d'aprile?
2. Perché non continuiamo a parlare di politica? Perché vuoi _____
   argomento?
3. Ho bisogno di ottocento lire per l'autobus.—Mi dispiace, non ho
   _____ .
4. Avete visto il _____ della guardia quando eravate a Londra?
5. Quando i negozianti italiani non hanno i soldi per il _____ , danno
   caramelle o altre cose.
6. Se vuoi ridere, devi sentire l'ultima _____ sui carabinieri.

b. **La coppia moderna.** *Completare il paragrafo seguente inserendo il verbo o la parola suggeriti in parentesi.*

Nina (*changed*) _____ lavoro, è all'ufficio (*exchange*) _____ della Banca Commerciale. È un'ottima carriera e guadagna molto. Lei e suo marito (*exchanged*) _____ i ruoli. Lei lavora a tempo pieno e lui di pomeriggio sta a casa con i bambini. Li va a prendere a scuola, (*changes his clothes*) _____ , dà loro da mangiare, li fa giocare... È un padre modello. Ieri volevano andare tutti allo zoo, ma poi (*they changed their minds*) _____ perché pioveva. Sono rimasti a casa tutto il pomeriggio. I bambini hanno incominciato a (*play tricks*) _____ e hanno finito per litigare. Allora il povero Massimo ha telefonato al bar e ha ordinato tre spumoni (*soft ice cream*). Al momento di pagare, però, il garzone (*errand boy*) del barista non aveva (*change*) _____ , Massimo non aveva (*change*) _____ per la mancia e ha dovuto lasciargli più soldi del previsto. Per fortuna i bambini si sono calmati. Fare i genitori è una cosa seria, non è (*a joke*) _____ .

c. **Domande per Lei.**

1. Conosce le origini della Sua famiglia, del Suo cognome (*family name*)?
2. Il Suo quartiere (*neighborhood*) accoglie gente diversa o persone che hanno una comune origine etnica? È bene che sia così? Sì, no, perché?
3. Conosce personalmente degli immigrati? Pensa che abbiano difficoltà nei loro rapporti con la gente locale e viceversa? Perché?
4. Ci sono molti "clandestini" nel Suo paese? Come vivono?

TEMI PER COMPONIMENTO O DISCUSSIONE

1. Cosa pensa della politica italiana a proposito dell'immigrazione? Le sembra applicabile? Quali difficoltà prevede?
2. Sarebbe in favore di una politica dell'immigrazione simile a quella italiana da applicarsi nel Suo paese? Perché sì, perché no?
3. Vivere a contatto di gente straniera, soprattutto se di etnie diverse, richiede un grande esercizio di tolleranza. Come si manifesta la tolleranza, come si manifesta l'intolleranza?
4. Qual è la Sua opinione a proposito dei "clandestini"? Pensa che abbiano diritto al soggiorno e ai servizi sociali? Sì, no, perché?
5. **Dibattito.** L'immigrazione, sia legale che illegale, è un fenomeno complesso carico di ramificazioni sociali, culturali e politiche. Discutetene i pro e i contro partendo dalle alternative che seguono.

   Pro: È dovere dei popoli ricchi accogliere e integrare nella loro società gli immigrati in cerca di una vita migliore. Gli immigrati contribuiscono con il loro lavoro e si accontentano di poco.

   Contro: Anche nelle società ricche ci sono già tanti poveri ai quali bisogna provvedere. L'immigrazione provoca problemi di ogni genere.

PER COMUNICARE

Comunicare per lettera. Nella vita quotidiana scriviamo lettere a persone differenti per motivi differenti. La forma e il tono della lettera cambiano a seconda delle circostanze.

Indicare il destinatario sulla busta

Per Antonella Nasi
Gentile Signora Salvetti
Ms. Maria Pellegrini
Sig. Mario Carrelli
Egr. (Egregio) Signor Achille Maramotti

Prof. Arturo Colombo
Dott. Aldo Incerti
Dott.ssa Maria Guiducci
Famiglia Bernardini

Iniziare una lettera

Se scriviamo ad un amico/un'amica o ad una persona che conosciamo molto bene, usiamo...

Cara Pia/Caro Michele
Carissima Laila/Carissimo Carlo
Carissima/Carissimo

Se indirizziamo la lettera ad un/a conoscente, come per esempio il medico di famiglia, possiamo scrivere...

Caro dottore
Caro avvocato
Caro architetto

Per una lettera formale o d'affari usiamo...

Egregi Signori
Gentile Signora Olga Salvetti
Egregio Signor Dallaglio
Spettabile ditta F.lli Lolli

Terminare una lettera

In italiano non esiste l'equivalente dell'espressione inglese *Yours sincerely*, e la parola "amore" nel senso dell'inglese *love* non è usata alla fine dei messaggi.

A un amico/un'amica che vogliamo salutare affettuosamente, scriviamo...

Cari saluti (a te e famiglia).   *Greetings (to you and your family).*
Saluti affettuosi.
Ti abbraccio.   *A hug,*
Un caro abbraccio.

A presto.	*Till soon,*
Un abbraccio a tutti.	*A hug for all,*

Quando vogliamo essere piu "neutrali", diciamo...

Con i migliori saluti.	*With best regards,*
Grazie e distinti saluti.	*Thank you and best regards,*
La ringrazio e La saluto cordialmente.	

Quando terminiamo una lettera formale o d'affari, scriviamo...

Distinti saluti.	*(Yours) sincerely,*
In attesta di una Vostra sollecita risposta invio distinti saluti.	*I am looking forward to hearing from you (soon). Yours sincerely,*
In attesa di leggerLa presto Le invio distinti saluti.	

Abbreviazioni utili

1. Titoli professionali (usati al maschile):

   arch. (architetto)
   ing. (ingegnere)
   avv. (avvocato)

2. Titoli di personaggi politici:

   onorevole
   senatore
   senatrice
   eccellenza (riservato a ministri e ad alti funzionari)

3. Titoli dei membri del clero:

   reverendo
   reverendo padre
   reverenda madre
   monsignore
   eccellenza (per i vescovi)
   eminenza (per i cardinali)
   santità (per il papa)

CHE COSA SCRIVE?

1. Immagini di essere Giorgio e di rispondere alla lettera di Marina che appare all'inizio del capitolo a p. 164.
2. Lei ha quarant'anni, è solo/a e vuole passare le vacanze in montagna. Scriva...
   a.   a un amico/un'amica per invitarlo/a a passare le vacanze con Lei.
   b.   all'Albergo Dolomiti, 32046 San Vito di Cadore (Belluno), per prenotare due camere dal 15 al 30 luglio.
3. I Suoi genitori sono molto amici dei signori Salvetti di Bologna. Scriva alla signora Bianca per dirle che Lei sarà in Italia quest'estate e le chieda ospitalità. Spieghi quando arriverà, il motivo del Suo viaggio in Italia, quanto tempo ha intenzione di restare a Bologna e quali sono i Suoi programmi durante il Suo soggiorno a casa Salvetti. Sia cortese e usi il condizionale.

CAPITOLO
8

Per cominciare

Crisi familiare.   Luisa ha ventiquattro anni e un buon impiego. Vive in famiglia, ma vuole andare ad abitare con Andrea, il suo ragazzo. Sperano di aprire presto un albergo e di lavorare insieme. Luisa ne parla con la mamma.

MAMMA: Ti capisco, ma non penso che sia facile. Sono certa che papà farà mille obiezioni.

LUISA: Ma bisogna che si renda conto che io sono una ragazza grande, non sono più una bambina!

MAMMA: Ma figlia mia, benché tu abbia ventiquattro anni, papà non ti permetterà di andare a vivere con Andrea, a meno che non vi sposiate.

LUISA: Mamma, ma tu pensi veramente che io abbia bisogno del suo permesso? Qualunque decisione io prenda, qualsiasi cosa io decida di fare, io sono adulta e indipendente, ho un lavoro e uno stipendio e non capisco perché lui continui a trattarmi come un'adolescente.

MAMMA: Non so cosa dirti. Per me, purché tu sia felice, io sono contenta. Ma papà per certe cose è un po' all'antica. Sarà la situazione più difficile che abbia dovuto affrontare a proposito dei figli.

LUISA: Ti assicuro che mi dispiace molto, mamma, ma bisogna che gliene parli tu. Sei l'unica persona che possa fargli cambiare idea.

MAMMA: Va bene, gliene parlerò stasera. Speriamo che non torni dall'ufficio di cattivo umore!

VOCABOLARIO UTILE

Sostantivi

l'adolescente adolescent
l'adulto adult
il consiglio advice

il divieto/la proibizione prohibition
il permesso permission

Aggettivi

grande grown-up, older
immaturo immature

maturo mature
piccolo young, younger

Verbi

consigliare to advise
dissuadere (*pp* **dissuaso;** *pr* **dissuasi**) to dissuade, to deter

dubitare to doubt
permettere to allow
vietare to forbid

Espressioni

a meno che unless
andare via di casa to leave home
affrontare/evitare una situazione
  to confront/avoid a situation
avere/chiedere/dare il permesso di
  to have/ask for/give permission to
cambiare idea to change one's mind
dare retta a to listen to
essere d'accordo con to agree with

essere di cattivo/buon umore to be
  in a bad/good mood
fare obiezioni to raise objections
fare una scelta to make a choice
prendere una decisione to make a
  decision
vivere in famiglia to live at (one's
  parents') home

ESERCIZI

a. *Vero o falso?*

_____ 1. Luisa vuole andare via di casa.
_____ 2. Luisa vuole abitare all'albergo di Andrea.
_____ 3. La mamma non ha serie obiezioni.
_____ 4. Papà non sarà d'accordo.
_____ 5. Luisa ha bisogno del permesso di suo padre.
_____ 6. Luisa ha anche bisogno del suo aiuto finanziario.
_____ 7. Luisa è troppo giovane per prendere decisioni da sola.
_____ 8. La mamma aiuterà Luisa a convincere papà.

b. *Cambiare la parole sottolineate con parole di significato opposto.*

1. È meglio che tu non vada a quel tipo di feste. Sei troppo <u>piccolo/a</u>.
2. La legge <u>permette</u> di guidare a settanta miglia all'ora.
3. Mi sembra che gli <u>adolescenti</u> non abbiano mai opinioni ragionevoli.
4. Che persona strana! Qualsiasi cosa succeda è sempre <u>di buon umore</u>.
5. Non so come <u>affrontare</u> il dibattito sulle armi nucleari.
6. <u>Sono certo</u> di ottenere il permesso di usare la macchina di mio padre.

c. *Inserire le parole o le espressioni che meglio completano le frasi.*

1. Tutti mi danno consigli e io non so a chi _____ .
2. Non sempre la gente _____ le decisioni giuste.
3. È inutile che tu insista! Non riuscirai mai a farmi _____ .
4. Sei grande, ma ti comporti come un/a bambino/a. Sei proprio _____ .
5. Abito ancora in famiglia, ma voglio _____ di casa e prendere in affitto
  un miniappartamento.

STRUTTURA

I. Congiuntivo presente e passato

Unlike the **indicativo,** which states facts and conveys both certainty and objectivity, the **congiuntivo** (*subjunctive*) expresses views and emotions, possibility, and uncertainty. The **congiuntivo** has four tenses: **presente, passato, imperfetto,** and **trapassato.** All four tenses are used in both spoken and written Italian.

A. The **congiuntivo presente** (*present subjunctive*) is formed by adding the appropriate endings to the stem. Verbs ending in **-ire** that insert **-isc-** in the present indicative also insert **-isc-** in the present subjunctive, except in the first and second persons plural.

	amare	credere	finire	partire
che io	ami	creda	finisca	parta
che tu	ami	creda	finisca	parta
che lui (lei)	ami	creda	finisca	parta
che (noi)	amiamo	crediamo	finiamo	partiamo
che (voi)	amiate	crediate	finiate	partiate
che (loro)	amino	credano	finiscano	partano

1. Certain verbs will show spelling changes in the present subjunctive. Verbs ending in:

   -**care** change the **c** to **ch:**   cercare → cerchi
   -**gare** change the **g** to **gh:**   pagare → paghi
   -**ciare** drop the **i:**   cominciare → cominci
   -**giare** drop the **i:**   mangiare → mangi
   -**sciare** drop the **i:**   lasciare → lasci
   -**gliare** drop the **i:**   sbagliare → sbagli

2. Verbs ending in **-iare** drop the **-i** from the end of the stem unless it is stressed in the first person of the present indicative.

   studiare (studio): studi, studiamo
   inviare (invio): invii, inviamo

3. Generally, verbs that are irregular in the first person singular of the present indicative will show that irregularity in all forms of the subjunctive.

fare → faccio	dire → dico	potere → posso	volere → voglio	bere → bevo
faccia	**dica**	**possa**	**voglia**	**beva**
faccia	dica	possa	voglia	beva
faccia	dica	possa	voglia	beva
facciamo	diciamo	possiamo	vogliamo	beviamo
facciate	diciate	possiate	vogliate	beviate
facciano	dicano	possano	vogliano	bevano

4. There are also irregular subjunctive forms which use the stems of the first person *singular* and *plural*.

andare → vado	dovere → devo	venire → vengo	uscire → esco	scegliere → scelgo
vada	deva (debba)	venga	esca	scelga
vada	deva (debba)	venga	esca	scelga
vada	deva (debba)	venga	esca	scelga
andiamo	**dobbiamo**	**veniamo**	**usciamo**	**scegliamo**
andiate	**dobbiate**	**veniate**	**usciate**	**scegliate**
vadano	devano (debbano)	vengano	escano	scelgano

5. Some very common irregular verbs have a completely irregular stem.

avere	essere	dare	stare	sapere
abbia	**sia**	**dia**	**stia**	**sappia**
abbia	sia	dia	stia	sappia
abbia	sia	dia	stia	sappia
abbiamo	siamo	diamo	stiamo	sappiamo
abbiate	siate	diate	stiate	sappiate
abbiano	siano	diano	stiano	sappiano

B. The **congiuntivo passato** (*past subjunctive*) is formed with the present subjunctive of **avere** or **essere** plus the past participle of the verb.

Verbs Conjugated with *avere*			Verbs Conjugated with *essere*		
che io	abbia	amato	che io	sia	partito/a
che tu	abbia	amato	che tu	sia	partito/a
che lui (lei)	abbia	amato	che lui (lei)	sia	partito/a
che (noi)	abbiamo	amato	che (noi)	siamo	partiti/e
che (voi)	abbiate	amato	che (voi)	siate	partiti/e
che (loro)	abbiano	amato	che (loro)	siano	partiti/e

ESERCIZI

a. **Ad ognuno i suoi problemi.** *Massimo lavora come cameriere in un caffè del centro di Roma. Ecco che cosa sente andando da un tavolo all'altro. Dare la forma corretta del congiuntivo presente dei verbi fra parentesi.*

ESEMPIO Insisto che tu (prendere) **prenda** un cappuccino.

1. Aspetto che voi (venire) _veniate_ domenica.
2. Non credo che Lorenzo (essere) _sia_ un bugiardo.
3. Vogliono che io (lasciare) _lasci_ tutto in ordine.

—Carlo è il cacciatore più leale che abbia mai visto!

4. Pensate che noi non (dire) _diciamo_ mai la verità?
5. Speriamo che (volerci) _ci vogliano_ solo dieci minuti.
6. Temi che lui (andare via) _vada via_ ?
7. Sono contenta che tu (capire) _capisca_ o che almeno (cercare) _cerchi_ di capire.
8. Bisogna che voi (scegliere) _scegliate_ il regalo.
9. È incredibile che Teresa (avere) _abbia_ paura del buio.
10. Ci dispiace che Elena non (trovarsi) _si trovi_ bene.
11. È strano che loro (dovere) _debbano_ aspettare tanto.
12. È una cosa logica che una ragazza (uscire) _esca_ .

b.   **Al centro commerciale.** *Dire che cosa sperano le persone seguenti.*

ESEMPIO   Che cosa sperano i proprietari del negozio?
       io / comprare molte cose
       Sperano che io compri molte cose.

1. Che cosa sperano i proprietari del negozio?
   a. voi / non portare indietro la camicia di seta
   b. i clienti / pagare in contanti
   c. nessuno / rubare la merce (*merchandise*)
   d. tu / spendere molti soldi
   e. noi / tornare spesso
2. Che cosa vogliono i clienti del negozio?
   a. i prezzi / essere convenienti
   b. il commesso / essere paziente
   c. il negozio / avere merce di buona qualità
   d. il proprietario / accettare la certa di credito
   e. i clienti / poter cambiare la merce

c. **Il viaggio d'affari.** *Franca vuole esser sicura che tutto proceda bene durante la sua assenza. Riscrivere le frasi seguenti usando* **Bisogna che...**

ESEMPIO Devo ricordare a Carlo di portare il cane dal veterinario.
Bisogna che ricordi a Carlo di portare il cane dal veterinario.

1. Marco e Andrea faranno la spesa sabato mattina.
2. Elena starà a casa dei nonni.
3. Dobbiamo lasciare l'assegno per l'affitto all'amministratore.
4. Marco dirà alla segretaria di tornare lunedì.
5. Finirò questo lavoro entro domani.
6. Farò una lista delle cose da fare prima di partire.
7. I bambini devono bere il succo d'arancia tutte le mattine.
8. Luigi dovrà inviare il telegramma alla Sig.ra Buchholz.

d. **Che cosa sarà accaduto?** *Sono le quattro del mattino e Angelo non è ancora tornato a casa. L'intera famiglia è molto preoccupata. Riscrivere le frasi seguenti usando il congiuntivo passato e seguendo l'esempio.*

ESEMPIO Maria almeno ha telefonato ai suoi. (sono contenta)
Sono contenta che almeno Maria abbia telefonato ai suoi.

1. Angelo è uscito a mezzanotte. (crediamo)
2. Voi avete telefonato all'ospedale. (sono contenta)
3. Non è successo niente. (auguriamoci)
4. Hanno avuto un incidente. (temo)
5. Voi non avete ricevuto nessun messaggio da lui. (è un peccato)
6. Ha nevicato tutta la notte. (pare)
7. Si sono fermati in pizzeria. (è probabile)
8. Hai chiamato anche la polizia. (è giusto)
9. Si è fermato a dormire da Lucia. (speriamo)
10. Sono rimasti senza benzina. (ho paura)

e. **Curiosità.** *Adele è molto curiosa e ogni volta che Lei la incontra per la strada Le fa un mucchio di domande. Rispondere alle domande di Adele usando lo stesso verbo della domanda o dando una risposta originale.*

ESEMPIO —I tuoi cugini hanno sempre intenzione di trasferirsi a Salerno?
—Sì, temo che **abbiano intenzione di trasferirsi.**

1. È vero che Roberto fa il pittore?—No, ma pare che...
2. Sta meglio oggi tua nonna?—No, ho l'impressione che...
3. Hanno dato retta al dottore?—Be', veramente dubitiamo che...
4. E il bambino, riesce in matematica adesso?—No, sembra che...
5. Michele se ne è accorto?—Sì, ed è meglio che...
6. È vero che Michele è ancora arrabbiato con i suoi?—Suppongo che...
7. E Luciana si è trovata bene presso la famiglia in Germania?—Sì, pare che...
8. E Luciana ora dà lezioni di tedesco?—Sì, e spero che...
9. Le ragazze vanno all'università in macchina?—No, mio marito insiste che...
10. Be', adesso devo andare.—Sì, anch'io è bene che...

II. Uso del congiuntivo

A. The subjunctive is used mainly in dependent clauses introduced by **che** (*that*). Note that **che** is almost always expressed in Italian.

INDEPENDENT CLAUSE	DEPENDENT CLAUSE
La mamma spera	che tu venga subito.

Mother hopes that you are coming right away.

INDEPENDENT CLAUSE	DEPENDENT CLAUSE
Preferiamo	che prendiate un tassì.

We prefer that you take a taxi.

The verb or expression in the independent clause determines whether the indicative or the subjunctive is used in the dependent clause. Some verbs take the indicative in a dependent clause, some take the subjunctive, and some may take either one depending on the meaning.

	INDICATIVE			SUBJUNCTIVE
Sanno	che **avete** torto.		Credono	che **abbiate** torto.
They know	*that you are wrong.*		*They believe*	*that you are wrong.*
Ricordiamo	che è **partito.**		Temiamo	che **sia partito.**
We remember	*that he has left.*		*We are afraid*	*that he has left.*
Riconosco	che **fa** freddo.		Mi dispiace	che **faccia** freddo.
I am aware	*that it is cold.*		*I am sorry*	*that it is cold.*
È certo	che **ha rubato.**		È probabile	che **abbia rubato.**
It is certain	*that he has stolen.*		*It is likely*	*that he has stolen.*

Note that while the English dependent clause is the same in each pair of examples above, the Italian dependent clause uses the indicative when it expresses a fact and the subjunctive when it expresses a thought, a feeling, or an attitude.

B. Note that the tense of the subjunctive used in the dependent clause is determined by the time relationship between the actions of the two clauses. If the action of the dependent clause:

1. takes place in the immediate future or at the same time as the action of the independent clause ──use──→ PRESENT SUBJUNCTIVE

2. took place before the action of the independent clause ──use──→ PAST SUBJUNCTIVE

Credete che prendano un tassì?
Do you think they are taking a cab?   CONCURRENT ACTION

Credete che abbiano preso un tassì?
Do you believe they took a cab?   PAST ACTION

Verbi ed espressioni che reggono il congiuntivo

The subjunctive is used if the verb in the independent clause expresses a thought, a feeling, or an attitude.

INDEPENDENT CLAUSE	DEPENDENT CLAUSE
Credono	che io abbia torto.

They believe that I am wrong.

A. Expressing emotion (fear, sorrow, joy, etc.)

Siamo contenti che piova.
We are happy it's raining.

B. Expressing a wish or a command

Il professore vuole che tutti ascoltino.
The professor wants everyone to listen.

C. Expressing an opinion

Nego che mi abbiano aiutato.
I deny that they helped me.

D. Expressing expectation

Aspettiamo che lui ci telefoni.
We're waiting for him to call us.

E. Expressing doubt or uncertainty

Non sono sicuro che loro siano ricchi.
I am not sure they are rich.

—Caro, sei sicuro che siamo in una colonia di nudisti?

ESERCIZI

a. *Completare con la forma corretta di* **essere** *all'indicativo o al congiuntivo.*

1. Ho letto che il 6 gennaio ___è___ giorno di vacanza in Italia.
2. Vuoi dire che tutti gli uffici ~~siano~~ sono chiusi?
3. Non so, credo che ___siano___ chiuse solo le scuole.
4. Ho paura che lo spettacolo non ti ___sia___ piaciuto.
5. Ma no, al contrario! Ti assicuro che mi ___è___ piaciuto moltissimo!
6. Ho l'impressione che il protagonista non si ___sia___ accorto di aver dimenticato alcune battute (*lines*).
7. ___È___ vero. Ma Pino dice che non ___è___ importante. Tu credi che ___sia___ necessario ricordare proprio tutto?
8. I ragazzi sanno che la mamma ___è___ all'ospedale?
9. Sì, e ho paura che ___siano___ molto preoccupati.
10. Ma il dottore pensa che non ___sia___ niente di grave.

b. *Completare con la forma corretta del verbo dato tra parentesi. Scegliere il presente dell'indicativo o del congiuntivo, secondo il senso.*

ESEMPIO Debbo riconoscere che il dottore (avere) **ha ragione.**

1. Ha paura che sua figlia (sposare) ___sposi___ l'uomo sbagliato.
2. Sa che la ragazza (stare) ___sta___ in casa di un amico.
3. Voi pensate che lei (dovere) ___debba___ trovarsi un appartamento?
4. Il padre spera che lei (prendere) ___prenda___ una decisione presto.
5. Noi siamo sicuri che lei (sentirsi) ___si sente___ libera di scegliere.
6. È facile vedere che padre e figlia non (andare) ___vanno___ d'accordo.

c. *Vi interessano le persone pessimiste?* *Leggere la seguente storia e poi riscriverla usando il congiuntivo nei casi in cui è possibile.*

Io sono un pessimista nato: ho sempre paura che le cose non riusciranno come voglio io. Per esempio, se ho in programma di andare al mare per il week-end, penso che pioverà o che succederà qualcosa che mi impedirà di andarci. Se compro una camicia o un golf, temo che non mi staranno bene o che non dureranno molto. Quando telefono a un amico, immagino che non sarà in casa o che, se c'è, non mi vorrà parlare. Quando invito una ragazza al ristorante, temo che lei sceglierà il piatto più caro o che i soldi non basteranno. Quando vado a ballare con gli amici, immagino che tutte le ragazze avranno voglia di ballare con gli altri ma non con me. Non voglio neppure pensare al giorno in cui chiederò a una ragazza di sposarmi: sono sicuro che mi dirà di no!

Il congiuntivo e l'infinito nelle proposizioni dipendenti

If the subject of the dependent clause is different from that of the independent clause, the subjunctive is used. When the subject of both clauses is the same, **di** + *infinitive* is used instead of the subjunctive. The infinitive without **di** is used after verbs of wishing, such as **volere** and **preferire**. Compare:

SAME SUBJECT

Siete contenti **che capiscano.**
You are glad they understand.

Siete contenti di capire.
You are glad you understand.

Spero **che tu abbia ricevuto** una lettera ieri.
I hope you got a letter yesterday.

Spero **di avere ricevuto** una lettera ieri.
I hope I got a letter yesterday.

Credono **che io ricordi** tutto.
They think I remember everything.

Credono **di ricordare** tutto.
They think they remember everything.

Non vediamo l'ora **che lui parta.**
We are looking forward to his leaving.

Non vediamo l'ora **di partire.**
We're looking forward to leaving.

Vuole **che io smetta** di fumare.
He wants me to stop smoking.

Vuole **smettere** di fumare.
He wants to stop smoking.

ESERCIZI

a. *Scrivere ogni frase due volte cominciando coi verbi indicati. Fare i cambiamenti necessari.*

ESEMPI Hai poca pazienza. (credi, credo)
Credi di avere poca pazienza.
Credo che tu abbia poca pazienza.

È arrivata prima. (siete contenti, è contenta)
Siete contenti che lei sia arrivata prima.
È contenta di essere arrivata prima.

1. Ha mille lire in tasca. (spera, sperano)
2. Commettono un errore. (hai paura, hanno paura)
3. Ti ho dato quest'impressione. (mi dispiace, gli dispiace)
4. Ci ripensa prima di decidere. (vuole, voglio)
5. Non si sono resi conto del problema. (temono, temiamo)
6. Avete trovato la vostra strada. (non credo, non credete)
7. Finisci questo lavoro stasera. (preferisci, preferiamo)
8. L'abbiamo rivista in Italia. (siamo contenti, sei contento)

Verbi ed espressioni impersonali che reggono il congiuntivo[1]

A. The subjunctive is used in dependent clauses introduced by **che** after impersonal verbs and expressions that denote doubt, necessity, possibility, or emotion.

È importante che tu **sia** puntuale.
It's important that you be punctual.

È probabile che non **abbiano capito.**
It is probable they didn't understand.

È meglio che ve ne **andiate.**
It's better for you to leave.

Pare che **piova.**
It seems that it's raining.

---

[1] For a list of impersonal verbs and expressions that require the subjunctive in a dependent clause see the Appendix, p. 380.

B. All impersonal verbs and expressions are followed by a verb in the infinitive if that verb has no expressed subject. Compare:

EXPRESSED SUBJECT

È importante **che tu capisca.**
It's important for you to understand.

Non è possibile **che io vada** avanti così.
It's not possible for me to go on like this.

UNEXPRESSED SUBJECT

È importante **capire.**
It's important to understand.

Non è possibile **andare** avanti così.
It's not possibile to go on like this.

ESERCIZI

a. *Formare nuove frasi cominciando con le espressioni date fra parentesi.*

ESEMPIO Vediamo che il sole Le dà fastidio. (Sembra)
Sembra che il sole Le dia fastidio.

1. Riconosco che hanno ragione. (pare)
2. Voi affermate che è una macchina italiana. (è giusto)
3. Ti assicuro che le cose stanno così. (è possibile)
4. È vero che ha dimenticato il mio compleanno. (è strano)
5. Dicono che mangiano di più. (occorre)
6. Hanno scritto che vengono quest'estate. (bisogna)
7. Trovo che questo vestito non ti sta bene. (è un peccato)

b. *Riscrivere le seguenti frasi usando il soggetto fra parentesi.*

ESEMPIO È bene invitare anche gli zii. (tu)
È bene che tu inviti anche gli zii.

1. È meglio pensarci ora. (io)
2. È importante studiare le lingue straniere. (voi)
3. Non occorre mettersi il cappotto. (lui)
4. Bisogna sapere queste cose. (loro)
5. Basta chiedere a un vigile. (noi)
6. È ora di finirla! (Lei)
7. È difficile trovare una donna di servizio. (loro)
8. È inutile continuare a piangere. (tu)

c. *Oggi tutti parlano di cose da mangiare o da evitare, di cose che fanno bene, di cose che fanno male. Usare* **è bene che** *o* **è male che gli italiani** *con il verbo al congiuntivo.*

ESEMPIO bere latte scremato (*skim milk*)
È bene (è male) che gli italiani bevano latte scremato.

1. mettere zucchero nel caffè
2. mangiare pane con gli spaghetti
3. bere acqua minerale
4. usare margarina invece del burro
5. fare il pane in casa
6. variare la dieta

d.   **È giusto o no?** *Gli studenti devono fare molte cose: molte sembrano utili e necessarie, altre un po' meno. Esprimere un giudizio cominciando con* **è giusto che** *o* **non è giusto che** *e usando il congiuntivo presente.*

>   ESEMPIO   dare esami tre volte all'anno
>   **(Non) È giusto che diano esami tre volte all'anno.**

1. studiare durante il week-end
2. pagare le tasse
3. non fare troppe assenze
4. imparare una lingua straniera
5. avere un mese di vacanza a Natale
6. interessarsi di politica

e.   **Punti di vista...** *Esprimere un punto di vista cominciando con le espressioni* **so che, credo che, non credo che, dubito che, è vero che, è possibile che,** *ecc. e scegliendo l'indicativo o il congiuntivo.*

1. L'italiano è una lingua importante.
2. Gli italiani sanno vivere.
3. Gli italiani guidano come matti.
4. I giovani italiani ammirano l'America.
5. Le relazioni italo-americane sono buone.
6. I film italiani hanno successo in America.

f.   **Opinioni.** *Completare le frasi o rispondere alle domande usando il congiuntivo.*

1. Non credo che gli italiani...
2. Sono contento/contenta che i miei genitori...
3. È impossibile che...
4. È normale che il marito aiuti la moglie nelle faccende di casa?
5. È giusto che le persone fumino al cinema o nei locali pubblici?
6. È logico che un/a giovane non voglia abitare con i suoi genitori?

g.   **Secondo me.** *Completare le seguenti frasi usando o il congiuntivo o l'infinito, secondo i casi.*

1. Mi sembra logico che...
2. È una cosa normale che...
3. Non ci pare di...
4. Bisogna che...

Congiunzioni che reggono il congiuntivo

A. The following conjunctions introduce dependent clauses that require the subjunctive.

benché **sebbene** **quantunque**	*although*
affinché **perché**[1] **in modo che**	*in order that* *so that*

---

[1] **Perché** takes the indicative when it means *because.*

purché	
a patto che	provided that
a condizione che	

a meno che non[1]	unless
prima che	before
senza che	without
finché (non)[1]	until (referred to future time)

Vado in ufficio **sebbene** non ne **abbia voglia.**
I'm going to the office although I don't feel like it.

Ve lo ripeto **perché** ve lo **ricordiate.**
I'll repeat it to you so that you remember it.

Vengono **a patto che** io li **accompagni** a casa.
They'll come provided (that) I take them home.

Non può pagare **finché** non le **arrivi** l'assegno.
She can't pay until the check comes.

B. Prima di + *infinitive* and **senza** + *infinitive* are used when the subject of the main clause and the dependent clause are the same.

DIFFERENT SUBJECT	SAME SUBJECT
Perché non le telefoni **prima che** lei **parta?**	Perché non le telefoni **prima di partire?**
Why don't you call her before she leaves?	*Why don't you call her before leaving (before <u>you</u> leave)?*

ATTENZIONE! **dopo che** takes the indicative mood!

Telefoniamo **dopo che** tutti **sono usciti.**
We call after everyone has left.

ESERCIZI

a. *Riscrivere le seguenti frasi usando* **benché, purché** *o* **perché** + congiuntivo (*presente o passato*).

ESEMPI È ricco ma non è felice. **Benché sia ricco, non è felice.**
Vi aspettiamo se ritornate. **Vi aspettiamo purché ritorniate.**
Gli do il libro da leggere. **Gli do il libro perché lo legga.**

1. Nevica e fa freddo ma lui esce senza cappotto.
2. T'impresto gli appunti se me li restituisci prima di sabato.
3. Tu ce lo dici sempre, ma noi non ci crediamo.
4. Hanno mangiato molto ma hanno ancora fame.
5. Le do le cartoline da imbucare.
6. Stanno attenti in classe ma non imparano.

[1] The **non** has no negative meaning here.

7. Mi piace anche il tè ma preferisco bere caffè.
8. Il dottore è contento se ve ne state a letto due o tre giorni.
9. Gianni, vuoi venire al cinema?—Sì, ci vengo se pagate voi!
10. Gli date gli assegni da depositare.
11. Puoi uscire se hai finito di studiare.
12. L'ho vista molte volte ma non me la ricordo.
13. Mi danno le camicie da stirare.
14. Potete andare se non c'è nessun pericolo (*danger*).
15. Ti dà gli esami da correggere.
16. Vi do i dischi da ascoltare.
17. Le date una mela da mangiare.
18. Avete acceso la luce ma io non ci vedo.

b.   **L'eredità.** *Inserire* **benché, purché, perché, a meno che, finché non.**

La zia Ginevra ha detto che ti lascerà in eredità la sua villa al mare _____
tu non vada in Brasile. Ci puoi contare, _____ non cambi idea all'ultimo
momento. Te la lascia _____ tu ci porti Dino e Marcello. Ai bambini
fa bene il mare, _____ non prendano troppo sole. _____ il
lavoro in Brasile sia interessante, non dimenticare che qui a Torino ci sono i tuoi
amici. In Brasile sarai sola e triste. Non ci andare, _____ tu non preferisca
stare lontana da tutti noi. Del resto (*after all*) la zia Ginevra ha quasi cent'anni; puoi
bene aspettare _____ vada in paradiso!

c.   **Genitori e figli.** *I genitori lasciano Marco a casa da solo per il week-end. Completare
le istruzioni lasciate dai genitori di Marco.*

1. Aspetta a casa dei Borziani finché...
2. Stasera tu ed Elena potete andare alla festa a condizione che...
3. Non aprire la porta a nessuno a meno che...
4. Lascia la chiave a Giuliana affinché...
5. Non dimenticarti di spegnere la televisione prima...
6. Domenica pomeriggio puoi invitare i tuoi amici a casa a patto che...
7. Telefona alla nonna perché...
8. Metti in ordine la tua camera dopo che...

III. Altri usi del congiuntivo

A. The subjunctive is used in dependent clauses introduced by the following indefinite forms
ending in **-unque** (*-ever*).

chiunque	*whoever*
qualunque	*any, whatever, whichever (adjective)*
qualunque cosa	*whatever (pronoun)*
comunque, in qualunque modo	*however, no matter how*
dovunque	*wherever*

Qualunque decisione prendiate, non importa.
Whatever decision you make, it doesn't matter.

Ti troverò **dovunque** tu vada.
I'll find you wherever you go.

B. The subjunctive is often found in relative clauses that follow . . .

1. **il più** + *adjective*   *the most (. . . est)*
   il meno + *adjective*   *the least*

   Sei la ragazza **più bella** che ci **sia.**
   You're the nicest girl there is.

2. **il solo**   *the only*
   il primo   *the first*
   l'ultimo   *the last*

   Sono **il primo** che si **sia laureato** nella mia famiglia.
   I am the first one to have graduated in my family.

3. A negative expression.

   Non conosco **nessuno** che **abbia** tanta pazienza.
   I don't know anyone who has so much patience.

4. An indefinite expression.

   un (uno, una)   *a*
   qualcuno   *someone*
   qualcosa   *something*

   Cerchiamo **una** stanza che **sia** in centro.
   We are looking for a room that is downtown.

C. With verbs like **non capire, non sapere, chieder(si), domandar(si)** the subjunctive can be used to emphasize doubt in indirect interrogative clauses.

Non so chi **sia!**   **Non capisco** come **faccia.**
I don't know who he is.   *I don't understand how he can do it.*

ESERCIZI _____

a.   *Completare le seguenti frasi usando il congiuntivo.*

      ESEMPIO Conosco un ristorante che è aperto dopo mezzanotte.
                Cerco un ristorante che **sia aperto dopo mezzanotte.**

     1. Conosco un professore che parla sette lingue.
        Non conosco nessun professore che...
     2. C'è qualcosa che potete fare.
        Non c'è niente che...

3. Sono gli esempi che ho usato.
   Sono i soli esempi che...
4. È il dottore che conosco.
   È il più bravo dottore che...
5. Che cosa ti succede?
   Non capisco che cosa...
6. È lo studente che ha avuto l'influenza.
   È il solo studente che...
7. Quelli che vogliono possono vedere gli esami.
   Chiunque...
8. Che ora è?
   Non so che...
9. Dove sono andati?
   Mi domando dove...
10. Hanno un collega che non fuma.
    Preferiscono un collega che...
11. Ci piacciono gli insegnanti che hanno molta pazienza.
    Cerchiamo insegnanti che...
12. Mario trova un libro che gli piace.
    Mario cerca un libro che...
13. Ecco un romanzo che è facile e divertente.
    Vuole un romanzo che...
14. Ho comprato un cappotto che mi tiene caldo.
    Ho bisogno di un cappotto che...
15. Hanno una segretaria che sa il tedesco e il francese.
    Cercano una segretaria che...

Ci vediamo al caffe?

L E T T U R A

VOCABOLARIO UTILE

la maniera   manner
il pensiero   thought, worry;
   essere (stare) in pensiero per   to
   worry about

libero   free

aggiungere (*pp* **aggiunto**; *pr*
   aggiunsi)   to add
*__arrossire__   to blush
confondere (*pp* **confuso**; *pr* **confusi**)
   to confuse;
   confondersi   to get confused
convincere (*pp* **convinto**; *pr* **convinsi**)
   to convince
dare ragione (a qualcuno)   to concede that someone is right
fare piacere a   to give pleasure to, to
   please

la premura   haste, hurry; concern
la sorveglianza   watching over,
   surveillance
la veduta   view;
   di larghe vedute   broad-minded

interrompere (*pp* **interrotto**; *pr* **interruppi**)   to interrupt
pesare   to weigh
preoccuparsi (di *o* **per)**   to worry
   (about)
rimproverare   to blame, reproach
scegliere (*pp* **scelto**; *pr* **scelsi**)   to
   choose
sorvegliare   to watch over
stringere (*pp* **stretto**; *pr* **strinsi**)   to
   tighten up, to grasp;
   stringere la mano a   to shake
   hands with

PRIMA DI LEGGERE

Padre e figlia è tratto dal romanzo *Monte Mario* di Carlo Cassola. Il libro è uscito nel 1973, cioè nel periodo storico che in Italia va sotto il nome di *contestazione*. Molti, e soprattutto i giovani, avevano adottato un atteggiamento di protesta e di critica contro tutto e tutti: lo stato, la scuola, la famiglia, l'ipocrisia del moralisti, la condizione di dipendenza delle donne.

La scena ha luogo in un caffè di Roma dove si incontrano il signor Raicevic, la figlia Elena e il capitano Varallo. Elena è andata via di casa senza dir niente a nessuno e ora sta in casa di un amico, il capitano Varallo. È stato il capitano a fissare l'appuntamento al caffè col signor Raicevic.

In gruppi di tre o quattro studenti discutete la situazione del racconto. Ecco alcune domande utili.

1. Che tipo pensate che sia Elena? Quanti anni avrà?
2. Perché sarà andata via di casa?
3. Perché non avrà detto niente a nessuno?
4. Come immaginate che sia il padre di Elena?
5. Chi sarà Varallo? Quanti anni avrà? Quali ragioni pensate possa aver avuto Elena per andare da lui?

6. Perché Varallo avrà fissato l'appuntamento al caffè con il signor Raicevic?
7. Provate ad immaginare di che cosa abbiano parlato.

Padre e figlia

Il signor Raicevic era seduto in fondo°. Stava leggendo il giornale.

Ci fu un momento d'imbarazzo, da una parte e dall'altra: poi padre e figlia si abbracciarono. Il capitano a sua volta strinse la mano al signor Raicevic.

5 «Prendete anche voi un caffè?» disse questi°. «Hai fatto colazione?» domandò premuroso° alla figlia.

«No, ma non mi ci va niente°. Prendo anch'io un caffè».

«Prendi un cappuccino». Elena alla fine si lasciò convincere°. Richiamò indietro il cameriere per dirgli di metterci un velo° di polvere 10 di cacao.

«È una bella giornata» cominciò il signor Raicevic. «Sembra che la primavera sia arrivata davvero».

«Oh, non c'è da farsi illusioni» disse il capitano. «Il tempo è matto».

«Già°, è troppo caldo... È un brutto segno quando la stagione 15 è così».

Bruscamente Elena li interruppe:

«Mi avete fatto venir qui per parlare del tempo?»

Il padre si confuse:

«Volevo aspettare che ti fossi rifocillata°...»

20 «Se sono di troppo°, me ne vado» disse pronto il capitano.

«Non essere stupido. Rimettiti seduto°» gl'impose Elena. «Non ci sono mica segreti tra noi. C'è che m'è venuto a noia stare a casa: mi sembra anche logico, per una ragazza che ha ventisei anni compiuti°...»

«Certo, certo» si affrettò a darle ragione il padre. «Ne abbiamo 25 parlato altre volte, e io, non credo d'essermi mai opposto°... Mi sembra di essere di larghe vedute».

«Lascia stare i paroloni» disse Elena. Era arrossita di colpo°, come le succedeva spesso. «Tu dici di aver fiducia nel mio giudizio, ma basta che stia tre giorni lontano perché ti allarmi...»

30 «Io... sono rimasto sconcertato dalla maniera... Me lo avessi detto che avevi intenzione di andartene; mi avessi almeno lasciato due righe° per dirmi dov'eri andata...»

«È questo che non posso sopportare» proruppe° Elena. «Questa sorveglianza. Anche quando sono fuori Roma, ho l'impressione che tu 35 mi stia sempre con gli occhi addosso°...»

«Elena, tu sei mia figlia, è logico che stia in pensiero per te. È un pensiero che non mi abbandona mai, nemmeno quando sei a casa... Mi preoccupo del tuo avvenire°, ecco tutto. Ho paura che tu sia scontenta. Che non abbia ancora trovato la tua strada...»

Glosses (right margin):

- **in:** *in the back*
- *the latter (i.e., the father)*
- *with concern*
- **non:** *I don't feel like eating at all*
- **si:** *eventually gave in*
- *sprinkling*
- *Sure*
- **che:** *until you had eaten something*
- **Se:** *I'm not wanted*
- **Rimettiti:** *Sit back down*
- **che:** *was 26 on her last birthday*
- **d'essermi:** *I have ever been opposed*
- **di:** *suddenly*
- **due:** *a short note*
- *burst out*
- **con:** *with your eyes on me*
- **futuro**

«Sempre paroloni» disse Elena infastidita. S'interruppe per l'arrivo
del caffè e del cappuccino, bevve una sorsata°, accese una sigaretta: si
vedeva che riusciva a stento° a dominare il nervosismo. «La mia strada,
come la chiami tu, devo trovarla da me. E quanto più mi sentirò libera
nella scelta, tanto più° potrò scegliere la strada giusta... Oh, ma basta
con questa frase ridicola» e si sforzò di ridere.

bevve: *took a drink*
a: con difficoltà

quanto... tanto: *the
more ... the more*

«Mi dispiace di averti dato quest'impressione, che ti voglia sorvegliare da lontano... Tu sei libera, io ho inteso° sempre lasciarti libera...»

ho: *I've meant*

«Già, ma ti preoccupi per me. Hai paura che commetta un passo
falso... Hai paura che vada a letto con l'uomo sbagliato: perché è di
questo che si tratta... È tutta lì la tua paura» aggiunse con una smorfia°
di disprezzo.

expression

Il capitano parteggiava per° il padre: ma si guardava bene dal farlo
vedere°. Gli pareva però poco abile: «Dovrebbe conoscerla. Dovrebbe
sapere quali sono le cose che la fanno scattare°...».

parteggiava: *sided with*
si: *took care not to show
it*
la: *get her angry*
fece (*from* commet-
tere)

A un certo punto il padre commise° uno sbaglio grosso. Disse:
«Non puoi negare che sono di larghe vedute. Ieri, per esempio: quando
ho saputo che eri in casa del...» temette di sbagliarsi sul grado «di Varallo; ammetterai che non è una cosa normale che una ragazza si faccia
ospitare° da un giovanotto; ma è tale la mia fiducia in te, è tale la stima
che ho del nostro amico...».

si: *asks to be put up*

«Lo vedi che stai lì a pesare ogni cosa che faccio? Se proprio lo
vuoi sapere, non me ne importa un bel nulla di quel che pensi. Pensa
pure il peggio, se ti fa piacere. Ma sì, pensa che sono diventata la sua
amante...»

«Elena, perché devi dire queste cose?» intervenne il capitano.
«Tuo padre lo sa benissimo che rapporti ci sono tra noi...»

«Tu non ci mettere il becco°, per favore. Anzi, fai una cosa, vai ad
aspettarmi fuori».

non: *don't interfere*

Questa volta fu il padre a trattenerlo; gli disse che doveva assolutamente rimanere.

«Allora me ne andrò io. Ma sì, basta, finiamola. Queste spiegazioni, mi fanno venire il vomito°... Ecco, mi è già andata a traverso la
giornata°. Ma poi, io, non devo spiegar niente a nessuno. Avanti, andia-
mocene» disse a Varallo.

mi: *nauseate me*
mi: *my day has been
ruined*

«Bevi almeno il cappuccino» fece lui.

«Non ti ho detto che m'è venuta l'agitazione di stomaco°? Non
potrei mandar giù° niente».

m'è: *I have an upset
stomach*
mandar: *swallow*

«Elena» cominciò il padre: ma lei gli aveva già voltato le spalle. Il
capitano rimase incerto, ma il padre gli fece segno di seguirla. «Mi raccomando a lei°» disse stringendogli il braccio.

Mi: *I'm depending on
you*
mettendosi: *coming to
attention*

«Non dubiti, signor Raicevic» rispose mettendosi sull'attenti°.

Carlo Cassola, *Monte Mario*

COMPRENSIONE

1. Sono a loro agio i tre personaggi all'inizio della storia?
2. Di che cosa parlano il signor Raicevic e il capitano?
3. Chi cambia il discorso?
4. Che cosa rimprovera il padre alla figlia?
5. Che cosa rimprovera la figlia al padre?
6. Come si comporta il signor Raicevic durante la discussione?
7. Di che cosa si preoccupa?
8. Vi sembra che Elena sia obiettiva nelle sue opinioni? Cerca di capire suo padre? Secondo voi, chi ha ragione o torto?
9. Che tipo di rapporto pensate che ci sia tra Elena e Varallo?
10. Secondo Elena, di che cosa ha veramente paura suo padre? Perché?

Studio di parole

confidence

fiducia
confidence, trust, faith, reliance

È un uomo che non ispira fiducia.
He's a man who doesn't inspire any confidence.

avere fiducia in, fidarsi di
to trust

Ho fiducia nel (mi fido del) mio amico.
I trust my friend.

confidenza
something that is confided; a secret

Ti posso fare una confidenza?
May I confide in you?

Te lo dico in confidenza.
I'm telling it to you in confidence.

sign

segno
sign, indication, gesture, motion

È un brutto segno quando i bambini perdono l'appetito.
It's a bad sign when children lose their appetite.

fare segno
to motion

Mi hanno fatto segno di seguirli.
They motioned to me to follow them.

cartello
written or printed sign

Perché non metti un cartello sulla tua porta?
Why don't you put a sign on your door?

segnale (*m*)
conventional sign giving warning or instruction, signal, message

Tu capisci tutti i segnali stradali?
Do you understand all the road signs?

insegna
sign for stores or public places

Vi piace l'insegna di quel bar?
Do you like that bar's sign?

to be about

trattare di
to be about (subject is expressed)

Il film tratta delle avventure di due
  giovani.
*The film is about the adventures of two
  young people.*

stare per + *infinitive*
to be about to

Stavamo per mangiare quando sono
  arrivati.
We were about to eat when they came.

trattarsi di
to be a question, a matter of (impersonal
  subject)

Il dottore ha detto che si tratta di una
  cosa grave.
The doctor said it is a serious matter.

about

circa
about, approximately
Used with a numeral or expression of
  quantity.

Ho circa trenta dollari.
I've got about thirty dollars.

di, su, a proposito di, riguardo a
*about, concerning, regarding, on the
  subject of*

Chi ha letto quest'articolo sul disarmo?
*Who has read this article on disarma-
  ment?*

A proposito della festa, che cosa ti
  metti tu?
*Speaking of the party, what are you
  going to wear?*

verso
about, around
Used with the time of day except when
  verb is a form of **essere.**

Sono venuti verso le otto.
They came at about eight.

But: Sono circa le otto
It's around (about) eight.

PRATICA

a. *Scegliere la parola o l'espressione che completa meglio la frase.*

1. I genitori dovrebbero aver _____ nel giudizio dei figli.
2. Una luce rossa è un _____ di pericolo.
3. Non devi dirlo a nessuno: è una _____!
4. Gli ho chiesto: «Vieni?» e lui mi ha fatto _____ d'aspettare.

5. Hanno messo un _____ sulla porta. Dice: «Lezioni d'italiano. Venticinque dollari all'ora».
6. Non dovete preoccuparvi: è chiaro che _____ di uno scherzo.
7. Ti dà fastidio l' _____ al neon di quel negozio?
8. Sai di che cosa _____ l'ultimo film di Woody Allen?
9. Carla fuma _____ venti sigarette al giorno.
10. Vorrei chiederti delle informazioni _____ gli alberghi di Venezia.

b. **Una cena per il direttore.** *Scegliere la parola o l'espressione che completa meglio la frase.*

Il direttore avrà _____ sessantacinque anni, ormai è _____ la fine della sua carriera. Ieri, alla cena in suo onore, ha parlato _____ fiducia che ha sempre avuto nei suoi collaboratori. A noi ha fatto piacere, eravamo tutti contenti. Quando _____ finire il discorso, Mario, che gli stava dietro, ha alzato un _____ che diceva: «Battete le mani fino a quando torno con il regalo». Poi è sparito ed è ritornato con un pacchetto piccolo piccolo. Brutto segno, ho pensato. Mario mi aveva detto in _____ di aver speso poco ed ero un po' preoccupato. Ma mi sbagliavo. _____ di un bell'orologio d'oro. È _____ che abbiamo tutti contribuito generosamente.

c. *Domande per Lei.*

1. In quali categorie di persone non ha fiducia Lei?
2. A chi ama fare confidenze?
3. Sotto quale segno è nato/a?[1] Quali sono le caratteristiche delle persone nate sotto il Suo segno?
4. Quali scelte vorrebbe essere libero/a di fare Lei?
5. Secondo Lei, come avrebbe reagito la madre di Elena al comportamento della figlia?

TEMI PER COMPONIMENTO O DISCUSSIONE

1. Dove finisce l'autorità dei genitori? Dove comincia la libertà dei figli?
2. I giovani hanno bisogno di staccarsi dalla famiglia e di vivere la propria vita. Che cosa significa in pratica?
3. In America i giovani vanno via di casa molto presto, o per continuare gli studi o perché hanno un lavoro. Quali sono i vantaggi? Quali sono le difficoltà? Spiegatelo ai ragazzi italiani.
4. Qualche volta anche i giovani americani abitano, o tornano ad abitare, con i genitori. Perché? Che cosa si aspettano da papà e mamma? Che cosa danno in cambio?

---

[1] The names of the signs are **Ariete** (*m*), **Toro, Gemelli, Cancro, Leone, Vergine** (*f*), **Bilancia, Scorpione** (*m*), **Sagittario, Capricorno, Acquario, Pesci.**

PER COMUNICARE

Che decisione prendere? Sembra che Sabina abbia intenzione di lasciare la scuola e andare a lavorare in Australia. Gli amici offrono opinioni e commenti.

—Devi capire che il diploma al giorno d'oggi (*nowadays*) è necessario!

—Cerca di non fare sciocchezze. Ho paura che ti pentirai presto.

—Ammetti che quel lavoro in Australia non ti offre nessuna garanzia.

—Come ti viene in mente di prendere una decisione del genere?

—Più che per te, io mi preoccupo per tua madre.

—Possiamo fare qualcosa per aiutarti a finire la scuola? Puoi contare su di noi.
  Sabina si lascia convincere e rimanda la partenza a dopo gli esami. Gli amici non si preoccupano più.

—Ha cambiato idea. Meno male!

—Ringraziamo il cielo!

—Ora possiamo stare tranquilli.

Convincere

È vero che... ma dovresti/potresti...	*It's true that . . . but you should/could . . .*
Devi riconoscere che...	*You must acknowledge that . . .*
Devi capire che...	*You must understand that . . .*
Devi ammettere che...	*You must admit that . . .*
	How can you think that . . . ?
Come puoi pensare che...?	*What makes you think that . . . ?*
Come ti viene in mente di...?	*How can it cross your mind to . . . ?*

Esprimere preoccupazione

Mi preoccupo per te/loro.
Ho paura che tu...
Ho paura di...
Temo che sia sbagliato...   *I'm afraid it's wrong to . . .*

Esprimere sollievo

Meno male!	*Thank God!*
Ringraziamo il cielo!	
Finalmente!	*At last!*
Meglio così!	*So much the better!*
Oh, che bellezza!	*How nice!*
Per fortuna che...	*Luckily . . .*

Offrire aiuto

Ti posso aiutare?
Cosa posso fare per aiutarti?
Vuoi che vada/faccia/compri...
C'è niente che posso fare per te?
Puoi contare su di me.   *You can count on me.*

CHE COSA DICE?

1. Un Suo amico/Una Sua amica è in gravi difficoltà finanziarie. Lei è ricco/a.
2. Un amico Le propone di interrompere gli studi e di andare con lui ad iniziare un'azienda agricola in Cile. Lei non è sicuro che l'avventura finisca a Suo vantaggio.
3. Un amico di Suo padre Le offre di passare le vacanze lavorando nella sua ditta di trasporti internazionali. Che cosa Le dice per convincerLa?
4. Lei è all'aeroporto da tanto tempo. L'aereo su cui viaggiano i Suoi genitori ha moltissimo ritardo e non si capisce perché. Dopo ore di attesa Lei legge sullo schermo televisivo che l'aereo è atterrato.

SITUAZIONI

1. Suo fratello non va d'accordo con la moglie, vuole lasciarla e andare a vivere con un'altra donna. Lei pensa che le conseguenze saranno disastrose e cerca di fargli cambiare idea.
2. Suo padre è medico e vuole convincerLa a laurearsi in medicina e ad andare a lavorare nel suo studio. Lei è molto preoccupato/a perché si diverte con i computer e vuole specializzarsi nel campo dell'informatica. Che cosa dice Suo padre? Che cosa dice Lei?
3. La Sua amica Gioia è in crisi. Le spiega che deve ancora finire una relazione per domani e non farà in tempo a inserirla nel computer. Lei?

CAPITOLO
9

Per cominciare

Scherzavo. Serena e Silvano stanno pensando di comprare una macchina nuova, ma quella che piace a Silvano costa troppo e Serena ha qualcosa da dire in proposito.

SILVANO: Magari potessimo permetterci una macchina così! E se chiedessimo un prestito? Non so quale sia il tasso d'interesse.

SERENA: Credevo che fossi una persona ragionevole! Quella è una macchina da milionari!

SILVANO: Ma senti com'è bella! Il dépliant dice che ha il volante regolabile in altezza, apertura delle porte con telecomando, iniezione elettronica e sospensioni computerizzate. Gli interni sono firmati da uno stilista famoso e la carrozzeria è garantita per dieci anni contro la corrosione atmosferica—e poi ti assicuro che il turbodiesel ha dato prestazioni globali eccellenti.

SERENA: Ne parli come se fosse già tua. E quanti chilometri fa con un litro di benzina?

SILVANO: Dieci o undici. Non si può dire che consumi poco. Bisognerebbe che mi aumentassero lo stipendio...

SERENA: Che ti stia tornando la ragione? Con tutti gli anni che hai passato a studiare credevo che avessi imparato a fare i conti!

SILVANO: Ma dài! Scherzavo. Davvero pensavi che dicessi sul serio?

VOCABOLARIO UTILE

L'automobile

Sostantivi

il bagagliaio trunk
la carrozzeria (auto) body
la corsia lane
il cruscotto dashboard
il danno damage
il dépliant brochure
i fari headlights
il freno brake
l'incidente accident
l'interno interior, inside part

il limite di velocità speed limit
il mezzo di trasporto means of transportation
il motore engine
la multa/contravvenzione (traffic) ticket
il parabrezza windshield
la prestazione performance
il serbatoio tank
il tergicristallo windshield wiper

Verbi

frenare to brake, come to a stop
riparare to fix
scontrare to hit, collide

Aggettivi

affidabile reliable
prestigioso prestigious

Espressioni

chiedere un prestito   to apply for a loan
fare i conti   to reckon, add up; to balance a budget
fare il pieno   to fill up
mettere in moto   to start

ESERCIZI

a.   *Rispondere alle domande seguenti.*

1. Cosa potrebbe fare Silvano per comprare la macchina che gli piace?
2. Cosa pensa Serena? È d'accordo? Perché?
3. Si tratta di una macchina raccomandabile sotto tutti i punti di vista? Perché?
4. Che cosa fa cambiare idea a Silvano? Che effetto ha una macchina così sul bilancio (*budget*) familiare?

b.   *Inserire le parole o espressioni che meglio completano la frase.*

1. Ero sull'autostrada, pioveva e il _____ non funzionava.
2. All'improvviso si sono accese due luci rosse del _____ e io mi sono preoccupato.
3. Tutte le altre macchine viaggiavano ben al di sopra del _____ .
4. Mi sono fermato alla prima stazione di servizio dove un bravo meccanico _____ dei contatti difettosi.
5. Dato che nel _____ non c'era più tanta benzina ho anche _____
6. Ero quasi arrivato a destinazione quando c'è stato un _____ terribile.
7. Per fortuna io sono riuscito a cambiare velocemente _____ e non sono stato coinvolto.
8. Sono molto soddisfatto della mia Alfa Romeo, è veramente una macchina _____ .

S T R U T T U R A

I. Congiuntivo imperfetto e trapassato

A. The **congiuntivo imperfetto** (*imperfect subjunctive*) is formed by adding the characteristic vowel for the conjugation plus the appropriate endings to the stem. The endings are the same for all three conjugations: **-ssi, -ssi, -sse, -ssimo, -ste, -ssero.**

	amare	credere	finire
che io	amassi	credessi	finissi
che tu	amassi	credessi	finissi
che (lui/lei)	amasse	credesse	finisse
che (noi)	amassimo	credessimo	finissimo
che (voi)	amaste	credeste	finiste
che (loro)	amassero	credessero	finissero

1. Very few verbs are irregular in the imperfect subjunctive. The most common are shown below.

	essere	dare	stare
che io	fossi	dessi	stessi
che tu	fossi	dessi	stessi
che (lui/lei)	fosse	desse	stesse
che (noi)	fossimo	dessimo	stessimo
che (voi)	foste	deste	steste
che (loro)	fossero	dessero	stessero

2. Verbs that use the Latin stem to form the **indicativo imperfetto** also use the same stem in the **congiuntivo imperfetto.**

	bere (bevevo)	dire (dicevo)	fare (facevo)	tradurre (traducevo)
che io	bevessi	dicessi	facessi	traducessi
che tu	bevessi	dicessi	facessi	traducessi
che (lui/lei)	bevesse	dicesse	facesse	traducesse
che (noi)	bevessimo	dicessimo	facessimo	traducessimo
che (voi)	beveste	diceste	faceste	traduceste
che (loro)	bevessero	dicessero	facessero	traducessero

B. The **congiuntivo trapassato** (*past perfect subjunctive*) is formed with the imperfect subjunctive of **avere** or **essere** plus the past participle of the verb.

Verbs Conjugated with *avere*			Verbs Conjugated with *essere*		
che io	avessi	amato	che io	fossi	partito/a
che tu	avessi	amato	che tu	fossi	partito/a
che (lui/lei)	avesse	amato	che (lui/lei)	fosse	partito/a
che (noi)	avessimo	amato	che (noi)	fossimo	partiti/e
che (voi)	aveste	amato	che (voi)	foste	partiti/e
che (loro)	avessero	amato	che (loro)	fossero	partiti/e

Uso del congiuntivo imperfetto e trapassato

A. The imperfect and past perfect subjunctive are used in the very same cases in which the present and past subjunctive are used. (See Chapter 8, pp. 191–192.)

B. Remember that the tense of the subjunctive used in the dependent clause is determined by the time relationship between the actions of the two clauses. If the action of the dependent clause:

1. takes place in the immediate future or at about the same time as the action of the independent clause $\xrightarrow{\text{use}}$ IMPERFECT SUBJUNCTIVE

2. took place before the action of the independent clause $\xrightarrow{\text{use}}$ PAST PERFECT SUBJUNCTIVE

Temevo che **avesse** un incidente.
I was afraid he might have an accident.

Non volevo che lui **comprasse** una macchina veloce.
I did not want him to buy a fast car.

CONCURRENT ACTION

Temevo che lui **avesse avuto** un incidente.
I was afraid that he might have had an accident.

Speravo che lui non **avesse comprato** una macchina veloce.
I was hoping that he did not buy a fast car.

PAST ACTION

The imperfect and past perfect subjunctive are also used if the main clause contains a verb in the conditional that indicates will (**volere**), desire (**desiderare**), or preference (**preferire**).

Vorrei che lui finisse l'università.   *I would like for him to finish college.*

Preferirei che lui avesse finito l'università.   *I would prefer he had finished college.*

Avrei preferito che lui avesse finito l'università.   *I would have preferred he had finished college.*

Il congiuntivo usato da solo

The subjunctive tenses can also be used in independent clauses to express:

A. A deeply felt wish that something should come about. The present subjunctive is used in this case.

Che Dio ti benedica!   Dio vi accompagni!
God bless you!   *God be with you!*

B. A wish or a desire the fulfillment of which seems unlikely, or a regret that something did not happen in the past. **Oh, almeno, magari,** and **se** often introduce such expressions, followed by the imperfect or the past perfect subjunctive.

Fosse vero!   Se avesse fatto ingegneria!
I wish it were true!   *If only he/she had graduated in engineering.*

C. A sense of doubt or an assumption (*Is it possible that . . . ?*, *Do you suppose that . . . ?*). This expression is often introduced by **che.**

Che l'abbiano già saputo?   Che fosse innamorato di me?
Do you suppose they've already found out?   *Is it possible that he was in love with me?*

ESERCIZI

a.   **Ricordi?** *Francesca e Mariella stanno pensando a quando facevano le elementari. Trasformare le frasi al passato, usando l'imperfetto del congiuntivo.*

> **ESEMPIO**   Non mi piace che tu legga il mio diario.
>   **Non mi piaceva che tu leggessi il mio diario.**

1. Ogni giorno tu e Gina temete che la maestra vi interroghi.
2. È raro che succeda qualcosa di entusiasmante a scuola.
3. Agli zii sembra che Luigi dica un sacco di bugie.
4. Quando andiamo a dormire ho paura che venga il lupo mannaro (*boogeyman*).
5. Mi pare che tu sia molto più grande di me.
6. Di sera vuoi che la mamma ti venga a dare il bacio della buona notte.
7. Speriamo che il babbo ci racconti le favole.
8. Tu non sai bene che lavoro fa papà.

b.   **A vent'anni...** *La nonna Piera racconta di quando lo zio Giovanni andò via di casa per una settimana. Trasformare le frasi al passato, usando la forma corretta del trapassato del congiuntivo.*

> **ESEMPIO**   Giovanni è l'unico figlio che abbia mai fatto una cosa simile.
>   **Giovanni era l'unico figlio che avesse mai fatto una cosa simile.**

1. Tutti credono che gli sia accaduto qualcosa.
2. Nessuno sa che cosa sia andato storto (*to go wrong*).
3. Noi non sappiamo dove sia andato.
4. È probabile che Giovanni non abbia voluto telefonare di proposito (*on purpose*).
5. Sembra che noi non abbiamo capito l'intera situazione.
6. Alla fine a lui è dispiaciuto che siamo stati in pensiero.
7. Dubitiamo che voi vi siate accorti di nulla.

c.   **Occasioni mancate.** *Immagini di parlare con un/a compagno/a delle occasioni mancate della sua vita. Usare le espressioni* **oh, magari, almeno,** *and* **se.**

> **ESEMPIO**   io / studiare storia dell'arte a Firenze
>   **Almeno avessi studiato storia dell'arte a Firenze!**

1. miei genitori / darmi più libertà
2. il mio fidanzato / comprare quell'appartamento in via Tassoni
3. io e Luca / andare a lavorare all'estero
4. tu / vincere tanti soldi alla Lotteria di Capodanno
5. mamma / permetterci di uscire la sera
6. voi / dare un tale dispiacere al nonno Tino

d. **Vita d'ufficio.** *Il vostro capo è stato chiamato d'urgenza nell'ufficio del presidente. Cercate di immaginare con i vostri colleghi che cosa sia potuto accadere. Inventare delle frasi usando le espressioni seguenti o altre espressioni da voi scelte.*

ESEMPIO   licenziare qualcuno
Che abbiano in mente di licenziare qualcuno?

1. dare il permesso di uscire un'ora prima
2. dare le dimissioni
3. andare in pensione
4. aumentare lo stipendio
5. organizzare uno sciopero
6. diminuire la produzione
7. esserci un errore nel bilancio
8. accorgersi dell'assenza di Mario

e. **Vita in famiglia.** *Formare un'unica frase usando* **di** + *infinito o* **che** + *congiuntivo, secondo il senso.*

ESEMPI   Marina era contenta. Usciva con Leo.
Marina era contenta di uscire con Leo.
Marina era contenta. I suoi la lasciavano uscire con Leo.
Marina era contenta che i suoi la lasciassero uscire con Leo.

1. Il padre aveva paura. La figlia aveva fatto amicizia con le persone sbagliate.
2. Il padre aveva paura. Aveva commesso un errore.
3. A Elena dava fastidio. I genitori la sorvegliavano.
4. Ai genitori dava fastidio. Non sapevano dov'era la figlia.
5. Ci dispiaceva molto. Non ricordavamo il nome della madre di Leo.
6. Simona era preoccupata. Il marito non era tornato.
7. Lui era sorpreso. Era arrivato con tanto ritardo.
8. Alla bambina faceva piacere. Il papà le aveva portato un regalo.

II. Concordanza dei tempi nel congiuntivo

A. The following chart shows the sequence of tenses when the verb in the independent clause is in the *present, future,* or *imperative.*

Independent Clause	Dependent Clause	
Presente **Futuro** **Imperativo**	Concurrent action Past action	**Congiuntivo presente** **Congiuntivo passato**

Dubito che **capiscano.**
I doubt they understand.

Dubito che **abbiano capito.**
I doubt they (have) understood.

Siamo contenti che **vengano.**
We're glad they are coming.

Siate contenti che **siano venuti!**
Be glad that they came!

Credete che **piova** domani?
Do you think it will rain tomorrow?

Non crederete che Mario **si sia divertito.**
You won't believe Mario has had a good time.

Contrary to the above sequence, the *imperfect subjunctive* is used in the dependent clause when the verb reports a habitual action in the past or a past condition or state of being. A test of this usage is that the **imperfetto** would be used if the clause were independent.

Pare che gli antichi **morissero** giovani. (Gli antichi **morivano** giovani.)
It seems that the ancients died young.

Crediamo che lui **fosse** stanco quel giorno. (Lui **era** stanco quel giorno.)
We think that he was tired that day.

B. The following chart shows the sequence of tenses when the verb in the independent clause is in any *past tense* or in the *conditional*.

Independent Clause	Dependent Clause	
Imperfetto Passato prossimo Passato remoto Trapassato Condizionale presente Condizionale passato	Concurrent action Past action	**Congiuntivo imperfetto** **Congiuntivo trapassato**

Dubitavo che **ascoltassero.**
I doubted they were listening.

Dubitavo che **avessero ascoltato.**
I doubted they had listened.

Preferiremmo che tu **venissi** ora.
We would prefer that you come now.

Avremmo preferito che tu **fossi venuto** ieri.
We would have preferred that you had come yesterday.

After **come se** (*as if*) the *imperfect* and *past perfect* subjunctive are used, no matter what the tense is in the independent clause.

Gli volevamo bene come se **fosse** nostro figlio.
We loved him as if he were our own son.

Voi parlate come se **aveste capito** tutto.
You talk as if you had understood everything.

C. The following examples illustrate the sequence of tenses in the subjunctive.

Credi che
{
Gianni lavori all'IBM?
Gianni abbia lavorato all'IBM?
Gianni lavorasse all'IBM quando preparava la tesi?

Credevi che
{
Gianni lavorasse all'IBM?
Gianni avesse lavorato all'IBM?

Ti pago il cinema
{
purché tu finisca i compiti.
purché tu abbia finito i compiti.

Gli pagavo il cinema
{
purché finisse i compiti.
purché avesse finito i compiti.

D. Remember that the future of the past is always expressed with the past conditional (see p. 173).

Credevi che dopo la laurea Gianni **avrebbe lavorato** all'IBM?
Did you believe that after graduating Gianni would work for IBM?

ESERCIZI

a. *Completare le seguenti frasi con la forma corretta del congiuntivo.*

> **ESEMPIO** Spero che il direttore accetti la mia proposta. Speravo che...
> **Speravo che il direttore accettasse la mia proposta.**

1. Ci aiuta senza che noi glielo chiediamo.
   Ci aiutò senza che...
2. Non sapevo che cosa fosse successo.
   Non so che cosa...
3. È inutile che voi mi scriviate.
   Sarebbe inutile che...
4. Spero che Lei passi un felice Natale.
   Speravo che...
5. Bastava un esempio perché io potessi capire.
   Basta un esempio perché...
6. Fece tutto senza che ce ne accorgessimo.
   Fa tutto senza che...
7. Lui insiste perché lei gli dia un appuntamento.
   Lui aveva insistito perché...
8. Lo mandarono in America per un anno perché vedesse il mondo e imparasse l'inglese.
   Lo mandano in America per un anno perché...
9. Chi avrebbe pensato che fosse lei la madre?
   Chi penserà...?
10. Temevano che nevicasse durante la notte.
    Temono...

b. *Completare le seguenti frasi con la forma corretta del verbo dato fra parentesi.*

> **ESEMPIO** Sentivo dei rumori strani. Avevo l'impressione che la macchina non (funzionare) **funzionasse** regolarmente.

1. Cominciarono a ridere prima che io (parlare) _____ .
2. Cominceranno a ridere prima che io (parlare) _____ .
3. Occorre che tu (lasciare) _____ la macchina in un parcheggio e (prendere) _____ l'autobus.
4. Sarebbe necessario che anche voi (venire) _____ alla riunione.
5. Sebbene loro non (fare) _____ mai attenzione, imparano molto.
6. Vi do il permesso di uscire purché (ritornare) _____ prima di mezzanotte.
7. Parlò forte perché tutti (potere) _____ capire.

8. Preferirei che mio figlio (cercare) _____ un lavoro e (imparare) _____ a guadagnarsi la vita.

9. Luisa sperava che tu (andare) _____ a prenderla alla stazione. Quando è arrivata e non ti ha visto, ha pensato che tu (dimenticare) _____ .

10. Dove sono gli zii? Non credo che (arrivare) _____ . Può darsi che (perdere) _____ il treno.

c. *Formare nuove frasi usando* **che** + congiuntivo *invece di* **di** + infinito.

ESEMPIO Gli ho detto di tornare subito a casa.
Gli ho detto che tornasse subito a casa.

1. Le ho ordinato di fare presto.
2. Ti ho detto di svegliarmi alle sette.
3. Ho detto loro di non lavorare troppo.
4. Ho raccomandato ai clienti di avere pazienza e di aspettarmi ancora un po'.
5. Gli ho ordinato di chiudere la porta e di seguirmi.
6. Vi avevo suggerito di spegnere la luce e di andare a letto.

d. **Fratello e sorella.** *Completare le frasi con il verbo al congiuntivo o all'indicativo, secondo il senso.*

Carlotta dice che la macchina non (andare bene) _____ e pensa che (essere necessario) _____ portarla dal meccanico. Ieri era sull'autostrada e ha avuto l'impressione che i freni (non funzionare) ~~funzio~~ . Le ho detto che io (usare) _____ la stessa macchina sabato e domenica e che non (avere) _____ difficoltà. Ho paura che (essere) _____ lei che non (sapere) _____ guidare. Vorrei che dal meccanico la macchina la (portare) _____ Carlotta, lei invece ha proprio l'aria di credere che (toccare) _____ a me occuparmene, come se i fratelli (esistere) _____ esclusivamente per liberare le sorelle da tutte le seccature. È sempre la stessa storia. Qualsiasi cosa non le (funzionare) _____ viene da me, come se io non (avere) _____ niente altro da fare. Non solo! Ieri sono andato un momento in cucina a prendere il caffè e lei si è messa a usare il mio computer. Quando sono tornato in camera mia mi ha guardato con aria innocente e mi ha detto: —Oh!, credevo che tu (uscire) ~~fossi~~ ! Be', ho paura che tu (dovere) ~~debba~~ lasciarmi lavorare una mezz'oretta, sto scrivendo il tema di storia per domani. Non ho protestato, ma almeno mi (dire) _____ grazie!

III. *Questo* e *quello* e altri dimostrativi

A. Questo e quello come aggettivi

1. **Questo** (*this, these*) can be shortened to **quest'** before a singular noun or adjective beginning with a vowel.

Guarda questo quadro!
Look at this painting.

Cosa fate quest'inverno?
What are you doing this winter?

2. In the following forms, **questo** is contracted and combined with the noun.

stamattina	(questa mattina)	*this morning*
Also: **stamani** *or* **stamane**		
stasera	(questa sera)	*this evening, tonight (the earlier part of the night)*
stanotte	(questa notte)	*tonight (now or later), last night*
stavolta	(questa volta)	*this time*

3. **Quello** (*that, those*) has several forms that follow the same pattern as **bello** and definite articles combined with **di** (**del, dello, dell'**, etc.). For an explanation of the forms of **quello** and their uses, see p. 66.

4. **Questo** and **quello** are often accompanied by **qui** (**qua**) and **lì** (**là**).

questo libro qui	quel giornale là
this book here	*that newspaper there*

B. Questo e **quello** come pronomi

Questo and **quello** are pronouns as well as adjectives. As pronouns, they both have four forms.

Singular	Plural	Singular	Plural
questo	questi	quello	quelli
questa	queste	quella	quelle

Questo è il mio orologio.	**Quella** è mia moglie e quelli sono i miei bambini.
This is my watch.	*That's my wife and those are my children.*

1. **Questo** can mean **questa cosa**; **quello** can mean **quella cosa**.

Questo mi preoccupa davvero.	Tu pensi solo a quello!
This (matter) really worries me.	*You think only of that (matter)!*

2. **Quello** and **questo** can also mean *the former* and *the latter,* respectively.

Milano e Genova sono due grandi città: quella è in Lombardia, questa (è) in Liguria.
Milan and Genoa are two large cities; the former is in Lombardy, the latter (is) in Liguria.

3. **Quello** may be followed by an adjective or a prepositional phrase. Its English equivalents are *the one, the ones.*

Ti piacciono le biciclette italiane?—No, preferisco **quelle** francesi.
Do you like Italian bicycles?—No, I prefer French ones.

Quale pasticceria preferisce?—**Quella** vicino a Piazza del Duomo.
Which pastry shop do you prefer?—The one near Piazza del Duomo.

4. **Quello** may be followed by **di** to indicate possession. Its English equivalents are *that (those) of, the one(s) of.*

Hai letto i racconti di Moravia?—No, ho letto solo **quelli** di Buzzati.
Have you read Moravia's short stories?—No, I've only read Buzzati's.

5. **Quello** may be followed by a relative pronoun. Its English euqivalents are *the one(s) who, the one(s) that.*

Ecco una vite: è **quella** che cercavi?
Here's a screw: is it the one you were looking for?

Ecco una libro: è **quello** di cui avevo bisogno.
Here's a book: it is the one I needed.

C. Altri pronomi dimostrativi

1. Other demonstrative pronouns can replace **questo** and **quello** only when **questo** and **quello** refer to *people.*

Singular		Plural
masculine	*feminine*	*masculine* and *feminine*
questi		
costui	costei	costoro
quegli		
colui	colei	coloro

Questi (*this* [*one*]) and **quegli** (*that* [*one*]) are masculine singular pronouns and can only be used as subjects.

Questi piange, **quegli** ride.
This one cries, that one laughs.

Costui, costei (*this* [*one*]), **costoro** (*these*), and **colui, colei** (*that* [*one*]), **coloro** (*those*) can be used as both subjects and objects. **Costui, costei, costoro** often express a derogatory meaning. **Colui, colei, coloro** are almost always followed by the relative pronoun **che.**

Non mi parlare di **costui**!   Colui che sa parla.
Don't talk to me about this jerk.   *The one who knows, speaks.*

Che diavolo vogliono **costoro?**
What the devil do they want?

2. The pronoun **ciò** can replace both **questo** and **quello** only when they refer to *things.* **Ciò** is always masculine singular.

Ciò è strano.   Dovete ricordare ciò.
That's strange.   *You must remember this.*

Mario non scrive da mesi e ciò mi preoccupa.
Mario hasn't written for months, and that worries me.

—**Quello pensa solo ai quattrini.**

When it is not a subject, **ciò** is often replaced by **lo, ne, ci.**

lo = ciò

Chi **lo** ha detto? Chi ha detto **ciò?**
Who said so?

ne = di ciò, di questo, di quello

Chi **ne** vuole parlare? Chi vuole parlare **di ciò?**
Who wants to talk about that?

ci = a ciò, a questo, a quello

Un'altra volta devi pensar**ci** prima!
Next time you must think about it first.

ESERCIZI

a. **È questione di gusti...** *Rispondere alle domande usando le parole fra parentesi.*

ESEMPIO Ti piace il vestito verde? (rosso)
  —**No, preferisco quello rosso.**

1. Ti piace la camicetta a righe? (a quadri)
2. Ti piacciono gli stivali neri? (marrone)
3. Ti piace quella giacca elegante? (sportiva)
4. Ti piace il caffè americano? (italiano)
5. Ti piacciono i mobili in plastica? (in legno)
6. Ti piacciono le piante della zia? (della mamma)

b. **Gusti opposti.** *Indicare le preferenze di Marta e di Maria, prendendo l'esempio come guida.*

> ESEMPIO MARTA A me piacciono i romanzi che parlano d'amore.
> MARIA **Io preferisco quelli che non parlano d'amore.**

1. le canzoni che parlano di Napoli
2. le persone che s'intendono di arte moderna
3. le storie che finiscono bene
4. gli uomini che hanno la barba
5. le automobili che hanno due portiere
6. i golf che sono in vetrina

c. **Questo o quello?** *Inserire il termine appropriato.*

_____ storia proprio non mi piace. Toni ha preso un'altra multa e non ha soldi per pagarla. Gli ho già pagato _____ che gli hanno fatto la settimana scorsa, _____ di novantamila lire per eccesso di velocità. È proprio vero _____ che dice suo padre, Toni è uno di _____ che non rispettano mai le regole. Ma _____ volta io non lo aiuto: non sono la Banca d'Italia!

IV. Pronomi relativi

A relative pronoun (*who, whom, that, which, whose*) joins a dependent clause to a preceding noun or pronoun called the *antecedent*. The dependent clause introduced by a relative pronoun is called a *relative clause*. In Italian relative pronouns are always expressed.

Il golf **che** ho comprato è rosso.
The sweater (that) I bought is red.

Mario è il ragazzo con **cui** sono uscita.
Mario is the young man I went out with (with whom I went out).

The relative pronouns are: **che; cui; chi; il quale, la quale, i quali, le quali.**

A. Che

1. **Che** corresponds to *who, whom, that, which.* **Che** refers to both persons and things, either singular or plural, masculine or feminine. It is invariable and can be either the subject or the direct object of the verb in the relative clause. It cannot be the object of a preposition.

il ragazzo **che** ride
the boy who laughs

la ragazza **che** conosco
the girl (whom) I know

gli esami **che** devo dare
the exams (that) I must take

le case **che** costano poco
the houses that cost little

2. When **che** is the direct object of a verb in a compound tense, agreement of the past participle in gender and number with the antecedent is optional.

La signora che ho invitat**o** (invitat**a**) è inglese.
The woman I invited is English.

B. Cui

1. **Cui** corresponds to *whom, that, which* and is always used after a preposition. It refers to both persons and things and is invariable.

l'uomo **di cui** parli
the man (whom) you're talking about

la signora **di cui** ci siamo lamentati
the lady (whom) we complained about

i bambini **a cui** piacciono i biscotti
the children who like cookies

il palazzo **in cui** abitate
the building (that) you live in

Note that in Italian the preposition never comes at the end of a relative clause.

2. **In cui** or **che** is used after expressions of time where English uses **when** (which is often unexpressed).

il giorno **in cui** (che) mi hai visto
the day (when) you saw me

l'anno **in cui** (che) ha nevicato
the year (when) it snowed

3. **Per cui** is used after expressions of cause where English uses *why* or *that* (which is usually unexpressed).

la ragione **per cui** non sono venuti
the reason (that) they didn't come

il motivo **per cui** piangi
the reason (that) you are crying

4. **In cui** is used after **modo** or **maniera** to mean *the way in which; in which* is often unexpressed in English.

il modo **in cui** Lei parla
the way (in which) you talk

la maniera **in cui** ballano
the way they dance

C. Il cui, la cui, i cui, le cui

The *definite article* + **cui** expresses possession (*whose, of which*). The article agrees with the noun that follows **cui** and not with the antecedent of **cui**.

Ecco la signora **il cui marito** è avvocato.
There's the woman whose husband is a lawyer.

Il palazzo **le cui finestre** sono chiuse è in vendita.
The building whose windows are closed up is for sale.

D. Il quale, la quale, i quali, le quali

The *article* + **quale** can replace **che** or **cui** in all of the above situations.

1. The *article* + **quale** is used instead of **che** to avoid ambiguity because the article indicates the gender and number of the antecedent.

Ho parlato con la moglie di Mario **la quale** è professoressa.
I spoke with Mario's wife, who is a teacher.

Gli amici di Laura **i quali** arrivano oggi vivono in campagna.
Laura's friends, who are arriving today, live in the country.

2. The *article* + **quale** is frequently used instead of **cui**. The article combines with the preceding preposition, as necessary: **al quale, della quale, nei quali, sulle quali,** etc.

Ecco i ragazzi **con i quali** (**con cui**) gioco a carte.
There are the boys with whom I play cards.

È una cosa **alla quale** (**a cui**) bisogna pensare.
It's something we have to think about.

3. **Di** + *article* + **quale** can replace the *article* + **cui** to show possession. There are differences in agreement and word order: **del quale** agrees with its antecedent and follows the noun it modifies.

Ecco la signora il marito **della quale** (il cui marito) è avvocato.
There's the lady whose husband is a lawyer.

Il palazzo le finestre **del quale** (le cui finestre) sono chiuse è in vendita.
The building whose windows are closed is (up) for sale.

E. Chi

Unlike the other relative pronouns, **chi** does not require an antecedent and is used only for people. It corresponds to *he* (*him*) *who, she* (*her*) *who, whoever, whomever, the one(s) who, those who.* When used as the subject of the relative clause, it always takes a singular verb. **Chi** is often found in proverbs, popular sayings, and generalizations.

Ride bene chi ride ultimo.
He who laughs last laughs best.

Ammiro chi dice la verità.
I admire those who tell the truth.

Potete dare il mio indirizzo a chi volete.
You can give my address to whomever you want.

F. Quello che, quel che, ciò che, quanto

Quello (quel) che **ciò che** **quanto**	*that which, what*	REFER TO THINGS
tutto quello (quel) che **tutto ciò che** **tutto quanto**	*everything that, all that*	REFER TO THINGS
tutti quelli che **(tutti) quanti**	*everyone that, all that*	REFER TO PEOPLE

Non capisco **quello che** dici.
I don't understand what you are saying.

Facevano **tutto quanto** potevano.
They did everything they could.

Tutti quelli che lo conoscono gli vogliono bene.
Everyone who knows him loves him.

—*Quello che mi spinge a scrivere è il bisogno di comunicare con altre persone...*

ESERCIZI

a. *Inserire la forma corretta del pronome relativo.*

1. La stagione _____ quasi tutti preferiscono è la primavera.
2. Chi è la persona con _____ parlavi?
3. Non mi piace il tono con _____ mi hai risposto.
4. Volete sapere la ragione per _____ se n'è andata?
5. È una persona della _____ tutti parlano.
6. È quello il cameriere al _____ abbiamo chiesto il conto?
7. Il dottore da _____ andiamo è molto bravo.
8. Ricordo bene il giorno in _____ l'ho incontrata.
9. Gli operai _____ lavorano in quella fabbrica escono alle sei di sera.
10. Le hai restituito il libro _____ ti aveva imprestato?

b. *Completare ciascuna delle frasi del Gruppo A con la frase corretta del Gruppo B.*

A	B
1. Quello che non mi piace	a. quelli che se lo meritano.
2. Non riuscivamo a capire	b. che si occupi dei bambini.
3. Non c'era nessun ristorante	c. il motivo per cui parlavano in quel modo.
4. Aiutiamo volentieri	d. in cui non fossimo stati.
5. Cercano una signorina	e. è che si interessino degli affari miei.
6. È bene parlare di cose	f. di cui abbiamo un'esperienza diretta.

c. *Sostituire un altro pronome relativo a quello usato.*

ESEMPIO Il romanzo di cui mi parli non mi è piaciuto affatto.
Il romanzo del quale mi parli non mi è piaciuto affatto.

1. Chi non vuole venire può restare a casa.
2. L'università in cui studiano i suoi figli è la stessa in cui ha studiato lui.
3. Vuoi sapere il motivo per cui ho preferito tacere?
4. Prendi solo i libri di cui hai bisogno.
5. Desidero ringraziarvi di ciò che avete fatto per me.
6. Non sono molti gli americani a cui piacciono gli spinaci.
7. L'avvocato di cui mi avete parlato non abita più qui.
8. Fa' quello che vuoi!

d. *Combinare le due frasi usando* **che** *o una preposizione* + **cui.**

ESEMPIO Vada a prendere i libri. Sono sugli scaffali.
Vada a prendere i libri che sono sugli scaffali.

1. Qual è la casa? La casa è in vendita.
2. Non ricordo lo studente. Gli ho imprestato il dizionario.
3. Come si chiama la ragazza? Le hai telefonato pochi minuti fa.
4. Ha un fratello. Non va d'accordo con lui.
5. Sono problemi attuali. Ne abbiamo già parlato ieri.
6. Questo è l'indirizzo. Non dovete dimenticarlo.
7. Quella è la professoressa. Le dà fastidio il fumo.
8. Ecco l'appartamento. Ci abitano da diversi anni.

e. *Formare un'unica frase usando* **il (la, i, le) cui.**

ESEMPIO Alberto Moravia è uno scrittore. I suoi racconti sono famosi.
Alberto Moravia è uno scrittore i cui racconti sono famosi.

1. Andiamo dallo zio. La sua casa è in montagna.
2. Aldo è un mio amico. I suoi genitori sono piemontesi.
3. Roma è una città. Abbiamo studiato i suoi monumenti.
4. C'è una via. Ho dimenticato il suo nome.
5. Giancarlo Giannini è un attore. I suoi occhi mi piacciono molto.
6. Michelangelo è un artista. Le sue opere sono ammirate da tutti.

f. *Completare il seguente brano con i pronomi relativi appropriati.*

L'autore di _____ parleremo e con _____ chiuderemo questo ciclo di lezioni presenta alcune caratteristiche _____ lo differenziano dagli altri autori _____ abbiamo letto. Il romanzo da _____ ho tratto il brano _____ leggeremo è stato incominciato in un periodo in _____ l'autore si trovava in America. È la storia di una serie di misteriosi delitti _____ sono commessi nella biblioteca di un monastero. Il romanzo la _____ storia s'intreccia (*intertwines*) con la Storia è difficile da definire. Ci sono critici _____ lo chiamano un'allegoria, altri _____ lo considerano un romanzo poliziesco. Il libro, da _____ hanno anche tratto un film, ha ricevuto molti premi letterari.

g. *Completare le seguenti frasi.*

1. Chi studia molto...
2. Ricordo ancora il giorno in cui...
3. Le cose di cui ho più bisogno sono...
4. Non mi piace il modo in cui...
5. Quello che conta nella vita è...
6. Ciò che Elena voleva era che...
7. La ragione per cui studio l'italiano è che...

h. *Rispondere alle seguenti domande.*

1. Ci sono persone che Lei conosce i cui genitori o i cui nonni sono nati in Italia?
2. C'è un professore/una professoressa alla Sua università che è conosciuto/a in tutti gli Stati Uniti?
3. Conosce un regista italiano/una regista italiana i cui film sono popolari in America?
4. Conosce qualche scrittore americano le cui opere Lei considera importanti?
5. Lei sa il nome degli attori e delle attrici che hanno vinto l'Oscar l'anno scorso?
6. C'è qualche uomo politico moderno il cui nome, secondo Lei, sarà ricordato nella storia?

Credevamo che non ci fosse abbastanza olio.

LETTURA

VOCABULARIO UTILE

l'accendino lighter
la benzina gasoline
il buco hole
il colpo banging
il dito (*pl* **le dita**) finger
la gita excursion
la portiera door (of a car)
il sedile seat (il **sedile ante-
riore/posteriore** front/back seat)
la vite screw

al giorno d'oggi nowadays
sicuro safe;
  la sicurezza safety
veloce fast

aumentare to increase
chinarsi to bend down
curare to take care of, to treat
***dipendere** (*pp* **dipeso;** *pr* **dipesi**)
  (da) to depend (on)
rallentare to slow down
***salire in macchina** to get in a car
***scendere** (*pp* **sceso;** *pr* **scesi**) **dalla
macchina** to get out of a car
staccare to detach;
  staccarsi to fall out

PRIMA DI LEGGERE

Due amici sono sull'autostrada, in una macchina ben funzionante e silenziosissima. Ad un tratto uno di loro vede una vite per terra; poco
dopo si sente anche odor di benzina e una strana vibrazione. Qualcosa
che non va? Da dove viene la vite? Dal motore, dalla carrozzeria? I due
amici si fermano preoccupati.

Succede abbastanza spesso che interpretiamo la realtà in maniera
sbagliata perché diamo a certi «segni» significati che essi non hanno.
Non solo, ma alle volte°, partendo da una supposizione iniziale, «vediamo» e «sentiamo» quello che non c'è.   *at times*

In gruppi di due o tre studenti cercate di ricostruire e raccontarvi
un'esperienza che vi ha portati ad una conclusione sbagliata. Ecco alcune domande utili.

1. Come è cominciata la cosa? Quale è stato il «segno» iniziale?
2. C'erano altri elementi che davano valore alla vostra interpretazione?
3. Era logico quello che avete fatto o pensato? In che senso?
4. Com'è andata a finire?
5. A quale punto c'è stato un errore di interpretazione?
6. Quando ve ne siete resi conto?

Una vite di troppo°

Una: *one screw too many*

C'era un tempo meraviglioso, proprio un tempo di primavera. Un sole e un'aria fresca che avevano il potere di trasformare anche un viaggio d'affari in una piacevole gita.

La macchina era a posto. Perfetta sotto tutti i punti di vista.
5 Motore in ordine, freni potentissimi, carrozzeria silenziosissima.

Prendemmo l'auto e ci avviammo all'autostrada, e quando fummo sul rettilineo° lanciai la macchina a tutta velocità.

—È inutile correre°,—disse Attilio—noi non abbiamo nessuna premura° e dobbiamo considerare questo viaggio come una gita.

10 Rallentai. Sull'autostrada non c'è molto da vedere, ma anche quel poco che c'è, con una giornata di sole, è sempre piacevole. L'auto scivolava via silenziosa, e cominciammo a parlare delle automobili, del motore e della sicurezza delle macchine di oggi. Una volta non si viaggiava così sicuri. C'era sempre il timore che qualcosa smettesse di 15 funzionare, e le panne° erano molto più frequenti di adesso. Adesso, infatti, è rarissimo trovare automobili ferme ai lati delle strade. Se si trovano automobili ferme ai lati delle strade è perché si tratta di panini imbottiti° e non di carburatori o altro.

Attilio fece alcune considerazioni sulla silenziosità della mia auto-
20 mobile. Era davvero un miracolo che essa fosse in così buone con-
dizioni. Era già qualche anno che l'usavo, ma io la curavo proprio come una cosa preziosa e appena mi accorgevo di qualcosa che cominciava a non andare la portavo subito dal meccanico. Se tutti tenessero l'auto come la tengo io, le automobili durerebbero di più.

25 —Fumi?—disse a un tratto° Attilio interrompendo il discorso e prendendo un pacchetto di sigarette.

Io dissi di sì e Attilio mi mise in bocca la sigaretta, poi prese l'accendino e fece sprizzare la fiamma. Accendemmo la sigaretta e continuammo il discorso sulle automobili ma a un tratto sentimmo chiara-
30 mente un tintinnio° come di un piccolo oggetto di metallo che batte contro un piano di metallo. Attilio si chinò a guardare sotto il cruscotto e si rialzò tenendo fra le dita un piccolo oggetto luccicante°.

—Cos'è?—dissi.

—Una vite,—disse Attilio,—da che parte viene?

35 —Non so,—dissi,—è caduta dalla tua parte, mi pare.

Attilio guardò la portiera dimenandosi° un poco sul sedile, guardò sul soffitto della macchina, dietro lo specchio retrovisore°.

—Non trovo,—disse,—mi pare che tutte le viti siano a posto, qui.

40 Attilio allungò le mani e cominciò a tastare° sotto il cruscotto.

—Ci sono un sacco di fili° e non riesco a capire dove manca una vite,—disse,—ad ogni modo deve essere una vite poco importante perché vedo che la macchina va lo stesso.

straightaway

to speed

fretta

breakdowns

panini: *stuffed sandwiches*

a: *suddenly*

rattle

shining

muovendosi

rear-view mirror

feel

wires

—Tutte le viti sono importanti, se ci sono,—dissi,—a te pare di
45 sentire qualcosa?

Vidi che si metteva° ad ascoltare attentamente.   si: cominciava

—Mi pare di sentire come una vibrazione,—disse,—dalla mia
parte. E prima non c'era,—disse.

—La sento anch'io,—dissi—e sento anche un tuc tuc.

50 Sentivo effettivamente una vibrazione e dei colpi regolari, e poi
mi sembrò che la vibrazione aumentasse e ai colpi si fosse aggiunto un
altro rumore.

—Effettivamente c'è qualcosa che non va,—disse Attilio,—prova
a rallentare.

55 Rallentai, poi aumentai di nuovo la velocità.

Adesso mi sembrava che tutto traballasse° e che la macchina si   was shaking
dovesse sfasciare° da un momento all'altro.   fall apart

—Sembra proprio che la macchina si stia sfasciando,—disse Attilio,—si vede proprio che la vite era importante. Alle volte basta che
60 venga via una vite perché si provochi° un disastro. Io mi fermerei.   si: succeda

—Tanto più,—continuò,—che sento odor di benzina.

—Odor di benzina?—dissi arricciando il naso e annusando° qua   sniffing
e là.—È vero.

Sentivo infatti un leggero odor di benzina e la cosa cominciava a
65 preoccuparmi: se si sente odor di benzina, la vite è venuta via da
qualche parte della macchina.

Accostai° la macchina al lato della strada e andai a fermarmi pochi   avvicinai
metri più avanti.

—Qui c'è un buco,—disse Attilio,—ma è grosso come un dito.
70 Occorrerebbe una vite grossa quattro volte questa°.   quattro: *four times as
                                                                    big as this one*

Guardammo il buco, ma non era nemmeno un buco da vite e continuammo a cercare.

Una piccola automobile venne a fermarsi davanti a noi.

—Avete perduto qualcosa?,—ci domandò un giovane che era
75 sceso dalla macchina.

—No,—dissi,—abbiamo trovato qualcosa. Si tratta di una vite e
stiamo cercando il suo buco che non riusciamo a trovare.

Il giovanotto guardò la vite e poi disse che gli sembrava si trat-
tasse di una vite da accessorio. Forse del retrovisore o dell'orologio del
80 cruscotto.

—Impossibile,—disse Attilio.—Quando si è staccata abbiamo
cominciato a sentire odore di benzina. Non si sente odore di benzina se
si stacca una vite del retrovisore.

—Questo è vero,—disse il giovanotto,—e allora bisogna alzare
85 il cofano° e guardare il carburatore. Sebbene mi sembra molto difficile°   hood / unlikely
che una vite che sta nel motore debba cadere dentro la macchina.

—Tutto può succedere al giorno d'oggi—disse Attilio.

Alzammo il cofano e guardammo il carburatore e il condotto della
benzina.

90   Ad alzare il cofano non si sentiva nessun odore di benzina. Accendemmo il motore ma tutto funzionava regolarmente e non si sentiva nessun odore di benzina.

    —Eppure da qualche parte deve venire,—dissi,—da quando si è staccata, oltre all'odore di benzina, la macchina si è messa a fare
95 un rumore indiavolato° come se si dovesse sfasciare da un momento *terrible*
all'altro.

    Il giovanotto scosse° la testa.   *shook (from* **scuotere***)*

    —Allora dipende dalla° carrozzeria,—disse,—e se dipende dalla   **dipende:** *it comes*
carrozzeria non capisco perché si dovrebbe sentire odore di benzina.   *from*
100   —Sembra strano anche a me,—dissi,—ma d'altra parte questi sono i fatti.

    Il giovanotto alzò le spalle e tornò alla sua macchina dopo averci consigliato di riprendere la strada pian piano e di fermarci alla prima officina°.   *garage*
105   Continuammo a cercare ancora per un pezzo°, poi ci sedemmo   **per:** *for a while*
sul ciglio° della strada senza essere riusciti a trovare il buco della vite.   *edge*

    —Non c'è niente da fare,—disse Attilio,—il buco non si trova e ci conviene° proseguire fino alla prossima officina. Sigaretta?   **ci:** *we'd better*

    Presi la sigaretta e Attilio fece scattare l'accendisigaro e accese.
110   —Sento di nuovo odore di benzina,—disse.

    —Impossibile.—dissi,—siamo lontani dalla macchina.

    —Eppure!—disse Attilio. Si sfregò° il palmo della mano e annusò, poi prese di tasca l'accendisigaro e mandò un accidente°.   **si:** *he rubbed*
  mandò: *cursed*

    —Ecco,—disse,—di dove manca la vite!
115   Mostrò l'accendisigaro e il buco che gocciolava° benzina. Vi accostò° la vite che combaciò° perfettamente e la strinse con una moneta da cinque lire.   *was dripping*
  vi: *he held up to it / fit*

    Risalimmo soddisfatti in macchina e riprendemmo la marcia. Ora la macchina filava° via sull'autostrada a tutta velocità, e non si sentiva il   *andava*
120 più piccolo rumore.

    Era una bellissima mattina di primavera.

Carlo Manzoni, *Il signor Brambilla e dintorni*

COMPRENSIONE

1. Che tempo faceva?
2. Che cosa hanno fatto i due amici?
3. Perché, secondo Attilio, era inutile guidare a tutta velocità?
4. Una volta, quando si viaggiava in macchina, di che cosa si aveva sempre paura?
5. Per quale ragione oggi, secondo il narratore, le macchine si fermano ai lati della strada?
6. Perché la macchina era in ottime condizioni?
7. Che rumore hanno sentito Attilio e l'amico mentre fumavano?
8. Che cosa aveva causato questo rumore?
9. Quali altre cose strane hanno notato i due amici?

10. Quando hanno deciso di fermarsi?
11. Che cosa ha chiesto il giovane automobilista e cosa hanno risposto i due?
12. Quali fatti sembravano strani a tutt'e tre?
13. Che cosa ha consigliato l'automobilista?
14. Che cosa ha scoperto finalmente Attilio?

Studio di parole

next

pr<u>o</u>ssimo
next, after this one (in both time and space)

Vai a Roma il mese prossimo?
Are you going to Rome next month?

Devo scendere alla prossima stazione.
I must get off at the next station.

seguente or **dopo**
next, following (in both time and space)

Sono arrivati il due maggio e sono ripartiti il giorno seguente (dopo).
They arrived on May 2 and left again the following day.

Seguente must be used instead of **prossimo** whenever the time frame is in the past. **La settimana prossima** can only mean *the week following the present one;* **la settimana seguente** or **la settimana dopo** means *the week following another week in the past.*

to take

pr<u>e</u>ndere
to take; to have something (in reference to food)

Abbiamo preso la macchina e siamo partiti.
We took the car and left.

Perché non andiamo a prendere un caffè?
Why don't we go have a cup of coffee?

portare
to take, to carry, to accompany; to wear

Abbiamo portato la macchina dal meccanico.
We took the car to the mechanic.

Voglio portare i bambini allo zoo.
I want to take the children to the zoo.

Perché porti gli occhiali?
Why do you wear glasses?

There are many idiomatic expressions in Italian in which a verb other than **prendere** or **portare** corresponds to the English *take:*

seguire un corso (fare un corso)	*to take a course*
But: **prendere una lezione**	*to take a lesson*
fare un viaggio (una gita)	*to take a trip (excursion)*
fare un esame	*to take an exam*

(**Dare un esame** means to take one of the many comprehensive exams at an Italian university.)

PRATICA

a. *Scegliere la parola che completa meglio la frase.*

1. Per arrivare prima, quale strada dobbiamo _____?
2. Non sono scesi alla fermata in Piazza Dante; sono scesi alla fermata _____ .
3. Se non ti senti bene, ti devo _____ dal dottore.
4. Quante volte alla settimana _____ lezioni di ballo i bambini?
5. Sono sicuro che gli zii arriveranno la settimana _____ .
6. La signora era molto elegante: _____ un vestito rosso con accessori neri.
7. Quanti viaggi avete _____ da quando vi siete sposati?
8. Non hai studiato abbastanza. Come puoi _____ l'esame domani?
9. La storia continua al _____ numero.
10. La _____ volta che mangiamo insieme, offro io!

b. **Anna ha la patente.** *Inserire le parole opportune.*

Prima di _____ l'esame di guida Anna ha _____ molte lezioni dall'istruttore della scuola. Appena ha _____ la patente, è andata a fare una gita con le sue amiche. Sono _____ di mattina presto e dopo circa tre ore sono arrivate in un paesino di montagna. Sono andate al bar della piazza a _____ il caffè; Anna, che ha sempre fame, ha _____ anche due cornetti. Poi hanno _____ la funivia (*cable car*) che le ha _____ su in alto dove c'era un panorama stupendo. Hanno _____ qualcosa da mangiare e sono rimaste un paio d'ore a _____ il sole. Il posto è molto carino e hanno deciso di passarci anche il weekend _____ . Circa tre ore dopo erano di nuovo in paese dove hanno _____ la macchina per tornare a casa. Anna voleva essere di ritorno presto perché la sera aveva un appuntamento con Giorgio che sarebbe andato a _____ la alle 8,30 per _____ la a teatro.

c. *Domande per Lei.*

1. Che cosa fa Lei quando si accorge che qualcosa comincia a non andare in una macchina?
2. Che cosa pensa quando sente odor di benzina?
3. Che cosa dobbiamo fare perché le automobili durino di più?
4. È a favore o contro i limiti di velocità sulle autostrade? Perché?

TEMI PER COMPONIMENTO O DISCUSSIONE

1. L'uomo padrone e schiavo dell'automobile.
2. Una gita piacevole rovinata da un incidente insignificante.
3. La sicurezza dei mezzi di trasporto d'oggi in confronto con quelli di una volta.

PER COMUNICARE

Volta a sinistra. Paolo e Sabina sono diretti a piedi a casa di amici che non vedono da tanto tempo.

PAOLO: Andiamo di qua. Continuiamo dritto fino al semaforo e poi voltiamo a destra.

SABINA: No, no. Dobbiamo voltare a sinistra qui al primo incrocio, poi a destra subito dopo il ponte. Ricordo benissimo che bisogna arrivare fino in fondo al viale. C'è un bar all'angolo e la casa è davanti alla chiesa.

PAOLO: Mah! Io ho idea che si debba passare vicino ai giardini pubblici, attraversare al semaforo e prendere corso Rinascimento a destra subito dopo la farmacia.

SABINA: Secondo me ti sbagli e dovremo tornare indietro. Se non avessi dimenticato a casa la carta!

Dare indicazioni stradali

(Per) di qua.	*This way.*
Vada dritto.	*Go straight ahead.*
Attraversi al semaforo.	*Cross at the traffic light.*
Giri /volti a destra/sinistra.	*Turn right/left.*
all'incrocio, alla traversa	*at the intersection*
all'angolo	*at the corner*
la prima/seconda strada	*the first/second street*

Punti di riferimento

davanti ai giardini pubblici	*in front of the public gardens*
dietro la chiesa	*behind the church*
prima del ponte	*before the bridge*
dopo la farmacia	*after the pharmacy*
vicino al bar	*close to the bar*
a destra dell'edicola dei giornali	*at the right of the newsstand*
a sinistra della stazione	*at the left of the station*
davanti alla fermata dell'autobus	*in front of the bus stop*
a cento metri dalla scuola	*one hundred meters from the school*
di fronte alla banca	*facing the bank*

viale, via, vicolo, corso	*boulevard, street, alley, large street*
piazza, piazzale, largo	*square, esplanade, square*
circonvallazione	*loop, bypass*
strada, strada statale, autostrada, superstrada	*street, main street, highway, superhighway*

CHE COSA DICE?

Dove sono? *Suggerire dei punti di riferimento per meglio identificare i seguenti luoghi.*

1. il dipartimento di lingue
2. la libreria dell'università
3. la discoteca
4. la Sua pizzeria preferita
5. l'ufficio postale
6. la fermata dell'autobus
7. il centro commerciale

SITUAZIONI

1. Lei dà una festa. Ha invitato i compagni di corso e il professore d'italiano, ma il professore non è mai stato a casa Sua. Gli spieghi come arrivarci dall'università.
2. Qual è la strada più breve tra l'università e il centro?
3. Il Suo amico Piero è appena arrivato e Le telefona dall'aeroporto. Ha preso una macchina a noleggio ma non sa come arrivare a casa Sua.
4. Lei lavora da Hertz. Spieghi a dei clienti italiani come raggiungere un'interessante zona turistica non lontana dalla città.

CAPITOLO
10

P E R   C O M I N C I A R E
Non farti illusioni!

S T R U T T U R A
Ordinare, esortare, pregare qualcuno
di fare qualcosa
I. Imperativo

Esprimere apprezzamento
II. *Come e quanto* nelle esclamazioni

Sostituire persone e cose
III. Pronomi tonici

L E T T U R A
Avventura con il televisore

P E R   C O M U N I C A R E
Esprimere ammirazione
Dimostrare incredulità
Esprimere sorpresa

Per cominciare

Non farti illusioni! Angelo si è appena laureato in legge ed è in cerca di lavoro. Suo padre ha uno studio legale, ma Angelo ha intenzione di fare il giornalista, anzi, il corrispondente estero per una rete televisiva. Ne parla con la sua ragazza Daniela e il suo amico Michele.

ANGELO: Guarda, proprio non voglio fare l'avvocato. Ti immagini? Passare la vita tra l'ufficio e il tribunale?

DANIELA: Non so. Pensaci bene. I vantaggi che ti offre lo studio di tuo padre non sono poca cosa, ben stabilito da molti anni e con una clientela numerosa.

MICHELE: Angelo, può darsi che Daniela abbia ragione. Non prendere decisioni affrettate. Hai in mente qualcos'altro?

ANGELO: Forse fare il giornalista, magari il corrispondente estero.

DANIELA: Non farti illusioni! Tanto per cominciare ti daranno un angolo di scrivania e dovrai lavorare da solo. Le inchieste più facili e insignificanti saranno per te, altro che servizi all'estero! Ti piacerebbe se la telecronaca dalla Casa Bianca la affidassero proprio ad Angelo Frattini! Non farmi ridere!

MICHELE: Dài Daniela, sii ragionevole. Considera anche i lati positivi. È vero che Angelo al giornale non comincerà come capo redattore, ma è così per tutti. Si farà strada a poco a poco e dimostrerà ai suoi superiori che possono contare su di lui.

DANIELE: E prima che abbia una posizione ragionevole passeranno dieci anni e chissà quando ci sposeremo!

ANGELO: Basta! Non ne parliamo più. Io e te abbiamo obiettivi differenti, lo so. Questo è un grosso problema che devo risolvere da me.

VOCABOLARIO UTILE

Sostantivi

L'allenatore coach
il (capo) redattore editor (in chief)
la carriera career
il/la dipendente (*m/f*) employee
il/la dirigente (*m/f*) executive, manager
la ditta firm, business
l'impiegato statale public servant
l'inchiesta inquiry, assignment
il lato side

la posizione/il posto (di lavoro) position, standing
la qualifica qualification
il ragioniere accountant
la rete televisiva TV channel
il servizio giornalistico news report
lo studio legale attorney's office
la telecronaca telecast, TV report
il tribunale court, courthouse

Aggettivi

affrettato hasty, hurried
estero foreign

Verbi

assumere to hire
licenziare to fire

Espressioni

affidare un compito a   to assign a
   task to
chiedere/ottenere un colloquio
   to ask for/obtain an interview
essere assunto da   to be hired by

fare domanda di assunzione
   to fill out a job application
farsi illusioni   to delude oneself
farsi strada/fare carriera
   to advance in one's career
Suvvia!/Dài!/Andiamo!
   Come on now!

ESERCIZI _____

a.   *Rispondere alle domande seguenti.*

   1. Che laurea ha preso Angelo?
   2. Pensa di fare l'avvocato come suo padre? Perché?
   3. Qual è l'opinione di Daniela?
   4. Che cosa consiglia ad Angelo l'amico Michele?
   5. Secondo Daniela, sarebbe una buona idea per Angelo scegliere di fare il
      giornalista?
   6. Michele pensa che Angelo farà carriera rapidamente?
   7. Angelo è disposto a continuare a discutere il problema? Perché sì, perché no?

b.   *Combinare le parole della lista A con i significati della lista B.*

A	B
1. ditta	a. sperare inutilmente
2. ragioniere	b. ricerca allo scopo di scoprire opinioni o fatti
3. telecronaca	c. si occupa di giornali, riviste, libri
4. allenatore	d. affermarsi in una attività o professione
5. inchiesta	e. impresa commerciale
6. redattore	f. incaricato di fare o rivedere i conti
7. farsi illusioni	g. giornalista
8. farsi strada	h. tecnico sportivo che istruisce gli atleti
9. corrispondente estero	i. ripresa televisiva commentata di un avvenimento

c.   *Cosa devono fare queste persone?*

   1. Giorgio cerca lavoro alla RAI/TV.
   2. Il direttore non può pensare a tutto.
   3. Io voglio parlare con il dottor Esposito e chiedergli un aumento di stipendio.
   4. Susanna vuole raggiungere un posto importante nella sua professione.
   5. Il consiglio di amministrazione ha stabilito che ci sono venti dipendenti di più del
      necessario.

I. Imperativo

The **imperativo** (*imperative*) is used in Italian as well as in English to give orders and advice, and to exhort. It exists in all persons except the first person singular.

Verbi regolari

A. The forms of the imperative for the three regular conjugations are:

	amare	credere	finire	partire
(tu)	ama	credi	finisci	parti
(Lei)	ami	creda	finisca	parta
(noi)	amiamo	crediamo	finiamo	partiamo
(voi)	amate	credete	finite	partite
(Loro)	amino	credano	finiscano	partano

Note that only the second person singular (**tu**) of -**are** verbs has a special imperative form: *stem* + -**a**. **Tu, noi,** and **voi** use the present indicative forms; **Lei** and **Loro** use the present subjunctive forms.

1. The first person plural of the imperative (**noi**) is used to make suggestions and corresponds to the English *Let's + verb.*

    Andiamo a casa!   Accendiamo la luce!   Facciamo una passeggiata!
    Let's go home.   *Let's turn on the light.*   *Let's go for a walk.*

2. For extra emphasis the imperative may be accompanied by the subject pronoun placed before or after the verb.

    Rispondi **tu!**   **Lei** mi dica cosa vuole!
    You answer!   *You tell me what you want!*

3. To soften the intensity of the imperative, the words **pure** or **un po'** are often used.

    Resta pure a cena!   Indovina un po'!
    Please stay for dinner.   *Take a guess.*

Verbi irregolari

A. Avere and **essere** have special forms for the second person singular, **abbi** and **sii,** and use the present subjunctive forms in all other persons.

	avere	essere
	abbi	sii
	abbia	sia
	abbiamo	siamo
	abbiate	siate
	abbiano	siano

B. For the second person singular a few verbs use either a contracted form or the full form of the present indicative (except for **dire**).

andare	dare	fare	stare	dire
va' (vai)	**da'** (dai)	**fa'** (fai)	**sta'** (stai)	**di'**
vada	dia	faccia	stia	dica
andiamo	diamo	facciamo	stiamo	diciamo
andate	date	fate	state	dite
vadano	diano	facciano	stiano	dicano

C. Verbs that have irregular forms in the present indicative and present subjunctive show the same irregularities in the imperative.

tenere	uscire	venire
tieni	esci	vieni
tenga	esca	venga
teniamo	usciamo	veniamo
tenete	uscite	venite
tengano	escano	vengano

D. Special attention should be paid to the imperative of **sapere** and **volere.**

sapere	volvere
sappi	vogli
sappia	voglia
sappiamo	vogliamo
sappiate	vogliate
sappiano	vogliano

The forms **sappi, sappia,** and **sappiate** correspond to the English *you must know.*

Sappiate che non scherzo!
I want you to (you should) know I am not joking.

Imperativo negativo

To form the negative imperative, **non** is placed before the affirmative form in all persons except for **tu**. In the **tu** form, **non** + *infinitive* is used.

	Affirmative	Negative
(tu)	lavora	non lavorare
(Lei)	lavori	non lavori
(noi)	lavoriamo	non lavoriamo
(voi)	lavorate	non lavorate
(Loro)	lavorino	non lavorino

Sii puntuale!
Be on time!

Non essere in ritardo!
Don't be late!

Prenda il giornale!
Take the newspaper!

Non prenda la rivista!
Don't take the magazine!

ESERCIZI

a.   **In classe.** *Cosa dice un professore italiano? Dare tutt'e due le forme dell'imperativo (il* **Lei** *e il* **voi**) *per il verbo di ogni frase.*

ESEMPIO Il professore dice di studiare la lezione.
Studi la lezione! (quando parla a uno studente)
Studiate la lezione! (quando parla a tutti gli studenti)

Il professore dice di...

1. fare attenzione.
2. finire l'esercizio.
3. andare alla lavagna.
4. tradurre le frasi.
5. non dimenticare le eccezioni.
6. ripetere, per favore.
7. parlare più forte.
8. leggere il brano ad alta voce.
9. non avere fretta.
10. aprire il libro a pagina novanta.

b.   *Dire all'amica Orietta di fare il contrario di quello che fa.*

ESEMPI Orietta guarda la TV. **Non guardare la TV!**
Orietta non esce. **Esci!**

1. Orietta non va in cucina.
2. Non chiude la porta.
3. Beve la Coca-Cola.
4. Non sta zitta.
5. Racconta barzellette.
6. Non spegne la luce.
7. Scende dalla macchina.
8. Non stringe la mano a tutti.
9. Non è gentile con i vicini.
10. Dice sempre «Cioè».

—E il mio motto è: vivi e lascia vivere!

Imperativo + pronomi

A. When object pronouns (direct and indirect, **ci** and **ne,** combined forms) are used with the imperative, their position in relation to the verb is determined by the person of the verb.

1. Object pronouns *always* precede the verb in the **Lei** and **Loro** persons in both the *affirmative* and *negative* imperative.

Lei	**Mi dica** qualcosa! *Tell me something!*	**Non mi dica** tutto! *Don't tell me everything!*
Loro	**Lo facciano** adesso! *Do it now!*	**Non lo facciano** stasera! *Don't do it tonight!*

2. When object pronouns are used with the *affirmative* imperative in the **tu, noi,** and **voi** persons, they follow the verb and are attached to it, forming one word. No matter how long the word becomes, the stress remains unaffected by the addition.

tu	**Parlami** d'amore, Mariù! *Talk to me of love, Mariù!*	**Pensaci bene!** *Think about it!*
noi	**Prendiamone** un po'! *Let's take a little.*	Carla non ha capito le regole. **Spieghiamogliele!** *Carla didn't understand the rules. Let's explain them to her.*
voi	**Ditelo** coi fiori! *Say it with flowers.*	**Lasciatela** passare! *Let her pass!*

3. When the shortened **tu** form of **andare, dare, dire, fare,** and **stare** is used with a pronoun (single or combined), the apostrophe disappears and the initial consonant of the pronoun is doubled (except for **gli**).

dare	da'	**Dalle (dagli)** un bacione! *Give her (him) a big kiss!*	**Dacci** oggi il nostro pane quotidiano! *Give us this day our daily bread.*
dire	di'	Anna, **dimmi** di sì! *Anna, tell me yes!*	**Digli** quando vieni! *Tell him when you're coming!*
fare	fa'	**Fallo** ora! *Do it now!*	Hai le foto? **Faccele** vedere! *Do you have the pictures? Show them to us!*
stare	sta'	Va' in Italia e **stacci** almeno un mese! *Go to Italy and stay at least a month!*	
andare	va'	**Vattene** a casa e riposati! *Go on home and rest!*	

4. With the negative imperative of the **tu, noi,** and **voi** persons, object pronouns may either precede or follow the verb.

Affirmative	Negative	
Parlale!	Non **le** parlare!	Non parlar**le**!
Parliamole!	Non **le** parliamo!	Non parliamo**le**!
Parlatele!	Non **le** parlate!	Non parla**tele**!

B. The preceding rules governing the position of object pronouns with the imperative also apply to the imperative of reflexive verbs.

Affirmative	Negative		
Alzati!	Non **ti** alzare!	*or*	Non alzar**ti**!
Si alzi!	Non **si** alzi!		
Alziamoci!	Non **ci** alziamo!	*or*	Non alziamo**ci**!
Alzatevi!	Non **vi** alzate!	*or*	Non alza**tevi**!
Si alzino!	Non **si** alzino!		

As we have seen, reflexive pronouns may combine with other pronouns. The following imperatives of **andarsene** illustrate the combination of reflexive pronouns with **ne**.

Affirmative	Negative		
Vattene!	Non te ne andare!	*or*	Non andartene!
Se ne vada!	Non se ne vada!		
Andiamocene!	Non ce ne andiamo!	*or*	Non andiamocene!
Andatevene!	Non ve ne andate!	*or*	Non andatevene!
Se ne vadano!	Non se ne vadano!		

ESERCIZI

a. **Dare istruzioni.** *Certe persone sanno dare gli ordini molto bene. Dare l'imperativo usando le espressioni suggerite.*

1. Per il compleanno della mamma Sabina dice a Paola di...
   a. andare dal pasticciere.
   b. comprare un dolce.
   c. non comprarlo al cioccolato.
   d. ordinarlo per venerdì sera.
   e. non dire niente a nessuno.

2. Il Suo partner/La Sua partner è molto viziato/a e Le chiede di...
   a. portargli/le le pantofole.
   b. preparargli/le il caffè.
   c. chiudere la finestra.
   d. non accendere la luce.
   e. dirgli/le le ultime notizie.
   f. fargli/le la zuppa di pesce per cena.

3. Il fotografo dice a una coppia di sposi di...
   a. guardarsi nello specchio.
   b. pettinarsi.
   c. sedersi di fronte alla macchina fotografica.
   d. girare la testa un po' a sinistra.
   e. stare dritti.
   f. non muoversi.
   g. sorridere.

b. *Mi piace dare dei suggerimenti* (suggestions)...

ESEMPIO Voglio proporre agli amici di fare una passeggiata.
Facciamo una passeggiata!

Voglio proporre di...

1. andare al cinema.
2. giocare a carte.
3. prendere lezioni di judo.
4. bere qualcosa.
5. non dirlo a nessuno.
6. finire gli esercizi.
7. non parlarne più.
8. tornare in Europa e starci un mese.

c. **Entrate pure!** *Durante una cena in onore di alcuni studenti americani, fateli sentire a loro agio* (ease). *Seguire l'esempio.*

ESEMPIO venire dentro
Venite dentro!
Venga dentro!

1. venire verso le otto
2. accomodarsi in salotto
3. non stare in piedi
4. non preoccuparsi per il ritardo
5. scusare il disordine
6. aspettarci cinque minuti
7. non chiudere la porta
8. prendere un caffè

d. **Ordini strani...** *In un racconto di Moravia una donna sente una voce che le ordina di fare cose strane. Leggere attentamente e poi cambiare dal* **tu** *al* **Lei.**

Alzati, esci in camicia come sei, va' a suonare alla porta del tuo vicino e digli che hai paura. Va' a comprare una bottiglia di cognac, bevine la metà e poi mettiti a letto. Telefona in ufficio. Di' che non ti senti bene. Resta a casa. Restaci tre giorni.

e. **Sì, sì.** *È così facile andare d'accordo quando l'altra persona dice sempre di sì! Seguire l'esempio.*

ESEMPIO Allora, ci andiamo? —**Sì, andiamoci!**

1. Allora, ci sediamo?
2. Allora, lo facciamo?
3. Allora, ce ne andiamo?
4. Allora, le portiamo due fiori?
5. Allora, ci scommettiamo?
6. Allora, glielo diciamo?
7. Allora, li compriamo?
8. Allora, ci fermiamo?

f. *Sostituire al nome la forma corretta del pronome. Fare i cambiamenti necessari.*

ESEMPIO Dicci la verità! **Sì, diccela!**

1. Parlale dei bambini!
2. Dillo al professore!
3. Indicale la strada!
4. Restituiscigli l'anello!
5. Chiedilo alla mamma!
6. Dagli il passaporto!
7. Falle un regalo!
8. Falle molti regali!
9. Sta' a casa!
10. Vendile il mobile!

Altri modi di esprimere l'imperativo

1. The infinitive often replaces the imperative in situations where the general public is addressed rather than an individual person or persons (public notices, signs, instructions, recipes).

Non fumare.
No smoking.

Cuocere un'ora a fuoco lento.
Cook an hour on low heat.

2. A question with the verb in the present indicative or conditional may be used instead of the imperative to tone down an order or request. Compare:

Mi porta un caffè?
Will you bring me a cup of coffee?

Mi porterebbe un caffè?
Would you bring me a cup of coffee?

The present indicative or conditional of **potere** or **volere** + *verb* can also be used instead of the imperative.

Può portarmi un caffè?
Can you bring me *a cup of coffee?*

Mi porteresti un caffè?
Would you bring me a cup of coffee?

3. To express a command affecting a third party, (**che**) + *present subjunctive* is used. These indirect commands express what the speaker wants another person or persons to do.

Venga Mario se vuole!
Let Mario come if he wants to.

Che parli lei al professore!
Let her talk to the professor.

Note that when the subject is expressed, it often follows the verb for emphasis.

ESERCIZI

a. *Rispondere alle domande usando i nomi fra parentesi.*

ESEMPIO Chi lo fa? Tu? (Carlo) **—No, lo faccia Carlo!**

1. Chi paga? Tu? (l'avvocato)
2. Chi glielo dice? Tu? (la nonna)
3. Chi ci va? Tu? (Luigi)
4. Chi ne parla? Tu? (Silvia)

5. Chi le accompagna? Tu? (l'autista)
6. Chi gli telefona? Tu? (l'ingegnere)
7. Chi se ne occupa? Tu? (lo zio)

—Com'è romantico qui: cadono le foglie!

II. *Come* e *quanto* nelle esclamazioni

A. Come and **quanto** can introduce exclamatory sentences. They correspond to the English *how* and are invariable.

Come sono felice!
How happy I am!

Come cantano bene quei bambini!
How well those children sing!

Come parlavi piano!
How softly you talked!

Quanto sei buona, nonna!
How kind you are, Grandma!

Quanto è stato lungo il viaggio!
How long the trip was!

B. Che + *adjective* is often used to express *how* + adjective.

Che bello!
How beautiful!

Com'è bello!
How beautiful it is!

Che strana!
How strange!

Com'era strana!
How strange she was!

Che buoni!
How good!

Come sono buoni!
How good they are!

III. Pronomi tonici

A. Pronomi tonici (*stressed pronouns*) are used as objects of prepositions and as object pronouns following a verb. Unlike the other object pronouns we have studied, they occupy the same position in a sentence as their English equivalents.

Singular		Plural	
me	*me, myself*	noi	*us, ourselves*
te	*you, yourself*	voi	*you, yourselves*
Lei	*you*	Loro	*you*
lui, lei	*him, her*	loro	*them (people)*
esso, essa	*it*	essi, esse	*them (things)*
sé	*yourself*	sé	*yourselves*
	himself, herself, itself, oneself		*themselves*

Note that **me, te, noi,** and **voi** can also express a reflexive meaning, whereas in the third person singular and plural there is a special form for the reflexive: **sé.**

Secondo loro hai torto.
According to them you are wrong.

Il direttore vuole **te!**
The director wants you!

Lui non pensa mai agli altri, pensa **a sé.**
He doesn't think of the others, he thinks of himself.

Non mi piace lavorare **per lui.**
I don't like to work for him.

Parla **a me?**
Are you speaking to me?

Preferisco non parlare **di me.**
I prefer not to talk about myself.

B. Stressed pronouns are used most frequently as objects of prepositions.

Il fornitore ha lasciato un messaggio **per te.**   Venga **con me!**
The vendor left a message for you.   *Come with me.*

Non gettar via quei libri: qualcuno **di essi** può esserti utile.
Don't throw away those books; some of them can be useful to you.

1. Many single-word prepositions add **di** before a stressed pronoun.

contro *against*	Ha combattuto contro gli inglesi; sì, **contro di loro.** *He fought against the British; yes, against them.*
dentro *inside*	C'è qualcosa **dentro di te.** *There is something bothering you inside.*
dietro *behind*	Camminavano **dietro di me.** *They were walking behind me.*
dopo *after*	Arrivarono dopo gli zii. Arrivarono **dopo di loro.** *They arrived after our aunt and uncle; they arrived after them.*
fra (tra) *between, among*	C'era una certa ostilità **fra di loro.** *There was a certain hostility between them.*
fuori *outside*	È fuori città: è **fuori di sé** dalla gioia. *He is out of town; he is beside himself with happiness.*
presso *at, near*	Vive presso i nonni? —Sì, vivo **presso di loro.** *Do you live at (your) grandparents? —Yes, I live with them.*
senza *without*	Viene senza il marito; viene **senza di lui.** *She is coming without her husband; she is coming without him.*
sopra *above*	Volava sopra la città; volava **sopra di noi.** *It flew over the city; it flew over us.*
sotto *under*	**Sotto di me** abita una famiglia inglese. *An English family lives below me.*
su *on*	Contiamo sul tuo aiuto; sì, contiamo **su di te.** *We're counting on your help; yes, we're counting on you.*
verso *to, toward*	È stato buono **verso di voi.** *He has been kind to (toward) you.*

2. **Da** + *stressed pronoun* can mean two things: **a (in) casa di** (*at/to someone's home*) and **da solo** (**sola, soli, sole**) (*without assistance*).

Dove andiamo? A casa di Riccardo?—Sì, andiamo **da lui!**
Where shall we go? To Riccardo's?—Yes, let's go to his house.

L'ho capito **da me (da solo).**   Hanno riparato il televisore **da sé (da soli).**
I understood it by myself.   *They fixed the TV themselves.*

C. Stressed pronouns are also used after verbs:

1. Instead of the other object pronouns (direct or indirect) for emphasis. They always follow the verb.

Ho visto **lei.**	L'ho vista.	Scrivono **a me.**	Mi scrivono.
(emphasis on her)	*(no emphasis)*	*(emphasis on me)*	*(no emphasis)*
I saw her.	*I saw her.*	*They write to me.*	*They write to me.*

Often, for greater emphasis, certain adverbs are used with the stressed pronouns; for example, **anche, proprio,** and **solamente.**

Aspettavamo **proprio te.**   Telefono **solamente a lui.**
We were waiting just for you.   *I call only him.*

2. When there are two or more direct objects in the same sentence or two or more indirect objects.

Hanno invitato **lui** e **lei.**   Antonio ha scritto **a me** e **a Maria.**
They invited him and her.   *Antonio wrote to me and Mary.*

D. The **sé** form can only be used in the reflexive. It is masculine or feminine, singular or plural, and can refer to either people or things.

Silvia non ama parlare **di sé.**   Carla e Valeria amano parlare **di sé.**
Sylvia doesn't like to talk about herself. *Carla and Valeria love to talk about themselves.*

La cosa **in sé** ha poca importanza.
The thing has little importance in itself.

Stesso is often added to the pronoun for extra emphasis and agrees in gender and number with the stressed pronoun. The accent mark on **sé** is optional before **stesso.**

Parlavo tra **me stessa.**   Paolo è egoista: pensa solo a **sé (se) stesso.**
I was talking to myself.   *Paul is selfish: he thinks only of himself.*

ESERCIZI

a.   **In ditta.** *Il direttore di una ditta di componenti meccaniche che esporta all'estero parla con un collega. Rispondere alle domande usando i pronomi tonici.*

    Esempio Vuoi parlare davvero con i sindacati (*unions*)?
          Sì, voglio parlare davvero con loro.

    1. Hai intenzione di dare il nuovo incarico a Marco?
    2. Hai veramente fiducia in Marina per il contratto con la TRE EFFE?
    3. Vuoi che mandiamo gli ordini per settembre solo ai F.lli Rosselli?

4. Non sembra anche a te che i prodotti della Selenia siano migliori?
5. Il dottor Merlotti vuole solo Stefano per il contratto di Bari, vero?
6. E possono sempre contare su di voi per le merci dall'Inghilterra, vero?
7. È vero che sia Castelli che Pavone devono trovarsi i clienti da sé?
8. Finiranno la produzione di quest'anno anche senza di me e senza di te?

b. **Non ci credo!** *Federica ha passato un anno all'estero e non è al corrente di quanto è successo durante la sua assenza. Seguire l'esempio.*

ESEMPIO Franco è andato in ferie senza sua moglie.
   Veramente è andato in ferie senza di lei?

1. Gli Arbizzi contano su di te per il nuovo negozio.
2. Mia cugina ha fatto strada senza l'aiuto dello zio.
3. Il nostro ex professore di storia abita sotto di noi.
4. Le nostre compagne di Padova si sono laureate dopo di mia sorella.
5. Luciano si è rotto la gamba proprio mentre sciava dietro di me.
6. Patrizia è andata via di casa e adesso vive presso i nonni.
7. Margherita adesso è contro le leggi in favore dell'ecologia.

Telegiornale RAIUNO, uno finestra aperta sul mondo

LETTURA

VOCABOLARIO UTILE

l'annunciatore/l'annunciatrice
  announcer, speaker
l'armadio wardrobe
il carabiniere[1] police officer
il diritto right
il divano couch, sofa
il mestiere job; trade
il nascondiglio hiding place
la notizia news
la poltrona armchair
il pompiere fireman
il/la testimone witness
il televisore television set
il vigile police officer

altrimenti otherwise
a proposito by the way

assicurarsi (che + *subjunctive*)
  to make sure
*essere in grado di + *infinitive*
  to be able to do something
fare i propri comodi to do as
  one pleases
fare visita a qualcuno to visit,
  to pay a visit to
nascondere (*pp* nascosto; *pr*
  nascosi) to hide;
  nascondersi to hide (oneself);
  nascosto hidden;
  di nascosto secretly
riempire (di) to fill (with);
  riempirsi (di) to get filled
  (with)
sorridere (*pp* sorriso; *pr* sorrisi)
  to smile
testimoniare to witness; to give
  evidence, testify

PRIMA DI LEGGERE

Il dottor Verucci, il protagonista del racconto *Avventura con il televisore*, torna a casa dal lavoro stanchissimo. Chiude la porta, si mette le pantofole, accende il televisore, si siede in poltrona. Ah, che meraviglia! È finalmente solo! Di tanto in tanto abbiamo bisogno di stare tranquilli, di rilassarci, di non vedere nessuno. Ma sappiamo veramente star soli? In gruppi di due o tre studenti esaminare questo stato d'animo°. Ecco alcuni spunti di riflessione.

stato: *state of mind*

1. Vi capita mai di aver voglia di «chiudere fuori il mondo» e di stare «in pace» per un po'? Perché? Quanto dura?
2. Che cosa fate quando siete stanchi di studiare o di lavorare?
3. Spesso, per distrarci un po', accendiamo il televisore. Che cosa ci aspettiamo?

[1] In Italy there are several types of police forces, each having specific duties: the **carabinieri** are a national police force that performs such duties as border control, protection of public officials, and crime prevention. The **vigili urbani** are a local police mainly responsible for traffic control, enforcing city ordinances, and dealing with minor offenses.

4. La TV, oltre a intrattenere°, ci informa sugli avvenimenti di tutto il mondo. In che misura siamo spettatori attenti e responsabili?

5. Guardare il telegiornale è un diversivo? Guardare la TV è veramente un modo di star soli?

to entertain

Avventura con il televisore

Una sera il dottor Verucci rincasava° dal lavoro. Questo dottor Verucci era un impiegato, forse delle poste. Ma poteva anche essere un dentista. Noi possiamo fare di lui tutto quello che vogliamo. Gli mettiamo i baffi? La barba? Benissimo, barba e baffi. Cerchiamo di immaginare anche com'è vestito, come cammina, come parla. In questo momento sta parlando fra sé... Ascoltiamolo di nascosto:

tornava a casa

—A casa, a casa, finalmente... *Casa mia, casa mia, per piccina che tu sia*[1], eccetera. Non ne posso più, sono proprio stanco. E poi tutta questa confusione, questo traffico. Adesso entro, chiudo la porta, signore e signori, tanti saluti: tutti fuori... Quando chiudo la porta di casa il mondo intero deve restare fuori. Almeno questo lo posso fare, toh... Ecco qua. Solo, finalmente solo... Che bellezza... Primo, via la cravatta... Secondo, pantofole... Terzo, accendere il televisore... Quarto, poltrona, sgabello° sotto i piedi, sigaretta... Ah, ora sto bene. E soprattutto solo... So... Ma lei chi è? Di dove viene?

stool

Una bella signorina sorrideva gentilmente al dottor Verucci. Un attimo° prima non c'era, adesso era lì, sorrideva e si aggiustava una collana sul petto.

momento

—Non mi riconosce, dottore? Sono l'annunciatrice della televisione. Lei ha acceso il suo televisore ed eccomi qua. Le debbo dare le notizie dell'ultima ora...

Il dottor Verucci protestò:

—Abbia pazienza, ma lei non sta *dentro* il televisore come dovrebbe: lei sta in casa mia, sul mio divano...

—Che differenza fa, scusi? Anche quando sto nel televisore, sto in casa sua e parlo con lei.

—Ma come ha fatto a venir giù? Io non me ne sono accorto... Senta, non sarà mica entrata di nascosto, vero?

—Su, non stia a pensarci troppo... Le notizie del telegiornale le vuole, o no?

[1] This is part of a common rhyme that, in its entirety, reads: **Casa mia, casa mia, per piccina che tu sia, tu mi sembri una badia.** *My home, my home, however small you may be, you seem like a mansion to me.* It corresponds to the English "Be it ever so humble, there's no place like home."

Il dottor Verucci si rassegnò:

—La cosa non mi persuade del tutto°, ma insomma... Faccia un po' lei. del: *completamente*

La bella signorina si schiarì la voce° e cominciò: si: *cleared her voice*

—Dunque: *Continua in tutta l'Inghilterra la caccia al temibile bandito evaso dal carcere di Reading. Il commissario capo della polizia ha dichiarato che secondo lui il bandito si nasconde nei boschi...*

In quel momento il dottor Verucci sentì una voce che non veniva né dal televisore né dall'annunciatrice, ma piuttosto da un punto imprecisato dietro la sua testa. Disse la voce:

—Storie°! *Rubbish!*

—Chi è?—sobbalzò° Verucci.—Chi ha parlato? *jumped up*

—Ma è il bandito, no?—disse l'annunciatrice, senza scomporsi.—Guardi, stava nascosto dietro il suo divano.

—Storie,—ripetè la voce,—dove mi nascondo, non glielo vengo a dire a lei...

Il dottor Verucci si alzò di scatto, guardò dalla parte della voce e sbottò°. *blurted out*

—Ma come si permette? E armato, pure°! Un bandito in casa mia! *as well*
Roba da matti°! **Roba:** *Incredible!*

—Se è lei, che mi ha invitato!—disse il bandito, uscendo dal suo nascondiglio.

—Io? Questa è buona davvero. Io inviterei i banditi a farmi visita e a bere un bicchierino°... a bere: *to have a drink*

—A proposito, ce l'ha?

—Che cosa?

—Il bicchierino.

—Non è solo un bandito, è anche uno sfacciato°. Per prima cosa, *shameless person*
dichiaro che io non la conosco e che lei è qui contro la mia volontà. Lei, signorina, è testimone.

—No, dottor Verucci,—disse l'annunciatrice,—non posso testimoniare come vuole lei. È stato lei ad accendere il televisore...

—Ah, perché anche il bandito...

—Certo, è entrato in casa sua *dal televisore,* come me.

—Insomma,—disse il bandito,—il bicchierino me lo offre, o no?

—Per carità,—fece il dottor Verucci,—avanti, si accomodi, faccia come se fosse a casa sua. Ormai ho capito che io qua non sono nessuno. È casa mia, ma non comando niente. La porta è chiusa, le finestre sono sbarrate°, ma la gente va e viene e fa i suoi comodi... *with bars*

—Quanto la fa lunga°, per un bicchierino—osservò il bandito. **Quanto:** *how difficult you're making it*

—Vado avanti con le notizie?—domandò l'annunciatrice.

E Verucci:—Perché no? Sono curioso di vedere come andrà a finire questa storia...

E la signorina riprese il tono impersonale delle annunciatrici e annunciò:—*Il generale Bolo, comandante delle truppe semantiche, ha dichiarato che riprenderà al più presto l'offensiva contro la repubblica di Planàvia e che la guerra non terminerà prima di Natale.*

—Questo non è del tutto esatto,—disse una voce nuova, mentre lo sportello di un armadio si spalancava con forza. Nuovo balzo° del dottor Verucci.

Nuovo: *another jump*

—Cosa? Ah, volevo ben dire. Lei è il generale Bolo, vero? E che cosa faceva in quell'armadio?

—Niente che la interessi,—rispose il generale.

—Già, ma io voglio vedere lo stesso°,—disse Verucci, facendo seguire l'atto all'annuncio della sua volontà.—Bombe... Bombe nel mio armadio. Nel mio armadio, dico!... Cosa c'entro io con la sua guerra, lo vorrei proprio sapere...

lo: *just the same*

Il generale Bolo ridacchiò°:

snickered

—Il mio mestiere, caro signore, è di comandare le truppe seman-tiche e di occupare il territorio di Planàvia, non di rispondere alle sue domande. Stavo dicendo, qui, alla signorina, che la mia dichiarazione è stata compresa° male. Le mie esatte parole sono queste: *la guerra termi-nerà prima di Natale, perché io distruggerò tutti i planaviani, uno per uno, ridurrò in cenere le loro città, i loro campi saranno trasformati in deserti.*

capita (*from* **compren-dere**)

A questo punto il bandito volle dire la sua°:

dire: *to have his say*

—Senti, senti, che animo gentile: e a me, povero banditello da strada, mi stanno dando la caccia per tutta l'Inghilterra. Vorrei sapere chi è il vero bandito, tra noi due...

—E io, invece,—tuonò il dottor Verucci,—vorrei sapere quando ve ne andate tutti quanti: lei, cara signorina, e lei, signor bandito, e lei, signor generale... Questa è casa mia e io voglio restare solo! Quello che fate e quello che dite non mi interessa. Ma troverò bene un sistema per mettervi alla porta. Ora chiamo la polizia e vi denuncio per vio-lazione di domicilio°. Va bene? E telefono anche ai carabinieri giacché° ci sono. E anche ai vigili urbani, ai pompieri... Voglio proprio vedere se sono padrone in casa mia o no... Voglio proprio vederlo...

violazione: *breaking and entering / since*

Ma intanto, via via che° l'annunciatrice della TV proseguiva nella lettura delle notizie, la casa di cui il dottor Verucci era l'unico pro-prietario e nella quale contava di restare solo e indisturbato, si andava riempiendo di gente di ogni genere: folle di affamati, eserciti° in marcia, uomini politici alla tribuna, automobilisti bloccati dal maltempo, sportivi in allenamento, operai in sciopero, aeroplani in missione di bombardamento... Voci, grida, canti, insulti in tutte le lingue si mesco-lavano a rumori, esplosioni, fragori d'ogni genere.

via: *as*

armies

—Basta!—gridava il dottor Verucci.—Tradimento! Violazione di domicilio! Basta! Basta!

Primo finale

Improvvisamente si udì° un energico squillo di campanello.
—Chi è?

sentì (*from* **udire**)

20   —La forza pubblica!°   **La:** *the police*

Lode al cielo erano i carabinieri. Li aveva chiamati un vicino allarmato dalle esplosioni.

—Fermi tutti! Mani in alto! Documenti!

—Grazie,—sospirò il dottor Verucci, accasciandosi° sul suo   *collapsing*

25 amato divano.—Grazie, portate via tutti. Non voglio vedere nessuno! È
tutta gente sospetta.

—Anche la signorina?

—Anche lei. Non aveva nessun diritto di portarmi in casa questa
baraonda°.   **confusione**

30   —D'accordo, dottor Verucci,—disse il comandante dei carabinieri,—lei ha diritto alla sua vita privata. Porterò tutti in prigione.
Vuole che le faccia anche un caffè?

—Grazie, me lo faccio da solo. Ma senza caffeina, altrimenti non
mi lascia dormire.

35 ## Secondo finale

Improvvisamente... il dottor Verucci pose° termine alle sue escla-   **mise** (*from* **porre**)
mazioni. Gli era balenata° un'idea, ma un'idea... una di quelle idee   **venuta**
che nei fumetti sono rappresentate da una lampadina che si accende
nella testa di Topolino° o di Superman.   *Mickey Mouse*

40   Il dottor Verucci si avvicinò quatto quatto° al televisore, sorri-   **quatto:** *quietly*
dendo ai numerosi presenti che lo osservavano con curiosità. Con un
ultimo sorriso egli si assicurò che nessuno fosse in grado di interrompere la sua manovra. Poi con un gesto brusco e preciso, tac, spense il
televisore.

45   La prima a sparire, insieme alle ultime luci del video, fu l'annunciatrice. Al suo seguito, uno dopo l'altro, sparirono banditi e generali,
cantanti e atleti, eserciti e popoli. Semplice, no?

Basta chiudere il televisore, e il mondo è costretto a scomparire, a
restare fuori della finestra, a lasciarti solo e tranquillo...

50   Il dottor Verucci, rimasto padrone del campo, sorrise a se stesso e
si accese la pipa.

Terzo finale

Improvvisamente... il dottor Verucci smise di gridare come un
insensato°.   *fool*

55 Aveva capito?

Sì, aveva capito.

Che cosa?

Che non basta chiudere la porta di casa per chiudere fuori il
mondo, la gente, i suoi dolori, i suoi problemi.

60 Che nessuno può veramente godere le gioie della vita quando
sa—e basta un televisore a farglielo sapere—che c'è chi piange, soffre e

muore, vicino o lontano, ma sempre su questa terra, che è una sola per tutti, la nostra casa comune.

Gianni Rodari, *Tante storie per giocare*

COMPRENSIONE

1. Perché il dottor Verucci è contento di essere a casa finalmente?
2. Chi è la prima persona che viene in casa sua e che cosa fa?
3. Quali sono le notizie dell'ultima ora dall'Inghilterra?
4. Quale dichiarazione ha fatto il generale Bolo secondo il telegiornale?
5. Quali sono le vere intenzioni del generale?
6. A chi vuole telefonare il dottor Verucci e perché?
7. Di chi si riempie la casa di Verucci?
8. Nel primo finale, chi viene dal dottor Verucci e perché? Che cosa succede?
9. Nel secondo finale, come riesce a rimanere solo il dottor Verucci?
10. Nel terzo finale, che cosa ha capito il dottor Verucci?

Studio di parole

to hear

sentire (less commonly **udire**)
    qualcuno/qualcosa
to hear someone/something

Mi pare di sentire dei rumori.
I think I hear some noises.

sentirci
to be able to hear

Non ci sento bene; sono quasi sordo!
I can't hear well; I'm almost deaf!

ascoltare
to listen to

Ti piace ascoltare la radio?
Do you like to listen to the radio?

sentire parlare di qualcuno/
    qualcosa
to hear of someone/something

Avete sentito parlare di questo poeta?
Have you heard about this poet?

sentire (dire) che
to hear a rumor that

Hanno sentito dire che ci sarà una
    nuova offensiva.
*They heard there will be a new
    offensive.*

avere notizie di
ricevere notizie da } qualcuno
to hear from someone

Chi ha ricevuto notizie da Vittorio?
È molto tempo che non ho sue
    notizie.
Who has heard from Vittorio?
*I haven't heard from him in a long
    time.*

to enjoy

piacere
to enjoy = to like

Ho visto il film ma non mi è
   piaciuto.
I saw the movie but I didn't enjoy it.

ATTENZIONE! **Piacere** can be used
in almost any situation where *enjoy*
means *to like*. The other verbs that
express *to enjoy* are limited to certain
idiomatic expressions.

fare piacere a qualcuno + *infinitive*
to enjoy doing something

Mi farà piacere conoscerLa.
I'll enjoy meeting you.

godere
to enjoy = to have, to possess
godere buona salute, buona repu-
   tazione, una bella vista
to enjoy = to derive pleasure from
godere il sole, l'aria fresca, la compagnia di una persona, i frutti del
   proprio lavoro, le gioie della vita

gradire
to enjoy = to appreciate, to welcome
gradire una lettera, un regalo, una
   vista, dei fiori

gustare
to enjoy = to savor, to appreciate
gustare il cibo
gustare la musica, un buon sonno

Related words:
il piacere *pleasure*
piacevole *pleasant*
gusto *taste*
gustoso *tasty*

PRATICA

a. *Scegliere la parola o le parole che completano meglio la frase.*

1. Chi ha _____ le ultime notizie?
2. Grazie per la cartolina che ho molto _____ .
3. È impossibile che non abbiate mai _____ Dante, il padre della letteratura italiana.
4. Con tutte le preoccupazioni che abbiamo, come possiamo veramente
   _____ le gioie della vita?
5. I nonni di Paolo avevano quasi novant'anni ma _____ ancora buona
   salute.
6. Signora Raggi, complimenti per il dolce! L'ho veramente _____ .
7. Mario ha avuto un incidente: ora non _____ dall'orecchio destro.
8. Ci sono molte cose che mi _____ fare durante il week-end.

b. *Inserire le parole che completano meglio il dialogo.*

—Ho _____ che sei diventato direttore di RAI 3. È vero?
—Sì, chi te l'ha datto?
—Fabrizio S. Non ti conosce molto bene, ma aveva _____ di te dai col-
   leghi e mi ha detto che la notizia gli ha fatto _____ . Congratulazioni!

—Grazie! Senti, hai consigli da darmi? Dimmi, tu _____ spesso la radio?

—Sì, certo. L' _____ sempre in macchina.

—Che cosa _____ di più?

—Mi _____ i notiziari e i servizi che informano sulla vita della società contemporanea.

—Mi fa _____ . Anch'io penso che siano importanti e anch'io li ascolto in macchina. A proposito, forse non ti ho detto che ho comprato una casetta al mare, all'Argentario. È un posto splendido dove si possono _____ il sole e l'aria pulita. Perché non vieni il week-end prossimo?

—Grazie! _____ moltissimo passare una giornata al mare con te. C'è un buon ristorante dove si possano _____ le specialità della zona?

—Come no? Pesce fresco e ottima cucina. Il cuoco sono io!

c. *Domande per Lei.*

1. Quale vista gode dalla finestra della Sua camera?
2. Quali persone Le farebbe piacere conoscere e perché?
3. Di quali uomini politici italiani ha sentito parlare?
4. Di quali amici o parenti non ha notizie da molto tempo?

TEMI PER COMPONIMENTO O DISCUSSIONE

1. I mezzi di comunicazione di massa hanno, tra l'altro, la funzione di intrattenerci. È bene o male che sia così? Perché? Quali altri divertimenti (*entertainments*) abbiamo?
2. La TV ci porta in casa immagini di ogni genere, dai programmi per i bambini a scene di violenza e di orrore. Siete d'accordo che passare molte ore davanti al televisore fa male, specialmente ai giovani? Perché sì o perché no?
3. Grazie ai mass media le notizie di ciò che accade nel mondo ci arrivano in poche ore. In che misura questo influisce sulla nostra vita e sulla vita della società in cui viviamo?
4. Commentate l'ultimo paragrafo della storia di Rodari. «Nessuno può veramente godere le gioie della vita quando sa—e basta un televisore a farglielo sapere—che c'è chi piange, soffre e muore, vicino o lontano, ma sempre su questa terra, che è una sola per tutti, la nostra casa comune.»

PER COMUNICARE

Dieci anni dopo. Angelo e Daniela non si sono sposati e non si vedono da dieci anni. Un giorno all'aeroporto di Santiago in Cile, Angelo vede una signora che gli sembra di conoscere... Le si avvicina.

ANGELO: Mi scusi, Lei non è per caso... Ma sì, sei Daniela!

DANIELA: Angelo? Non è possibile! Che sorpresa!

ANGELO: Ma guarda! Ritrovarsi dopo tanto tempo, e in Cile!

DANIELA: Incredibile!

ANGELO: Dimmi, come stai? Cosa fai?

DANIELA: Sono consulente di una compagnia italiana che ha investimenti nell'agricoltura cilena.

ANGELO: Ma và! Che mi dici? Non facevi antropologia?

DANIELA: Sì, quand'ero giovane. E tu cosa fai? Come mai sei qui?

ANGELO: Sono venuto a filmare un servizio sugli emigrati italiani.

DANIELA: Ma allora sei diventato davvero corrispondente televisivo! Magnifico! Sono proprio contenta per te! Devo andare. Hanno appena annunciato il mio volo. Senti, hai notizie di Michele?

ANGELO: Sta bene, è informatico, è ricchissimo, ha appena divorziato per la terza volta.

DANIELA: Ma come! Un tipo accomodante come lui!

ANGELO: Eh già! È meglio che tu vada adesso, se no perdi l'aereo.

DANIELA: Angelo, mi ha fatto davvero piacere rivederti.

ANGELO: Anche a me. Il mondo è veramente piccolo!

Esprimere ammirazione

Magnifico! Splendido! Stupendo! Meraviglioso!	*How wonderful!*
Perfetto!	*Perfect!*
Che bello! Com'è bello!	*How nice!*
Quanto mi piace!	*I really like it!*

Dimostrare incredulità

Ma và! Incredibile!	*Come on! Incredible!*
Non è possibile!	*It's not possible!*
Ma come! Sei sicuro/a?	*What? Are you sure?*
Dici sul serio?	*Are you serious?*
Che mi dici? Cosa mi racconti?	*What are you telling me?*
Non ci credo proprio! Ma dài, chi ci crede!	*I can't believe it.*

Esprimere sorpresa

Veramente? Davvero?	*Really?*
Che sorpresa!	*What a surprise!*
Proprio non me l'aspettavo!	*I didn't expect this at all!*
Ma guarda! ⎫	
Che strano! ⎬	*How strange!*

CHE COSA DICE?

1. Il Suo amico Giuseppe, quello che non studia mai, ha preso trenta e lode all'esame di latino.
2. Mara, la Sua compagna di liceo, quella timidissima e introversa che sedeva sempre al terzo banco, è diventata un'attrice famosa.
3. Sua moglie/Suo marito Le fa trovare sotto il tovagliolo le chiavi di un'Alfa Romeo nuova.
4. Le chiedono il Suo giudizio su un quadro che Lei ammira moltissimo.
5. Una chiromante Le predice che si sposerà presto e avrà sei figli.

SITUAZIONI

1. Lei ha fatto molto bene l'esame di ingegneria mineraria e il Suo professore Le ha offerto di lavorare con lui in Alaska. Immagini una conversazione telefonica in cui Lei dà la notizia a Sua madre e le racconta le Sue reazioni.
2. Durante il telegiornale vede sullo schermo televisivo una Sua vecchia compagna di scuola che ha appena ricevuto il premio Nobel. Ne parli con Suo marito/Sua moglie.
3. Il Suo aereo passa vicino al polo artico e Lei vede per la prima volta il fenomeno dell'aurora boreale. Comunichi le Sue impressioni agli altri passeggeri.
4. Lei va a trovare Suo nonno, un vecchio signore di ottantasette anni a cui piace scherzare. Il nonno Le annuncia con molta serietà che ha deciso di sposarsi e L'invita al matrimonio. Lei esprime la Sua sorpresa e si fa raccontare dal nonno i preparativi del matrimonio.

CAPITOLO
11

Per cominciare

L'esame è andato male. Emilio è preoccupato, vuol fare la tesi in linguistica ma il primo esame è andato maluccio. Fabio cerca di dargli appoggio morale.

EMILIO: Se quest'esame mi va male sono rovinato.

FABIO: Andrà certamente meglio dell'altro, stai studiando moltissimo. Prenderai senz'altro un voto migliore.

EMILIO: Ma deve essere un voto molto più alto! Se prendessi trenta o trenta e lode potrei andare da De Mauro e chiedergli la tesi senza timore.

FABIO: Ma non è soltanto il voto dell'esame che conta.

EMILIO: Di solito no, per fortuna la mia media è piuttosto alta. Se non avessi un ventuno in fonologia non mi preoccuperei.

FABIO: Forse ti preoccupi di più di quanto non sia necessario. Inoltre mi sento un po' responsabile anch'io. Se non ti avessi invitato a sciare, avresti studiato di più e ora saresti meno depresso.

EMILIO: Ma di tanto in tanto bisogna fare qualcosa di divertente! Fa bene allo spirito! Non esco mai con gli amici, spesso non guardo neanche il telegiornale... Meno male che tra due settimane finisco! Se continuo così mi viene l'esaurimento nervoso!

FABIO: È probabile. Però anche tu sei un bel tipo! Hai scelto una tesi difficilissima e vuoi come relatore uno dei professori più famosi della facoltà. Sai cosa ti dico? Continua a fare del tuo meglio e, se il giorno dell'esame non ti senti pronto, ritirati. Se non riesci a darlo ora lo darai alla sessione di febbraio.

EMILIO: Hai ragione tu. Forse è meglio fare così.

VOCABOLARIO UTILE

L'università

Sostantivi

la borsa di studio scholarship
la commissione d'esame examining committee
la facoltà (di medicina/ingegneria) college (school of medicine/engineering)
l'istituto department
la laurea university degree

il laureato university graduate
il libretto universitario grade record-book
la matricola freshman
la media grade point average
il relatore thesis advisor
la segreteria registrar's office
la tesi di laurea thesis, dissertation

Espressioni

dare latino/statistica/diritto romano to take Latin/statistics/Roman law

fare il primo/secondo anno to be in first/second year
frequentare to attend

iscriversi   to register
prendere diciotto/trenta e lode[1]   to get an eighteen/a thirty cum laude

ritirarsi (da un esame)   to withdraw (from an exam)
superare un esame   to pass an exam

La scuola media e superiore

il compito in classe   written test
la condotta   behavior
il diploma   school certificate
l'esame di riparazione   make-up exam
l'insufficienza/la sufficienza   failing/passing grade

l'interrogazione   oral test
la maturità   baccalauréat
la pagella   report card
respinto   failed (in all subjects)
rimandato a settembre   failed (in one or more subjects)

ESERCIZI

a.   *Completare le frasi con le espressioni opportune.*

1. Emilio pensa: «Se quest'esame mi va male...»
   a. abbandono gli studi.
   b. non importa perché il voto dell'esame conta poco.
   c. non posso chiedere la tesi.
2. Fabio teme che...
   a. Emilio non abbia studiato abbastanza.
   b. sia colpa sua se Emilio ha perso tempo.
   c. Emilio pensi a divertirsi invece che a studiare.
3. Se Emilio non si sente pronto per l'esame...
   a. può chiedere aiuto al relatore.
   b. può dare l'esame alla sessione di febbraio.
   c. può andare a sciare.

b.   **La definizione.** *Dare il termine descritto dalle frasi seguenti.*

1. Lo studente la scrive al termine di un corso di studi universitari per ottenere la laurea.
2. È il nome per uno studente/una studentessa universitario/a di primo anno.
3. È un comitato che esamina gli studenti al termine del loro corso di studi.
4. È il voto minimo per superare un esame all'università.
5. Accade quando uno studente decide di non dare un esame perché non si sente ben preparato.
6. È il documento che registra i voti riportati da un alunno per ogni trimestre dell'anno scolastico.
7. È il comportamento di un alunno durante le ore di scuola.
8. Certifica il titolo di studio.
9. È il voto minimo che l'alunno deve prendere per non essere rimandato a settembre.

[1] At the secondary school levels the passing grade is 6 out of a possible 10; at university the passing score is 18 out of a possible 30.

STRUTTURA

I. Periodo ipotetico con *se*

A. The **periodo ipotetico** (*hypothetical sentence*) consists of two parts, or clauses: a *dependent clause* introduced by *if* (**se**) indicating a condition, a possibility, or a hypothesis (*If I had a hammer . . .*); and an *independent clause* indicating the result of the condition (*. . . I would hammer in the morning*). A hypothetical sentence can express real or possible situations; probable (likely or unlikely) situations; or improbable (contrary-to-fact) situations. The mood and tense of the verbs depend on the nature of the condition.

Real:	**Se mangiano gelati, ingrassano.**[1]
	If they eat ice cream, they (will) get fat.
Probable:	**Se mangiassero gelati, ingrasserebbero.**
	If they ate ice cream, they would get fat.
Improbable:	**Se avessero mangiato gelati, sarebbero ingrassati.**
	If they had eaten ice cream, they would have gotten fat.

B. When real or possible situations are described, the **se**-clause is in the indicative and the result clause is in the indicative or the imperative.

CONDITION: *Se*-clause	RESULT: Independent Clause
Se + presente	presente
	futuro
	imperativo

Se **studiate imparate.**
If you study, you (will) learn.

Se **corriamo** li **raggiungeremo.**
If we run, we'll catch up with them.

Se lo **vedi digli** di aspettarmi.
If you see him, tell him to wait for me.

CONDITION: *Se*-clause	RESULT: Independent Clause
Se + futuro[2]	futuro

Se **potrò** lo **farò.**
If I can, I'll do it.

---

[1] Italian does not always require the use of a comma to separate the two clauses.
[2] This is the only tense sequence that differs from English: **se** + **futuro** in Italian; *if* + *present* in English. This construction is possible only when the verb of the independent clause is in the future.

CONDITION: *Se*-clause	RESULT: Independent Clause
Se + passato prossimo o remoto imperfetto	presente futuro imperfetto passato prossimo o remoto imperativo

Sei hai studiato lo sai.
If you have studied, you (will) know it.

Se hanno preso l'aereo arriveranno prima.
If they took a plane, they'll arrive earlier.

Se disse questo non sapeva quel che diceva.
If he said that, he didn't know what he was saying.

Se avete riso non avete capito niente.
If you laughed, you didn't understand a thing.

Se non era vero, perché l'hai detto?
If it wasn't true, why did you say it?

Se è arrivata, dille di telefonarmi.
If she has arrived, tell her to phone me.

C. When probable or imaginary situations (either likely or unlikely to happen) are described, the **se**-clause is in the imperfect subjunctive, and the result clause is in the conditional (usually the present conditional).

CONDITION: *Se*-clause	RESULT: Independent Clause
Se + congiuntivo imperfetto	condizionale presente condizionale passato

Se trovassimo un ristorante mangeremmo.
If we were to find a restaurant, we would eat.

Se lui avesse un buon carattere non avrebbe detto queste cose.
If he had a good disposition, he wouldn't have said these things.

D. When improbable or impossible situations (contrary to fact, unlikely to happen or to have happened) are described, the **se**-clause is in the past perfect subjunctive, and the result clause is in the conditional (usually the conditional perfect).

CONDITION: *Se*-clause	RESULT: Independent Clause
Se + congiuntivo trapassato	condizionale passato condizionale presente

Se gli altri avessero taciuto anche noi avremmo taciuto.
If the others had kept quiet, we would have kept quiet too.

Se tu mi avessi aiutato ora sarei ricco.
If you had helped me, I would be rich now.

1. ATTENZIONE! If the independent clause in an English sentence contains *would* (signal for the present conditional) or *would have* (signal for the conditional perfect), use the subjunctive (imperfect or past perfect) in the se-clause in Italian. The conditional is used in the independent clause, never in the **se**-clause.

   If I were rich, I would travel. → **Se fossi** ricco viaggerei.

   If they had missed the train, they would have called. → **Se avessero perso** il treno, avrebbero telefonato.

2. Sometimes **se** is omitted, as in English.

   Fossi laureata non lavorerei qui.
   Were I a college graduate, I wouldn't work here.

   Rinascessi, tornerei a fare lo scrittore.
   Were I born again, I'd be a writer again.

   Fosse stato vivo mio padre, che cosa avrebbe detto?
   Had my father been alive, what would he have said?

3. The order of the clauses is interchangeable.

   Se avessimo tempo mangeremmo.
   Mangeremmo se avessimo tempo.
   We would eat if we had time.

4. In present-day Italian the **imperfetto** of the indicative is used more and more frequently to replace the past perfect subjunctive in the **se**-clause, the conditional perfect in the independent clause, or both.

   Se tu non **venivi** (fossi venuto) da me, sarei venuto io da te.
   If you hadn't come to me, I would have come to you.

   Se ci fossimo voluti bene, nient'altro **importava** (sarebbe importato).
   If we had loved each other, nothing else would have mattered.

   Se lo **sapevo** (avessi saputo), ti **invitavo** (avrei invitato).
   If I had known, I would have invited you.

—Se tu mi dai l'indirizzo del tuo sarto io ti do quello del mio.

ESERCIZI

a. **Realtà o possibilità.** *Trasformare le seguenti frasi secondo l'esempio terminando ciascuna frase in modo originale.*

ESEMPIO Se sono stanchi...
   Se sono stanchi non escono.
   Se fossero stanchi non uscirebbero.
   Se fossero stati stanchi non sarebbero usciti.

1. Se devo studiare...
2. Se piove...
3. Se tu resti...
4. Se non hanno tempo...
5. Se ci laureiamo a luglio...
6. Se studiate sodo...
7. Se notano qualcosa di strano...
8. Se riusciamo a prendere trenta nell'esame di biologia...

b. **A dire il vero...** *Rispondere alle seguenti domande seguendo l'esempio e dando una ragione plausibile.*

ESEMPIO Mi aiuteresti a fare i compiti?
   Se potessi ti aiuterei, ma non ho tempo.

1. I professori pospongono gli esami?
2. Dareste l'esame di psicologia con noi a marzo?
3. Verresti con me all'Istituto di Italianistica?
4. Mi daresti gli appunti di filosofia?
5. Professore, mi spiegherebbe di nuovo le teorie di Keynes?
6. Mi aiuteresti ad organizzare la festa della matricola?
7. Eleggono un nuovo rettore (*president*)?
8. Gli impiegati della segreteria fanno sciopero (*strike*)?

c. **Vita universitaria.** *Formare un'unica frase secondo l'esempio.*

ESEMPIO Fiorello diede l'esame di storia moderna. Prese trenta.
   Se Fiorello avesse dato l'esame di storia moderna, avrebbe preso trenta.

1. Marinella voleva diventare diplomatico. Entrò all'università subito dopo il liceo.
2. Anna andò alla festa di laurea di Patrizia. Rivide molte compagne di corso.
3. Le poste non hanno funzionato. Gli appunti di chimica non sono arrivati in tempo.
4. Vi fermaste in biblioteca. Tornaste a casa tardi.
5. Andammo alla conferenza. Ascoltammo la relazione di Raimondi.

6. Tu facevi lingue moderne. Potevi fare l'interprete.
7. Chiesi la tesi a Celati. La mia proposta gli piacque.

d. **Che cosa farebbe Lei?** *Formare frasi complete indicanti condizioni e conseguenze, usando i seguenti verbi.*

ESEMPIO arrivare, salutare
Se arrivassi in ritardo non potrei salutare Daniela.
Se fossi arrivata in ritardo non avrei potuto salutare Daniela.

1. avere paura, scappare
2. piacere, comprare
3. fare attenzione, capire
4. essere bel tempo, fare una gita
5. vedere, salutare
6. alzarsi tardi, perdere il treno
7. sapere, dire

e. *Completare con la forma corretta (condizionale o congiuntivo) del verbo fra parentesi.*

1. Che cosa _____ (rispondere) se Le chiedessero di andare sulla luna?
2. Se i bambini _____ (stare) zitti potremmo studiare meglio.
3. Se tu avessi avuto la coscienza tranquilla, non _____ (parlare) così!
4. Se lui ci _____ (dare) una mano finiremmo prima.
5. _____ (bagnarsi) se fosse uscita senza ombrello.
6. Non ci avrei creduto se non lo _____ (leggere) sul giornale.
7. Mi dispiace, se _____ (potere) lo farei volentieri, ma proprio non posso.
8. Se _____ (mettersi) gli occhiali, ci vedresti.

f. **Le conseguenze...** *Completare con un verbo all'indicativo o al condizionale.*

1. Se io dessi retta a mia madre...
2. Se trovano lavoro...
3. Se lui avesse avuto più tempo...
4. Se tutti fossero onesti...
5. Se nevicherà...
6. Se io fossi scrittore/scrittrice...
7. Se lo avessero saputo prima...
8. Se la giornata avesse quarantotto ore...

g. *Rispondere alle domande. Che cosa succederebbe...*

1. se un giorno Lei vedesse un UFO?
2. se i marziani arrivassero sulla terra?
3. se Le proponessero una parte in un film?
4. se La invitassero a un pranzo e il Suo vicino di tavola fosse Marcello Mastroianni?
5. se mancasse l'elettricità per ventiquattro ore?

II. Altri usi di *se*

A. **Se** followed by the imperfect subjunctive introduces a suggestion. It corresponds to English *How about . . . ? What about . . . ? Shouldn't we . . . ?*
Che ne diresti (direbbe) di + *infinitive (What would you say to . . . ?)* can also introduce a suggestion.

Se prendessimo le ferie in maggio?
How about taking our vacation in May?

Che ne diresti di venire al cinema con me?
How about going to the movies with me?

B. When **se** means *whether* and is introduced by a verb that denotes doubt or uncertainty or asks a question, **se** may be followed by the indicative, the conditional, or the subjunctive (all four tenses).

Domandagli se **vuole** venire o no.
Ask him whether he wants to come or not.

Mi domando se **è** possibile.
I wonder if (whether) it's possible.

Sono curiosa di sapere se lo **accetteranno.**
I'm curious to know if (whether) they will accept him.

Non so se **sarei** capace di dire una bugia.
I don't know if I could tell a lie.

Si chiedevano se **avrebbe parlato** o se **avrebbe taciuto.**
They were wondering whether he would talk or remain silent.

Non sapete se lui vi **creda.**
You don't know if he believes you.

Non sapevano se lei **avesse** voglia di venire.
They didn't know whether she felt like coming.

Note that the use of the subjunctive when **se** is introduced by a verb of doubt is optional. The subjunctive stresses the element of doubt or uncertainty.

Non so se **hanno** ragione.
Non so se **abbiano** ragione.
I don't know if they're right.

C. The imperfect and past perfect subjunctive may be used by themselves (with or without **se**) in sentences that express a wish or regret (see p. 217).

Se i vecchi potessero e i giovani sapessero!
If only the old could and the young knew!

(Se) avessi avuto un figlio!
If only I had had a son!

ESERCIZI

a. **Il gioco dei se...** *Completare le seguenti frasi.*

1. Non sanno se...
2. Sarei andato in aereo se...
3. Ci domandavamo se...
4. Studieresti più volentieri se...
5. Vengono a trovarci se...
6. Chiedile se...
7. Gli ho domandato se...
8. Non gli parleremo mai più se...
9. Ci sarebbero meno incidenti se...
10. Voglio sapere se...

III. Avverbi

[handwritten: MANIERA / MODO]

A. Adverbs are invariable words that modify a verb, an adjective, or another adverb. Adverbs express time, place, manner, and quantity.

Federico è partito **improvvisamente.**
Frederick left suddenly.

Maria è **molto** intelligente.
Maria is very intelligent.

Mangi **troppo** velocemente.
You eat too fast.

Parla **poco,** ascolta **assai** e **giammai** non fallirai!
Speak little, listen a lot, and you'll never go wrong.

B. Adverbs are most often formed by adding **-mente** to the feminine form of the adjective. This form corresponds to the *-ly* form in English.

improvviso → improvvisa → **improvvisamente**   *suddenly*
vero → vera → **veramente**   *truly*
dolce → **dolcemente**   *sweetly*

If the adjective ends in **-le** or **-re** preceded by a vowel, the final **-e** is dropped before adding **-mente.**

naturale → natural → **naturalmente**   *naturally*
regolare → regolar → **regolarmente**   *regularly*

C. Some commonly used adverbs have forms of their own: **tardi, spesso, insieme, bene, male, così, volentieri,** etc.

D. Some adverbs have the same form as the adjective.

Andate **piano!**
Go slow!

Parliamoci **chiaro!**
Let's talk frankly!

Non parlare così **forte!**
Don't talk so loud!

Perché cammini così **svelto?**
Why are you walking so fast?

Hai visto **giusto.**
You guessed right.

Lavorate **sodo,** ragazzi!
Work hard, boys!

Abitano **vicino.**
They live nearby.

E. Like nouns and adjectives, many adverbs can be altered by the same suffixes discussed in Chapter 5; see pp. 122–123.

bene → **benino, benone**

Come va?—Va **benone.**
How are things?—Quite good.

male → **maluccio**

Oggi sto **maluccio.**
Today I am feeling a little down.

poco → **pochino, pochettino**

Sono un **pochino** stanco.
I'm a bit tired.

presto → **prestino**

È ancora **prestino.**
It is still rather early.

F. Instead of simple adverbs, adverbial expressions consisting of two or more words are often used.

a poco a poco	**di solito**	**per caso**
little by little	*usually*	*by chance*
in tutto e per tutto	**di tanto in tanto**	**per fortuna**
completely	*from time to time*	*fortunately*
all'improvviso	**in seguito**	**ad un tratto**
all of a sudden, suddenly	*later on*	*suddenly*

Posizione degli avverbi

A. In general the adverb directly follows a verb in a simple tense, but it may precede the verb, for emphasis.

Parlano **bene** l'italiano.
They speak Italian well.

La vediamo **raramente.**
We rarely see her.

Qui abita mia sorella.
My sister lives here.

Allora non lo conoscevo.
I did not know him then.

B. In sentences with compound tenses, the adverb may be put:

1. Between the auxiliary verb and the past participle, especially short adverbs of time that are commonly used: **già, mai, sempre, ancora, spesso, più.**

Te l'ho **già** detto mille volte!
I already told you a thousand times!

Ci siamo **veramente** divertiti.
We really had a good time.

Non mi hanno **ancora** invitato.
They haven't invited me yet.

Non ci sono **più** andati.
They didn't go there again.

2. Directly after the past participle (most adverbs of place, time, and manner).

Non sono venuti **qui.**
They didn't come here.

Mi hanno risposto **male.**
They answered me badly.

Sei arrivata **tardi.**
You arrived late.

3. Before the auxiliary verb, for emphasis.

Io **subito** ho risposto.
I answered right away.

Mai avrei immaginato una cosa simile.
I would never have imagined such a thing.

C. Anche (*also, too, as well*) normally precedes the word it refers to.

Fausto era intelligente ed era **anche** bello.
Fausto was intelligent and handsome, too.

Possiamo prendere l'autobus ma possiamo **anche** prendere un tassì.
We can take the bus, but we can also take a cab.

Anch'io ho fatto l'autostop l'estate scorsa.
I, too, hitchhiked last summer.

Anche cannot be used at the beginning of a sentence to mean *also* in the sense of *besides, moreover, in addition, furthermore*. **Inoltre** must be used in such cases.

Non posso venire. **Inoltre,** non ne ho voglia.
I can't come. Besides, I don't feel like it.

ESERCIZI

a. **Il primo appuntamento.** *Ieri sera Annamaria è uscita per la prima volta con un ragazzo che lavora con lei. La sua amica le chiede i particolari. Seguire l'esempio.*

ESEMPIO Ha parlato molto? (costantemente)
Sì, ha parlato costantemente.

1. Ti ha raccontato la storia della sua vita? (già)
2. Ama gli animali? (molto)
3. Quando siete usciti vi siete sentiti a vostro agio? (immediatamente)
4. Esce la sera con i suoi amici? (raramente)
5. Va alla partita di calcio? (regolarmente)
6. Ti piacerebbe uscire con lui un'altra volta? (ancora)
7. Ha parlato di cose interessanti? (subito)
8. Hai capito se ha la ragazza? (no / assolutamente)
9. Si è lamentato di qualcosa? (mai)
10. Ma senti, hai intenzione di dirlo a Mario? (certamente)

b. **Gli esami.** *Il professor Monti fa parte di una commissione di esami di maturità e ne parla con la moglie. Formare nuove frasi usando l'opposto degli avverbi sottolineati.*

1. Il presidente (*head of the examining committee*) aveva già aperto le buste con i temi di italiano quando sono arrivato.
2. Fortunatamente all'esame orale quasi tutti i ragazzi hanno risposto bene.
3. Abbiamo concluso gli esami abbastanza presto.
4. Un membro della commissione ci ha chiesto se avevamo mai avuto delle difficoltà di procedura.
5. Il mio collega di scienze non gli aveva ancora raccontato quello che successe l'anno scorso.
6. Ho notato che al presidente piace molto interrogare gli studenti.
7. Devo ammettere che io dò voti alti raramente.
8. L'unica cosa che mi disturba è quando i membri della commissione vogliono fare tutto in fretta.

IV. Comparativi

Comparativo di uguaglianza

The following forms are used in comparisons of equality:

A. (**così**) + *adjective or adverb* + **come**   *as . . . as*
   (**tanto**) + *adjective or adverb* + **quanto**   *as . . . as*

La mia casa e (così) **grande come** la tua.
La mia casa e (tanto) **grande quanto** la tua.
My house is as big as yours.

Così and **tanto** are often unexpressed.

When a personal pronoun follows **come** or **quanto,** it is a stressed pronoun.

Il bambino è grande quanto **me!**
The child is as big as I am.

B. **tanto** + *noun* + **quanto**   *much as; as many . . . as*
   tanto quanto   *as much as*

Tanto + *noun* + **quanto** usually agree in gender and number with the noun they modify.

Hanno ricevuto tan**ti** regal**i** quan**ti** ne volevano.
They received as many presents as they wanted.

(**tanto**) **quanto** (invariable and not separated) follows a verb.

È vero che guadagni (**tanto**) **quanto** me?
Is it true you earn as much as I do?

Comparativo di maggioranza e minoranza

The following forms are used for comparisons of inequality:

più... di
più... che } *more . . . than; -er . . . than*

meno... di
meno... che } *less . . . than; fewer . . . than*

A. **più**/**meno... di** (**di** combines with the definite article) with numbers or when two different persons or things are compared in terms of the same quality or action.

Avete **più di** cinque milioni.
You have more than five million.

I soldi sono **meno** importanti **della** salute.
Money is less important than health.

L'Italia è trenta volte **più** piccola **degli** Stati Uniti.
Italy is thirty times smaller than the United States.

Gli italiani bevono **più** vino **degli** americani.
Italians drink more wine than Americans.

Tu sei **più** alto **di** me?
Are you taller than I am?

B. più/meno... che when two words of the same grammatical category (nouns, adjectives, infinitives, adverbs) are directly compared in relation to the same person, thing, or action.

I miei amici mangiano **meno** carne **che** pesce.
My friends eat less meat than fish.

È **più** facile salire **che** scendere.
It is easier to get up than to get down.

Scriverò **più** rapidamente con la matita **che** con la penna.
I will write faster with a pencil than with a pen.

L'alta moda è **più** elegante **che** pratica.
High fashion is more elegant than practical.

Hanno risposto **più** gentilmente oggi **che** ieri.
They answered more kindly today than yesterday.

ATTENZIONE! If the two words on either side of *than* can be reversed, and the sentence still makes sense though with an opposite meaning, the word you want for *than* is **che;** otherwise use **di.**

I drink more coffee than tea.
(*I drink more tea than coffee.*)
Bevo più caffè **che** tè.

They spent more time in France than in Italy.
(*They spent more time in Italy than in France.*)
Hanno passato più tempo in Francia **che** in Italia.

But:

I drink more coffee than Mary.
(*cannot be reversed*)
Bevo più caffè **di** Maria.

C. più/meno... ⎰ **di quel(lo) che** + *verb* in the indicative
⎨ **di quanto** + *verb* in the indicative or subjunctive
⎱ **che non** + *verb* in the subjunctive

when the comparison is followed by a conjugated verb, that is, when it introduces a dependent clause.

Hanno lavorato **più di quel che** credi.
They worked more than you think.

Lo spettacolo è stato **meno** interessante **di quello che** ci aspettavamo.
The show was less interesting than we expected.

La conferenza durò **più di quanto** immaginavo (immaginassi).
The lecture lasted longer than I imagined.

Quell'uomo è **più** gentile **che non** sembri.
That man is kinder than he seems.

ESERCIZI

a. *Completare le seguenti frasi con un comparativo (di uguaglianza, maggioranza o minoranza), secondo il senso.*

ESEMPIO Un treno locale è **meno** veloce **di** un treno rapido.

1. I mesi invernali sono _____ caldi _____ quelli estivi.
2. Il mese di novembre ha _____ giorni _____ il mese d'aprile, ma _____ giorni _____ dicembre.

3. La giraffa ha il collo _____ lungo _____ l'elefante.
4. Un limone è _____ dolce _____ una mela.
5. Sei sicuro che ci siano _____ calorie in una carota _____ in un avocado?
6. Le montagne sono _____ alte _____ le colline.
7. Un cappuccino costa _____ _____ seicento lire. (*In case you don't know, it costs more.*)
8. Negli Stati Uniti un viaggio in autobus è _____ caro _____ un viaggio in treno.
9. Gli italiani bevono _____ vino _____ gli americani; bevono _____ la gente creda!
10. Non sono veramente malato; sono _____ stanco _____ malato!

b. *Riscrivere le seguenti frasi sostituendo il comparativo di maggioranza o minoranza al comparativo di uguaglianza.*

ESEMPIO   Sono alta come mio padre.
Sono più (meno) alta di mio padre.

1. È vero che il bambino mangia tanto quanto te?
2. Non è tardi come pensavo.
3. Abbiamo usato tanto burro quanta farina.
4. Il letto sembrava tanto bello quanto comodo.
5. Sapete che guadagnate quanto noi?
6. Eravate stanchi come gli altri.
7. Hanno tanto coraggio quanto credi.
8. Per me, la storia è interessante come la geografia.

c. *Completare le seguenti frasi usando* **di** (**di** + articolo), **che, di quel che, come, quanto.**

1. Gli americani bevono più caffè _____ vino.
2. Mi sento più felice in campagna _____ in città.
3. I giorni feriali sono più numerosi _____ giorni festivi.
4. Non trovate che i motorini siano più pericolosi _____ automobili?
5. L'aria è tanto necessaria _____ acqua.
6. Quell'edificio è più bello _____ utile.
7. La tua macchina consuma più benzina _____ mia.
8. Nella vita, tu hai avuto più gioie _____ dolori.
9. L'autunno è meno caldo _____ estate.
10. Nessuno ha tanta pazienza _____ ne ho io.
11. L'esame sarà meno facile _____ voi crediate!
12. Camminavano meno rapidamente _____ me.
13. Qualche volta è più difficile tacere _____ parlare.
14. Come balli bene! Sei leggera _____ una piuma.
15. L'Italia ha più colline e montagne _____ pianure.

V. Superlativi

Superlativo relativo

Italian forms the relative superlative of adjectives and adverbs (*most, least,* suffix *-est*) with the definite article + **più** or **meno. Di** (or **fra**) is used after a superlative as the equivalent of English *in* or *of*.

la meno famosa di tutte le attrici
the least famous of all actresses

il ragazzo **più** intelligente della famiglia
the most intelligent boy in the family

il più rapidamente possibile
the most rapidly (as rapidly as possible)

A. When the superlative follows its noun, the definite article is not repeated with **più** or **meno.**

il museo più famoso
the most famous museum

la sorella meno carina
the least pretty sister

B. The subjunctive often follows the superlative (see p. 203).

Il dottore è l'uomo più alto che io **conosca.**
The doctor is the tallest man I know.

È il film più lungo che io **abbia visto.**
It's the longest movie I have seen.

C. With the superlative of adverbs, the definite article is usually omitted unless **possibile** is added to the adverb. (Note the idiomatic expressions with **possibile.**)

Ha parlato **più rapidamente** di tutti.
He spoke the most rapidly of all.

Ha parlato **il più rapidamente possibile.**
He spoke as rapidly as possible.

il più presto possibile (al più presto)
as soon as possible

il più tardi possibile
as late as possible

Superlativo assoluto

The absolute superlative (*very intelligent, quite pretty, very rapidly*) can be formed:

A. By dropping the final vowel of the masculine plural form of the adjective and adding **-issimo** (**-issima, -issimi, -issime**). The absolute superlative always agrees in gender and in number with the noun it modifies.

ricco → ricchi → **ricchissimo**
simpatico → simpatici → **simpaticissimo**
lungo → lunghi → **lunghissimo**

Pietro prende sempre voti **altissimi.**
Pietro always gets very high grades.

La situazione politica era **gravissima.**
The political situation was very serious.

B. By adding **-issimo** to the adverb minus its final vowel.

tardi → **tardissimo**
spesso → **spessissimo**

La mamma è arrivata ieri sera, **tardissimo.**
Mother arrived last night, very late.

C. For adverbs ending in **-mente,** by adding **-mente** to the feminine form of the superlative adjective.

sicuramente: sicuro → sicurissima → **sicurissimamente**
gentilmente: gentile → gentilissima → **gentilissimamente**

Questo succede **rarissimamente.**
This happens very rarely.

D. By using such adverbs as **molto, assai, bene, estremamente, incredibilmente, infinitamente, altamente** + *adjective* or *adverb*.

Silvia è una ragazza **molto strana.**
Sylvia is a very strange girl.

La situazione è **estremamente difficile.**
The situation is very difficult.

Le sono **infinitamente grato.**
I'm extremely grateful to you.

Lo farò **ben volentieri.**
I'll be delighted to do it.

E. By adding a prefix to an adjective: **arci**contento, **stra**pieno, **extra**rapido, **super**veloce, **ultra**moderno, etc.

La carne era **stracotta.**
The meat was overcooked.

Vivono in un palazzo **ultramoderno.**
They live in a very modern apartment building.

F. By adding another adjective or phrase to an adjective.

ricco sfondato
filthy rich

vecchio decrepito
very old, on one's last legs

pieno zeppo
overflowing

ubriaco fradicio
smashed (drunk)

innamorato cotto
madly in love

pazzo da legare
raving mad (fit to be tied)

stanco morto
dead tired

sordo come una campana
as deaf as a post

G. By repeating the adjective or the adverb.

Se ne stava in un angolo **zitta zitta.**
She kept very silent in a corner.

I bambini camminavano **piano piano.**
The children were walking very slowly.

a. **Sono eccezionali!** *Trasformare le frasi secondo l'esempio dato.*

ESEMPIO È un bel palazzo.
È il palazzo più bello della città. È bellissimo!

1. È un monumento famoso.
2. È un bel parco.
3. È una vecchia statua.
4. È un ristorante caro.
5. Sono dei palazzi moderni.
6. Sono chiese buie.

b. **Interessantissimo!** *Paola racconta a Umberto come si trova con il professor Marchetti. Riscrivere le frasi usando un'altra forma del superlativo assoluto.*

1. Le sue lezioni sono molto interessanti.
2. Ma i suoi esami sono estremamente difficili.
3. Anche i seminari di storia medievale sono molto lunghi.
4. Normalmente l'aula è strapiena di studenti.
5. Dopo aver assistito alle sue lezioni arriviamo tutti a casa stanchissimi.
6. Ma è un docente (*teacher*) assai bravo e molto preparato.
7. Saremmo arcicontenti se anche tu ti iscrivessi a Lettere e Filosofia.
8. Vedrai che i suoi assistenti ti tratteranno benissimo.

c. **Da Luigi.** *Che cosa dice Luigi per convincere i clienti a comprare la sua merce? Seguire l'esempio usando* **che ci sia/siano** *a seconda del caso.*

ESEMPIO Queste pere sono buone?
Sono le più buone che ci siano.

1. Le uova sono fresche?
2. I fichi sono maturi?
3. Le olive nere in vasetto (*jar*) sono saporite?
4. La mozzarella è fresca di giornata?
5. I piselli sono dolci?
6. Questo prosciutto è buono?
7. Le arance siciliane sono belle rosse?

VI. Comparativi e superlativi irregolari

A. Some adjectives have irregular comparatives and superlatives in addition to their regular forms. The first form shown is the regular one.

ADJECTIVES			
	Comparatives	Relative Superlative	Absolute Superlative
buono *good*	più buono migliore *better*	il più buono il migliore *the best*	buonissimo ottimo *very good*
cattivo *bad*	più cattivo peggiore *worse*	il più cattivo il peggiore *the worst*	cattivissimo pessimo *very bad*
grande *big, great*	più grande maggiore *bigger, greater*	il più grande il maggiore *the biggest*	grandissimo massimo *very big*
piccolo *small, little*	più piccolo minore *smaller*	il più piccolo il minore *the smallest*	piccolissimo minimo *very small, slightest*
alto *high, tall*	più alto superiore *higher*	il più alto il superiore *the highest*	altissimo supremo/sommo *very high, supreme*
basso *low, short*	più basso inferiore *lower*	il più basso l'inferiore *the lowest*	bassissimo infimo *very low*

1. The choice between the regular and irregular forms is dictated by meaning and/or style and usage. In general, the irregular forms indicate figurative qualities and values; the regular forms are used to indicate material qualities.

Questa casa è **più alta** di quella.
This house is taller than that one.

Vorrei scarpe con tacchi **più bassi.**
I'd like shoes with lower heels.

Questa quantità è **superiore** al necessario.
This quantity is more than necessary.

Sono scarpe di qualità **inferiore.**
They are shoes of poorer quality.

2. Note the special meanings of **maggiore** and **minore**. In addition to meaning *greater, major* and *lesser,* they are frequently used in reference to people to mean *older* and *younger.* **Il maggiore** means *the oldest* (in a family) and **il minore** means *the youngest.* When referring to physical size, *bigger* and *biggest* are expressed by **più grande** and **il più grande;** *smaller* and *smallest* by **più piccolo** and **il più piccolo.**

Il sole è **più grande** della luna.
The sun is bigger than the moon.

I tuoi difetti sono **minori** dei miei.
Your faults are smaller than mine.

Chi è **maggiore:** tu o tua sorella?
Who is older: you or your sister?

I tuoi piedi sono **più piccoli** dei miei.
Your feet are smaller than mine.

3. Often the regular and irregular forms are used interchangeably, especially when material qualities are compared.

Questo formaggio è **più buono (migliore)** di quello.
This cheese is better than that.

In questo negozio i prezzi sono **inferiori (più bassi)**.
In this shop prices are lower.

4. Some additional examples of the irregular forms are:

I Rossi sono **i** miei **migliori** amici.
The Rossis are my best friends.

Al **minimo** rumore si spaventa.
He gets frightened at the smallest noise.

È un'**ottima** occasione.
It's an excellent opportunity.

Dovete andare al piano **superiore**.
You must go to the upper floor.

L'ipocrisia è **il peggior(e)**[1] difetto.
Hypocrisy is the worst fault.

Il valore di quel libro è **infimo**.
The value of that book is minimal.

Quali sono state le temperature **minime** e **massime** ieri?
What were the lowest and highest temperatures yesterday?

B. Some adverbs have irregular comparatives and superlatives.

ADVERBS			
	Comparatives	**Relative Superlative**	**Absolute Superlative**
bene *well*	meglio *better*	(il) meglio *the best*	molto bene, benissimo ottimamente *very well*
male *badly*	peggio *worse*	(il) peggio *the worst*	molto male, malissimo pessimamente *very badly*
molto *much, a lot*	più, di più *more*	(il) più *the most*	moltissimo *very much*
poco *little*	meno, di meno *less*	(il) meno *the least*	pochissimo *very little*

L'hai fatto bene, ma puoi farlo **meglio.**
You did it well, but you can do it better.

Hanno scritto **malissimo.**
They wrote very badly.

Vedo che hai già finito. **Benissimo!**
I see you are already through. Very well!

Cercano di mangiare **il meno possibile.**
They try to eat as little as possible.

In the relative superlative the article is usually omitted unless **possibile** is added.

Ha risposto **meglio** di tutti.
He gave the best answer. (lit: He answered the best of all.)

Ha risposto **il meglio possibile (nel miglior modo possibile).**
He answered as best he could.

---

[1] **Migliore, peggiore, maggiore,** and **minore** can drop the final -e before nouns that do not begin with z or s + consonant: **il maggior dolore; il miglior professore;** but **il migliore scrittore.**

1. Note that *more* and *less,* when used alone without nouns (usually after a verb), are **di più** and **di meno.**

> Bisogna lavorare **di più** e chiacchierare **di meno.**
> *One must work more and chatter less.*

> Quando è depresso, Pietro mangia **di più.**
> *When he is depressed, Peter eats more.*

2. **Sempre più** and **sempre meno** correspond to *more and more* and *less and less* + adjective or adverb. Use **sempre di più** and **sempre di meno** when the expressions are used by themselves.

> La situazione diventa **sempre più** grave.
> *The situation is getting more and more serious.*

> Capite **sempre di meno.**
> *You understand less and less.*

3. **Più... più** and **meno... meno** correspond to *the more . . . the more* and *the less . . . the less.*

> **Più** dorme, **più** ha sonno.
> *The more he sleeps, the sleepier he is.*

> **Meno** lavorano, **meno** guadagnano.
> *The less they work, the less they earn.*

4. **Il più, i più, la maggior parte (la maggioranza)** + *di* + *noun* + *verb* (singular or plural) express *most,* meaning *the greatest quantity, the majority, most persons.*

> **Il più** è fatto.
> *Most of it is done.*

> **I più** preferiscono quest'idea.
> *Most people prefer this idea.*

> **La maggior parte** dei nostri amici erano già partiti.
> *Most of our friends had already left.*

> **La maggior parte (la maggioranza)** degli uomini è contenta del proprio stato.
> *Most men are happy with their condition.*

C. When expressing *better* or *worse* you have to determine whether they are used as adjectives or adverbs. **Migliore/migliori** express *better* as an adjective; **peggiore/peggiori** express *worse* as an adjective.

> Abbiamo visto tempi **migliori.**
> *We've seen better times.*

> Non ho mai bevuto un vino **peggiore** di questo.
> *I've never drunk a worse wine than this one.*

Meglio and **peggio** express *better* and *worse* as adverbs.

> Stanotte ho dormito **meglio.**
> *Last night I slept better.*

> Con questi occhiali ci vede **peggio.**
> *With these glasses he doesn't see as well (he sees worse).*

Meglio and **peggio** can also be used with **il** as masculine nouns to mean *the best (thing), the worst (thing).*

> Abbiamo scelto il **meglio.**
> *We've chosen the best.*

> Temevano il **peggio.**
> *They feared the worst.*

—Non preoccuparti, Joe. So benissimo dov'è
la formula. È nascosta dentro a un libro!

ESERCIZI

a. **Contrasti.** *Completare le seguenti frasi usando* **meglio, migliore/i, peggio** *e*
peggiore/i.

1. La macchina nuova funziona _____ di quella vecchia.
2. È un bravo dentista: credo che sia il _____ dentista che io abbia mai
   avuto.
3. Abitano in una brutta zona; è la _____ zona della città.
4. Quel vestito ti sta veramente bene: sta _____ a te che a me!
5. I tuoi bambini sono così bravi: sono molto _____ dei miei!
6. Luigi non è certo modesto... Dice sempre: «Quello che fanno gli altri, io lo
   faccio _____ !»
7. Le cose vanno male; non potrebbero andar _____ !
8. Come la tratti male; la tratti _____ di una schiava!
9. Non gli ho detto niente; ho creduto che fosse _____ non dirgli
   niente.
10. Con gli occhiali nuovi la nonna ci vede _____ .

b. **Quiz.** *Rispondere alle seguenti domande.*

1. I Rossi abitano sopra di noi; i Bianchi abitano sotto di noi. Chi abita al piano
   inferiore?
2. Paolo ha preso ventisei; Roberto ha preso ventinove. Chi ha preso il voto
   migliore?
3. Il mio orologio è di plastica; quello di Giancarlo è d'oro. Qual è l'orologio di
   qualità superiore?
4. Anna pesa 53 chili; Mirella pesa 140 libbre. Chi pesa di più?

5. Tu hai venti dollari; lei ha ventimila lire. Chi ha più soldi?[1]
6. Mio cugino ha 20 anni; io ne ho 19. Chi è maggiore?
7. Io ho fatto tre chilometri; tu hai fatto tre miglia. Chi ha camminato di più?[2]

c. **Parliamo un po'.** *Lavorando con un compagno/una compagna immagini di aver appena conosciuto un ragazzo/una ragazza alla mensa universitaria. Alternatevi a fare domande e a rispondere.*

Domandare...

1. se ha un fratello maggiore o una sorella maggiore, e quanti anni hanno più di lui/lei.
2. se lui/lei è alto/a come suo padre o più alto/a.
3. chi è la persona più simpatica della sua famiglia, la più strana, e la meglio vestita.
4. chi parla più lingue, chi parla meglio l'inglese, e chi ha la migliore pronuncia.

d. *Conversazione.*

1. Si parla tanto di un mondo migliore: come lo immagina Lei?
2. Quali sono i tre elettrodomestici (*household appliances*) che Lei considera più utili? Perché?
3. Qual è il più bel regalo che Lei abbia mai fatto o ricevuto?
4. Qual è il più bel complimento che Lei abbia mai fatto o ricevuto?
5. Qual è il miglior voto che Lei abbia mai preso?

[1] The value of the dollar fluctuates relative to the lira. $1.00 equals approximately 1,600 liras.
[2] A mile equals 1.6 kilometers.

Bambini di una scuola elementare privata

LETTURA

VOCABOLARIO UTILE

l'**amarezza** bitterness
l'**ambiente** environment
l'**aula** classroom
il **banco** school desk
la **campana** bell
la **cattedra** teacher's desk
la **classe** students in a course;
   classroom
il **comportamento** behavior
il **cortile** courtyard

la **divisa** uniform
il **docente** teacher
età evolutiva developmental years
l'**interrogazione** oral test
il **lavoratore** worker
il **maestro** elementary school teacher
(**patrimonio di**) **conoscenza** body of
   knowledge
la **predica** sermon
lo **scolaro** pupil
lo **spavento** fright, fear
il **timore** fear

obbligatorio mandatory
annoiato bored

***apparire** (*pp* **apparso**; *pr* **apparvi**)
   to appear
cucire to sew
iscrivere to enroll

supplicare to beg, to implore
far arrabbiare to make someone
   angry

PRIMA DI LEGGERE

Mario Lodi è un educatore e studioso dei problemi dell'infanzia e dell'età evolutiva. Molti dei suoi scritti propongono cambiamenti di indirizzo pedagogico nelle scuole e difendono il diritto dei bambini alla libera espressione.

    La scuola fascista di cui si parla all'inizio di questo racconto era autoritaria, insegnava verità incontestabili e richiedeva ubbidienza cieca. I bambini sedevano nei banchi a due a due: alle elementari, se non dovevano scrivere, tenevano le braccia ripiegate dietro la schiena «per mantenere dritta la spina dorsale». Anche in cortile, per i dieci minuti di ricreazione a metà mattina, si andava in fila per due, in silenzio. Gli «asini» erano bocciati e dovevano ripetere l'anno.

In gruppi di tre o quattro studenti parlate della scuola.

1. Come ricordate l'esperienza della scuola elementare? Bella, brutta, interessante, noiosa, triste... Perché?
2. In Italia c'è una buona probabilità di avere lo stesso insegnante per i cinque anni della scuola elementare. Vi sarebbe piaciuto? Voi quanti insegnanti avete avuto? Com'erano?
3. Quali erano le materie di studio alla scuola elementare? Quali attività offriva la vostra scuola?
4. Nella scuola fascista gli studenti non avevano diritto ad opinioni personali e la disciplina era rigorosa. Conoscete o avete sentito parlare di scuole la cui funzione è di trasmettere «il sapere» e «la verità» con sistemi autoritari? Com'era la scuola nel vostro paese cinquanta anni fa? Sapete com'è/com'era in altri paesi?

Il primo giorno

Il primo giorno di scuola come bambino è purtroppo ormai lontano nel tempo, ma lo ricordo benissimo perché avvenne un fatto che allora non riuscivo a comprendere e in seguito mi apparve nella sua drammatica
5 realtà.

     Invece di mia madre, quel giorno mi accompagnò a scuola mio padre: mi teneva stretta la mano nella sua e stava zitto, contrariamente a quanto faceva gli altri giorni quando mi parlava di tante cose in modo semplice e chiaro. Quella mattina capivo che era arrabbiato e infatti
10 brontolò° subito con la maestra.   *grumbled*

     —Se non è iscritto nei balilla[1] e non gli procurate la divisa, non posso tenerlo a scuola—gli disse la maestra.

     E lui: —Se i balilla sono i piccoli fascisti, la divisa la dovrebbero mettere i figli dei fascisti e non mio figlio!
15   —I balilla sono i piccoli italiani del Duce—rispose lei, e disse altre cose che non ricordo. E alla fine ricordo che disse: —È obbligatorio. Se vuole mandare a scuola suo figlio deve iscriverlo nei balilla.

     Io pensavo che mio padre mi riportasse a casa, invece sentii la sua mano che lasciava la mia e mi spingeva verso l'aula dove gli amici mi
20 aspettavano.

     Quando mia madre mi cucì e provò i pantaloncini grigioverdi e la camiciola nera, mio padre, a vedermi in divisa mi disse: —Ora non puoi capire, ma un giorno sì. Ricordati che quella divisa la porti perché voglio che tu studi, ma per me è una vergogna!°   è: *it is a shame*

[1] During the fascist era boys of 8 to 14 years of age enrolled in a statewide paramilitary organization called **i balilla.**

25 La mamma mi sussurrò°:—I fascisti vogliono male° a papà.

—A me e a tutti quelli che come me vogliono la libertà dei lavoratori!—gridò lui.

La mamma lo supplicò di tacere e lui tacque.

—È un brutto mondo e speriamo che cambi—disse la mamma, e
30 sospirò.

Fascisti. Libertà. Parole che restarono da allora come sospese nella memoria e capii più tardi. Intanto il maestro Rossi ogni giorno in cortile non mancava° di insegnarci la marcia con il moschetto°: uno-due, uno-due... Mio padre, con amarezza commentava: —Bella scuola quella che
35 insegna a fare la guerra! E i maestri che hanno paura e non si ribellano. Che cosa può venire? La guerra vera e allora sarà la fine.

"La fine di che cosa?" Pensavo. Ma non osavo domandarlo a mio padre per non farlo arrabbiare.

. . .

Come maestro, il mio primo giorno è stato altrettanto deludente°.
40 Avevo il diploma, un posto di ruolo°, una classe mia, ma non sapevo nulla dei bambini perché l'Istituto Magistrale[1] ci aveva insegnato la storia della pedagogia ma non i problemi dell'età evolutiva. Che fare allora? Ero passato dal banco alla cattedra e feci quello che avevo visto fare dai miei insegnanti: piccole prediche moraleggianti, lezioni, det-
45 tati, esercizi, interrogazioni, voti... E i bambini, distratti e annoiati, che facevano tutto per dovere e per timore, senza interesse e partecipazione.

Era il 1948, la guerra era finita da tre anni e le madri giustificavano i figli dicendo: —Che vuole, maestro, sono i frutti degli spaventi di guerra!
50 Ma nel gioco non erano così.

Quando uscivano sulla strada, oltre la soglia° erano diversi: le bocche che qui erano mute là parlavano e gridavano, erano bambini felici. Li osservavo mentre giocavano nel cortile: si muovevano con un'aggressività ricca di fantasia, un comportamento volitivo, una felicità
55 motoria. Era il bambino eterno, vero, ricco di vitalità e fantasia che esprime se stesso. La campana della scuola distruggeva quello stato felice e rientravano fra i banchi a sopportare l'altra vita, quella dell'obbligo° più o meno rassegnati. Nei loro occhi che mi guardavano in attesa di ciò che io avrei comandato di fare (tema?° dettato? problema? lettura? in-
60 terrogazioni?) scoprivo la mia antica tristezza di scolaro studioso, diligente, disciplinato, ma per dovere, per timore.

. . .

Oggi altri bambini vivono il loro primo giorno di scuola portando con sé il patrimonio di conoscenze accumulate nel rapporto diretto con
65 la natura, la famiglia, l'ambiente sociale in sei anni di esperienze, in un

[1] A four-year course of studies that prepares elementary school teachers.

did not fail / musket

altrettanto: *just as disappointing*
posto: *tenured position*

threshold

duty

composition

mondo dominato dal consumismo e dalla tecnologia, ricco di stimoli ma carico di paure e di problemi.

Entrano in una scuola che opera secondo nuovi programmi grazie ai quali i docenti non possono più ignorare la cultura del bambino.

Mario Lodi, *Il primo giorno*

COMPRENSIONE

1. Cosa c'era di diverso nel comportamento del padre il primo giorno di scuola?
2. A quale condizione il bambino poteva frequentare la scuola? Qual era la difficoltà?
3. Quali erano le opinioni politiche del padre? Perché era contrario ai metodi della scuola che il figlio doveva frequentare?
4. Come maestro, quali tecniche d'insegnamento usava da principio l'autore della storia? Come reagivano i bambini?
5. Cosa scopre il maestro durante la ricreazione in cortile? Come si comportavano i bambini nel gioco? Com'erano in classe?
6. Di che cosa devono tener conto gli insegnanti della scuola moderna?

Studio di parole

to introduce

introdurre
to introduce, to insert, to bring in

Per aprire la porta, dobbiamo introdurre la chiave nella serratura.
To open the door, we have to insert the key into the keyhole.
Chi ha introdotto il tabacco in Europa?
Who introduced tobacco in Europe?

presentare
to introduce, to get people acquainted

Tu conosci Mariangela? Chi te l'ha presentata?
Do you know Mariangela? Who introduced her to you?

to move

muovere
to move, to cause to change place or position

Il vento muove le foglie
The wind moves the leaves.

commuovere
to move, to touch, to arouse the feelings of
La notizia della sua morte ci ha profondamente commosso.
The news of his death deeply moved us.

muoversi
to move, to change place or position

La luna si muove intorno alla terra.
The moon moves around the earth.

traslocare or **cambiare casa**
to move, to change residence

Siamo molto occupati perché dobbiamo traslocare (cambiare casa) la
settimana prossima.
*We're very busy because we have to move
next week.*

commuoversi
to be moved, touched

Io mi commuovo sempre quando sento
quest'aria.
I'm always moved when I hear this aria.

trasferirsi
*to move, to change residence (the new
location is indicated)*

Hanno intenzione di trasferirsi in
Australia.
They intend to move to Australia.

to fail

fallire
Used transitively: *to fail, to botch some-
thing*
Used intransitively: *to fail, to be unsuc-
cessful, to go bankrupt*
Chi ha fallito l'esperimento?
Who botched the experiment?

Molte banche fallirono durante la
depressione.
*Many banks failed during the
Depression.*

mancare di + *infinitive*
to fail, to neglect to do something
Non mancare di salutare i tuoi genitori!
Don't forget to say hi to your parents!

bocciare
to fail, to flunk someone

Quest'anno i professori hanno bocciato
molti studenti.
*This year teachers have failed many
students.*

Bocciare is very often used in the
passive (**essere bocciato**).
Roberto è stato bocciato in francese.
Roberto failed French.

Note the expression: **non superare un
esame**
to fail an exam

L'esame era difficile e molti studenti
non l'hanno superato.
*The exam was difficult, and many
students failed it.*

PRATICA

a.   *Scegliere la parola o le parole che completano meglio la frase.*

1. Era un prova troppo difficile. Non sono stato sorpreso quando ho sentito che
molti l'avevano _____ .

2. L'ingegner Parodi deve _____ da Milano a Roma per ragioni di
lavoro. La moglie non è contenta: in sette anni di matrimonio ha già dovuto
quattro volte!

3. Non c'era vento e non una foglia _____ .
4. La storia delle tue disgrazie ci ha profondamente _____ .
5. La foto non è riuscita bene. Avevo detto ai bambini di stare fermi, ma invece loro _____ !
6. Voglio conoscere la ragazza seduta vicino alla finestra. Perché non me la _____ se la conosci?
7. I genitori di Riccardo sono preoccupati perché il figlio non ha fatto bene agli esami ed è stato _____ in due materie.
8. Non sapevi che bisogna _____ il gettone nell'apparecchio telefonico prima di fare il numero?

b. *Scegliere le parole che completano meglio ogni brano.*

1. **La signora Fanelli racconta.** Mio padre era chimico e durante la guerra non _____ della città. Per paura dei bombardamenti, molti suoi amici sono andati ad abitare con la famiglia in campagna, ma lui non ha mai _____ di andare in laboratorio e lavorare ai suoi esperimenti. Invece noi bambini e la mamma _____ in un paesino di montagna. Alla fine della guerra siamo tornati alla casa di città. Era tanto tempo che non vedevamo nostro padre e ci siamo profondamente _____ .

2. **La conferenza.** È stata una conferenza noiosissima. L'oratore ha _____ molti concetti nuovi e difficili. Io avevo voglia di andare via ma ero seduto proprio al centro della sala e non potevo _____ . Inoltre non lontano da me c'era una signora dall'aspetto interessante, forse era quella tua collega che mi _____ alla nostra dei pittori surrealisti. L'idea mi consolava un po', ma invece no, era una mia studentessa che la settimana scorsa ho dovuto _____ in diritto internazionale. Peccato!

c. *Domande per Lei.*

1. Le piaceva andare a scuola? Perché sì, perché no?
2. Quali erano le Sue materie preferite? Quali circostanze gliele rendevano attraenti?
3. Ricorda in modo particolare, positivo o negativo, qualcuno dei Suoi insegnanti? Racconti.
4. Con l'eccezione di alcune scuole «a tempo pieno», i ragazzi italiani hanno la prima lezione alle 8,00, l'ultima finisce verso le 13,15. Si torna a casa per pranzo e nel pomeriggio ci sono tanti compiti da fare. La scuola non si preoccupa della vita sociale degli studenti, per esempio, non esistono né il cosidetto *prom* né la cerimonia della *graduation*. Cosa ne pensa? Qual è, secondo Lei, la responsabilità della scuola?
5. Nel racconto di Mario Lodi il padre era ovviamente antifascista e non approvava i sistemi della scuola di Mussolini, eppure lascia che il figlio la frequenti. Ha ragione o ha torto? Perché?
6. All'inizio della sua carriera di maestro l'autore si rende conto che i suoi allievi appaiono distratti e annoiati in classe, ma durante il gioco, in cortile, sono felici e pieni di vita. Cosa ricorda lei dei Suoi primi anni di scuola? Com'erano le lezioni e le attività di classe: interessanti, noiose, meccaniche, piene di fantasia...? Come ricorda gli/le insegnanti?

TEMI PER COMPONIMENTO O DISCUSSIONE

1. Secondo Lei, quale delle affermazioni che seguono è la più importante e perché? La funzione principale della scuola è di:
   a. preparare a un lavoro.
   b. insegnare a pensare in maniera critica.
   c. offrire un'esperienza sociale che sviluppi la comprensione e la tolleranza.
2. Che cosa si aspettano gli studenti dalla scuola? Quali sono i loro diritti e i loro doveri?
3. Quali sono i diritti e i doveri degli insegnanti?
4. Nel mondo ci sono molte scuole che impongono agli allievi di indossare una divisa: per ragioni politiche, per eliminare la distinzione tra ricchi e poveri, per suggerire l'ubbidienza alle regole e all'autorità della scuola... Spieghi qual è il Suo punto di vista in proposito.
5. Secondo Lei, quali sono i problemi della scuola nel Suo paese? Come andrebbero risolti?
6. Mario Lodi afferma che: «I bambini oggi hanno il diritto di entrare nella scuola come cittadini e di vivere fin dal primo giorno i valori della libertà, della democrazia, della cooperazione, della pace.» Le sembra che la scuola del Suo paese risponda a questi ideali? Le pare che ci siano difficoltà da risolvere? Quali?

PER COMUNICARE

Due mamme.

—Ciao. Come sono andati gli esami di Carlo?

—Bene, bene. Ha preso la maturità a luglio, grazie a Dio! Eravamo così preoccupati! Se l'avessero rimandato anche solo in una o due materie avremmo dovuto passare l'estate in città e spendere un mucchio di soldi in ripetizioni (*tutoring*).

Studenti universitari in attesa dell'esame.

—Non so se ce la farò.

—Chissà se riuscirò a rispondere a tutto.

—Se vuole che gli parli di Bloomfield sono rovinato/a.

—Ho paura di non ricordare più niente.

—Ho studiato tanto! Ci mancherebbe che andasse male!

—Se il prossimo che esce è bocciato, mi ritiro.

Dopo l'esame.

—Ancora non ci credo! M'ha dato ventotto!

—Non mi ha chiesto niente su D'Annunzio. Che fortuna!

—Che rabbia! Basta non sapere tre verbi latini e Paratore ti butta fuori!

—Basta, non ne posso più! Io l'esame di logica non lo passerò mai!

—Accidenti (*darn*)! Un respinto sul libretto proprio non ci voleva!

Espressioni per la vita universitaria

Le iscrizioni si aprono il 24 ottobre.	*Registration begins October 24th.*
Mi sono iscritto a Economia e Commercio.	*I enrolled in the School of Business.*
Ho ottenuto una borsa di studio.	*I was awarded a scholarship.*
Sono al terzo (primo, secondo) anno di Farmacia.	*I'm in the third (first, second) year of Pharmacy.*
Non frequento./Non vado a lezione.	*I don't attend any classes.*
Dò (l'esame di) fisiologia a dicembre.	*I will take the physiology exam in December.*
Faccio la tesi con (il professor) Bernardini.	*I am doing my thesis with Prof. Bernardini.*
Devo parlare con il mio relatore.	*I must speak to my thesis advisor.*
Discuto le tesi a febbraio.	*I will defend my dissertation in February.*

Esprimere insicurezza

Ho paura di non essere pronto/a.	*I'm afraid I'm not prepared.*
Quasi quasi mi ritiro.	*I'm thinking about withdrawing.*
E se poi mi chiede/interroga su...	*And what if he asks me about . . .*
Spero solo che mi vada bene.	*I really hope I'll do well.*
Mi sembra di avere dimenticato tutto.	*It seems as if I had forgotten everything.*

Esprimere frustrazione

È andata male. Che rabbia!	*It didn't go well. How frustrating!*
Mi ha buttato fuori.	*The professor threw me out. (Colloquial)*
Non ci mancava altro!	*That's all I needed.*
Lo sapevo!	*I knew it!*
Non ne posso più.	*I can't take it any longer.*
Non c'è più niente da fare.	*There is nothing else I can do.*
È la seconda volta che mi boccia.	*This is the second time he has flunked me.*
Eppure avevo studiato.	*And yet, I did study.*

Esprimere sollievo dopo un esame

Meno male!	*Thank goodness!*
Ce l'ho fatta. M'ha dato ventiquattro.	*I made it. He/she gave me twenty-four.*
È andato benissimo.	*It went very well.*
Che sollievo!	*What a relief!*
Che fortuna!	*Such luck!*
Che bellezza!	*It's great!*
Non ci devo pensare più.	*I don't have to think about it any more.*
Se Dio vuole anche questa è fatta!	*Thank heavens. I can put this behind me.*
Ho preso trenta e lode. Da non crederci!	*... Hard to believe!*

CHE COSA DICE?

1. Un compagno di corso Le chiede se ha gli appunti di letteratura comparata. Lei non frequenta da più di due semestri.
2. Sta aspettando di dare l'esame di scienze politiche ma non si è preparato/a bene ed è incerto/a del risultato. Che cosa dice alla ragazza seduta vicino a Lei?
3. Dopo aver preso trenta e lode in chimica applicata esce dall'aula dell'esame ed esclama...
4. Ha fatto la fila per due ore per iscriversi al terzo anno di Magistero (*Education*), e la segreteria chiude proprio prima che tocchi a Lei.

SITUAZIONI

1. La nonna è un po' anziana e non si ricorda mai che cosa Lei faccia all'università. Ogni volta che la va a trovare, Lei deve spiegarle che anno fa, a che corso di laurea si è iscritto/a, se ha ricevuto una borsa di studio, e quali saranno i Suoi prossimi esami. Immagini una conversazione in cui la nonna Le fa diverse domande e Lei risponde.
2. Dopo aver dato un esame per il quale aveva studiato molto, ma che non è andato molto bene, telefona ad un amico/un'amica per sfogarsi (*to get a load off one's chest*). Gli/le racconta com'è andato l'intero esame. L'amico/a cerca di farLe coraggio e di convincerLa che prendere diciotto non è la fine del mondo.
3. Subito dopo aver dato la maturità, sta cercando di decidere a quale facoltà iscriversi. Telefoni a un'interprete che Lei conosce solo di vista e che ha fatto lingue orientali a Ca' Foscari a Venezia. Le domandi quali sono i professori migliori, i seminari più o meno difficili, gli esami più o meno impegnativi. La signora Le risponde specificamente, dandoLe anche consigli sulle possibilità di lavoro dopo l'università.

CAPITOLO
12

Per cominciare

La famiglia, la donna, la mamma. La famiglia italiana è essenzialmente urbana, cellulare e poco numerosa. Essendo diminuita l'autorità della chiesa cattolica e offrendo il mercato ampia scelta di anticoncezionali, molte famiglie decidono di limitare il numero dei figli. La legge italiana prevede anche l'aborto, essa inoltre autorizza i coniugi a divorziare dopo aver trascorso un periodo di tre anni legalmente separati.

Il mercato del lavoro è aperto alle donne in tutte le attività professionali, pur restando qualche volta il titolo al maschile per ragioni storiche, per cui si continua a parlare di donne avvocato, medico, chimico, ingegnere, architetto. Sono molte le donne che si dichiarano contente di aver scelto di lavorare, invece di restare a casa e fare le casalinghe, e che si aspettano di avere successo. Non mancano gli esempi: c'è una donna premio Nobel per la fisica, Rita Levi Montalcini, c'è una donna architetto famosa, Gae Aulenti, e c'è un gran numero di professioniste e di donne attive in politica.

Curare la propria salute è facile in quanto esiste la medicina di stato. I neonati danno diritto alle mamme lavoratrici a cinque mesi di congedo a stipendio intero, tre mesi prima e due mesi dopo il parto. Anche i papà possono lasciare il lavoro per malattia dei figli o della moglie senza perdere lo stipendio.

I collettivi femministi, esistenti ormai da molti anni, offrono consultori, centri sociali e asili nido per i bambini fino a tre anni. Gli asili infantili pubblici e privati sono istituti educativi per bambini dall'età di tre anni all'inizio della scuola elementare.

Tenuto conto delle condizioni che abbiamo descritto, possiamo dire che dedicarsi ad attività extracasalinghe non è più tanto difficile per la donna italiana che si sappia organizzare. Non dimentichiamo poi i nonni che, essendo in pensione e disponendo di tempo libero, sono spesso pronti a passare le giornate con i nipotini malati, ad aiutarli a fare i compiti o a portarli ai giardini pubblici.

VOCABOLARIO UTILE

Sostantivi

l'anticoncezionale contraceptive
l'asilo (infantile) nursery school
la casalinga housewife
la clinica private health institution
il collettivo group
il congedo leave of absence
il coniuge spouse
il consultorio public health center
il femminismo feminism

la giornata lavorativa working day
la gravidanza pregnancy
la medicina di stato public health care
il neonato newborn
il nido (*lit:* nest) day-care center
la parità dei diritti equal rights
il parto childbirth
il posto di lavoro job, position
la professionista professional woman

Espressioni

aver accesso a to have access to
aver diritto a to be entitled to
tenuto conto che considering that

Verbi

battersi per to fight for
occuparsi di to take care of
realizzarsi to fulfill oneself

a. *Vero o falso?*

_____ 1. La famiglia italiana continua ad essere tradizionale con tre generazioni viventi sotto lo stesso tetto.

_____ 2. In Italia l'aborto è legale.

_____ 3. In Italia non è possibile divorziare.

_____ 4. Per le donne italiane è difficile l'accesso alle professioni.

_____ 5. Le donne italiane stanno in casa a cucinare e ad occuparsi della famiglia.

_____ 6. In Italia l'assistenza medica è garantita a tutti.

_____ 7. Le future mamme rimangono cinque mesi senza stipendio poi tornano al loro posto di lavoro.

_____ 8. I padri hanno diritto al congedo per malattia della moglie o dei figli.

_____ 9. I collettivi femministi offrono servizi inutili.

_____ 10. Non esistono strutture che permettano alle madri di famiglia di lavorare.

b. *Inserire le parole che meglio completano le frasi.*

1. Le mamme lavoratrici in attesa di un bambino _____ a cinque mesi di congedo a stipendio intero.

2. Le donne italiane hanno libero_____ a tutte le professioni.

3. I _____ femministi offrono vari servizi sociali.

4. Dopo i tre anni i bambini italiani possono andare _____ .

5. In Italia la salute pubblica è protetta dalla _____ .

6. Non tutte le donne italiane lavorano, molte scelgono di _____ a casa e di _____ del marito e dei figli.

S T R U T T U R A

I. Infinito

A. The infinitive is the unconjugated form of a verb. It corresponds to *to* + *verb* in English (*to love*) or the gerund (*loving*). The infinitive has two forms: the simple (or present) infinitive and the compound (or past) infinitive, which is made up of **avere** or **essere** plus the past participle of the main verb.

Infinito presente	Infinito passato
amare *to love*	**avere amato** *to have loved*
perdere *to lose*	**avere perduto** *to have lost*
partire *to leave*	**essere partito/a/i/e** *to have left*

Note that the translation of the past infinitive is *to have + verb*, even when it is formed with **essere.** Also note that when the past infinitive is formed with **essere,** the past participle agrees with the subject in gender and number.

B. In both forms, object pronouns follow the infinitive and are attached to it to form one word. The final -**e** of the infinitive is dropped.

Sarebbe bene dir**glielo.**
It would be a good idea to tell it to him.

Non credo di aver**la** invitata.
I don't think I invited her.

Preferisci veder**li** ora o più tardi?
Do you prefer to see them now or later?

Vino? Spero di aver**ne** comprato abbastanza.
Wine? I hope I bought enough.

C. Reflexive pronouns are also attached to the infinitives of reflexive verbs and must match the subject (p. 120).

Io vorrei lavar**mi.**
I would like to wash.

Voi vorreste lavar**vi?**
Would you like to wash?

In the case of reflexive compound infinitives, the pronoun is attached to **essere,** and the past participle agrees with the subject in gender and number.

Dopo esser**ci** alzati, abbiamo mangiato.
After getting up, we ate.

Laura non crede di esser**si** divertita.
Laura doesn't think she had a good time.

Uso dell'infinito presente

A. The infinitive may be used:

1. As the subject of a sentence.

   Parlare con lui è un vero piacere.
   Speaking with him is a real pleasure.

2. With an impersonal expression containing **essere.**

   Non sapevo che **fosse proibito parcheggiare** qui.
   I didn't know it was forbidden to park here.

3. As an imperative in impersonal commands (see p. 249).

   Tenere la destra.
   Keep right.

4. As an object to verbs like **volere, potere,** and **dovere** and verbs expressing likes and dislikes, wishing, preferring, etc. (see Appendix, p. 378).

   Non volevano uscire.
   They did not want to go out.

   Preferivano aspettare.
   They preferred to wait.

B. Most verbs require a preposition before a dependent infinitive.

1. Certain verbs require **a** before a dependent infinitive; others require **di.** There are no general rules governing the usage of **a** or **di;** practice and the dictionary must serve as guides. For a list see the Appendix, pp. 376–378.

S'è abituato **a bere** l'espresso.
He got used to drinking espresso.

Ti diverti **a guardare** i treni.
You have fun watching trains.

Proviamo **a entrare!**
Let's try to get in!

Riesci **a leggere** senza occhiali?
Can you read without glasses?

Non vuoi ammettere **di aver** torto?
Don't you want to admit you're wrong?

Hanno deciso **di partire** in aereo.
They decided to leave by plane.

Vi ringrazio **d'esser venuti.**
Thank you for coming.

Hanno paura **di uscire** sole la sera.
They're afraid to go out alone at night.

2. Some frequently used verbs change meaning according to the preposition that follows them.

cominciare a + *infinitive*	*to begin, to start doing something*
cominciare con + *article* + *infinitive*	*to begin by (the first thing in a series)*
finire di + *infinitive*	*to finish, to be through doing something*
finire per + *infinitive*	*to end up doing something, to do it eventually*
decidere di + *infinitive*	*to decide to do something*
decidersi a + *infinitive*	*to make up one's mind to do something*

Quando ha cominciato **a nevicare?**
When did it begin to snow?

Hai finito **di piangere?**
Have you finished crying?

Ho deciso **di partire.**
I decided to leave.

Hanno cominciato **col chiedere** centomila lire.
They began by asking 100,000 liras.

Finirai **per stancarmi.**
You'll end up making me tired.

Mi sono deciso **a partire.**
I made up my mind to leave.

C. Most adjectives require a preposition before a dependent infinitive.

1. Certain adjectives require **a** before a dependent infinitive, others require **di.** For a list see the Appendix, p. 379.

Erano abituati **a fare** la siesta.
They were used to taking a siesta.

State attenti **a non bruciarvi!**
Be careful not to burn yourselves!

Carlo è stato il primo studente **a finire.**
Carlo was the first student to finish.

Sono sempre pronti **ad aiutarci.**
They are always ready to help us.

Silvia era ansiosa **di essere** sola.
Silvia was anxious to be alone.

Sareste capaci **di dirglielo?**
Would you be able to tell it to him?

Eravamo stanchi **di leggere.**
We were tired of reading.

Sembravano contenti **di vederci.**
They seemed happy to see us.

2. Some adjectives require **da** + *infinitive* or, less commonly, **a** + *infinitive* in the reflexive form if the dependent infinitive has a passive meaning.

facile	*easy*	**difficile**	*difficult*	**orribile**	*horrible*
bello	*beautiful*	**brutto**	*ugly*	**eccellente**	*excellent*
buono	*good*	**cattivo**	*bad*		

Questo formaggio è buono **da mangiare** con la frutta.
This cheese is good to eat with fruit.

La parità è difficile **da ottenere.**
Equal rights are difficult to obtain.

Era una cosa orribile **da vedere** (**a vedersi**).
It was a horrible thing to see.

D. Nouns also require a preposition before a dependent infinitive.

1. **Da** is used before an infinitive when the infinitive indicates the purpose and use of the noun. Note that the infinitive expresses a passive meaning.

Chi ha tempo **da perdere?**
Who has time to waste?

Dov'è la roba **da mangiare?**
Where are the things to eat?

«Casablanca» era un film **da vedere.**
Casablanca was a film to see.

Cerco i pacchi **da spedire.**
I'm looking for the packages to be mailed.

2. **Di** (rarely **a** or **per**) is used before an infinitive in all other cases. Note that the infinitive then expresses an active meaning.

Chi ti ha dato il permesso **di parlare?**
Who gave you permission to talk?

È ora **di mangiare?**
Is it time to eat?

Fammi il piacere **di venire** a trovarmi.
Do me the favor of coming to see me.

Mi piace il suo modo **di rispondere.**
I like his way of answering.

E. Prepositions that are not governed by a verb, adjective, or noun can introduce the infinitive to form prepositional phrases.

1. The prepositions **a, da, in, con, su,** and **tra** require the masculine singular article, which combines with the preposition before the infinitive.

Nel rispondere cerca d'essere chiaro!
In answering try to be clear!

Dal dire al fare c'è di mezzo il mare.
There's many a slip twixt the cup and the lip.

Ho fatto uno sbaglio **nell'usare** questo verbo.
I made a mistake in using this verb.

Col passare del tempo tutto s'aggiusta.
With the passage of time everything works out.
(Time heals all.)

2. Other prepositions can introduce an infinitive without an article.

invece di	*instead of*
oltre a (oltre che)	*besides, in addition to*
per	*to, in order to*
piuttosto che	*rather than*
prima di	*before*
senza	*without*
tranne (che)	*except*

Perché giocate **invece di studiare?**
Why are you playing instead of studying?

Sei venuto da me solo **per parlare** di affari?
Have you come to my house only to talk business?

ESERCIZI

a. *Sostituire l'infinito al nome indicato.*

ESEMPIO *Il nuoto* fa bene a tutti.
Nuotare fa bene a tutti.

1. *La lettura* era la nostra passione.
2. Vi piace *lo studio?*
3. *L'amore* per i propri figli dovrebbe essere una cosa istintiva.
4. *La scelta* di una professione non è sempre facile.
5. Ci conforta *il pensiero* che l'inverno è quasi finito.
6. *La sorveglianza* dei bambini era la sua unica preoccupazione.

7. *La vita* riserva continue sorprese.
8. Non credi che *la confessione* sia un atto di coraggio?

b. **Preposizioni.** *Completare ogni frase con la preposizione corretta, quando è necessaria.*

1. Non vengo ora perché ho paura _____ disturbarvi.
2. Sono facili _____ imparare le lingue orientali?
3. Ci sono domande a cui è impossibile _____ rispondere.
4. Hai qualche buona notizia _____ darmi?
5. Siamo contenti _____ informarvi che non è necessario _____ aspettare.
6. Io non sarei stato capace _____ fare bene come te.
7. Faresti meglio _____ tacere se non vuoi _____ offendere nessuno.
8. Marco è stato il solo studente _____ finire l'esame e _____ uscire prima di mezzogiorno.
9. Chi vi ha dato l'ordine _____ chiudere il negozio?
10. Ho voglia _____ fare qualcosa: perché non andiamo _____ ballare?
11. Se continuano _____ correre così, finiranno _____ stancarsi.
12. Era un concetto difficile _____ capire.
13. Pensate che sia difficile _____ camminare nel bosco?
14. Mi rifiuto _____ credere che non avete intenzione _____ venire alla mia festa.

c. **Abitudini alimentari.** *Rispondere alle seguenti domande.*

1. Che cosa è stanco/a di mangiare?
2. Quanti ravioli (quante pizze, quanti gelati) è capace di mangiare?
3. Che cosa è disposto/a ad eliminare dalla Sua dieta?
4. Che piatto è curioso/a di provare?
5. Che cosa è abituato/a a bere durante i pasti?
6. Sarebbe contento/a di rinunciare ai dolci per un anno?

d. **La gravidanza.** *Il medico consiglia a Beatrice di fare le seguenti cose durante la gravidanza. Seguire l'esempio.*

ESEMPIO *Faccia una passeggiata ogni giorno! È meglio.*
      Ah, è meglio fare una passeggiata ogni giorno?

1. Non fumi! È pericoloso.
2. Mangi adeguatamente! È essenziale.
3. Non faccia molti sforzi! È sbagliato.
4. Non beva alcolici! È importante.
5. Cerchi di rilassarsi! È meglio.
6. Smetta di lavorare! È necessario.
7. Non prenda medicine inutili! È più prudente.
8. Non faccia tardi la sera! È consigliabile.
9. Venga per la visita di controllo mensile! È opportuno.
10. Non vada in motocicletta! È rischioso.

e. *Formare nuove frasi col contrario delle parole indicate.*

    ESEMPIO Ho *cominciato* a scrivere alle undici.
               Ho finito di scrivere alle undici.

1. Fu il *primo* ad andarsene.
2. È *utile* conoscere le lingue?
3. Il maestro ci *permise* di uscire.
4. Quando ha *smesso* di parlare?
5. Si sono *dimenticati* di comprare il caffè.
6. È un dolce *facile* a farsi.
7. Ha *torto* di lamentarsi.
8. Hanno fatto *bene* a venire.

f. **Viva le donne!** *Ecco quanto è emerso da un recente incontro femminista. Formare delle nuove frasi con i verbi indicati. Usare le preposizioni necessarie.*

1. Le donne non hanno ancora *ottenuto* la parità dei diritti.
    a. Cercano...
    b. Vogliono...
    c. Non sono riuscite...
2. Infatti, non *hanno* completo *accesso* ai posti di lavoro più prestigiosi...
    a. Non volete...
    b. Vi piacerebbe...
    c. Siete le sole...
    d. Chiedono...
3. Incoraggiamo ogni donna a *battersi* per la propria liberazione.
    a. Mi hanno detto...
    b. Ci hanno consigliato...
    c. Non sono riuscita...
    d. Avrei voluto...

g. *Sostituire alle parole in corsivo* **prima di** + infinito *o* **prima che** + congiuntivo, *usando gli esempi come guida.*

    ESEMPI Prima *della partenza* sono venuti a salutarci.
              Prima di partire sono venuti a salutarci.
              Prima *del tuo arrivo* devo pulire la casa.
              Prima che tu arrivi devo pulire la casa.

1. Finirò il lavoro prima *del vostro ritorno*.
2. Andammo via prima *della fine del film*.
3. Prima *della partenza* telefonateci!
4. Ha fatto molto freddo prima *del mio arrivo*.
5. Partì prima *della vostra telefonata*.
6. Prima *della scelta* eravamo tutti indecisi.
7. Prima *della loro venuta* non sapevo cosa fare.

Uso dell'infinito passato

The past infinitive is used instead of the present infinitive to express an action that has clearly taken place before the action expressed by the main verb of the sentence. It can be introduced by a verb or expression and must *always* be used after the preposition **dopo.**

Siete contenti di **avere scelto** l'italiano?
Are you glad you chose Italian?

Non credo di **averli capiti.**
I don't think I understood them.

Cosa hai fatto **dopo essere ritornato** a casa?
What did you do after returning home?

The past infinitive is always used after the verb **ringraziare.**

Vi ringrazio **di (per) essere venuti** e **di (per) averci portato** i fiori.
I thank you for coming and for bringing us the flowers.

ESERCIZI

a.   **I pensieri di Beatrice.** *Sostituire l'infinito passato all'infinito presente.*

ESEMPIO Spero di essere brava.
    Spero di essere stata brava.

1. Sono contenta di vedere spesso il dottore e di potergli parlare della mie paure.
2. Temo di pagare troppo le visite.
3. Dubito di saper seguire tutti i suoi consigli.
4. Il dottore spera di tranquillizzarmi.
5. Mio marito vorrebbe preparare la stanza del bambino prima del parto.
6. Io preferisco dedicarmi allo studio della psicologia infantile.
7. Sono contenta di poter scegliere la clinica Sant'Anna.
8. Non credo di perdere il controllo durante il parto.
9. Temo solo di spaventarmi un po' della nuova esperienza.
10. È nata Francesca e mia madre dice di pensare lei a dare l'annuncio a parenti ed amici.

b.   **Prima e dopo.** *Mettere* **dopo** *al posto di* **prima di** *e fare i cambiamenti necessari.*

ESEMPIO Ho avuto dei dubbi prima di prendere questa decisione.
    Ho avuto dei dubbi dopo aver preso questa decisione.

1. Gino ha trovato un lavoro prima di laurearsi.
2. Sono venuti a casa nostra prima di andare al cinema.
3. Ce ne siamo andati prima di sapere i risultati.
4. Carla passerà da me prima di fare la spesa.
5. Partimmo prima di ricevere il telegramma.
6. Telefonerete prima di cenare?
7. Mi disse «Buona sera» prima di stringermi la mano.
8. Sei andato via prima di renderti conto del pericolo.

II. Gerundio

The Italian **gerundio** is not the same as the gerund in English (*Reading* is important); rather, it usually corresponds to the English present participle: *Reading* your letter, I found many mistakes.

A. The **gerundio** has two forms: the simple (or present) gerund formed by adding -**ando** to the stem of -**are** verbs, and -**endo** to the stem of -**ere** and -**ire** verbs; and the compound (or past) gerund, which is made up of **avendo** or **essendo** plus the past participle of the main verb.

Gerundio presente	Gerundio passato
amando *loving*	**avendo amato** *having loved*
perdendo *losing*	**avendo perduto** *having lost*
partendo *leaving*	**essendo partito/a/i/e** *having left*

Note that the translation of the compound gerund is *having* + **verb,** even when it is formed with **essendo.** Note also that the simple gerund is invariable and that when the compound gerund is formed with **essendo,** the past participle agrees with the subject in gender and number.

B. Verbs that use the Latin stem to form the **imperfetto** also use the same stem to form the gerund.

bere	(bevevo)	**bevendo**
dire	(dicevo)	**dicendo**
fare	(facevo)	**facendo**
introdurre	(introducevo)	**introducendo**
porre [1]	(ponevo)	**ponendo**

C. Reflexive and object pronouns follow the gerund and are attached to it to form one word. In the compound gerund they are attached to **avendo** or **essendo.**

Non sentendo**mi** bene, ho chiamato il dottore.
Not feeling well, I called the doctor.

Non avendo**la** vista, non ho potuto parlarle.
Not having seen her, I was unable to talk to her.

---

[1] All other verbs ending in -**porre** use the stem -**pon-.**

Uso del gerundio presente

1. The **gerundio presente** is used with the **presente** or the **imperfetto** of **stare**[1] to express an action in progress in the present or in the past: **sto lavorando**, *I am (in the process of) working*; **stavo lavorando**, *I was (in the process of) working*.[2] Note that the progressive forms are used less frequently in Italian than in English.

FORME PROGRESSIVE			
Presente		**Imperfetto**	
sto stai sta stiamo state stanno	lavorando	stavo stavi stava stavamo stavate stavano	lavorando

Non fate rumore: il bambino **sta dormendo** (dorme).
Don't make noise; the baby is sleeping.

Che cosa **stai (vai) dicendo** (dici)?
What are you saying?

Stavamo uscendo (uscivamo) di casa quando squillò il telefono.
We were leaving the house when the telephone rang.

Quando arrivammo noi, loro **stavano facendo** (facevano) colazione.
When we arrived they were having breakfast.

Note the difference:

lavoro: *I am working, I work*
lavoravo: *I was working, I used to work*

sto lavorando: *I am working (right now)*
stavo lavorando: *I was working (right at that time)*

In the **stare** + *gerund* construction, reflexive or object pronouns may precede **stare** or be attached to the gerund.

Stavo vestendo**mi** quando sono venuti.
Mi stavo vestendo quando sono venuti.
I was dressing when they came.

Stavamo telefonando**ti**, cara.
Ti stavamo telefonando, cara.
We were calling you, dear.

2. The **gerundio presente** is also used to express an action or state of being that accompanies the action of the main verb. It is often the equivalent of a dependent clause expressing time, means, manner, condition, or cause. Note that there are several English equivalents for this use of the gerund in Italian and that there is no corresponding word in Italian for the words *while, on, in, by* when followed by the *-ing* form of the verb.

---

[1] And, less commonly, **andare.**
[2] The progressive forms are also used in the subjunctive (present and imperfect): **Non credo che tu stia studiando.** *I don't believe you're studying.* **Pensavo che tu stessi cucinando.** *I thought you were cooking.*

Essendo (= **dato che erano**) malati, non sono andati a scuola.
Being sick, they did not go to school.

Volendo (= **se volete**) potete riuscire.
You can succeed if you want to.

È diventato ricco **lavorando** molto.
He became rich by working hard.

The gerund must have the same subject as that of the main verb. If the subject is different, a clause is used instead of the gerund. Compare the following two sentences:

L'ho incontrato **camminando** in via Veneto.
I met him walking (= while I was walking) on Via Veneto.

L'ho incontrato **che camminava (mentre camminava)** in Via Veneto.
I met him walking (= while he was walking) on Via Veneto.

3. No preposition or conjunction is used before the gerund in Italian, except for **pur(e)**. **Pur** + *gerund* is the equivalent of a clause expressing concession (**benché** or **sebbene** + *subjunctive*).

Pur studiando (Benché studi), non impara niente.
Although he studies (Though studying), he doesn't learn a thing.

ESERCIZI

a. **In ufficio.** *Il dottor Belloli è un direttore estremamente pignolo e vuol sempre sapere che cosa fanno i suoi dipendenti* (employees). *Seguire l'esempio.*

ESEMPIO Marta / lavorare al bilancio annuale
STUDENTE 1 E Marta a che cosa sta lavorando?
STUDENTE 2 **Sta lavorando al bilancio annuale.**

—Sta parlando con me professore?

1. Edoardo / parlare con un cliente
2. tu / battere a macchina la lettera per la ditta Frattini
3. il ragionier Martelli / controllare i conti di novembre
4. gli avvocati / preparare un contratto
5. Lei e il capufficio / discutere gli ordini per il prossimo anno
6. gli esperti di marketing / organizzare la vendita di un nuovo prodotto
7. il vice-direttore / chiudersi in ufficio per telefonare alla fidanzata
8. Filippo / andare allo snack-bar a mangiare un tramezzino
9. la signora Laura / brontolare (*to grumble*) perché non trova un documento importante

b.   *Sostituire a* **stare per** + infinito (to be about to do something) *la forma* **stare** + gerundio (to be doing something).

ESEMPIO   La ragazza sta per uscire.
La ragazza sta uscendo.

1. Gli operai stanno per prendere l'autobus.
2. Il dottore sta per visitare la bambina.
3. Stavamo per uscire di casa; non stavamo per vestirci.
4. Stai per leggere il brano o stai per tradurlo?
5. Cosa stavi per bere?
6. Stavo per dire una sciocchezza!
7. State per rallentare o state per fermarvi?

c.   *Intervista. Intervistiamo alcuni amici sposati. Cosa stavano facendo quando si sono visti per la prima volta? Utilizzare le seguenti espressioni o crearne delle nuove.*

ESEMPI   camminare
Quando l'ho vista, stava camminando.
tagliare l'erba
Quando l'ho visto, stava tagliando l'erba.

1. correre nel parco   5. fare l'aerobica
2. prendere il sole   6. pagare alla cassa
3. salire sull'autobus   7. giocare a carte
4. scendere dal treno   8. servire un hamburger

d.   *Formare nuove frasi mettendo il gerundio al posto delle parole fra parentesi.*

ESEMPIO   (Mentre tornavo) da scuola, ho incontrato lo zio.
Tornando da scuola, ho incontrato lo zio

1. I bambini correvano (mentre giocavano) al pallone.
2. (Se tu lo vedessi) forse lo riconosceresti.
3. (Benché sapessero) la risposta, sono stati zitti.
4. (Con l'insistere) troppo, non ha ottenuto niente.
5. (Dato che non avevano) spiccioli, non mi hanno potuto dare il resto.
6. (Nello scrivergli) mi sono accorto che dovevo dirgli troppe cose.
7. Sono arrivata in ritardo (perché credevo) che la riunione fosse alle cinque.
8. (Se non comprate) il biglietto, risparmiate cinque dollari.

9. (Poiché abita) in campagna e (conosce) poche persone, quella ragazza è timida e insicura.
10. (Quando ti prepari) per l'esame, non dimenticare di studiare il gerundio!

e. *Formare un'unica frase usando il gerundio del verbo della prima frase.*

ESEMPIO Prendono il caffè. Chiacchierano.
         Prendendo il caffè, chiacchierano.

1. Voi fate attenzione. Imparate molto.
2. Leggeva la lettera. Piangeva.
3. Dormivo. Ho fatto un brutto sogno.
4. Devo partire. Verrò a salutarvi.
5. Si sente stanca. È andata a letto.
6. Guardavamo la televisione. Ci siamo addormentati.
7. Non accetti il nostro invito. Ci offendi.
8. Si trovano bene qui. Sperano di restare.

f. **Viva le lingue straniere!** *Completare le seguenti frasi usando* **conoscere** *o* **conoscendo.**

1. _____ una lingua straniera è importante.
2. _____ una lingua straniera, dovresti trovare un lavoro migliore.
3. Pur_____ più di una lingua straniera, Mario è disoccupato.
4. Per_____ bene una lingua straniera, ci vogliono molti anni di studio.
5. In America, quante sono le persone che hanno bisogno di _____ una lingua straniera?
6. Com'è possibile vivere in un paese straniero senza _____ la lingua di quel paese?

g. **Conversazione.**

1. In che modo può migliorare il Suo italiano?
2. Come si diverte in un giorno di pioggia?
3. Come può aiutare le persone sole?
4. Come è possibile diventare ricchi secondo Lei?

Uso del gerundio passato

When the action expressed by the gerund has clearly taken place *before* the action of the main verb, the **gerundio passato** is used.

Avendo letto molti libri, Franco sa molte cose.
Having read many books, Franco knows a great deal.

Essendo partiti presto, siamo arrivati presto.
Having left early, we arrived early.

Note that the tense of the main verb does not influence the choice of either the **gerundio presente** or the **gerundio passato.**

ESERCIZI

a. **Causa ed effetto.** *Formare un'unica frase seguendo l'esempio.*

ESEMPIO Ho trovato il caffè cattivo. Ho ordinato del tè.
Avendo trovato il caffè cattivo, ho ordinato del tè.

1. Ho perduto molte lezioni. Sono rimasto indietro.
2. Ha bevuto troppo. È stato male tutta la notte.
3. Hanno finito di mangiare. Sono usciti dal ristorante.
4. Si è rotta una gamba. È andata all'ospedale.
5. Hai perso la scommessa. Devi pagarci un pranzo.
6. Abbiamo perso l'aereo. Arriveremo dopo.
7. Mi sono confusa. Non ho superato l'esame.

b. **Benché...** *Formare nuove frasi usando* **pur** + *gerundio (presente o passato) al posto di* **benché** + *congiuntivo.*

ESEMPIO Benché sia stanco, esco.
Pur essendo stanco, esco.

1. Benché fosse raffreddato e non si sentisse bene, il tenore ha voluto cantare lo stesso.
2. Benché avessi mangiato tanto in fretta, ero riuscito a sentire il gusto del formaggio.
3. Benché lo sapesse, non volle dire il nome del ladro.
4. Benché avessero studiato poco, sono riusciti a farcela agli esami.
5. Benché mi conosceste, non mi avete salutato.
6. Benché lavorassimo molto, non guadagnavamo abbastanza.
7. Benché fossero partiti tardi, arrivarono in tempo.
8. Benché io apprezzi l'eleganza nel vestire, non faccio mai attenzione agli abiti delle persone.

III. Participio

The Italian participle has two forms: the present and the past.

A. The **participio presente** (*present participle*) is formed by adding **-ante** to the stem of **-are** verbs and **-ente** to the stem of **-ere** and **-ire** verbs.

Participio presente		
amare	**amante**	*loving*
perdere	**perdente**	*losing*
partire	**partente**	*leaving*

1. The **participio presente** is mostly used as an adjective, and as such agrees with the noun it modifies.

Era una lettera **commovente** e **convincente.**
It was a moving and convincing letter.

Ho visto molte facce **sorridenti.**
I saw many smiling faces.

2. Sometimes the present participle is used as a noun.

i grandi **cantanti**
the great singers

gli **abitanti** di Roma
the inhabitants of Rome

il mio **assistente**
my assistant

insegnanti e **studenti**
teachers and students

3. When the present participle is used as a verb, it is the equivalent of a relative clause.

Quanti sono i cittadini italiani **residenti** (= **che risiedono**) all'estero?
How many Italian citizens are (How many are the Italian citizens) residing abroad?

Ho comprato un quadro **rappresentante** (= **che rappresenta**) un tramonto.
I bought a picture representing a sunset.

B. The **participio passato** (*past participle*) is formed by adding **-ato** to the stem of **-are** verbs, **-uto** to the stem of **-ere** verbs, and **-ito** to the stem of **-ire** verbs.

Participio passato		
amare	**amato**	*loved*
perdere	**perduto**	*lost*
partire	**partito**	*left*

A number of verbs, especially **-ere** verbs, have irregular past participles. Several endings are possible: **-so** (**-sso**), **-lto**, **-nto**, **-to** (**-tto**), **-sto.**

muovere *to move*   **mosso**
togliere *to remove*   **tolto**
vincere *to win*   **vinto**
morire *to die*   **morto**
chiedere *to ask*   **chiesto**

For a list of verbs with irregular past participles, see Capitolo 3, p. 58, and the Appendix, pp. 393–395.

Uso del participio passato

A. The past participle is used with an auxiliary verb, either **avere** or **essere,** to form compound tenses of verbs.[1]

Stefano **ha scritto** molte cartoline.
Stefano wrote many postcards.

È **andato** a spedirle.
He went to mail them.

---

[1] For a more complete discussion of the compound tenses, see the **passato prossimo,** p. 56, the **trapassato prossimo,** p. 145, the **trapassato remoto,** p. 145, the **futuro anteriore,** p. 168, the **condizionale passato,** p. 172, and the compound tenses of the subjunctive, pp. 192, 216.

In the compound tenses, the past participle is often subject to agreement. If the verb is conjugated with **avere** and a direct object pronoun precedes the verb, the past participle agrees in gender and number with the direct object in many cases (see pp. 92, 93). When the verb is conjugated with **essere,** the past participle agrees with the subject (see pp. 56, 120).

B. When used as an adjective, the past participle must agree in gender and number with the noun it modifies.

Era una lettera ben **scritta.**
It was a well-written letter.

L'avvocato sembrava **soddisfatto.**
The lawyer seemed satisfied.

Perché le finestre non sono **chiuse?**
Why aren't the windows closed?

C. The past participle is sometimes used as a noun.

Conosci gli **scritti** di Dante?
Do you know Dante's writings?

Un **laureato** è qualcuno che ha finito l'università.
A "laureato" is someone who has received a university degree.

D. The past participle is frequently used without an auxiliary verb, instead of the compound gerund (*having finished*) or **dopo** + *compound infinitive* (*after finishing*).

Arrivati alla porta,
Essendo arrivati alla porta,   abbiamo suonato il campanello.
Dopo essere arrivati alla porta,
Once we arrived (Upon arriving) at the door, we rang the bell.

1. Reflexive and object pronouns follow the past participle and are attached to it, forming one word.

Messosi il cappotto, Paolo non aveva più freddo.
After he put on his winter coat, Paolo was no longer cold.

Vistala sola, mi sono avvicinato alla donna.
Seeing her alone (When I saw that she was alone), I went over to the woman.

2. Note the agreement of the past participle in these constructions: If (the verb used is conjugated with **avere,** and if there is a direct object, the past participle agrees in gender and number with its direct object.

Fatta colazione, i bambini andarono a scuola.
Having had breakfast, the children went to school.

Fatto il compito, i bambini guardarono la TV.
After they did their homework, the children watched TV.

Presili per un braccio, li accompagnammo alla porta.
Having taken them by the arm, we accompanied them to the door.

If the verb is conjugated with **essere,** the past participle agrees with the subject.

Uscita dal portone, **la ragazza** attraversò la strada.
Having come out the street door, the girl crossed the street.

Alzatisi in piedi, **gli spettatori** hanno applaudito.
Having stood up, the spectators applauded.

The past participle may be preceded by **appena** or **dopo.**

Appena ricevuto il telegramma, partirono.
As soon as they received the telegram, they left.

Cosa farete **dopo mangiato?** Il bagno? Ma non è bene fare il bagno subito **dopo mangiato!**
What are you going to do after you eat? Go swimming? But it is not a good idea to go swimming right after you eat!

ESERCIZI

a.   *Sostituire il participio passato alle costruzioni tra parentesi.*

ESEMPIO   (Dopo essersi seduto) a tavola, lo zio cominciò a tagliare il pane.
Sedutosi a tavola, lo zio cominciò a tagliare il pane.

1. (Dopo aver letto) i libri, li riportai in biblioteca.
2. (Avendo sentito) uno strano rumore, si fermarono in un'officina.
3. (Dopo aver riparato) il guasto al motore, ripresero la strada.
4. (Essendo passato) il temporale, uscirà il sole.
5. (Quando finì) la guerra, tornammo alle nostre case.
6. (Dopo aver salutato) i parenti, siamo saliti sul treno.
7. (Dopo essersi cambiata) in fretta, la signora è uscita di nuovo.
8. (Avendo ricevuto) notizie dal figlio, la mamma è tranquilla.
9. (Dopo avermi detto) queste parole, ti sei allontanato.
10. (Quando si sposò) mia figlia, mi trasferii a Milano.

b.   *Completare le seguenti frasi usando l'infinito, il participio o il gerundio dei verbi tra parentesi.*

1. Non riesco a _____ (capire) quello che stai _____ (dire).
2. Non volete _____ (ascoltare) un po' di musica? Non credete di _____ (studiare) abbastanza?
3. Lui fingeva di _____ (stare) attento, ma era chiaro che non ascoltava una parola.
4. È possibile _____ (imparare) molto _____ (stare) attenti in classe.
5. _____ (sentirsi) solo, il bambino è scoppiato a _____ (piangere).
6. Tempo _____ (permettere), vorrei _____ (andare) al mare.
7. Gli spettatori si alzarono in piedi _____ (applaudire).
8. _____ (morire) la moglie, il marito ha cambiato casa.
9. Il ragazzino è caduto _____ (giocare) al pallone.

10. Ammetto di _____ (fare) molti sbagli negli ultimi anni.
11. _____ (uscire) subito, troverai la farmacia ancora aperta.
12. Come hai potuto _____ (convincere) tutti?—Ho usato argomenti molto _____ (convincere)!

c.   **Povera Luciana.** *Completare il seguente brano usando l'infinito, il participio o il gerundio dei verbi tra parentesi.*

Mentre stava _____ (uscire) dall'ufficio, Luciana si è ricordata di non _____ (avere) niente da _____ (mangiare) in casa. Così è passata al supermercato. Dopo _____ (comprare) il necessario, è ritornata subito a casa. Appena _____ (entrare), ha sentito _____ (suonare) il telefono. Invece di _____ (rispondere) ha messo la roba nel frigo. Dopo _____ (mettere) la roba nel frigo, ha preparato la cena. Stava per _____ (sedersi) a tavola e _____ (cenare), quando si è ricordata che Marco l'aveva invitata a cena quella sera! _____ (cambiarsi) in fretta, ha aspettato. _____ (aspettare) Marco, ha guardato la televisione. Ma ecco di nuovo il telefono! Questa volta ha risposto. Era Marco: telefonava per _____ (dire) che non poteva _____ (venire). Luciana era così delusa che ha perso la voglia di _____ (mangiare)!

Giornalista televisiva al lavoro

LETTURA

VOCABOLARIO UTILE

l'argomento topic
il datore di lavoro employer
il/la dipendente employee
il disagio uneasiness
l'esigenza demand
l'impegno commitment
il piano regolatore town plan

adeguarsi to adapt oneself
aspettarsi to expect
assumere to hire; to take on
dare le dimissioni to resign
licenziare to dismiss, fire
pretendere to demand
rivedere to revise

attualmente at present
retribuito paid

PRIMA DI LEGGERE

Nonostante i miglioramenti ottenuti in Italia con la legge sul diritto di famiglia, le donne lavoratrici devono ancora risolvere varie difficoltà. Sono sorti, pertanto, gruppi di studio allo scopo di informare l'opinione pubblica ed allargare il dibattito sulla condizione della donna che lavora.

Il brano che segue esamina alcuni problemi del lavoro femminile retribuito e, in generale, dell'organizzazione del tempo di lavoro in Italia.

Come sono organizzate le cose nel vostro paese? In gruppi di due o tre studenti discutete le domande che seguono.

1. Sono molte le donne che hanno un lavoro retribuito nel vostro paese? Che tipo di lavoro fanno? Si tratta di occupazioni tradizionalmente "femminili" (insegnante, infermiera, segretaria, commessa di negozio) o di attività estese ai campi della medicina, della scienza, della finanza, della dirigenza industriale?
2. Si tratta, in maggioranza, di attività a tempo pieno o a tempo parziale? Per quali motivi?
3. Come conciliano° le donne, e gli uomini, le esigenze del lavoro con quelle della famiglia, per esempio: accompagnare i bambini a scuola o dal medico, fare la spesa e cucinare, tenere in ordine la casa, occuparsi dei familiari malati...? *reconcile*
4. Com'è strutturato il tempo del lavoro per quanto riguarda l'orario di uffici, banche, negozi, enti pubblici? È flessibile? Permette a chi lavora di organizzare le giornate rispetto alle proprie necessità? O è rigido, tale da creare difficoltà? Quali?

L'orologio del tempo di lavoro

Questo studio propone una rivoluzione—una rivoluzione pacifica—
che ha lo scopo di rendere più umani i tempi del lavoro, gli orari della
città, il ritmo della vita. In particolare esso esamina come spostare le
lancette° dell'orologio in relazione alle esigenze delle donne.   *hands*

5   L'orologio è nemico delle donne. Sono loro infatti quelle che più
risentono° del disagio causato dall'organizzazione della società in cui   *suffer*
viviamo, una società che non si è adeguata alle loro esigenze di lavoro,
e nella quale il tempo è strutturato come quando esisteva una precisa di-
visione dei ruoli: l'uomo fuori di casa a guadagnare il pane quotidiano,
10 la donna in casa ad occuparsi dei figli, delle cure domestiche, dei familiari anziani o malati. È vero che negli ultimi decenni si sono fatti passi
da gigante in favore delle leggi sociali e del diritto di famiglia: il con-
gedo "con assegni"° per maternità o per malattia di un familiare, la me-   **congedo:** *leave with pay*
dicina di stato, gli asili nido sono pietre miliari° nella storia sociale del   **pietre:** *landmarks*
15 nostro paese. Ma allora—direbbe qualcuno—che cosa pretendono an-
cora le donne? Le donne vorrebbero potersi aspettare un'organizzazione del tempo che tenesse conto delle loro difficoltà, e non essere
costrette a rinunciare ad un lavoro, spesso conquistato faticosamente,
per l'impossibilità di conciliare l'orario d'ufficio con gli impegni fami-
20 liari. Le loro proposte, se messe in atto, sarebbero a vantaggio di tutti. Si
tratta di riorganizzare il tempo nell'arco della vita,° sul lavoro e nella   **arco:** *life cycle*
città.

Il primo argomento in discussione si riferisce all'arco della vita.
Ogni persona—uomo o donna—dovrebbe avere la possibilità di stac-
25 carsi temporaneamente dal lavoro per ricominciare a studiare, stare a
giocare con un figlio, assistere un familiare anziano o malato o, semplicemente, per riflettere sulla propria vita e ricaricarsi. Questo si
potrebbe ottenere con l'istituzione dell'"anno sabbatico," cioè un anno
di congedo dopo almeno sette anni di lavoro continuativo. Nessuna
30 spesa per il datore di lavoro, suo unico impegno° quello di mantenere il   *obligation*
posto al dipendente che ritorna.

Per quanto riguarda l'orario di lavoro si propongono—per tutti—
trentacinque ore settimanali e una buona dose di flessibilità. Quella
della flessibilità è una questione molto importante e di non facile
35 soluzione. Il lavoro dipendente—quello legale, s'intende, il lavoro nero
non è tutelato—è regolato da leggi precise che sono senza dubbio a
vantaggio del lavoratore. È rassicurante sapere che, una volta ottenuto il
posto di lavoro, il dipendente ha una buona garanzia di continuità, e
che il datore di lavoro non può licenziarlo senza motivi molto gravi,
40 previsti dalla legge sotto la voce "giusta causa." È anche vero, però, che
le ditte esitano ad assumere personale che non sia indispensabile per
timore di doverlo poi tenere quando non serve più. Inoltre, le assun-
zioni sono generalmente a tempo pieno; l'impiego a tempo parziale è

poco diffuso, è offerto spesso a giovani disposti a lavorare, per esempio,
45 in alberghi e ristoranti, specialmente in luoghi di villeggiatura e durante
l'estate. Esiste il lavoro "nero," naturalmente, che opera al di fuori della
legge e pertanto non dovrebbe riguardare il nostro discorso; vale la
pena di ricordare, però, che proprio a lavorare "in nero" finiscono molte
donne che, divenute madri, non vogliono—o non possono per man-
50 canza di strutture sufficienti—lasciare il figlio per tante ore consecutive,
o semplicemente non riescono a conciliare un lavoro a tempo pieno con
le incombenze° domestiche e la vita di famiglia. E qui si inseriscono due   *tasks*
problemi di base: quello del tempo di lavoro settimanale e quello del
tempo nella città.
55   Sarebbe auspicabile che uffici e negozi istituissero turni di lavoro
regolare a tempo parziale, se non addirittura "su misura,"° per i dipen-   *custom-made*
denti. Sarebbe inoltre auspicabile che i Comuni° rivedessero il "tempo   *municipalities*
della città," cioè il regolamento sugli orari di apertura e chiusura degli
uffici pubblici e dei negozi. Attualmente ci si può aspettare che i negozi
60 siano aperti più o meno dalle 9,00 alle 13,00 e dalle 16,00 alle 20,00. Il
più o meno si riferisce a variazioni regionali e stagionali e ad alcune eccezioni: i bar sono aperti dalla mattina presto alla sera tardi, *La Rinascente*
non chiude più all'ora di pranzo, il pane e il latte si possono comprare
anche prima delle 7,00; d'altra parte le banche e gli uffici pubblici non
65 sono aperti l'intero pomeriggio. La scuola inizia alle 8,00 o alle 8,30 e,
con ancora relativamente poche eccezioni, termina non più tardi delle
13,15; in altre parole, i ragazzi tornano a casa per pranzo. Il fatto che a
scuola e in molti uffici si continui ad andare anche il sabato costituisce
una ulteriore complicazione.
70   Come fa una mamma a conciliare l'orario d'ufficio con la scuola dei
figli, la spesa, la preparazione del pranzo e della cena, gli acquisti, even-
tuali visite mediche e gli altri extra, quali l'andare a rinnovare la patente
o a richiedere un certificato? Dove trova un minimo di tempo per sé?
         Quello che le donne—e non solo le donne—chiedono è un piano
75 regolatore del tempo che renda più umani i ritmi del lavoro e gli orari
della città in funzione della vita dei cittadini. Il lavoro può essere regolato mediante contratto vincolante,° secondo una distribuzione del-   *binding*
l'orario settimanale e giornaliero concordato tra datore di lavoro e
dipendente. Al Comune resta il potere e il compito di coordinare e or-
80 dinare gli orari di apertura al pubblico di tutti gli uffici pubblici e pri-
vati, dei servizi alla persona, di quelli sanitari° e scolastici, dei trasporti,   *health-related*
dei locali pubblici, degli esercizi° commerciali e turistici, delle attività   *business*
culturali e di spettacolo. Il coordinamento dovrebbe esser fatto tenendo
conto del parere° di una commissione di rappresentanti degli interessati.   *opinion*
85   È del tutto anacronistico che un mondo dominato dall'elettronica
resti regolato sul tempo-macchina dell'era industriale e non tenga
conto, in particolare, delle esigenze del lavoro femminile rispetto ai
ritmi della vita quotidiana. Un piano regolatore del tempo sarebbe a

vantaggio sia degli uomini che delle donne, permetterebbe una migliore
90 organizzazione della giornata e una più efficiente collaborazione nelle
cure della famiglia; inoltre, essendo il lavoro distribuito secondo fasce
orarie° differenti, si allevierebbero le lunghe file di macchine, gli in-   fasce: *time frames*
gorghi stradali e i ritardi causati dal traffico nelle ore di punta. Sono
tutti elementi che renderebbero meno stressante, più umana la vita di
tutti i giorni.

Adapted from *Il Salvagente,* inserto dell'*Unità* del 21 aprile 1990

COMPRENSIONE

1. In che cosa consiste la rivoluzione proposta da questo studio?
2. In che senso l'orologio è nemico delle donne?
3. Che tipo di congedo viene proposto da questo studio e a quale scopo?
4. Come sono regolati i rapporti tra datore di lavoro e dipendente in Italia? Che conseguenze ne derivano?
5. Perché c'è bisogno di flessibilità?
6. Chi stabilisce l'orario di apertura e chiusura degli uffici e dei negozi?
7. Quali conseguenze derivano dal fatto che quasi tutti aprono e chiudono alla stessa ora?
8. Quali effetti potrebbero avere le proposte contenute in questo studio?

Studio di parole

to expect

aspettare
to wait for; to expect (a person or thing)

Da quanto tempo aspetti l'autobus?
How long have you been waiting for the bus?

Aspetti molte lettere oggi?
Do you expect many letters today?

aspettarsi (**di** + *infinitive* or **che** + *subjunctive*)
to expect (an event or immaterial thing)

Mi aspettavo un po' di gratitudine!
I expected a little gratitude!

Non si aspettavano di vedermi.
They didn't expect to see me.

argument

discussione (*f*)
argument, debate; discussion

Hanno molte discussioni perché non vanno d'accordo.
They have many arguments because they don't get along.

argomento
subject, topic; argument, proof, reasoning

Il mio amico è capace di scrivere poesie su qualsiasi argomento.
My friend can write poems on any subject.

Mi dispiace ma i Suoi argomenti non sono convincenti.
I'm sorry, but your arguments are not convincing.

to pretend

fingere
fare finta } **di** + *infinitive*
to pretend, to feign, to make believe

Michele finge di lavorare, ma in realtà sta
   sognando.
Michael pretends he's working, but he's actu-
   ally dreaming.

finto *false, artificial, fake*
fiori finti, denti finti, finta pelle, finto marmo

pretendere (**di** + *infinitive* or **che** +
   subjunctive)
to demand, to expect, to want

Lui pretende la massima puntualità dai
   suoi impiegati.
He demands utmost punctuality from his
   employees.

Come potete pretendere che io lasci tutto
   e venga da voi?
How can you expect me to drop everything
   and come to you?

PRATICA

a. *Scegliere la parola o le parole che completano meglio la frase.*

   1. I ragazzi, quando tornano da scuola, non _____, che il pranzo sia pronto.
   2. I dipendenti degli uffici pubblici sono in sciopero, _____ di essere pa-
      gati di più, ma non ci sono soldi.
   3. Avrei bisogno di più tempo libero, ma mio marito _____ di non capire.
   4. Ho lavorato proprio bene quest'anno e _____ un aumento di stipendio.
   5. Capisco perfettamente i Suoi _____ , ma non posso darLe un'altra setti-
      mana di ferie.
   6. Mia moglie è in viaggio per lavoro e io _____ ansiosamente il suo ritorno.
   7. Le ha regalato una borsa, ma non è di coccodrillo, è di pelle _____ .
   8. Ha cercato di giustificarsi, ma i suoi _____ non erano convincenti.

b. *Scegliere le parole che completano meglio il brano.*

Grazie al movimento femminista ai nostri giorni le donne _____ dalla vita molto
di più delle loro mamme. Quello della parità degli uomini e delle donne è un
_____ convincente; dopotutto perché loro, gli uomini, dovrebbero _____
di essere superiori? È una _____ che va avanti da tanto tempo anche se le
soluzioni al livello della coppia sono sempre differenti. Marcello, per esempio, non
_____ più—come faceva suo padre—che la moglie gli faccia trovare la cena
pronta e le pantofole calde vicino al caminetto, accetta perfino di aiutare nei lavori
di casa senza _____ ; però continua a _____ che Lucia, che
l'aiuta in ufficio, faccia le cose esattamente come vuole lui. Quando Lucia gli porta
_____ contrari, lui si arrabbia e finiscono col fare una bella _____ .
La nonna di Lucia non approva. «Ma no—dice—quando non c'è niente da fare è
inutile discutere; invece, quando è possibile, devi _____ di dargli ragione e
poi fare a modo tuo (*as you please*).»

c. *Domande per Lei.*

1. Nel Suo paese l'organizzazione della società è in favore delle donne lavoratrici? In che modo?
2. Ci sono attività e professioni nelle quali le donne sono più numerose degli uomini? Quali? Perché?
3. Le sembra ragionevole l'opzione di un anno sabbatico in base agli argomenti proposti dalla lettura?
4. Nel Suo paese il lavoro a tempo parziale è regolato dalla legge? Quali sono i vantaggi, o gli svantaggi, per i lavoratori?
5. In Italia "il tempo della città" è regolato dai Comuni ed è piuttosto rigido. Secondo Lei, quali cambiamenti sarebbero opportuni per il bene di tutti i cittadini?
6. Se Lei vivesse in Italia, in che modo il Suo ritmo quotidiano sarebbe diverso dall'attuale? Le sarebbe difficile adeguarsi al "tempo della città"? Perché? Un orario giornaliero più rigido non potrebbe aiutarLa ad organizzare meglio il Suo tempo? Perché sì, perché no?

TEMI PER COMPONIMENTO O DISCUSSIONE

1. Fino a poche decine di anni fa, la funzione della donna era quella di "angelo della casa" quando non doveva, per necessità, lavorare in campagna o in fabbrica. Le donne famose del passato si sono distinte essenzialmente nel campo dell'arte o dell'educazione. Esaminare le nuove funzioni della presenza femminile nel mondo del lavoro contemporaneo.
2. Esaminare come la tecnologia (per esempio gli elettrodomestici), i servizi di vendita e le strutture pubbliche facilitano la vita alle donne contemporanee rispetto alla situazione delle loro nonne. Quali differenze si possono immaginare nel ritmo della giornata?
3. **Dibattito.** Discutere i pro e i contro della tesi che segue. Le donne hanno le stesse abilità degli uomini e gli stessi diritti al lavoro in tutte le professioni ed a tutti i livelli. La famiglia e la società devono essere organizzate in modo da dare loro le stesse opportunità che sono state, per tanto tempo, privilegio degli uomini.

PER COMUNICARE

Congratulazioni! Anna telefona al marito per dirgli della recente promozione. Come risponderà Daniele all'entusiasmo di Anna?

ANNA: Pronto, Daniele?

DANIELE: Ciao, cara. Cosa mi dici di bello?

ANNA: Mi hanno dato la promozione e l'aumento di stipendio.

DANIELE: Congratulazioni! Sono proprio contento per te!

ANNA: Sì, è favoloso! Però devo cambiare ufficio.

DANIELE: Ti dispiace?

ANNA: No, no. Non farà differenza, tanto più che continuerò a lavorare con Giannelli. Ma, amore, c'è una complicazione. Mi chiedono di seguire un corso intensivo di amministrazione aziendale (*business administration*) per tre settimane in Svizzera, e proprio nei giorni in cui volevamo andare in montagna.

DANIELE: Pazienza! Se è importante per la tua carriera, va bene lo stesso. In ferie ci andremo in un altro momento.

ANNA: Sei un tesoro! (fra sé) Che bisogno c'è di essere femministe quando si ha un marito così?

Espressioni di affetto

amore (mio)	
tesoro (mio)	*dear, honey, darling, my love*
caro/cara, mio caro/mia cara	
Ti voglio (molto, tanto) bene.	(*lit*) *I am (very) fond of you.*
Ti amo.	*I love you.*
Che carino (tesoro, amore).	*How nice (darling, sweet).*
zietta, mammina, nonnino	*Auntie, Mommy, Grandaddy*

Esprimere contentezza

Che bello!	*How nice!*
È favoloso!	
È fantastico!	*It's wonderful!*
È meraviglioso!	
Sono proprio contento/a.	*I'm really glad.*
Non potrebbe andar meglio!	*It could not be any better!*

Dimostrare indifferenza

Per me è lo stesso.	
Va bene lo stesso.	*It's all the same to me.*
È uguale.	

Non importa.
Non fa differenza.   } *It doesn't matter.*
Non ha importanza.

Espressioni di rassegnazione e accettazione

Come vuoi tu.   *As you wish.*
Fai come credi.   }
Decidi tu.   *It's up to you.*
Pazienza!   *Never mind!*
Se è necessario!   *If it's necessary!*
Fai come ritieni opportuno.   *Do what you believe is right.*
Come ti sembra meglio.   *(Do) what you believe is best.*
Come preferisci.   *As you prefer.*

CHE COSA DICE?

1. Lei vuole comprare una macchinetta per fare il caffè espresso. La preferirebbe nera, ma il commesso Le dice che ce ne sono rimaste solo due, una bianca e una rossa.
2. Lei vuole molto bene alla vecchia zia Livia che, novantenne e in casa di riposo, continua a rendersi utile. La zia Le ha appena fatto le tende per la cucina. Le telefoni per ringraziarla.
3. Il suo amico Marcello ha appena finito una dieta ed è in perfetta forma (*great shape*). Che cosa gli dice?
4. Lei vuole andare a Parigi in luglio, il Suo/la Sua partner vuole aspettare fino alla fine di agosto. Lei decide di farlo/a contento/a.
5. Pietro è molto carino e gentile. Ieri l'ha invitata a cena in un delizioso ristorante sul lago. Lei pensa...

SITUAZIONI

1. Lei si è appena diplomato/a e cerca lavoro. Sperava di ottenere un posto in una grossa ditta ma non Le hanno fatto un'offerta e ha dovuto accettare un posto di poca soddisfazione. Sua madre è molto dispiaciuta per Lei. Cerchi di convincerla che Lei è contento/a lo stesso.
2. Lei è nonno/a. Sua figlia ha una bambina di tre anni alla quale Lei vuole molto bene. È una bambina molto affettuosa e precoce e parla molto. Immagini una conversazione tra Lei e la Sua nipotina.
3. Il Suo fidanzato/la Sua fidanzata sta seguendo un corso di specializzazione all'estero per sei mesi. Vi telefonate spesso e parlate del più e del meno (*small talk*). Entrambi usate espressioni di affetto.
4. Lei discute con Sua moglie l'acquisto di una macchina nuova. Lei vorrebbe comprare una piccola Fiat Uno, Sua moglie desidera una bella Lancia. La conversazione è molto amichevole e alla fine uno dei due fa contento l'altro.

CAPITOLO
13

Per cominciare

L'incidente.   La signora Distefano sente parlare il marito al telefono e lo vede consultare la carta della città.

La macchina è dal meccanico, la signora si rende conto che suo marito ha intenzione di prendere il vecchio motorino del figlio e non è d'accordo. Il motorino ha i freni molto consumati, è pericoloso e la signora non vuole che lo prenda. Ma il marito non l'ascolta.

Dalla finestra la signora lo guarda partire. C'è un incrocio a pochi metri dal portone, il semaforo cambia, il signor Distefano cerca di frenare ma non ci riesce, la signora vede una macchina sopraggiungere e investire suo marito che cade in mezzo alla strada tra il traffico.

La signora si precipita sul luogo dell'incidente. Il marito non sembra grave, ma è probabile che si sia rotto una gamba. Vorrebbe tirarsi su da terra, ma la signora non lo lascia alzare. Poco dopo si sente arrivare l'ambulanza e l'infortunato finisce all'Instituto Ortopedico del Policlinico.

Diverse ore più tardi il signor Distefano torna a casa saltellando sulle stampelle. Il medico gli ha fatto fare tante radiografie, gliene ha fatte fare cinque o sei, poi ha ordinato l'ingessatura. Veramente il paziente voleva l'apparecchio mobile, ma il dottore non glielo ha lasciato mettere; anche se si appoggia sulle stampelle è bene che la gamba sia completamente immobilizzata. I risultati dipendono da sei settimane di ingessatura rigida.

VOCABOLARIO UTILE

I sintomi

avere i brividi   to shiver
avere le vertigini   to be dizzy
starnutire   to sneeze
svenire   to faint

I rimedi

l'antibiotico   antibiotic
fare un'iniezione/una puntura
   to give a shot
le gocce   drops

la pastiglia   tablet
lo sciroppo   syrup
la vitamina   vitamin

L'ospedale

l'ambulanza   ambulance
la convalescenza   convalescence
l'emergenza   emergency
l'esame del sangue   blood test
la frattura   fracture
la guarigione   recovery

l'ingessatura   cast
l'ortopedia   orthopedics
il pronto soccorso   emergency room
la sala operatoria   surgery room
la stampelle   crutches

Espressioni

ammalarsi to get sick
dare i punti to give stitches
fare una radiografia to get an x-ray
farsi male a to hurt one's . . .
farsi operare to undergo surgery

ferirsi to injure oneself
*guarire to recover
rompersi una gamba to break one's leg
soffrire di to suffer from

ESERCIZI

a. *Rispondere alle domande seguenti.*

1. Perché la signora Distefano non vuole che il marito prenda il motorino del figlio?
2. Che cosa vede la signora dalla finestra?
3. Perché il signor Distefano è finito all'ospedale?
4. Quante radiografie gli ha fatto fare il dottore?
5. Per tenere ferma la gamba gli lasciano mettere l'apparecchio mobile?
6. Da che cosa dipende la guarigione del paziente?

b. *Inserire le parole che meglio completano le frasi.*

1. La nonna è caduta e si è rotta una gamba. Per portarla _____ abbiamo dovuto chiamare _____ . L'hanno ingessata e ora cammina con _____ .
2. Francesco ha l'appendicite ed è un po' preoccupato perché presto dovrà _____ .
3. Papà ha un solenne raffreddore, non fa che _____ .
4. Sono stata un mese a letto malata, ma per fortuna ora sono perfettamente _____ .
5. Mangi sempre troppo, troppo in fretta e male! È ovvio che non puoi fare a meno delle _____ digestive.
6. Mentre preparava la cena Giulio _____ con il coltello dell'arrosto. Hanno dovuto dargli sei _____ .
7. Invece di comprare _____ in farmacia, mangia la frutta fresca!
8. Nello scendere dall'autobus mi sono _____ un piede. Che male!

STRUTTURA

I. *Fare* + infinito

A. Fare (*to make, have, get*) followed immediately by the infinitive is used to form a causative construction. In this construction the subject of the sentence does not perform the action; instead, the subject causes something to be done or causes someone else to do something.

NON-CAUSATIVE CONSTRUCTION   CAUSATIVE CONSTRUCTION

(subject performs the action)   *(subject causes action to be performed by someone else)*

Il professore **corregge** gli esami.   Il professore **fa correggere** gli esami.
The teacher corrects the exams.   *The teacher has the exams corrected.*

      Fa correggere gli esami agli assistenti.
      He has the assistants correct the exams.

1. In the causative construction noun objects follow the infinitive, but pronoun objects normally precede the conjugated forms of **fare.** Pronoun objects follow and are attached to **fare** only in the infinitive, gerund, past participle, or imperative (**tu, voi, noi** persons).

   Non ha suonato? Avresti dovuto **farlo suonare.**
   Didn't he play? You should have made him play.

   Farò venire il Dottor Rossi. **Lo farò venire** domani.
   I'll have Dr. Rossi come. I'll have him come tomorrow.

   Hanno fatto restaurare il castello?—Sì, **l'hanno fatto restaurare.**
   Did they have the castle restored?—Yes, they had it restored.

   Fattole firmare il contratto, le offrii un bicchierino.
   Having made her sign the contract, I offered her a drink.

   Fatela ridere!
   Make her laugh!

2. If the infinitive following **fare** is reflexive, the reflexive pronoun is omitted.

   Su, bambini, non fate **arrabbiare** la mamma!
   Come on, children, don't make mother get mad.

   Perché non li fai **accomodare** in salotto?
   Why don't you have them come into the living-room?

3. When the causative construction has one object (either a person or a thing), that object is direct.

   La mamma fa mangiare **la bambina**; **la** fa mangiare.
   The mother makes the child eat; she makes her eat.

   Ho fatto tradurre **i verbi**; **li** ho fatti tradurre.
   I had the verbs translated; I had them translated.

   If there are two objects (usually a person performing the action and a thing receiving the action) the thing is the direct object and the person the indirect object.

   La mamma fa mangiare la minestra **alla bambina**; **le** fa mangiare la minestra.
   The mother makes the child eat the soup; she makes her eat the soup.

   Ho fatto tradurre i verbi **a Mario**; **gli** ho fatto tradurre i verbi.
   I had Mario translate the verbs; I had him translate the verbs.

4. Sometimes the use of the indirect object for the person may cause ambiguity: **Faccio scrivere una lettera a Stefano** could mean *I have Stefano write a letter* or *I have a letter written to Stefano*. To avoid ambiguity, **da** + *person* is used instead of **a** + *person*.

Faccio scrivere una lettera **da** Stefano.
I have Stefano write a letter.

B. **Farsi** + *infinitive* is used to express the meaning of *to have or get something done for one-self by someone else*, usually involving parts of the body or clothing. When the person made to perform the action is expressed, **da** + *person* is added.

Mi faccio tagliare i capelli **da** un parrucchiere italiano. **Me** li **faccio tagliare** una volta al mese.
I have my hair cut by an Italian hairdresser. I have it cut once a month.

La signora **si è fatta fare** due vestiti da sera. **Se** ne è **fatti fare** due.
The lady had two evening gowns made. She had two made.

Farsi + *infinitive* is also used for expressions such as *to get oneself understood, heard, loved, arrested, invited*, where the action performed affects the subject of the sentence.

Per **farti capire** da tutti, devi parlare più adagio.
In order to make yourself understood by everyone, you've got to speak more slowly.

C. The causative constructions **fare** + *infinitive* and **farsi** + *infinitive* are used in many common expressions:

fare aspettare	*to keep waiting*	**fare saltare**	*to blow up*
fare costruire[1]	*to build*		*(with explosives)*
fare crescere	*to grow (something)*	**fare sapere**	*to inform, let*
fare entrare (uscire)	*to let in (to let out)*	**(informare)**	*someone know*
fare esplodere (scoppiare)	*to explode*	**fare vedere (mostrare)**	*to show*
fare impazzire	*to drive one insane*	**farsi imprestare**	*to borrow*
fare osservare	*to point out*	**farsi vedere**	*to show one's face*
fare pagare	*to charge*		

Notice the following cooking terms:

fare arrostire	*to roast*	**fare cuocere**	*to cook*
fare bollire	*to boil*	**fare friggere**	*to fry*

Perché mi **fai** sempre **aspettare**?
Why do you always keep me waiting?

Si è **fatto crescere** i baffi.
He has grown a moustache.

Quanto ci vuole per **fare cuocere** un uovo?
How long does it take to cook an egg?

Fammi sapere quando arrivi.
Let me know when you're coming.

---

[1] Italian distinguishes between building something yourself, **costruire**, and having something built by someone else, **far costruire**.

ESERCIZI

a. **Alcune persone non fanno mai niente...** *Rispondere a ciascuna domanda usando* **fare** + infinito *come nell'esempio.*

ESEMPIO Scrive lui le lettere?
    —**No, fa scrivere le lettere.**

1. Stira lei le camicie?
2. Lavano loro la macchina?
3. Tagliano loro l'erba?
4. Dipinge lei la casa?
5. Ripara lui il televisore?
6. Pesano loro le lettere?

b. *Formare nuove frasi con le parole tra parentesi e facendo i cambiamenti necessari.*

ESEMPIO La faccio mangiare. (le lasagne)
    Le faccio mangiare le lasagne.

1. La fanno studiare. (lettere)
2. Lo faremo pagare. (il debito)
3. Lo hanno fatto leggere. (la poesia)
4. La farei cantare. (una canzone folk)
5. Fatelo suonare. (*Santa Lucia*)
6. Dobbiamo farlo firmare. (il nuovo contratto)

c. **Quante cose devo far fare oggi...** *Formare frasi con il verbo dato tra parentesi usando un pronome invece del nome.*

ESEMPIO Il televisore è guasto. (riparare)
    Devo farlo riparare.

1. Il passaporto è scaduto (*has expired*). (rinnovare)
2. Le scarpe sono bucate. (risuolare)
3. Il motore non funziona. (revisionare, *to overhaul*)
4. L'orologio è rotto. (aggiustare)
5. Non ci vedo con questi occhiali. (cambiare)
6. Luigi ha i capelli lunghi. (tagliare)

d. **L'ho già fatto fare...** *Formare frasi usando il passato prossimo di* **fare** + infinito *e un pronome invece del nome.*

ESEMPIO Dovresti far riparare la radio.
    —**L'ho già fatta riparare.**

1. Dovresti far pitturare la casa.
2. Dovresti far allargare la gonna.
3. Dovresti far rinnovare il passaporto.
4. Dovresti far potare (*trim*) le piante.
5. Dovresti far cambiare l'olio.
6. Dovresti far mettere il telefono.

e. **Chi me l'ha fatto fare...** *Le persone nominate in quest'esercizio non si considerano responsabili delle proprie azioni. Se hanno fatto qualcosa, è perché qualcuno o qualcosa le ha obbligate a farlo. Trasformare le frasi come nell'esempio.*

> ESEMPIO   Ho perso la pazienza. (mio marito)
> **Mio marito mi ha fatto perdere la pazienza.**

1. Ho riso. (le tue barzellette)
2. Abbiamo starnutito. (il pepe)
3. Siamo dimagriti. (le preoccupazioni)
4. Ho letto l'inserzione. (il destino)
5. Siamo arrivati in ritardo. (il traffico)
6. Hai gridato. (la paura)
7. Abbiamo pianto. (il dolore)
8. La bambina è arrossita. (l'imbarazzo)

f. *Conversazione.*

Quali cose o persone La fanno ridere? La fanno sognare? La fanno arrossire? La fanno applaudire? Le fanno perdere la pazienza? Le fanno amare la vita?

g. **Simpatie e antipatie personali...** *A Lei quali persone piacciono? Usare* **fare** + infinito.

1. A me piacciono le persone che...
   a. mi fanno divertire
   b. si fanno notare
   c. non fanno entrare i cani in casa
   d. fanno arrostire le castagne
   e. si fanno crescere la barba
   f. ...

2. A me non piacciono le persone che...
   a. mi fanno aspettare
   b. mi fanno perdere tempo
   c. non si fanno capire
   d. si fanno imprestare soldi
   e. mi fanno pagare troppo
   f. ...

h. *A Silvano non piace farsi le cose da solo, preferisce farsele fare dagli altri. Seguire gli esempi.*

> ESEMPI   dal barista
> **Dal barista si fa portare il cappuccino in ufficio.**
> al figlio
> **Al figlio fa lavare la macchina.**

1. dal barbiere
2. al benzinaio
3. alla moglie
4. dal segretario
5. dagli amici
6. alla figlia
7. dal meccanico
8. dalla collaboratrice domestica
9. perfino dal cane

II. *Lasciare* + infinito

A. **Lasciare** (*to let, to allow, to permit*) followed immediately by the infinitive is used just like *let* + *infinitive* in English; in this construction the subject of the sentence gives permission to someone to do something or allows something to happen.

Lascio uscire la mia gatta.
I let my cat go out.

La **lascio uscire** tre volte al giorno.
I let her go out three times a day.

1. Noun objects follow the infinitive, but pronoun objects normally precede the conjugated form of **lasciare**. Pronoun objects follow and are attached to **lasciare** only in the infinitive, gerund, past participle, and imperative (**tu, voi, noi** persons).

Hanno lasciato scappare il prigioniero.
   L'hanno lasciato scappare.
They let the prisoner escape. They let him escape.

Non voglio che tu **la lasci andare** a Napoli sola.
I don't want you to let her go to Naples alone.

Non **lasciare spegnere** il fuoco!
Don't let the fire go out!

Lasciateli giocare!
Let them play!

Hai fatto uno sbaglio a **lasciarli entrare.**
You made a mistake in letting them in.

2. If the infinitive following **lasciare** is reflexive, the reflexive pronoun is omitted.

Lui vuole **alzarsi,** ma il dottore non lo lascia **alzare.**
He wants to get up, but the doctor won't let him get up.

Signora, i bambini non devono assolutamente **bagnarsi;** non deve lasciarli **bagnare.**
Ma'am, the children must not get wet; you must not let them get wet.

3. As is the case with the causative construction, if the infinitive following **lasciare** takes an object, the object of **lasciare** becomes indirect.

Lascia**la** cantare!
Let her sing!

Lascia**le** cantare la canzone che vuole!
Let her sing the song she wants!

—Lascia perdere: se quella pera non si stacca, vuol dire che è ancora acerba...

B. Lasciare + *infinitive* is the equivalent of **permettere di** + *infinitive*. Compare:

Lasciate**la** parlare. ⎫
Let her speak. ⎬   **lasciare** + direct object + infinitive

Permettete**le di** parlare. ⎫
Allow her to speak. ⎬   **permettere** + indirect object + **di** + infinitive

Lasciare and **permettere** may also be followed by **che** + subjunctive.

Lasciate che parli.   Permettete che parli.
Let her speak.   *Allow her to speak.*

ESERCIZI _____

a.   *Sostituire a* **che** + congiuntivo *la costruzione con l'infinito.*

       ESEMPIO   Perché non lasciate che io compri una moto?
                 Perché non mi lasciate comprare una moto?

      1. Perché non lasciate che io dica quello che penso?
      2. Non hanno lasciato che tu pagassi il pranzo.
      3. Lasciamo che lui venga alla festa!
      4. Lascerò che voi diate la mancia.
      5. Lasciava che tutte le macchine passassero.
      6. Lasciate che il cane s'avvicini!

b.   *Cambiare secondo l'esempio. Il soggetto delle nuove frasi è* **loro.**

       ESEMPIO   Cani e gatti entrano in casa.
                 —Lasciano entrare in casa cani e gatti.
                 —Ma lascia che entrino!

      1. I figli dormono fino a mezzogiorno.
      2. I figli litigano.
      3. La figlia maggiore esce tutte le sere.
      4. La bambina piange.
      5. La minestra si raffredda (*gets cold*).
      6. I nipoti vanno in discoteca.

c.   *Mettere* **permettere** *al posto di* **lasciare** *e fare i cambiamenti necessari.*

       ESEMPIO   Papà non mi ha lasciato uscire.
                 Papà non mi ha permesso di uscire.

      1. Il professore non ci ha lasciato usare il dizionario.
      2. Il giudice non lasciò parlare l'imputato (*defendant*).
      3. Signora, perché non mi lascia fumare?
      4. Lasciatela passare!
      5. Perché non mi lasci venire con te?
      6. Se io La lasciassi scegliere, che cosa sceglierebbe?
      7. Non lo lasciamo giocare con te.
      8. Non avrei dovuto lasciarli fermare.

III. Verbi di percezione + infinito

A. The most common verbs of perception in Italian are:

vedere	*to see*	**sentire**	*to hear*
guardare	*to look at, to watch*	**udire**	*to hear*
osservare	*to observe, to watch*	**ascoltare**	*to listen, listen to*

Verbs of perception may be followed directly by the infinitive of another verb.

Guardo passare il treno.
I watch the train go by.

Non **senti muoversi** qualcosa?
Don't you hear something moving?

Ho visto piangere Anna.
I saw Anna cry (crying).

1. Noun objects follow the infinitive, but pronoun objects precede the conjugated form of the verb of perception. Pronoun objects follow and are attached to the verb only when the verb is in the infinitive, gerund, past participle, or imperative (**tu, voi, noi** persons).

Hai sentito piangere i bambini?   —Sì, **li ho sentiti** piangere e non mi piace **sentirli** piangere.
Did you hear the children cry? — Yes, I heard them cry and I don't like to hear them cry.

Guardatela correre!
Watch her run.

Vedendoci cadere, hanno gridato.
Seeing us fall, they screamed.

2. If the infinitive following a verb of perception has an object of its own, the noun object is placed between the verb and the infinitive; the object of the infinitive follows it.

Osserviamo i contadini lavorare la terra.
We watch farmers till the soil.

Ho sentito Luciano parlare di Susanna.
I heard Luciano talk about Susan.

B. A relative clause with **che** + *indicative* or a clause with **mentre** + *indicative* may replace the infinitive after a verb of perception.

Ho sentito Luciano cantare una canzone (**che cantava** una canzone).
I heard Luciano sing a song.

Li vedo uscire di casa (**mentre escono** di casa) ogni mattina.
I see them leave the house every morning.

C. Sentire, in addition to *to hear,* can mean *to feel* or *to smell.*

Sento un dolore allo stomaco.
I feel a pain in my stomach.

Anche tu senti un cattivo odore?
You smell something bad, too?

ESERCIZI

a. *Sostituire l'infinito a* **che** + *verbo* *come nell'esempio.*

ESEMPIO Sento il bambino che piange.
Sento piangere il bambino.

1. Ho visto Gigi che correva.
2. Osserviamo la nave che si allontana.
3. Hai sentito Patrizia che rideva?
4. Guardava le macchine che passavano.
5. Vedono i camion che si fermano e uomini mascherati che scendono.
6. Sento mia sorella che suona il pianoforte.
7. L'avete sentita che sospirava?
8. Lo vidi che arrivava con la sua macchina sportiva bianca.

b. **Testimone oculare** (eyewitness). *Il testimone afferma di aver visto ogni azione dell'uomo coi suoi propri occhi.*

ESEMPIO È sceso da un tassì verso le due?
—Sì, l'ho visto scendere da un tassì verso le due.

1. Ha attraversato la strada?
2. Si è fermato a parlare con un altro uomo?
3. È entrato nella casa dei Rossi?
4. È uscito di corsa poco dopo?
5. Ha urtato un bambino?
6. L'uomo ha fermato una macchina?
7. L'uomo è salito in macchina?
8. La macchina è partita a tutta velocità?

c. *Inserire in modo opportuno i verbi indicati e i pronomi necessari.*

ascoltare   guardare   permettere   vedere   fare   lasciare   sentire

La padrona di casa non _____ in pace. La sera mi telefona per dirmi che _____ suonare la mia radio troppo forte e _____ abbassare il volume. Spesso mi aspetta alla finestra e, appena _____ arrivare, scende per _____ fare qualche servizio, poi sta lì a _____ lavorare e io devo _____ la mentre mi racconta la storia della sua vita. Abita in una vecchia casa che _____ costruire nel 1920. Nel giardino _____ crescere la cicoria (*dandelion*) e non _____ a nessuno di toccarla, neanche a me che vorrei _____ ci l'insalata. Però in fondo è una brava persona. La settimana scorsa stavo poco bene, lei mi _____ tossire (*cough*) e si è preoccupata. Mi ha telefonato per chiedermi il permesso di entrare nel mio appartamento (ha le chiavi) e dopo poco l'ho _____ arrivare con una minestrina e un bicchiere di Chianti.

—E ora va in onda la **trentesima** puntata del teleromanzo
«Breve storia d'amore».

IV. Numeri ordinali

The Italian ordinal numbers correspond to English *first, second, third, fourth,* etc.

Numeri cardinali[1]			Numeri ordinali	
1	uno	I	1°	primo
2	due	II	2°	secondo
3	tre	III	3°	terzo
4	quattro	IV	4°	quarto
5	cinque	V	5°	quinto
6	sei	VI	6°	sesto
7	sette	VII	7°	settimo
8	otto	VIII	8°	ottavo
9	nove	IX	9°	nono
10	dieci	X	10°	decimo
11	undici	XI	11°	undicesimo
12	dodici	XII	12°	dodicesimo
50	cinquanta	L	50°	cinquantesimo
100	cento	C	100°	centesimo
500	cinquecento	D	500°	cinquecentesimo
1000	mille	M	1000°	millesimo

1. From **uno** to **dieci,** ordinals have forms of their own. From **undici** on, ordinal numbers
   are formed by adding **-esimo** to the cardinal number. The last vowel is dropped except
   for cardinals ending in **-tré**, in which case the final **-e** is retained but without the accent.

   ventitré **ventitreesimo**   cinquantatré **cinquantatreesimo**

[1] For discussion of cardinal numbers, see pp. 39–41.

2. Unlike cardinal numbers, ordinal numbers agree in gender and number with the nouns they modify. They usually precede the nouns but follow the names of popes and kings.

Le piace la **nona** sinfonia di Beethoven o preferisce la **quinta?**
Do you like Beethoven's ninth symphony or do you prefer the fifth?

Chi fu il Papa prima di **Paolo VI** (**sesto**)? —**Giovanni XXIII** (**ventitreesimo**).
Who was the pope before Paul the sixth? —*John the twenty-third.*

I miei cugini arrivarono **terzi.**   A che piano andate? —All'**ottavo.**
My cousins came in third.   *What floor are you going to?* —*To the eighth.*

3. Ordinal numbers can be written with the Roman numerals or abbreviated by writing the Arabic numerals with a small ° for the masculine and a small ª for the feminine.

Sono stato in vacanza dal **1°** agosto al 30 settembre.
I was on vacation from August 1st to September 30th.

Questa è la **9ª** settimana del semestre.
This is the ninth week of the semester.

ESERCIZI

a.   **Compleanni e ricorrenze.** *Completare con la forma corretta del numero ordinale.*

1. Oggi Roberto compie 20 anni; festeggia il suo _____ compleanno.
2. I miei genitori celebrano le nozze d'argento; cioè il _____ (25°) anniversario del loro matrimonio.
3. Conoscete qualcuno che abbia celebrato le nozze di diamante, cioè il _____ (60°) anniversario del matrimonio?
4. Io compirò 33 anni il 6 novembre; sarà il mio _____ compleanno.
5. La guerra è finita 9 anni fa: oggi ricorre il _____ anniversario.
6. Sono già passate quattro settimane dal rapimento (*kidnapping*) dell'ingegnere; ora siamo nella _____ settimana.
7. Sono 40 anni che il grande maestro insegna; quest'anno festeggiamo il _____ anniversario del suo insegnamento.

Frazioni

1. Cardinal and ordinal numbers are used together to indicate fractions. As in English the cardinal expresses the nominator and the ordinal expresses the denominator.

1/4 **un quarto**   3/8 **tre ottavi**   7/23 **sette ventitreesimi**

2. There are two special forms to express *half* as a noun: **mezzo** and **metà. Mezzo** is used for 1/2; **mezzi** is used for all other fractions where the denominator is 2.

1/2 **un mezzo**   15/2 **quindici mezzi**

When *half* is not expressed as a fraction, **metà** is used.

Il bambino ha mangiato solo **metà** della minestra.
The child ate only half of the soup.

Metà degli studenti non hanno capito.
Half of the students didn't get it.

3. **Mezzo** can also be used as an adjective and, as such, it agrees with the noun it modifies.

Porzione intera per il bambino o **mezza porzione**?
A full portion for the child or half a portion?

Ho lavorato **due mezze giornate.**
I worked two half-days.

Secoli

There are two ways of indicating centuries in Italian: the ordinal number + the word **secolo**, and, from the thirteenth century on, a cardinal number used with the article. The number is usually capitalized.

(701–800)	VIII secolo	l'ottavo secolo	—
(1101–1200)	XII secolo	il dodicesimo secolo	—
(1201–1300)	XIII secolo	il tredicesimo secolo	il Duecento
(1301–1400)	XIV secolo	il quattordicesimo secolo	il Trecento
(1401–1500)	XV secolo	il quindicesimo secolo	il Quattrocento
(1501–1600)	XVI secolo	il sedicesimo secolo	il Cinquecento
(1601–1700)	XVII secolo	il diciassettesimo secolo	il Seicento
(1701–1800)	XVIII secolo	il diciottesimo secolo	il Settecento
(1801–1900)	XIX secolo	il diciannovesimo secolo	l'Ottocento
(1901–2000)	XX secolo	il ventesimo secolo	il Novecento

Scusa, hai detto il **primo secolo** avanti Cristo o dopo Cristo?[1]
Excuse me, did you say the first century B.C. or A.D.?

Boccaccio visse nel **quattordicesimo secolo** (nel **Trecento**).
Boccaccio lived in the fourteenth century.

ESERCIZI

a.   **Giochetti coi numeri...** *Completare con la forma corretta del numero ordinale.*

1. Tuo padre guadagna 10.000.000 di lire; mio padre guadagna 2.500.000 di lire. Mio padre guadagna un _____ del tuo.
2. Quattro è un _____ di dodici.
3. Un minuto è la _____ parte di un'ora.
4. Un metro è la _____ parte di un chilometro.

[1]B.C. and A.D. are expressed in Italian by **avanti Cristo** (abbreviated to **a.C.**) and **dopo Cristo** (abbreviated to **d.C.**).

5. Novembre è l' _____ mese dell'anno.
6. Un giorno è la _____ parte di un anno.
7. Il secolo _____ (15°) e _____ (16°) sono i secoli più gloriosi dell'arte italiana.
8. Giacomo Leopardi fu uno dei più grandi poeti del secolo _____ (19°).
9. L'ascensore si è fermato al diciassettesimo piano; quattro piani più in su, cioè al _____ piano, c'era un guasto.
10. Questa è la _____ lezione del libro.

V. Preposizioni

Following are the most frequent cases where English and Italian differ in the use of prepositions after verbs or verbal expressions:

A

appoggiarsi a
to lean on

credere a
to believe in

nascondere a
to hide from, to conceal from

pensare a
to think of, about

rubare a
to steal from

DA

dipendere da
to depend on

guardarsi da
to beware of

DI

chiedere di
to ask for a person

essere carico di
to be loaded with

essere contento (soddisfatto) di
to be pleased with

essere coperto di
to be covered with

fare a meno di
to do without

innamorarsi di
to fall in love with

interessarsi di (a)
to be interested in

meravigliarsi di
to be surprised at

piangere di (per)
to cry with (for)

ridere di
to laugh at

riempire di
to fill with

ringraziare di (per)
to thank for

saltare di (per)
to jump with (for)

soffrire di
to suffer from

trattare di
to deal with

vivere di
to live on, to subsist on

ALTRE PREPOSIZIONI

essere gentile con
to be kind to

congratularsi con qualcuno per qualcosa
to congratulate someone on something

sperare in
to hope for

Non puoi **nascondere** la verità **a** tutti.
You can't hide the truth from everyone.

Hanno **rubato** tutto **allo** zio di Romeo.
They stole everything from Romeo's uncle.

Tutto **dipende da** te.
It all depends on you.

Chiedono del dottore, signora.
They are asking for the doctor, Ma'am.

Le sue parole mi hanno **riempito di** gioia.
His words filled me with joy.

Tutti **si meravigliavano della** nostra scelta.
Everybody was surprised at our choice.

Bisogna **essere gentili con** tutti.
One must be kind to everyone.

Vorrei **congratularmi con** voi **per** il vostro successo.
I would like to congratulate you on your success.

ESERCIZI

a.   *Completare con la preposizione corretta (semplice o articolata).*

1. L'uomo non vive _____ solo pane.
2. La situazione era disperata ma noi speravamo ancora _____ un miracolo.
3. _____ che cosa tratta il film che ha vinto l'Oscar quest'anno?
4. Da quando si sono trasferiti in campagna, soffrono _____ solitudine.
5. Cerca di non appoggiarti _____ muro: la pittura è ancora fresca.
6. C'è qualcuno _____ cui pensi quando senti questa musica?
7. Non so se potremo fare a meno _____ tuo aiuto.
8. Il nostro amico ha moltissima esperienza e non si meraviglia più _____ niente.
9. Sarebbe stato molto meglio se avessimo imparato a interessarci solo _____ i fatti nostri.
10. Carmela sognava un uomo biondo e con gli occhi azzurri e sai _____ chi si è innamorata? _____ mio cugino che è castano e ha gli occhi verdi.

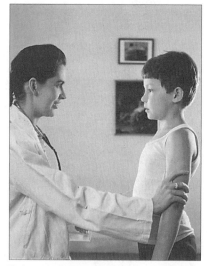

Il dottore è una dottoressa

LETTURA

VOCABOLARIO UTILE

il chirurgo	surgeon	aggirarsi	to be about
il/la commensale	table guest/companion	assumere	to take on
la corsia	(hospital) ward	intendere (+ *inf*)	to plan
l'elenco	list	potersi permettere	to be able to afford
l'impegno	commitment	ricoverare	to hospitalize
il/la luminare	famous professional	toccare a	to happen to
il medico	physician		
il/la pediatra	pediatrician	a seconda di	according to
la prestazione	service	altrimenti	otherwise
~ diagnostica	diagnostic service	gratis (*adv*)	free
~ farmaceutica	distribution of drugs	gratuito (*adj*)	free
~ medica	physician visit	per quanto possibile	as much as possible
~ ospedaliera	hospital care		
il reddito	income		
la ricetta (medica)	prescription		
la schiena	back		
il servizio sanitario	health-related service		
le spese	expenses		
la tassa	tax		

PRIMA DI LEGGERE

Nella lettura che segue Anna, durante un pranzo al quale ha invitato degli amici italiani, descrive la sua esperienza di paziente ricoverata in un ospedale americano. Gli amici, a loro volta, spiegano come funziona in Italia la "medicina di stato", cioè il servizio sanitario esteso a tutti i cittadini.

1. Come giudicherà Anna la sua esperienza in ospedale? Sarà soddisfatta del trattamento, delle cure, dei medici? Oppure no?

2. L'ospedale costa caro. Come l'avrà pagato Anna?

3. In molti paesi esistono forme di "medicina di stato". Sapete, per esempio, come funziona il servizio sanitario in Canada? Come si saranno organizzati i vari paesi? Come si pagheranno le spese?

4. In Italia i poveri godono di un servizio sanitario completamente gratuito, gli altri pagano un contributo detto il *ticket*. Vi sembra una soluzione ragionevole, o pensate che tutti i cittadini dovrebbero essere trattati nella stessa maniera? Perché?

5. I ricchi sono sempre in condizione di previlegio. Quali vantaggi pensate che i soldi possano comprare nel caso delle cure mediche?

Il servizio sanitario nazionale in Italia

I commensali sono a tavola, è un pranzo all'italiana negli Stati Uniti. Anna e Luca hanno invitato degli amici italiani venuti per un congresso che ha luogo presso la loro università.

ANNA: Così, dopo venticinque anni, ho fatto l'esperienza dell'ospedale americano. Un grand'albergo. Camere a due letti, un armamentario° di bottoni per cambiare la posizione del letto e chiamare l'infermiera, menù calibrato per te in cui scegliere, medici che ti spiegano per filo e per segno° che cosa intendono fare e che cosa hanno trovato. Il personale ti rende la vita facile,° per quanto possibile; pensa che la sera mi facevano perfino il massaggio rilassante sulla schiena!

PIETRO: Ne parli come se fossi stata in crociera invece che all'ospedale. Ma, dimmi, chi paga?

LUCA: La nostra assicurazione per l'ottanta per cento. A proposito, come funzionano le cose in Italia?

LUCIA: Al principio degli anni Ottanta è stata varata° la legge sul servizio sanitario nazionale, secondo la quale tutti i cittadini, e alcuni residenti, sono assicurati per le prestazioni mediche, diagnostiche, ospedaliere e farmaceutiche purché le richiedano attraverso le Usl.

ANNA: Le Usl?

LUCIA: Sì, le Unità sanitarie locali che amministrano la salute pubblica. Sono divise per territorio e i residenti vi sono iscritti.

LUCA: E se t'ammali, che fai?

PIETRO: Incominciamo dal principio. Nell'elenco Usl del territorio in cui abiti ti scegli un medico di famiglia e, se hai figli piccoli, un pediatra. Quando stai male telefoni al tuo medico, vai al suo studio,° se puoi, o viene lui in visita domiciliare.° Inizialmente è lui che stabilisce di che cosa hai bisogno: medicine, analisi cliniche, esami diagnostici, ricovero in ospedale.

ANNA: E non lo paghi.

LUCIA: Sì e no. Non paghi se rientri nel basso reddito previsto dalla legge fiscale a seconda dei componenti della tua famiglia, oppure se sei esente perchè affetto° da certe malattie, o se usufruisci° di certi tipi di pensione, altrimenti paghi il *ticket*.

ANNA: Cioè?

LUCIA: Quando vai a comprare le medicine paghi un tanto° per la ricetta medica—intorno alle duemila lire—e una percentuale del costo dei medicinali, di solito il 20–30 per cento.

ANNA: E se hai bisogno di esami di laboratorio o radiologici?

PIETRO: Vai prima all'Usl per le necessarie pratiche burocratiche.° Se i tempi di attesa dei servizi pubblici sono superiori a quattro

array

per: *in detail*
rende: *makes life easy*

è: *was passed*

office / **visita:** *house call*

suffering from
se: *if you are the recipient*

un: *a certain amount*

pratiche: *paperwork*

giorni, ti autorizzano a rivolgerti a strutture° private "conven-
zionate," cioè che hanno un accordo con lo stato per quanto
riguarda i costi. Gli esami diagnostici, come i medicinali, sono
soggetti a *ticket*, la degenza in ospedale° è gratuita.

LUCA: Anche l'ospedale?

PIETRO: Sì, l'ospedale pubblico. L'anno scorso è toccato a me essere
ricoverato. Tra il Policlinico, cioè il nostro ospedale universitario, e una clinica privata, io ho preferito Villa Linda. Naturalmente ho dovuto pagare la differenza per la camera singola e
altri extra, ma sono soldi che ho speso volentieri, anche perché
il chirurgo era lo stesso.

ANNA: Come sarebbe a dire?°

PIETRO: Ti spiego. Il medico ospedaliero ottiene il posto per con-
corso° pubblico e può lavorare a tempo pieno o a tempo
parziale. Se sceglie il tempo parziale, può assumere altri impegni di lavoro, per esempio, può aprire una clinica privata, di
solito con altri colleghi. È il caso del dottor Dominici. È bravo,
è simpatico, e la sua clinica è senz'altro più comoda del-
l'ospedale.

LUCA: Ma non ci sono conflitti d'interesse?

PIETRO: Sì. In effetti c'è la tendenza da parte di alcuni medici ad invitare
i pazienti nelle loro cliniche private, soprattutto quelli che
probabilmente richiederanno servizi extra e a spese proprie.

LUCA: Un momento. E se la clinica non è convenzionata?°

LUCIA: Paghi tu e poi l'Usl ti rimborsa quello che avrebbe pagato al-
l'ospedale o alla clinica convenzionata.

ANNA: E se, come è successo a me, devi andare d'urgenza al pronto
soccorso?

LUCIA: Non c'è problema; ci vai, ti curano e non paghi, purché ti ri-
mandino subito a casa.

ANNA: Ho capito. Senti: quanto guadagnano i medici?

LUCIA: E chi lo sa? I medici, come categoria, stanno bene° e me lo conferma il tenore di vita° di mio fratello, anche se lavorano molto.
Francesco ha una casa di proprietà in città, un'altra al mare, due
macchine, la barca...

PIETRO: E sua moglie non insegna più. Quanto guadagna non lo
dice, ma gli possiamo fare i conti in tasca,° le tabelle dei com-
pensi° sono previste dalla legge e sono pubbliche. Per legge e
in quanto pediatra non può avere più di ottocento pazienti, e li
avrà perché è bravo. Lo stato, tra una cosa e l'altra, gli dà intorno alle novantacinquemila lire l'anno per paziente, e siamo
già a settantasei milioni, poi ci sono le visite private.

ANNA: A proposito, te lo stavo per chiedere: e se il medico dell'Usl
non ti convince e vuoi consultarne uno privato?

LUCIA: Padronissima° di farlo, basta che lo paghi.

Margin glosses:
facilities
degenza: *hospital stay*
Come: *What do you mean?*
competition
non è: *does not have any agreement with the state*
do well
life-style
gli: *we can figure out how much he makes*
compensation tables
Your choice

ANNA: Quanto?

LUCIA: In media la parcella° si aggira sulle centomila per visita. Se poi
ti rivolgi a un luminare sono duecentomila e più.

LUCA: E chi ci va?

PIETRO: Chi se lo può permettere, non vuole perdere tempo, si fida solo
di medici famosi o raccomandati dagli amici...

LUCA: E i soldi per pagare i medici degli enti pubblici da dove vengono?

LUCIA: Dalle imposte sul reddito° e le altre tasse che paghiamo tutti.
Nel '93 le casse dello stato erano al verde° e hanno inventato
una soprattassa° di ottantacinquemila lire a persona, da pagarsi
una tantum, cioé una volta soltanto, in base al reddito.

PIETRO: L'abbiamo dovuta pagare anche noi perché siamo in tre e
guadagnamo più di cinquantadue milioni l'anno.

ANNA: Ho capito. Insomma, il sistema funziona?

LUCIA: In generale sì. Meglio nelle città piccole che nelle grandi, al
nord che al sud, in alcune regioni che in altre.

PIETRO: Ovviamente la perfezione non esiste e ci sono inconvenienti:
puoi non ottenere il medico di tua scelta perché ha già raggiunto il "tetto"° dei suoi pazienti; spesso i tempi di attesa per
gli accertamenti diagnostici e il ricovero in ospedale sono
lunghi; gli ospedali sono bene attrezzati° ma sono lontani dal
grand'albergo di cui parlava Anna; il cibo è così così e puoi capitare in una corsia con dieci o più letti...

LUCIA: Le infermiere, uso il femminile perché per il 90 per cento sono
donne, sono in numero insufficiente, hanno turni massacranti° e
si lamentano di guadagnare troppo poco; forse per queste ragioni non sono sempre pazienti e gentili con i malati.

LUCA: Quindi Pietro ha preferito Villa Linda. Non è così?

PIETRO: Sì, ma è una scelta da privilegiati. Tieni conto, poi, che se avessi
avuto bisogno della TAC° o della RMN° le avrei ottenute quasi
gratis soltanto in un ospedale pubblico; invece, fatte privata-
mente, sono molto costose e il rimborso è piccolo.

LUCIA: Ti dirò di più. Per certe malattie gravi o di difficile diagnosi è
consigliabile andare in un ospedale universitario, magari in corsia, dove hanno le migliori attrezzature e dove i medici fanno
ricerca ad alto livello.

ANNA: È vero anche qui. Anch'io ero all'ospedale universitario. A
proposito, una seccatura° c'era: alla cinque di mattina arriva-
vano i dottorini che facevano l'internato° con il mio chirurgo a
chiedermi molto rispettosamente il permesso di palparmi la
pancia.° Giusto! Anche loro devono imparare, ma non potevano lasciarmi dormire un'altra oretta?

Right margin glosses:
- *honorary fee*
- imposte: *income tax*
- al: *dry*
- *surtax*
- *cap*
- *equipped*
- *exhausting*
- *CAT scan / NMI*
- *nuisance*
- *internship*
- *tummy*

COMPRENSIONE

1. Dove ha luogo la conversazione sul servizio sanitario italiano?
2. Qual è stata l'esperienza di Anna all'ospedale americano?
3. Chi pagherà le spese di Anna e in che misura?
4. Chi è assicurato in Italia?
5. Che cosa sono le Usl?
6. Cosa deve fare prima di tutto l'italiano che si ammala?
7. Si pagano in Italia il medico e le medicine?
8. Che cos'è il *ticket*?
9. Perché Pietro è andato a Villa Linda invece che al Policlinico?
10. Quanto costa una visita da un medico privato in Italia? È tanto, è poco, è come in America?
11. Come viene pagato il servizio sanitario italiano?
12. Secondo Pietro e Lucia il sistema italiano funziona?

Studio di parole

sympathy

compassione (*f*)
sympathy

Non ho nessuna compassione per i
   deboli.
I have no sympathy for the weak.

condoglianze (*f pl*)
sympathy, condolences

Quando è morto il nonno, ho scritto
   una lettera di condoglianze alla nonna.
*When Grandpa died, I wrote a letter of
   sympathy to Grandma.*

simpatia (the opposite is **antipatia**)
liking, attraction

Ho una grande simpatia per quell'attore.
I have a great liking for that actor.

sympathetic

compassionevole or **comprensivo**
sympathetic, understanding

Chi non ha bisogno di una persona
   compassionevole nei momenti di
   sconforto?
*Who doesn't need a sympathetic person
   in periods of distress?*

simpatico (the opposite is **antipatico**)
likeable, congenial, nice

Una persona bella non è sempre
   simpatica.
*A good-looking person isn't always
   congenial.*

**Essere simpatico (antipatico) a qual-
cuno** means the same as **piacere
(non piacere) a qualcuno.**

Mario mi era molto simpatico.
I liked Mario a lot.

to make + adjective

When the verb *to make* is followed by an adjective (*You make me happy when skies are grey*), the verb **rendere** (*pp* **reso**; *pr* **resi**) is usually preferred to **fare.** The adjective follows the verb directly.

Il tuo amore mi rende felice.
Your love makes me happy.

Rendevi felici i bambini quando giocavi con loro.
You made the children happy when you played with them.

Il personale ospedaliero rende la vita facile ai pazienti.
Hospital personnel make life easy for patients.

PRATICA

a. *Scegliere la parola o le parole che completano meglio la frase.*

1. Quel ragazzo ha un così bel carattere; per questo è _____ a tutti.
2. Dobbiamo insegnare ai bambini a provare _____ per i poveri, i vecchi e i malati.
3. Ci sono persone che Lei non può sopportare, persone che Lei trova veramente _____?
4. Vi prego di accettare le mie più sentite _____ in occasione della tragica perdita.
5. Gli ho raccontato tutte le mie sventure e lui mi è stato a sentire, ma non mi è sembrato molto _____.
6. Quando vivevo a Chicago, il vento mi _____ nervosa.
7. Non possiamo ancora parlare di amore tra i due, solo di una grande _____.

b. *Inserire la parola o le parole che completano meglio il brano.*

La signora Beltrami è una persona meravigliosa. Non solo è una persona _____ ma è anche estremamente _____. È sempre pronta ad aiutare chiunque ne abbia bisogno ed è sempre piena di _____ per i poveri e i bisognosi. Se hai delle difficoltà e gliene parli, lei ti ascolta con animo _____, il solo parlarne con lei ti _____ più sereno. Che bello sarebbe se fossero tutti come la signora Beltrami, invece al mondo ci sono tante persone _____!

c. *Domande per Lei.*

1. Se Lei si ammala, che cosa deve fare per ottenere le cure necessarie? Chi paga le spese?
2. Lei è mai stato/a ricoverato/a in ospedale? O forse è capitato a qualcuno dei Suoi parenti o amici? Racconti l'esperienza.
3. Lei ha un medico di famiglia? È assicurato/a contro le malattie? È contento/a della Sua assicurazione? Sì, no, perché?
4. Secondo Lei i medici, in generale, rassicurano i loro pazienti, li rendono tranquilli?

5. Le è mai capitato, in quanto paziente, di trattare con un medico particolarmente simpatico/antipatico, comprensivo/indifferente? Racconti.
6. Che cosa pensa del servizio sanitario italiano?
7. Al posto di Pietro, Lei avrebbe scelto la clinica privata e pagato la differenza? Perché?
8. Come fa nel Suo paese una persona non assicurata che abbia bisogno di cure mediche o di ricovero in ospedale?

TEMI PER COMPONIMENTO O DISCUSSIONE

1. Una famiglia italiana sta per emigrare nel Suo paese. Spiegare, in termini generali, come funzionano le assicurazioni private e i servizi sociali pubblici a disposizione dei poveri e degli anziani.
2. In vari paesi del mondo esiste la cosiddetta "medicina di stato", cioè un servizio sanitario esteso a tutti i cittadini e pagato essenzialmente con i soldi delle tasse. Le piacerebbe un sistema analogo nel Suo paese? Perché sì, perché no?
3. Se la medicina di stato venisse adottata nel Suo paese, prevede conseguenze negative? Quali? Perché?
4. Pietro ha potuto permettersi una scelta da privilegiati ed è andato in una clinica privata. È una buona cosa o sarebbe opportuno trattare tutti nello stesso modo?
5. Secondo la lettura, i medici italiani "stanno bene", mentre le infermiere hanno vita difficile. Qual è la situazione di medici e infermieri nel Suo paese?
6. Spieghi quali sono, secondo Lei, i diritti degli assicurati per quanto riguarda la prevenzione e la cura delle malattie, le prestazioni a lunga scadenza e gli interventi straordinari. Chi paga? È il caso di stabilire dei limiti alle spese?

PER COMUNICARE

Salutare e accomiatarsi (*to take one's leave*). In ogni società esistono dei modi di comportarsi, delle convenzioni sociali che si riflettono nell'uso della lingua. Prendiamo per esempio il semplice modo di dire *"How are you?"*. Contrariamente all'inglese, l'italiano «Come sta/stai?» è una vera e propria domanda che si aspetta una risposta, se non sincera almeno formale. Trattandosi di una richiesta di notizie, non è usata senza una buona ragione, per esempio con compagni di scuola o colleghi di lavoro che vediamo ogni giorno, né tanto meno con le persone con cui non siamo in rapporti di familiarità e alle quali non sarebbe opportuno chiedere o dare informazioni di carattere personale.

Notate inoltre che normalmente, nel rispondere a dimostrazioni di interesse, l'italiano evita forme di eccessivo entusiasmo quando si tratta di dare informazioni su se stessi o sullo stato della propria salute.

Mostrare interesse

Come sta la famiglia/stanno i tuoi?	*How is your family?*
La signora sta bene?[1]	*How is your wife?*
Come va la vita?	*How are things?*
Come vanno le cose?	
Cosa c'è di nuovo?	*What's new?*
Che cosa fai di bello adesso?	*What are you up to now?*
Cosa mi racconti?	*What's up?*

Rispondere a dimostrazioni d'interesse

Non c'è male.	*It's going O.K.*
Non mi posso lamentare.	*I can't complain.*
Si tira avanti.	*It's going!*
(Va) così, così.	*So so.*
(Va) abbastanza bene.	*I am doing O.K.*
Non potrebbe andare meglio.	*It couldn't be any better.*

Dimostrare sorpresa nel vedere qualcuno

Che sorpresa!	*What a surprise!*
Ma guarda chi si vede!	*Look who's there!*
Dopo tanto tempo che non ci vedevamo!	*It's been a long time since I saw you!*
Che piacere rivederti/rivederLa!	*What a pleasure to see you again!*

---

[1] Per domandare come sta la moglie di una persona che non conosciamo intimamente. Per richiedere notizie del marito, usiamo «Suo marito» invece di «signore».

Accomiatarsi

Ci vediamo dopo.	*See you later.*
A più tardi.	
A presto. Ciao!	*See you soon.*
Chiamami tu.	*Call me.*
Ti chiamo io.	*I'll call you.*
Fatti sentire.	*Let me hear from you.*
Allora ci sentiamo.	*We'll talk (next week).*
Le telefono la prossima settimana.	
Tante belle cose.	*Take care.*
Salutami tutti a casa.	*Say hello to your family.*
Saluti alla famiglia.	
Mi saluti la signora.	*My regards to your wife.*
Fammi sapere com'è andata.	*Let me know how it turned out.*

CHE COSA DICE?

1. Lei incontra le seguenti persone e le saluta:
   a. un Suo ex collega d'ufficio che ha cambiato lavoro
   b. la Sua vicina di casa che ha il marito malato
   c. Cristina Mattarella, una Sua vecchia compagna di scuola, che da sei anni insegna italiano in Australia
   d. il Suo professore di diritto (*law*) di cui Lei conosce anche la moglie
   e. un'amica di Sua madre che Lei non vede da tanto tempo
2. Lei si accomiata dalle seguenti persone:
   a. il professore di radiologia che Le ha dato degli articoli da leggere e vuole riparlarne con Lei
   b. degli amici con cui ha in programma di fare una gita il prossimo fine settimana
   c. una vecchia signora amica di famiglia che ha tanti figli e nipoti
   d. Sua cugina che non Le telefona mai
   e. il Suo amico Antonio che si sta separando dalla moglie

SITUAZIONI

1. Lei ha trent'anni, è sposato/a e ha un bambino. In una libreria del centro, dopo tanti anni, rivede con grande piacere la Sua professoressa di lettere della scuola media a cui era molto affezionato/a. Come si svolge la conversazione?
2. Sabato scorso, a una festa, la Sua amica Simona le ha detto che il lunedì successivo sarebbe andata dal professor Bizzarri a chiedergli la tesi. È passata una settimana e Lei incontra Simona allo snack-bar dell'università.
3. Gabriele Settepassi, un tale con cui Lei andava in montagna anni fa, ha una casa all'Elba e ha appena comprato una grossa barca a vela. Lei incontra per caso Gabriele all'ufficio postale. Vi scambiate notizie, Gabriele La invita a fare una gita in barca, Lei promette di telefonargli per fare programmi più precisi.

4. Lei deve risolvere una difficoltà legale e si reca dall'avvocato di famiglia che La conosce da quando era bambino/a. L'avvocato La riceve molto cordialmente e Le chiede notizie di tutta la famiglia.

5. Lei è insegnante. Il Suo allievo Massimo Conti, dopo una lunga assenza, torna a scuola con il braccio sinistro ingessato. Cosa dice Lei? Cosa dicono gli studenti? Cosa risponde Massimo?

CAPITOLO
14

Per cominciare

Monumenti ed edifici.   Prima che fosse costruito il nuovo tronco ferroviario che congiunge l'aeroporto L. Da Vinci di Roma con la stazione centrale, il percorso veniva fatto in autopullman e si potevano vedere, tra l'altro, la basilica di San Paolo, la Piramide di Caio Cestio e il Colosseo. Sembrava proprio che il tragitto fosse stato studiato per fare impressione ai visitatori. Al Colosseo naturalmente si torna. La gente si domanda perché si chiami così, ebbene, si dice che là vicino fosse stata posta una colossale statua di Nerone; si fa anche notare che, quando fu iniziata la costruzione del monumento nel 72 d.C. per ordine dell'imperatore Vespasiano, Nerone era già morto. Il nome esatto del monumento è quello di Anfiteatro Flavio, e va messo in relazione al nome della famiglia imperiale che lo fece costruire. Si sa che era concesso a tutti l'ingresso gratuito, infatti i governanti dicevano che era bene distribuire gratis ai cittadini «pane e giochi». Ai giochi si andava di mattina e ci si restava per molte ore. Perché gli spettatori fossero protetti dal sole e dalla pioggia, un «velario», cioé una sorta di grande tenda, si stendeva a cupola sopra l'anfiteatro; del velario era incaricata una speciale flotta (*fleet*) di marinai (*sailors*) di Capo Miseno. L'anfiteatro poteva contenere fino a 50.000 spettatori e, come sempre succede, i ricchi e i potenti si dividevano i posti migliori. Grazie alla ricerca storica è stato stabilito che la tradizione, che vuole l'Anfiteatro Flavio luogo del martirio dei primi cristiani, non è attendibile.

VOCABOLARIO UTILE

Sostantivi

l'abbazia abbey
l'anfiteatro (romano) amphitheater (Roman)
l'arena arena
la basilica basilica
la cattedrale/il duomo cathedral
la cupola dome

l'ingresso entrance, admission
il martirio martyrdom
il monastero/la certosa monastery
il percorso route
la sinagoga synagogue
il tempio temple
il tragitto way

Verbi

costruire to build
demolire to demolish
distruggere (*pp* **distrutto**; *pr* **distrussi**) to destroy
erigere (*pp* **eretto**; *pr* **eressi**) to build, erect

notare to note, notice
stabilire to establish
stendere (*pp* **steso**; *pr* **stesi**) to spread

Espressioni

ebbene (*interj*) well

ESERCIZI

a. *Rispondere alle domande seguenti.*

1. Quando fu costruito il Colosseo?
2. Da chi fu fatto costruire?
3. Durante i giochi pubblici, in che periodo della giornata si andava agli spettacoli? Ci si restava a lungo?
4. In che modo gli spettatori erano protetti del sole e dalla pioggia?
5. Si spendeva molto per comprare il biglietto d'ingresso?

b. *Inserire le parole che meglio completano le frasi.*

1. Cesare è in crisi esistenziale e ha deciso di passare una settimana di meditazione in _____ .
2. La terza tappa (*leg*) del Giro d'Italia ha attraversato paesi di montagna. È stato _____ lungo e faticoso.
3. La moderna sinagoga romana _____ vicino al Tevere nel 1904.
4. Quando si viaggia in macchina _____ meglio che in treno i paesi che si attraversano.
5. In Italia l'ingresso ai musei non è quasi mai _____ .
6. Maria Grazia è incredibile, riesce sempre ad andare ai concerti (senza pagare) _____ .
7. In Italia l'assistenza sanitaria è _____ .

S T R U T T U R A

I. Forma passiva

A. Like English verbs, Italian verbs have an active and passive voice. A verb is in the active voice when the subject of the verb performs the action of the verb. A verb is in the passive voice when the subject of the verb is acted upon. In the passive voice the person or thing that performs the action on the subject is called the *agent.*

Active	Il gatto	mangia	il topo.
	(subject)	(active verb)	(object)
Passive	Il topo	è mangiato	dal gatto.
	(subject)	(passive verb)	(agent)

Note that when an active sentence is changed to a passive sentence, the object becomes the subject and the subject, if expressed, becomes the agent.

B. The passive can be used in all tenses and all moods and is formed with the desired tense of **essere** + *past participle.* The agent, if expressed, is preceded by **da.** Compare the conjugation of the verb **lodare** (*to praise*).

INDICATIVO	
Presente	**Passato prossimo**
sono lodato/a	sono stato/a lodato/a
sei lodato/a	sei stato/a lodato/a
è lodato/a	è stato/a lodato/a
siamo lodati/e	siamo stati/e lodati/e
siete lodati/e	siete stati/e lodati/e
sono lodati/a	sono stati/e lodati/e
Imperfetto	**Trapassato prossimo**
ero lodato/a	ero stato/a lodato/a
Passato remoto	**Trapassato remoto**
fui lodato/a	fui stato/a lodato/a
Futuro semplice	**Futuro anteriore**
sarò lodato/a	sarò stato/a lodato/a

CONGIUNTIVO	
Presente	**Passato**
che io sia lodato/a	che io sia stato/a lodato/a
Imperfetto	**Trapassato**
che io fossi lodato/a	che io fossi stato/a lodato/a

CONDIZIONALE	
Presente	**Passato**
sarei lodato/a	sarei stato/a lodato/a

IMPERATIVO
sii lodato/a

INFINITO	
Presente	**Passato**
essere lodato/a/i/e	essere stato/a/i/e lodato/a/i/e

GERUNDIO	
Presente	**Passato**
essendo lodato/a/i/e	essendo stato/a/i/e lodato/a/i/e

La virtù **è lodata** da tutti.
Virtue is praised by everyone.

Il campanile **è stato colpito** dal fulmine.
The bell tower was struck by lightning.

Quando **saremo ricevuti** da voi?
When will we be received by you?

Le operaie vogliono **essere pagate** subito.
The workers want to be paid right away.

I cantanti **furono applauditi** a lungo.
The singers were applauded a long time.

Non credevo che la tesi **sarebbe stata discussa** così
  presto.
I didn't think the thesis would be discussed so early.

Pretendevano che il lavoro **fosse finito** in un'ora.
They expected the work to be completed in an hour.

1. Note that *all* past participles agree with the subject in gender and number (which is always the case when the auxiliary verb is **essere**).

2. Remember that in both passive and active voices the **imperfetto** is used with verbs of description and feelings, or to indicate a habitual action; the **passato prossimo** (or **remoto**) is used to express specific actions.

Gino **era amato** da tutti.
Gino was loved by everyone.

Gino **era invitato** dai nonni ogni estate.
Gino was invited by his grandparents every summer.

Gino **è stato invitato** dai miei per il weekend.
Gino was invited by my family for the weekend.

ESERCIZI

a. *Rispondere alle domande usando la forma passiva. Seguire l'esempio.*

ESEMPIO —Firma lui le lettere?
—**Certo! Tutte le lettere sono firmate da lui.**

1. Scrive lui i discorsi?
2. Aprono loro le valige?
3. Controlla lei i passaporti?
4. Annunciano loro i voli?
5. Fa lei i dolci?
6. Prendono loro la frutta?
7. Informa lui i parenti?
8. Chiude lui le finestre?

b. **Il preside dell'Istituto Alessandro Volta è oppresso dagli impegni di lavoro.**
Seguire l'esempio mettendo ogni frase al futuro e utilizzando le seguenti espressioni temporali: domani, giovedì, la settimana prossima, in primavera, il mese prossimo, durante le vacanze.

ESEMPIO Pagare la bolletta della luce
La bolletta della luce sarà pagata lunedì.

1. intervistare il nuovo professore di matematica e fisica
2. informare i genitori di Renzo Macchi della sospensione
3. firmare le pagelle del primo semestre
4. acquistare altri quattro microscopi
5. far pulire le finestre
6. convocare il consiglio dei professori
7. far aggiustare il tetto della scuola
8. proibire l'ingresso a motorini e biciclette
9. scrivere gli inviti per la festa della scuola
10. organizzare l'Operazione Riciclaggio

c. **È vero che...** *Rispondere affermativamente usando la forma passiva. Proseguire a catena. Lo studente che risponde formula la domanda successiva.*

ESEMPIO —È vero che Cristoforo Colombo ha scoperto l'America?
—**Sì, l'America è stata scoperta da Cristoforo Colombo.**

1. È vero che Raffaello ha dipinto questo quadro?
2. È vero che le sorelle Fendi hanno disegnato queste pellicce?

3. È vero che Caino ha ucciso Abele?

4. È vero che Romolo e Remo hanno fondato Roma?

5. È vero che Shakespeare ha scritto l'Otello?

6. È vero che un italiano ha inventato la radio?

7. È vero che uno straniero ha vinto la corsa?

8. È vero che Marco Polo ha introdotto gli spaghetti in Italia?

d. *Cambiare dalla forma attiva alla forma passiva quando possibile.*

1. Visitate le Alpi. La bellezza del paesaggio vi colpirà.

2. Hanno rubato una celebre Madonna con Bambino. Una guardia notturna ha riconosciuto i ladri e ha fatto regolare denuncia alla polizia.

3. Non sapevo che avrebbero trasferito il signor Saletti. Mi dispiace moltissimo. I figli gli avevano appena comprato un bell'appartamentino e il pover'uomo sembrava finalmente tranquillo.

4. Niente eredità per noi. Nel 1975 il nonno perse tutto il patrimonio della famiglia.

5. Credevi che Moravia avesse scritto *Il Pendolo di Foucault?*—Ma no, l'ha scritto Umberto Eco.

6. Pensi che abbiano fatto le congratulazioni al presidente eletto?—Sì, ma temo che abbiano mandato i telegrammi all'indirizzo sbagliato.

e. *Cambiare dalla forma passiva alla forma attiva.*

ESEMPIO Carlo è ammirato da tutti.
         Tutti ammirano Carlo.

1. Gli scaffali della biblioteca erano occupati da migliaia di libri.

2. La festa di San Guido sarà celebrata da tutto il paese.

3. L'attore è stato riconosciuto da molte persone.

4. Da chi è stata dipinta questa Madonna?

5. Come mai il tenore non fu applaudito dal pubblico?

6. Le sue parole potevano essere ascoltate da molti.

7. Credo che il ministro sia stato ricevuto dalle autorità.

8. Le ultime rose potrebbero essere bruciate dal gelo.

f. **Ieri c'è stato un grave incidente...** *Descrivere un incidente utilizzando i vocaboli elencati e usando molti verbi al passivo.*

1. una macchina sportiva / un grande camion / la nebbia

2. scontrarsi / demolire

3. chiamare / un'ambulanza / i feriti / trasportare all'ospedale

4. la polizia / interrogare / il conducente del camion

5. togliere la patente / arrestare / processare / condannare a sette mesi di reclusione

6. la compagnia d'assicurazioni / informare

g. *Conversazione.*

1. È mai stato/a derubato/a? bocciato/a? premiato/a? insultato/a? picchiato/a? ingannato/a? (Quando la risposta è affermativa, dare particolari.)

2. Lei sa da chi è stato diretto il film «8½»? da chi è stata scritta la *Divina Commedia*? da chi è stata scoperta la penicillina? da chi è stata fondata la Fiat? da chi è stato scritto il romanzo *I promessi sposi*?

Osservazioni supplementari sulla forma passiva

A. Verbs other than **essere** can be used with past participles to express the passive voice in Italian. The past participles agree with the subject in gender and number.

1. **Venire** (in simple tenses only)

   Le leggi **vengono** (sono) **discusse** in parlamento.
   Laws are discussed in parliament.

   Io **verrei** (sarei) **licenziato** subito **se** dicessi questo!
   I would be fired immediately if I said this!

2. **Andare** (in all tenses)
   With verbs that indicate the loss of something: **perdere, distruggere, sprecare,** and **smarrire.**

   Molto cibo **va** (è) **sprecato** nei ristoranti.
   A lot of food is wasted in restaurants.

   Alcuni documenti importanti **erano andati** (erano stati) **distrutti** nell'incendio.
   Some important documents were destroyed in the fire.

3. **Andare** + *past participle* (in simple tenses only)
   To express an idea of necessity or obligation. In this sense, it corresponds to **dover essere** + *past participle.*

   Il vino bianco **va servito** (deve essere servito) freddo.
   White wine must be served cold.

   Quell'esercizio **andava fatto** (doveva essere fatto) per oggi.
   That exercise was supposed to be done for today.

   Common expressions that illustrate this usage are:

va considerato	*it must be considered*	**va ricordato**	*it must be remembered*
va detto	*it must be said*	**va ripetuto**	*it must be repeated*
va notato	*it must be noticed*	**non va dimenticato**	*it mustn't be forgotten*

B. Only transitive verbs (those that take a direct object) can be made passive. In Italian, only the direct object of an active sentence can be made the subject of a passive sentence. The indirect object remains indirect in both the active and passive voices; it can *never* be the subject of a passive sentence. Compare:

ENGLISH	ITALIAN
The director gave Carlo a raise.	**Il direttore ha dato un aumento a Carlo.**
A raise was given to Carlo by the director.	**Un aumento è stato dato a Carlo dal direttore.**
Carlo was given a raise by the director.	(impossible in the passive)

The woman will serve us coffee and tea.	**La signora ci servirà caffè e tè.**
Coffee and tea will be served to us by the woman.	**Caffè e tè ci saranno serviti dalla signora.**
We will be served coffee and tea by the woman.	(impossible in the passive)

To express sentences similar to the two labeled "impossible," an active construction must be used. If the agent is not known, an impersonal **loro** is the subject of the active verb.

Hanno dato un aumento a Carlo.	Ci **serviranno** caffè e tè.
Carlo was given a raise. or *They gave Carlo a raise.*	*We'll be served coffee and tea.*
Mi **chiederanno** di rimanere.	Non **permettono** ai bambini di venire.
I'll be asked to stay.	*Children are not allowed to come.*
Le **hanno promesso** un premio.	Mi **dicono** che lo sciopero è inevitabile.
She was promised a prize.	*I'm told the strike is unavoidable.*

ESERCIZI _____

a. *Completare ogni frase inserendo la forma corretta di* **andare** *or* **venire**.

1. Molte macchine straniere _____ comprate dagli italiani.
2. Mi dispiace, signorina, ma questa lettera _____ rifatta.
3. Questi prodotti _____ conservati in un luogo fresco se non vuoi che vadano a male.
4. In quante università americane _____ insegnato l'italiano?
5. Ogni volta che rispondevano bene, gli studenti _____ lodati dal professore.
6. State attenti! Queste espressioni non _____ prese alla lettera!
7. Per essere apprezzata, la musica classica _____ ascoltata in silenzio.
8. L'anno scorso, Mario _____ spesso invitato a pranzo dagli amici.

—Non per sfiducia, ma preferiremmo essere pagati in anticipo..

II. *Si* passivante

The passive voice can also be expressed by **si**[1] + *active form* of the verb, particularly when the agent is not indicated. The verb is in the third person singular or plural, depending on whether the subject is singular or plural. The subject usually follows the verb. In compound tenses **essere** is used (with the past participle agreeing in gender and number with the subject).

Non **si studia** abbastanza l'italiano.
Italian isn't studied enough.

Non **si studiano** abbastanza le lingue straniere.
Foreign languages aren't studied enough.

Si è scritto molto sull'energia solare.
A lot has been written on solar energy.

Si sono scritti molti libri e molti articoli.
Many books and many articles have been written.

ESERCIZI

a. *Cambiare le seguenti frasi usando il* **si** *passivante. Cominciare ciascuna frase con* **si**.

> **ESEMPIO** Quest'articolo è venduto nei migliori negozi.
> **Si vende quest'articolo nei migliori negozi.**

1. È richiesta la conoscenza di due lingue straniere.
2. Sono stati fatti molti errori.
3. Alcune parole potrebbero essere tolte.
4. L'autostrada verrà inaugurata domenica prossima.
5. Tutte le partite saranno trasmesse in diretta (*live*).
6. I responsabili dovrebbero essere puniti.
7. Queste condizioni non possono essere accettate.
8. Una decisione è stata presa.

b. *Inserire i verbi che seguono secondo il senso e usare il* **si** *passivante.*

mangiare   poter fare   avere   scrivere e parlare   trovare
contaminare   verificare   perdere

Una volta i frutti di mare _____ crudi (*raw*) con una goccia di limone, ma è una cosa che non _____ più, almeno finché non _____ dati rassicuranti sull'eliminazione dello scarico dei rifiuti nel mare. _____ a lungo dei problemi ecologici, ma fino ad ora, come dice Francesco Cetti Serbelloni presidente del Touring Club Italiano, non _____ una soluzione. Di giorno in giorno gli ambienti naturali _____ per colpa dell'incuria (*carelessness*) e della mancanza di responsabilità collettiva dei cittadini. _____ perfino atti apertamente criminali: quest'estate i soliti ignoti (*perpetrators*) hanno incendiato due barche delle guardie del Parco del Ticino. Così le speranze in un ambiente pulito e sano _____ in un ipotetico futuro.

---

[1]In want ads, advertisements, telegrams, and commercial messages, where brevity is essential, **si** is attached to the end of the verb: **Cercasi** (= **si cerca**) **autista**, *Chauffeur wanted;* **Offronsi strumenti di misura**, *Measurement instruments for sale;* **Affittasi camera ammobiliata**, *Furnished room for rent.*

III. *Si* impersonale

A. Si + *third person singular* of the verb corresponds to the English impersonal construction *one (you, we, they, people)* + *verb.*

Si mangia tardi.
One eats late.

Se **si potesse** fare quello che **si vuole!**
If only people could do what they want!

Si partì senza una meta precisa.
We left without a precise destination.

While the verb is singular in this impersonal construction, any adjectives or nouns referring to the subject have a plural ending.[1]

Quando si è **stanchi,** non si ragiona bene.
When one is tired, one doesn't reason well.

Quando si è **giornalisti,** si lavora anche di notte.
When you're a journalist, you also work at night.

B. In the **si impersonale** construction, compound tenses are always formed with **essere.** If the verb normally requires **avere** as its auxiliary, the past participle takes the masculine singular ending **-o.**

Si è riso molto alla festa. (La gente **ha** riso...)
People laughed at lot at the party.

Si è detto che si sarebbe lavorato tutta la notte.
(**Abbiamo** detto... avremmo lavorato...)
We said we'd work all night.

If, however, the verb normally requires **essere** as its auxiliary, the past participle takes a plural ending.

Si è nati per soffrire. (Uno è nato...)
We were born to suffer.

Si è rimasti più a lungo di quanto si volesse.
(**Siamo** rimasti...)
We stayed longer than we wanted to.

C. When a reflexive verb is used in the impersonal construction, **ci si** replaces **si si** (that is, the impersonal **si** and the reflexive **si**).

Ci si alza presto d'estate.
People get up early in the summer.

Ci si è divertiti tanto ieri sera.
We had such a good time last night.

D. Object pronouns precede **si.** Only **ne** can follow, and then **si** becomes **se: se ne...**

Come si parla al nonno? **Gli si** parla con rispetto.
How does one talk to Grandpa? One talks to him with respect.

Si può fare a meno dello zucchero? —Sì, **se ne** può fare a meno.
Can people do without sugar? —Yes, people can do without it.

---

[1] The same rule applies to all impersonal constructions: if there is an adjective following an impersonal verb or expression, the plural form is used: **Bisogna stare molto attenti quando si guida.** *You must be very careful when you drive.* **Non è bello essere gelosi.** *It's not nice to be jealous.*

E. Other ways of expressing the impersonal construction in Italian are to use **uno** + *third person singular* of the verb; **la gente** + *third person singular* of the verb; or the impersonal **noi, voi,** and **loro.**

Quando **uno viaggia, spende** molti soldi.
When one travels, one spends a lot of money.

Che cosa **dirà la gente?**
What will people say?

Ricapitolazione

A. Compare the four different Italian constructions using the pronoun **si:**

Reflexive

Luigi **si** vestì.
Louis got dressed.

Si credono molto intelligenti.
They think themselves very intelligent.

Reciprocal

Si sono incontrati al bar.
They met one another at the café.

Non **si** sono salutati.
They didn't greet one another.

Passive

Si richiede la laurea.
A university degree is required.

Si offrono ottime condizioni di lavoro.
Excellent working conditions are offered.

Impersonal

Si dice che nevicherà.
They say it will snow.

In Italia **si** mangia bene.
In Italy one eats well.

B. Note the differences between the personal and impersonal constructions in the various cases.[1]

Anna è triste quando è sola.
Anna is sad when she is alone.

Giancarlo si è alzato presto e ha studiato.
Giancarlo got up early and studied.

Uno è triste quando è solo.
One is sad when one is alone.

Tutti si sono alzati presto e hanno studiato.
Everyone got up early and studied.

Si è tristi quando **si** è soli.
People (they) are sad when they are alone.

Ci si è alzati presto e **si** è studiato.
We got up early and studied.

ESERCIZI _____

a. *Mettere le frasi alla forma impersonale come nell'esempio.*

ESEMPIO Non beviamo caffè.
Non si beve caffè.

1. Dobbiamo aver pazienza.
2. Abbiamo speso poco e siamo stati bene.

---

[1] Note that **si** is always expressed, whereas **uno** and other pronouns can be omitted once the subject is indicated.

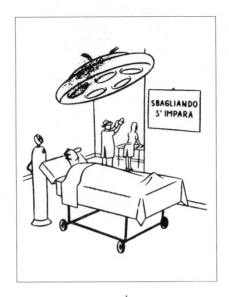

SBAGLIANDO S'IMPARA

3. Non sappiamo dov'è nascosto.
4. Quando andiamo in montagna ci divertiamo molto.
5. Se non ci sbrighiamo, arriveremo tardi.
6. Avevamo camminato molto ed eravamo stanchi.
7. Quando vediamo le finestre chiuse pensiamo che la casa sia disabitata.
8. In questo paese viviamo come se fossimo in una grande città.
9. Non avevamo sentito nessun rumore.
10. Come possiamo finire il lavoro in quindici minuti?

b. **Le marachelle** (pranks). *Pierino fa sempre le cose sbagliate. Bisogna dirgli che certe cose non si fanno. Completare ogni frase seguendo l'esempio.*

ESEMPIO Pierino ha dato un calcio al tavolo.
Pierino, non si danno calci ai mobili!

1. Pierino ha fumato una sigaretta.
   Pierino, non _____ sigarette alla tua età!
2. Pierino ha bevuto un whisky.
   Pierino, non _____ liquori quando si è piccoli!
3. Pierino ha dato del tu al dottore.
   Pierino, non _____ del tu al dottore!
4. Pierino ha detto che Orietta è stupida.
   Pierino, non _____ queste cose!
5. Pierino ha sbattuto (*slammed*) la porta.
   Pierino, non _____ le porte!
6. Pierino ha domandato l'età all'amica della mamma.
   Pierino, non _____ queste cose!

Conversazione. *Rispondere ad ogni domanda indicando se le cose elencate sono possibili alla Sua università.*

1. Si può bere birra alla mensa?
2. Si può fumare in classe?
3. Si possono portare i pantaloncini corti?
4. Si possono fare entrare i cani in aula?
5. Si può camminare scalzi?
6. Si può circolare in bicicletta?

d. **Una gita.** *Cambiare i verbi in parentesi alla forma impersonale.*

PIERO: Come (facciamo) _____ ad andare a Fregene?

MARIO: (Possiamo) _____ andare in macchina, è la cosa più semplice, non (dobbiamo) _____ guidare tanto e (arriviamo) _____ in un'ora.

PIERO: Ottima idea, ma io non ho la macchina.

MARIO: Neanche io, ma se (invitiamo) _____ Gianni e Marcella (andiamo) _____ in compagnia, (ci divertiamo) _____ e loro hanno una bellissima Alfa Romeo azzurra.

PIERO: Magnifico! Anna dice che se (ci fermiamo) _____ in quel ristorantino dove (abbiamo mangiato) _____ l'estate scorsa, (staremo) _____ benissimo. Servono sempre dell'ottimo pesce fresco.

MARIO: Purché non sia troppo caro!

PIERO: Stai tranquillo! È un ristorantino modesto dove (mangeremo) _____ bene e (spenderemo) _____ poco.

MARIO: Che bella cosa gli amici!

IV. Preposizioni e congiunzioni

Some common English words may be used as both prepositions (with a noun or pronoun) and as conjunctions (to introduce a clause with its own subject and verb). In Italian the equivalent words usually have slightly different forms; one for the preposition and one for the conjunction.

PREPOSITIONS (followed by a noun or pronoun)	CONJUNCTIONS (followed by a clause)

after

dopo
dopo di (+ *personal pronoun*)

dopo che (+ *indicative*)

Ci vedremo **dopo** il concerto.
We'll meet after the concert.

Non l'ho più vista **dopo che** si è sposata.
I didn't see her anymore after she got married.

Scusi, ma Lei è arrivata **dopo di** me.
Excuse me, but you came after me.

before

prima di | prima che (+ *subjunctive*)

Preparerò la tavola **prima di** mezzogiorno.
I'll set the table before noon.

Preparerò la tavola **prima che** arrivino gli invitati.
I'll set the table before the guests arrive.

because (of)

a causa di | perché (+ *indicative*)

Non sono uscita **a causa della** neve.
I didn't go out because of the snow.

Non sono uscita **perché** nevicava.
I didn't go out because it was snowing.

since (indicating time)

da | da quando (+ *indicative*)

Siamo senz'acqua **da** domenica.
We've been without water since Sunday.

Siamo senz'acqua **da quando** sei partito tu.
We've been without water since you left.

since (indicating cause)

dato che, poiché (+ *indicative*)

Non posso comprarlo **dato che** non ho soldi.
I can't buy it since I don't have any money.

until

fino a | finché (+ *indicative or subjunctive*)[1]

Aspettate a uscire **fino al** mio ritorno.
Wait until my return before going out.

Aspettate a uscire **finché** io **non** torni.
Wait until I return before going out.

Aspettarono **fino alle** dieci.
They waited until ten o'clock.

Aspettarono **finché non** tornò papà.
They waited until Daddy returned.

without

senza
senza di (+ *personal pronoun*)

senza che (+ *subjunctive*)

Siamo rimasti **senza** soldi.
We remained without money.

Partirono **senza che** io lo sapessi.
They left without my knowing it.

Che cosa fareste **senza di** me?
What would you do without me?

ESERCIZI _____

a. *Tradurre.*

1. Since you like Italian movies, why don't you go see "Roma"?
2. I was bored before your arrival. After you arrived, I had a very good time.

---

[1] **Finché non** (the **non** is optional) requires the subjunctive only if it refers to future time.

3. Roberto has been with us since September; he has been with us since his mother left for Italy.
4. We'll wait until he comes back. —You don't know what you're saying. He usually doesn't come back until two or three in the morning!
5. They started eating without their daughter; she had gone out of the house without anyone seeing her.
6. I need to talk to you. Can you come to my office after your Italian class?
7. They stayed home because it was raining. Nobody should stay home because of the rain!
8. What would you do without me—without my help, without my advice?

V. Discorso diretto e indiretto

With the exception of plays and dialogs in short stories and novels, speech is seldom reported word by word, as spoken (*direct discourse*). Usually speech is reported indirectly, introduced by such verbs as **dire, affermare, dichiarare, esclamare, chiedere,** and **rispondere** (*indirect discourse*), followed by **che.**

A. In converting from direct to indirect discourse, no change of tense occurs if the verb introducing the direct discourse is in the present or future.

DIRECT DISCOURSE

Fausto dice: «Anna è simpatica».
Fausto says, "Anna is likeable."

INDIRECT DISCOURSE

Fausto dice **che** Anna è simpatica.
Fausto says that Anna is likeable.

B. Many tenses and moods change in indirect discourse if the verb introducing the direct discourse is in the past (**passato prossimo, passato remoto, imperfetto,** or **trapassato**).

DIRECT DISCOURSE

Presente

Carlo diceva sempre: «Io **so** nuotare molto bene».
Charles always said, "I know how to (can) swim very well."

Passato prossimo/remoto

Carlo ha detto: «**Ho** sempre **amato** i miei genitori».
Charles said, "I've always loved my parents."

Futuro

Carlo ha detto: «**Verrò** alle otto».
Charles said, "I'll come at eight."

INDIRECT DISCOURSE

Imperfetto

Carlo diceva sempre che lui **sapeva** nuotare molto bene.
Charles always said that he knew how to (could) swim very well.

Trapassato prossimo

Carlo ha detto che **aveva** sempre **amato** i suoi genitori.
Charles said that he had always loved his parents.

Condizionale passato

Carlo ha detto che **sarebbe venuto**[1] alle otto.
Charles said that he would come at eight.

[1] For this special use of the **condizionale passato** see p. 173.

Imperativo

Carlo mi ha detto: «**Fammi** un favore».
Charles said to me, "Do me a favor."

Congiuntivo presente

Carlo disse: «Penso che lei **si sbagli**».
Charles said, "I think she's mistaken."

Congiuntivo passato

Carlo disse: «Temo che **abbiano avuto** un
   incidente».
*Charles said, "I'm afraid they've had an
   accident."*

Congiuntivo imperfetto *or* di + infinito

Carlo mi ha detto che gli **facessi** (**di fargli**)
   un favore.
Charles told me to do him a favor.

Congiuntivo imperfetto

Carlo disse che pensava che lei **si sbagliasse**.
Charles said that he thought she was mistaken.

Congiuntivo trapassato

Carlo disse che temeva che **avessero avuto**
   un incidente.
*Charles said that he was afraid they had had an
   accident.*

C. Many other words also change when direct discourse is converted to indirect discourse.

1. First and second person pronouns and possessives become third person pronouns and
   possessives.

   io, tu → lui   noi, voi → loro
   mio, tuo → suo   nostro, vostro → loro
   a me, a te → a lui   a noi, a voi → a loro

2. **Questo** becomes **quello.**

3. Expressions of time and place change as follows:

   qui (qua) → lì (là)
   ora → allora
   oggi → in quel giorno *that same day*
   domani → il giorno dopo (l'indomani) *the following day*
   ieri → il giorno prima *the day before*
   la settimana scorsa → la settimana precedente *the previous week*
   le settimana prossima → la settimana seguente *the following week*

   Ha detto: «La lettera è arrivata **ieri**».
   He said, "The letter arrived yesterday."

   Ha confessato: «Non **mi** piace partire, ma
      partirò».
   He confessed, "I don't like leaving, but I'll leave."

   Ha annunciato: «Partirò **la settimana pros-
      sima** con tutta la **mia** famiglia».
   *He announced, "I will leave next week with my
      entire family."*

   Ha detto che la lettera era arrivata **il giorno
      prima.**
   He said that the letter had arrived the day before.

   Ha confessato che non **gli** piaceva partire ma
      che sarebbe partito.
   *He confessed that he didn't like leaving, but
      that he would leave.*

   Ha annunciato che sarebbe partito **la set-
      timana seguente** con tutta la **sua** famiglia.
   *He announced that he would leave the following
      week with his entire family.*

ESERCIZI _____

a. *Mettere le frasi al discorso indiretto, usando prima* di *+ infinito,* poi che *+ congiuntivo.*

> ESEMPIO Ha detto al tabaccaio: «Mi dia dieci francobolli da cento!».
> **Ha detto al tabaccaio di dargli dieci francobolli da cento.**
> **Ha detto al tabaccaio che gli desse dieci francobolli da cento.**

1. Ha detto al cameriere: «Tenga il resto!».
2. Ha pregato la signora: «Mi dia degli spiccioli!».
3. Ha detto alla cassiera: «Mi cambi venti dollari!».
4. Ha detto all'autista: «Mi porti in via XX Settembre!».
5. Ha detto al gioielliere: «Mi ripari anche quest'orologio!».
6. Ha ripetuto alla signorina: «Venga a trovarmi!».

b. *Mettere le frasi al discorso indiretto usando i verbi fra parentesi.*

> ESEMPIO Non posso venire in questo momento. (disse)
> **Disse che non poteva venire in quel momento.**

1. Non sto bene. Ho frequenti mal di testa e ho perso l'appetito. (ha ammesso)
2. Questo quadro è mio! (dichiarò)
3. Devo essere a casa prima di mezzanotte. (diceva)
4. Stiamo guardando la televisione. (hanno risposto)
5. Mia sorella parla bene il francese. (Pierino dice)
6. Non abbiamo finito gli esercizi. (hanno confessato)
7. Traslocheremo presto. (hanno annunciato)

c. **Le ultime parole famose.** *Scrivere delle frasi cominciando con* **Ha detto che...,** *facendo tutti i cambiamenti necessari.*

1. «Andrò a dormire presto ogni sera».
2. «Giuro, non lo farò mai più».
3. «Avremmo dovuto incontrarci qualche anno prima».
4. «Dobbiamo vederci qualche volta».
5. «La colpa è solo mia. Possiamo restare buoni amici».
6. «Questa è l'ultima sigaretta che fumo. Ho deciso di smettere di fumare».

d. *Mettere al discorso diretto.*

1. Il professore ha annunciato agli studenti che non avrebbe fatto lezione la settimana dopo. Ha spiegato che andava a una riunione di professori di lingua e che sarebbe stato via cinque giorni. Ha detto agli studenti di fare tutti gli esercizi e di finire il capitolo.
2. Attilio disse all'amico che era inutile correre: loro non avevano nessuna premura e dovevano considerare quel viaggio come una gita. Cinque minuti dopo disse che sentiva odore di benzina e che sarebbe stato meglio fermarsi alla prima officina.
3. Stefanini disse che conosceva un avvocato e che quell'avvocato era proprio la persona che ci voleva per il loro «colpo»: si trattava di una persona molto sensibile alla quale era morta la mamma da circa un anno. La perdita l'aveva affranto, e lui si era dato a fare del bene, aiutando ogni volta che poteva la povera gente.

Ricapitolando. *Mettere le frasi al discorso indiretto.*

1. Miss Parker diceva ai bambini. «Non correte! Un giorno vi farete male e la colpa sarà soltanto vostra».

2. Elena disse: «L'anno scorso stavo dagli zii, ma non ci voglio più stare dagli zii perché c'è rumore».

3. Elisa rispose: «Per il vitto vado al supermercato. I prezzi sono più bassi che in Italia, ma non c'è paragone con il macellaio o il negozio di frutta e verdura sotto casa a Milano».

4. Elena confessò: «È questo che non posso sopportare. Questa sorveglianza. Anche quando sono fuori Roma, ho l'impressione che tu mi stia sempre con gli occhi addosso».

5. Attilio disse: «Ci sono molti fili e non riesco a capire dove manca una vite; deve essere una vite poco importante perché vedo che la macchina va lo stesso».

6. Il dottor Verucci disse al bandito: «Si accomodi, faccia come se fosse a casa sua. Ormai ho capito che io qua non sono nessuno. È casa mia, ma non comando niente. La porta è chiusa, le finestre sono sbarrate, ma la gente va e viene e fa i suoi comodi...».

7. Il medico precisò: «Dopo alcuni giorni di digiuno non si avvertirà più la fame e ci si sentirà meglio. Però, chi intenda digiunare farà bene a rivolgersi ad un dietologo per consigli».

8. La maestra disse: «Se non è iscritto nei balilla e non gli procurate la divisa, non posso tenerlo a scuola».

9. Il padre rispose: «Se i balilla sono i piccoli fascisti del Duce, la divisa la dovrebbero mettere i figli dei fascisti, non il mio».

10. Amelia confessò: «La sera, dalla mia stanza, guardo la città sul mare. Certe volte, ho l'impressione di essere ancora quella di una volta, e che gli anni non siano mai passati».

LETTURA

VOCABOLARIO UTILE

il lume light
l'ospite house guest
il personaggio important person
il pettegolezzo gossip;
  fare pettegolezzi to gossip

affascinante charming;
  il fascino charm
cosmopolita cosmopolitan
macché not on your life

i quattrini money
la razza kind, race
la villeggiatura vacation;
  posto di villeggiatura vacation resort

raffinato refined
sul serio seriously

Si parte! Ma il viaggio è ancora un'avventura?

avere a noia   not to like;
   prendere a noia   to take a dislike to
avviarsi   to set out
fantasticare (**di** + *inf* or **che** + *subjunctive*)   to imagine

ill_udersi (*pp* **illuso**; *pr* **illusi**) (**di** + *inf* or **che** + *subjunctive*)   to delude oneself
*impazzire   to go crazy
respirare   to breathe
sognare   to dream, to dream of or about
sorvolare   to skip, to fly over

PRIMA DI LEGGERE

La signora Amelia Briz è riuscita con successo a migliorare la sua posizione sociale. Da un "povero paesello" siciliano è arrivata ad abitare "nelle vere grandi capitali della terra" sulla scia° dell'alta società internazionale.

sulla: *on the wake*

   Pochi al mondo sono perfettamente contenti delle loro condizioni di vita e non hanno nessun desiderio di migliorarle. Discutete quali sono gli obiettivi che la nostra società desidera raggiungere. Ecco alcuni possibili spunti di discussione.

1. Quanto sono importanti i soldi, come si ottengono e per quali scopi si usano?
2. Quale valore attribuiamo al potere che ciascuno di noi ha sulle persone, sulle organizzazioni, in politica? Come lo usiamo?

3. Secondo voi è rilevante il prestigio culturale? Chi sono le persone colte? Sono utili alla società? In che modo?

4. Di che cosa abbiamo bisogno nella vita per considerarci soddisfatti? Come cerchiamo di ottenere le condizioni necessarie?

Non è mai finita

A questo mondo non è mai finita, disse la signora Amelia Briz. Stia un po' a sentire. Io sono siciliana, nata in un povero paesello sospeso tra le rupi°, in cima a una montagna. Di lassù si vede il mare e il paesaggio è un paradiso, ma per il resto si è rimasti indietro di due secoli°. Il nome?...
5 lasci perdere! I miei compaesani° sono gente così ombrosa°... è forse meglio sorvolare. Lo chiamerò convenzionalmente Castellizzo.

    Bene. Dalla stanza dove sono nata si vedeva, lontana, una città, stesa lungo il mare. Di notte era tutto uno sfavillare° di lumini. E i fari°. E i piroscafi°. E i treni coi finestrini accesi. Trapani, lei dice? Beh, fac-
10 ciamo pure conto° fosse Trapani. Al calar della sera°, appoggiata al davanzale, io rimiravo° quelle luci. Laggiù era la vita, il mondo, il sogno!

    Quando ebbi compiuto i dodici anni, tanto feci che i miei si persuasero a mandarmi a vivere in città, ospite di una zia. Così potevo continuar gli studi.

15   Credetti di impazzire dalla gioia. Ma dopo un mese che ero a Trapani già ascoltavo rapita ciò che raccontavano i forestieri giunti da città molto più grandi. Mi sembravano di razza diversa. Ah, povera Trapani, come eri piccola e squallida al confronto°. Palermo! Messina! Quella sì era civiltà sul serio.

20   Mi aiutò la fortuna. Fui chiesta in moglie° dal barone Cristolera, un perfetto gentiluomo. Aveva un palazzo magnifico a Messina. Accettai, gli volli bene, mi illusi di non essere più la piccola provinciale di una volta.

    Certo, a Messina conobbi della gran bella gente, autentici si-
25 gnori. Ma da Roma venivano, ogni tanto, certi tipi affascinanti; parlavano con l'«erre»°, raccontavano cose nuove e strane, pettegolezzi enormi, ci guardavano un po' dall'alto in basso°.

    Per farla breve, cominciai a sognare Roma. Messina ormai mi sembrava un buco, da non poterci respirare più. Dai e dai°, mio marito
30 si decise; tanto, non gli mancavano i quattrini. Traslocammo nella capitale.

    Dovevo essere contenta, no? Roma non è mica un paesello. Grandi nomi, società internazionale, caccia alla volpe, scandali, cardinali, ambasciatori. Eppure, cosa vuole? quei grandi personaggi che dall'estero
35 venivano volentieri ad abitarci, ci venivano per far la bella vita, non per altro, come quando si è in vacanza, come se Roma non fosse che un famoso posto di villeggiatura: ma in fondo non la prendevano sul serio.

rocce

indietro: *two centuries behind*
fellow townsmen /
suspicious

glittering / lighthouses
navi
facciamo: *immaginiamo* / Al: *al tramonto*
guardavo

al: *in comparison*

Fui: *I was proposed to*

parlavano: *they rolled their "r"s*
ci: *they looked down on us*

Dai: *by and by*

Il loro mondo vero era lontano, le vere grandi capitali della terra erano altre. Parigi, Londra, mi capisce? E io invidiavo.

Roma cominciò a scottarmi° sotto i piedi. Sospirai° l'Etoile, Piccadilly.[1] Per caso in quel periodo Cristolera e io ci separammo. Seguì un regolare annullamento. Ero ancora una bella donna. Conobbi Briz, il grande finanziere. Quando si nasce fortunate!

Sempre più cosmopolita, sempre più in alto nella scala delle residenze umane. Era una mania balorda°, però soltanto oggi lo capisco. Divenuta ufficialmente Mrs. Briz, grazie ai miliardi del marito, non avevo più che l'imbarazzo della scelta.

Mi stabilii a Parigi, poi Parigi mi sembrò piena di polvere. Londra, per due anni. Ma anche Londra era un poco sorpassata°. Nuova York, finalmente, ecco l'ultimo traguardo°. La piccola provinciale siciliana aveva fatto la sua strada.

Ma non era così come pensavo. Per la gente «molto su», Nuova York era una cafonata[2] insopportabile°. I veri aristocratici ci stavano solo lo strettamente necessario. Preferivano Boston, Washington, Charleston, città più vecchie, quiete, riservate. E potevo io essere da meno? Tuttavia anche di là i raffinatissimi emigravano. Chi nei deserti, chi nelle isolette del Pacifico. Anch'io mi avviai per quei pazzi itinerari.

Ahimè, la società più filtrata ed esigente ebbe a noia il Pacifico e i deserti. Prese l'aereo verso est, ritornò alla vecchia stanca Europa. Non già per infognarsi° nella volgarità di Londra o di Parigi. Macché. Andava in cerca di eremi ed esilii, di conventi, di ruderi e rovine. E io dietro.

Proprio sopra il mio paesello siciliano sorgeva un castello diroccato°. La moda! L'eleganza del saper vivere moderno! Un grande poeta peruviano° ha fatto restaurare la bicocca°, in breve il posto é diventato celebre. Oggi al mondo non c'è niente di più *chic* che possedere una casetta a Castellizzo.

E così: gira e gira, ho finito per ritornare al mio paesello, proprio là donde° sono partita. E la sera, dalla mia stanza di bambina, guardo i lumi della città sul mare. E certe volte ho l'impressione di essere ancora quella di una volta, e che gli anni non siano mai passati. E penso: laggiù è la vera vita, laggiù il mondo, l'avventura, il sogno! E fantastico un giorno o l'altro di partire.

Lo vede dunque che non è mai finita?

Dino Buzzati, *Non è mai finita*

---

bruciarmi / *I longed for*

foolish

un: *somewhat passé*

l'ultimo: *ultimate destination*

unbearable

to sink

ruined

from Peru / hovel

da dove

---

[1] The Etoile and Piccadilly Circus are well-known landmarks in Paris and London, respectively.
[2] The term **cafone** originally meant **contadino,** but it has acquired a derogatory connotation, meaning **persona zotica, maleducata** (*uncouth, ill-bred, a clod*).

COMPRENSIONE

1. Che cosa dice di Castellizzo la signora Amelia?
2. Che cosa vedeva Amelia dalla sua stanza di bambina?
3. All'età di dodici anni, dove andò Amelia?
4. In che modo fu aiutata dalla fortuna Amelia?
5. Come si comportavano i signori che venivano in Sicilia da Roma?
6. Quale fu il secondo colpo di fortuna per Amelia?
7. Secondo Amelia, dove preferiscono vivere i veri aristocratici americani?
8. Di che cosa va in cerca la società esigente oggi (una cosa molto *chic*!)?
9. Come mai il paese di Castellizzo è diventato celebre?
10. Dove abita oggi Amelia?

TEMI PER COMPONIMENTO O DISCUSSIONE

1. *Non è mai finita* è la storia di una piccola provinciale italiana. Sarebbe molto diversa la storia di una piccola provinciale americana? Provate a raccontarla!
2. Nella vita (non) è possibile trovare quello che si cerca.
3. Esaminare il personaggio di Amelia Briz spiegando i motivi delle sue decisioni. Che senso hanno? Perché? Conoscete altre Amelie Briz?
4. Qual è la vostra reazione personale a *Non è mai finita*?
   a. Pensate che la storia voglia suggerire qualcosa di più che le vicende personali della signora Briz? Che cosa?
   b. Vi sembra che l'autore si dilunghi in descrizioni verbose e particolareggiate o che si limiti agli elementi indispensabili espressi con il minor numero di parole? Spiegate.
   c. Trovate che l'autore faccia uso di una lingua elegante e ricercata o piuttosto di uno stile semplice, ottenuto con parole comuni e tono informale? Fornite esempi.

PER COMUNICARE

Che noia! Le vacanze in crociera non sono per tutti. Stefania, per esempio, si annoia a morte e continua a lamentarsi con il marito.

STEFANIA: Che noia! È sempre coperto a tira un gran vento. Non si può neanche stare sul ponte° a prendere il sole. Non mi aspettavo di passare le giornate così!

FLAVIO: Non è tanto male, è sempre meglio che stare in città! E poi la visita delle isole è interessante.

STEFANIA: Ma dai! Son tutte uguali! Una vera delusione!

FLAVIO: Tu ti stanchi subito di tutto, non sei mai contenta! Io ho conosciuto della gente simpatica.

STEFANIA: Compresa la signora che non perde l'occasione di starti vicino e di attaccare discorso°.

FLAVIO: Quella sì che è una seccatura. Quando comincia a parlare non finisce più. Comunque anche tu hai un ammiratore.

STEFANIA: Già, pare che sia un rubacuori di professione. Corre voce che sia venuto con la moglie e un'altra signora... A quanto pare fa la corte a tutte, perfino a me.

deck

attaccare: to strike up a conversation

Esprimere insoddisfazione

Com'è monotono!	*How boring!*
Che noia!	
Che delusione!	*How disappointing!*
Che seccatura!	*What a nuisance!*
Che strazio!	*What a pain in the neck!*
Che scocciatura!	
Mi aspettavo qualcosa di diverso.	*I expected something different.*
Ci si annoia facilmente qui.	*It's easy to get bored here.*
Mi sono stancato/a di...	*I am tired of . . .*
Sarebbe stato meglio se fossimo andati a...	*It would have been better if we had gone . . .*

Contraddire

Non è come dici tu.	*It's not like you say.*
Non è poi così brutto/noioso.	*It's not at all that bad/boring!*
È meglio di niente.	*It's better than nothing.*
Stai esagerando.	*You're exaggerating.*
Che esagerazione!	

Lascia perdere, per favore.
Ma non sei mai contento/a!
Sei un/a eterno/a insoddisfatto/a!

Let's not talk about it, please.

You're never happy/satisfied.

Riferire qualcosa senza citarne la fonte

Ho sentito dire che...
Mi hanno riferito che...
Le hanno detto che...
Dicono che...
A quanto pare...
(In giro) si dice che...
C'è in giro la voce che...
Corre voce che...

They told me/her that . . .

They say that . . .
The way it looks/sounds . . .

There is a rumour that . . .

CHE COSA DICE?

1. All'università qualcuno Le ha detto che il professore con cui Lei sta facendo la tesi sta per andare in congedo per un anno. Riferisca la notizia a un Suo compagno/ una Sua compagna di corso.
2. Non è soddisfatto della casa che ha appena comprato. Ne parla con il Suo agente immobiliare.
3. Suo figlio si lamenta sempre che Lei non gli dà abbastanza soldi. Lei non ne può più (*can't take it any longer*).
4. Va in viaggio di nozze in un'isola tropicale, ma quando arriva all'hotel si rende conto che la stanza non ha né bagno né aria condizionata.
5. Dove lavora Lei, si parla di prossimi licenziamenti (*layoffs*) e di tagli alla produzione. Lo dice al Suo ragazzo/alla Sua ragazza.
6. Il vicino della casa accanto non lavora da più di due anni ed ha appena comprato una Maserati nuova. Le gente del quartiere pensa che traffichi (*deals*) in droga.

SITUAZIONI

1. Il signore che abita nell'appartamento accanto al Suo è proprio strano. Vive solo, non ha l'automobile, va e viene senza orari precisi, ogni tanto in casa si sente la voce di un bambino... Ne parli con il Suo compagno/la Sua compagna.
2. Lei vuole fare l'astronauta e si è iscritto/a a ingegneria aerospaziale, ma le cose non vanno bene. Deve studiare tanta matematica, in laboratorio si fanno sempre le stesse cose, gli esami sono difficili e Lei non riesce a prendere buoni voti. Lei è demoralizzato/a e decide di parlarne con il Suo medico.
3. Secondo Lei Suo fratello/Sua sorella è affetto/a da mania di persecuzione. Continua a dire che lo stipendio è miserevole, che non avrà mai occasione di fare carriera, che il direttore promuove solo gli amici; è convinto/a che nessuno gli/le vuole bene e che non riuscirà mai a dimostrare le sue buone qualità. Lei invece è ottimista e vede sempre i lati positivi. Ha invitato Suo fratello/Sua sorella a cena e si finisce col parlare dei suoi problemi.

APPENDICE

I. Verbi coniugati con *essere* nei tempi composti

accadere	to happen Più lit. "befall"	giungere	to arrive
andare	to go	guarire	to get well
arrivare	to arrive	impazzire	to go mad
arrossire	to blush	importare	to matter
avvenire	to happen	ingrassare	to get fat, put on weight
bastare	to be enough		
cadere	to fall	mancare	to lack, be lacking
cambiare	to become different	morire	to die
capitare	to happen	nascere	to be born
comparire	to appear	parere	to seem
costare	to cost	partire (ripartire)	to leave, depart (to leave again)
crescere	to grow		
dimagrire	to lose weight	passare (ripassare)	to stop by (to stop by again)
dipendere	to depend		
dispiacere (spiacere)	to be sorry, to mind	piacere	to be pleasing
divenire (diventare)	to become	restare	to stay
durare	to last	ricorrere	to recur, occur
entrare	to go in, enter	rimanere	to remain
esplodere	to explode	risultare	to be known
essere	to be	ritornare (tornare)	to return
evadere	to escape	riuscire	to succeed
fuggire	to flee	salire (risalire)	to go up (to go up again)

saltare (in aria)	*to explode*	servire	*to be of use*
scappare	*to run away*	sparire	*to disappear*
scattare	*to click*	sprizzare	*to spray*
scendere	*to descend*	stare	*to stay*
scivolare	*to slide*	succedere	*to happen*
scomparire	*to disappear*	uscire	*to go out*
scoppiare	*to explode*	venire	*to come*
sembrare	*to seem*		

+ all verbs used reflexively

II. Verbi ed espressioni seguiti dalla preposizione *a*

A. davanti a un nome o a un pronome

abituarsi a	*to get used to*	giocare a	*to play (a game or a sport)*
assistere a	*to attend*		
assomigliare (somigliare) a	*to resemble*	interessarsi a	*to be interested in*
badare a	*to pay attention to*	mescolarsi a	*to get mixed with*
contravvenire a	*to go against*	partecipare a	*to participate in*
credere a	*to believe in*	pensare a	*to think about*
dare a noia a	*to bother*	raccomandarsi a	*to ask favors of*
da mangiare a	*to feed*	ricordare a	*to remind*
fastidio a	*to bother*	rinunciare a	*to give up*
retta a	*to listen to*	servire a	*to be good for*
torto a	*to blame*	stare bene a	*to look good on*
la caccia a	*to chase*	stringere la mano a	*to shake hands with*
un calcio a	*to kick*	tenere a	*to value, to care about*
un pugno a	*to punch*		
fare attenzione (caso) a	*to pay attention to*		
bene (male) a	*to be good (bad) for*		
piacere a	*to please*		
vedere a	*to show*		
visita a	*to visit*		
un regalo a	*to give a present to*		

B. davanti a un infinito

abituarsi a	*to get used to*	decidersi a	*to make up one's mind*
affrettarsi a	*to hurry*		
aiutare a	*to help*	divertirsi a	*to have a good time*
cominciare (inco- minciare) a	*to begin*	fare meglio a	*to be better off*
		fare presto a	*to do (something) quickly*
condannare a	*to condemn*		
continuare a	*to continue*	imparare a	*to learn*
convincere a	*to convince*	incoraggiare a	*to encourage*
costringere a	*to compel*	insegnare a	*to teach*

invitare a	*to invite*	servire a	*to be good for*
mandare a	*to send*	volerci a (per)	*to take, require*
mettersi a	*to start*		
obbligare a	*to oblige*	+ verbs of movement:	
pensare a	*to think about*		
persuadere a	*to convince*	andare a	*to go*
preparare a	*to prepare*	correre a	*to run*
provare a	*to try*	fermarsi a	*to stop*
rinunciare a	*to give up*	passare a	*to stop by*
riprendere a	*to start again, to resume*	stare a	*to stay*
		tornare a	*to return*
riuscire a	*to succeed*	venire a	*to come*
sbrigarsi a	*to hurry*		

III. Verbi ed espressioni seguiti dalla preposizione *di*

A. davanti a un nome o a un pronome

accorgersi di	*to notice*	occuparsi di	*to take care of, attend to*
avere bisogno di	*to need*		
avere paura di	*to be afraid*	pensare di	*to have in mind, plan*
beffarsi di	*to make fun*		
coprire di	*to cover with*	pentirsi di	*to be sorry about*
dimenticarsi di	*to forget*	non poterne più di	*not to be able to take*
fare a meno di	*to do without*	preoccuparsi di	
fidarsi di	*to trust*	(per)	*to worry about*
innamorarsi di	*to fall in love with*	rendersi conto di	*to realize*
infischiarsi di	*not to care about*	ricordarsi di	*to remember*
intendersi di	*to be knowledgeable about*	ridere di	*to laugh at*
		riempire di	*to fill with*
interessarsi di	*to be interested in*	ringraziare di (per)	*to thank for*
lamentarsi di	*to complain about*	soffrire di	*to suffer from*
meravigliarsi di		stupirsi di	*to be astonished at*
(per)	*to be surprised about*	trattare di	*to deal with*
nutrirsi di	*to feed on, nourish oneself with*	vergognarsi di	*to be ashamed about*
		vivere di	*to live on*

B. davanti a un infinito

accettare di	*to accept*	avere l'impressione	
accorgersi di	*to notice*	di	*to have the feeling*
ammettere di	*to admit*	avere intenzione di	*to intend*
aspettare di	*to wait for*	avere paura di	*to be afraid*
aspettarsi di	*to expect*	avere ragione di	*to be right*
augurare di	*to wish*	avere torto di	*to be wrong*
augurarsi di	*to hope*	avere vergogna di	*to be ashamed*
avere bisogno di	*to need*	avere voglia di	*to feel like*
avere il diritto di	*to have the right*	cercare di	*to try*
avere fretta di	*to be in a hurry*	cessare di	*to stop*

chiedere di	to ask	pentirsi di	to repent
comandare di	to order	permettere di	to permit
confessare di	to confess	pregare di	to beg
consigliare di	to advise	preoccuparsi di	to fret
contare di	to plan	proibire di	to prohibit
credere di	to believe	promettere di	to promise
decidere di	to decide	proporre di	to propose
dimenticare		rendersi conto di	to realize
(dimenticarsi) di	to forget	ricordare	
dire di	to say, tell	(ricordarsi) di	to remember
dispiacere di	to be sorry	rifutare (rifutarsi)	
domandare di	to ask	di	to refuse
dubitare di	to doubt	ringraziare di	to thank
essere in grado di	to be in a position to	sapere di	to know
fantasticare di	to imagine	sentirsela di	to feel up to
fare a meno di	to do without	sforzarsi di	to make an effort
fare segno di	to motion	smettere di	to stop
fingere di	to pretend	sognare (sognarsi)	
finire di	to finish	di	to dream, to imagine
illudersi di	to delude oneself	sperare di	to hope
impedire di	to prevent	stancarsi di	to get tired
infischiarsi di	not to care about	suggerire di	to suggest
lamentarsi di	to complain about	temere di	to fear
meravigliarsi di	to be surprised	tentare di	to attempt
minacciare di	to threaten	non vedere l'ora di	to look forward to
offrire di	to offer	vergognarsi di	to be ashamed about
ordinare di	to order	vietare di	to forbid
pensare di	to plan		

IV. Verbi seguiti dalla preposizione *su*

contare su	to count on	riflettere su	to ponder on
giurare su	to swear on	scommettere su	to bet on

V. Verbi ed espressioni seguiti direttamente dall'infinito

dovere	to have to	fare	to make
potere	to be able	gradire	to appreciate
sapere	to know how	lasciare	to let, allow
solere (essere solito)	to be accustomed to	osare	to dare
volere	to want	piacere	to like
amare	to love	preferire	to prefer
desiderare	to wish		

VERBI IMPERSONALI

basta	it is enough	pare (sembra)	it seems
bisogna (occorre)	it is necessary		

VERBI DI PERCEZIONE

ascoltare	*to listen*	sentire	*to hear*
guardare	*to look at*	udire	*to hear*
osservare	*to observe*	vedere	*to see*

VI. Aggettivi seguiti da preposizioni + infinito

A. aggettivi seguiti da **a** + infinito

abituato	*accustomed*	solo	*only*
attento	*attentive, careful*	ultimo	*last*
disposto	*willing*	unico	*only*
pronto	*ready*		

B. aggettivi seguiti da **di** + infinito

capace (incapace)	*capable (incapable)*	sicuro	*sure*
contento	*contented*	soddisfatto	*satisfied*
(scontento)	*(discontented)*	spiacente	*sorry*
curioso	*curious*	stanco	*tired*
desideroso	*wishing*	triste	*sad*
felice	*happy*		

VII. Verbi ed espressioni che reggono il congiuntivo

A. Verbi che esprimono

SENTIMENTI

augurarsi (sperare)	*to hope*	piacere	*to like*
non vedere l'ora	*to look forward*	dispiacere	*to be sorry*
avere bisogno	*to need*	preferire	*to prefer*
avere paura	*to be afraid*	temere	*to fear*
essere contento	*to be glad*	tenerci	*to value*
essere felice	*to be happy*		

DESIDERIO, VOLONTÀ, ORDINE

comandare	*to order*	pregare	*to beg*
desiderare	*to wish*	pretendere	*to demand*
esigere	*to demand*	proibire	*to prohibit*
impedire	*to prevent*	proporre	*to propose*
insistere	*to insist*	suggerire	*to suggest*
lasciare	*to let, allow*	vietare	*to forbid*
ordinare	*to order*	volere	*to want*
permettere	*to permit*		

OPINIONE

avere l'impressione	*to have the feeling*	negare	*to deny*
credere	*to believe*	pensare	*to think*
immaginare		supporre	*to suppose*
(immaginarsi)	*to wonder*		

DUBBIO O INCERTEZZA

non capire	*not to understand*	dubitare	*to doubt*
chiedersi		non sapere	*not to know*
(domandarsi)	*to wonder*		

ASPETTATIVA

aspettare	*to wait*	aspettarsi	*to expect*

B. Espressioni impersonali

è bene (male)	*it is good (bad)*	è possibile	*it is possible*
è essenziale	*it is essential*	(impossibile)	*(impossible)*
è facile (= è		è probabile	*it is probable*
probabile)	*it is probable*	(improbabile)	*(improbable)*
è difficile (= è		è raro	*it is rare*
improbabile)	*it is improbable*	è strano	*it is strange*
è giusto	*it is right*	è utile (inutile)	*it is useful (useless)*
è importante	*it is important*	è una vergogna	*it is a shame*
è incredibile	*it is incredible*	basta	*it suffices*
è indispensabile	*it is indispensable*	bisogna	*it is necessary*
è meglio	*it is better*	importa	*it matters*
è naturale	*it is natural*	occorre	*it is necessary*
è necessario	*it is necessary*	pare	*it seems*
è normale	*it is normal*	può darsi	*it is possible*
è ora	*it is time*	sembra	*it seems*
[è un] peccato	*it is a pity*		

```
                    ┌─────────────────────────────┐
                    │           L A               │
                    │   C O N I U G A Z I O N E    │
                    │     D E I  V E R B I         │
                    └─────────────────────────────┘
```

Avere ed *essere*
Coniugazione del verbo avere

INDICATIVO

Presente		Passato prossimo	Imperfetto	Trapassato prossimo
io	ho	ho avuto	avevo	avevo avuto
tu	hai	hai avuto	avevi	avevi avuto
lui	ha	ha avuto	aveva	aveva avuto
noi	abbiamo	abbiamo avuto	avevamo	avevamo avuto
voi	avete	avete avuto	avevate	avevate avuto
loro	hanno	hanno avuto	avevano	avevano avuto

Passato remoto		Trapassato remoto	Futuro	Futuro anteriore
io	ebbi	ebbi avuto	avrò	avrò avuto
tu	avesti	avesti avuto	avrai	avrai avuto
lui	ebbe	ebbe avuto	avrà	avrà avuto
noi	avemmo	avemmo avuto	avremo	avremo avuto
voi	aveste	aveste avuto	avrete	avrete avuto
loro	ebbero	ebbero avuto	avranno	avranno avuto

CONGIUNTIVO

	Presente	Passato	Imperfetto	Trapassato
io	abbia	abbia avuto	avessi	avessi avuto
tu	abbia	abbia avuto	avessi	avessi avuto
lui	abbia	abbia avuto	avesse	avesse avuto
noi	abbiamo	abbiamo avuto	avessimo	avessimo avuto
voi	abbiate	abbiate avuto	aveste	aveste avuto
loro	abbiano	abbiano avuto	avessero	avessero avuto

CONDIZIONALE   IMPERATIVO

	Presente	Passato		
io	avrei	avrei avuto	(tu)	abbi! (*neg* non avere!)
tu	avresti	avresti avuto	(Lei)	abbia!
lui	avrebbe	avrebbe avuto	(noi)	abbiamo!
noi	avremmo	avremmo avuto	(voi)	abbiate!
voi	avreste	avreste avuto	(Loro)	abbiano!
loro	avrebbero	avrebbero avuto		

INFINITO   PARTICIPIO   GERUNDIO

Presente	Passato	Presente	Passato	Presente	Passato
avere	avere avuto	avente (*raro*)	avuto	avendo	avendo avuto

Coniugazione del verbo essere

INDICATIVO

	Presente	Passato prossimo	Imperfetto	Trapassato prossimo
io	sono	sono stato/a	ero	ero stato/a
tu	sei	sei stato/a	eri	eri stato/a
lui	è	è stato/a	era	era stato/a
noi	siamo	siamo stati/e	eravamo	eravamo stati/e
voi	siete	siete stati/e	eravate	eravate stati/e
loro	sono	sono stati/e	erano	erano stati/e

	Passato remoto	Trapassato remoto	Futuro	Futuro anteriore
io	fui	fui stato/a	sarò	sarò stato/a
tu	fosti	fosti stato/a	sarai	sarai stato/a
lui	fu	fu stato/a	sarà	sarà stato/a
noi	fummo	fummo stati/e	saremo	saremo stati/e
voi	foste	foste stati/e	sarete	sarete stati/e
loro	furono	furono stati/e	saranno	saranno stati/e

CONGIUNTIVO

	Presente	Passato	Imperfetto	Trapassato
io	sia	sia stato/a	fossi	fossi stato/a
tu	sia	sia stato/a	fossi	fossi stato/a
lui	sia	sia stato/a	fosse	fosse stato/a
noi	siamo	siamo stati/e	fossimo	fossimo stati/e
voi	siate	siate stati/e	foste	foste stati/e
loro	siano	siano stati/e	fossero	fossero stati/e

CONDIZIONALE   IMPERATIVO

	Presente	Passato		
io	sarei	sarei stato/a	(tu)	sii! (*neg* non essere!)
tu	saresti	saresti stato/a	(Lei)	sia!
lui	sarebbe	sarebbe stato/a	(noi)	siamo!
noi	saremmo	saremmo stati/e	(voi)	siate!
voi	sareste	sareste stati/e	(Loro)	siano!
loro	sarebbero	sarebbero stati/e		

INFINITO   PARTICIPIO   GERUNDIO

Presente	Passato	Presente	Passato	Presente	Passato
essere	essere stato/a/i/e	—	stato/a/i/e	essendo	essendo stato/a/i/e

Verbi regolari

Prima coniugazione: amare

INDICATIVO

Presente	Passato prossimo	Imperfetto	Trapassato prossimo
amo	ho amato	amavo	avevo amato
ami	hai amato	amavi	avevi amato
ama	ha amato	amava	aveva amato
amiamo	abbiamo amato	amavamo	avevamo amato
amate	avete amato	amavate	avevate amato
amano	hanno amato	amavano	avevano amato

Passato remoto	Trapassato remoto	Futuro semplice	Futuro anteriore
amai	ebbi amato	amerò	avrò amato
amasti	avesti amato	amerai	avrai amato
amò	ebbe amato	amerà	avrà amato
amammo	avemmo amato	ameremo	avremo amato
amaste	aveste amato	amerete	avrete amato
amarono	ebbero amato	ameranno	avranno amato

CONGIUNTIVO

Presente	Passato	Imperfetto	Trapassato
ami	abbia amato	amassi	avessi amato
ami	abbia amato	amassi	avessi amato
ami	abbia amato	amasse	avesse amato
amiamo	abbiamo amato	amassimo	avessimo amato
amiate	abbiate amato	amaste	aveste amato
amino	abbiano amato	amassero	avessero amato

CONDIZIONALE   IMPERATIVO

Presente	Passato	
amerei	avrei amato	
ameresti	avresti amato	ama! (*neg* non amare!)
amerebbe	avrebbe amato	ami!
ameremmo	avremmo amato	amiamo!
amereste	avreste amato	amate!
amerebbero	avrebbero amato	amino!

INFINITO   PARTICIPIO   GERUNDIO

Presente	Passato	Presente	Passato	Presente	Passato
amare	aver amato	amante	amato	amando	avendo amato

Seconda coniugazione: credere

INDICATIVO

Presente	Passato prossimo	Imperfetto	Trapassato prossimo
credo	ho creduto	credevo	avevo creduto
credi	hai creduto	credevi	avevi creduto
crede	ha creduto	credeva	aveva creduto
crediamo	abbiamo creduto	credevamo	avevamo creduto
credete	avete creduto	credevate	avevate creduto
credono	hanno creduto	credevano	avevano creduto

Passato remoto	Trapassato remoto	Futuro semplice	Futuro anteriore
credei (credetti)	ebbi creduto	crederò	avrò creduto
credesti	avesti creduto	crederai	avrai creduto
credè (credette)	ebbe creduto	crederà	avrà creduto
credemmo	avemmo creduto	crederemo	avremo creduto
credeste	aveste creduto	crederete	avrete creduto
crederono (credettero)	ebbero creduto	crederanno	avranno creduto

CONGIUNTIVO

Presente	Passato	Imperfetto	Trapassato
creda	abbia creduto	credessi	avessi creduto
creda	abbia creduto	credessi	avessi creduto
creda	abbia creduto	credesse	avesse creduto
crediamo	abbiamo creduto	credessimo	avessimo creduto
crediate	abbiate creduto	credeste	aveste creduto
credano	abbiano creduto	credessero	avessero creduto

CONDIZIONALE   IMPERATIVO

Presente	Passato	
crederei	avrei creduto	
crederesti	avresti creduto	credi! (*neg* non credere!)
crederebbe	avrebbe creduto	creda!
crederemmo	avremmo creduto	crediamo!
credereste	avreste creduto	credete!
crederebbero	avrebbero creduto	credano!

INFINITO   PARTICIPIO   GERUNDIO

Presente	Passato	Presente	Passato	Presente	Passato
credere	aver creduto	credente	creduto	credendo	avendo creduto

Terza coniugazione: finire (-isc)

INDICATIVO

Presente	Passato prossimo	Imperfetto	Trapassato prossimo
finisco	ho finito	finivo	avevo finito
finisci	hai finito	finivi	avevi finito
finisce	ha finito	finiva	aveva finito
finiamo	abbiamo finito	finivamo	avevamo finito
finite	avete finito	finivate	avevate finito
finiscono	hanno finito	finivano	avevano finito

Passato remoto	Trapassato remoto	Futuro semplice	Futuro anteriore
finii	ebbi finito	finirò	avrò finito
finisti	avesti finito	finirai	avrai finito
finì	ebbe finito	finirà	avrà finito
finimmo	avemmo finito	finiremo	avremo finito
finiste	aveste finito	finirete	avrete finito
finirono	ebbero finito	finiranno	avranno finito

Presente	Passato	Imperfetto	Trapassato
finisca	abbia finito	finissi	avessi finito
finisca	abbia finito	finissi	avessi finito
finisca	abbia finito	finisse	avesse finito
finiamo	abbiamo finito	finissimo	avessimo finito
finiate	abbiate finito	finiste	aveste finito
finiscano	abbiano finito	finissero	avessero finito

CONDIZIONALE   IMPERATIVO

Presente	Passato	
finirei	avrei finito	
finiresti	avresti finito	finisci! (*neg* non finire!)
finirebbe	avrebbe finito	finisca!
finiremmo	avremmo finito	finiamo!
finireste	avreste finito	finite!
finirebbero	avrebbero finito	finiscano!

INFINITO   PARTICIPIO   GERUNDIO

Presente	Passato	Presente	Passato	Presente	Passato
finire	aver finito	finente	finito	finendo	avendo finito

Terza coniugazione: partire*

The conjugations of verbs like **partire** differ from the conjugation of **finire** only in the following cases:

Indicativo presente	Congiuntivo presente	Imperativo
parto	parta	
parti	parta	parti! (*neg* non partire!)
parte	parta	parta!
partiamo	partiamo	partiamo!
partite	partiate	partite!
partono	partano	partano!

Verbi irregolari

Gruppo A

Verbs that are irregular in different tenses and persons. Only the irregular forms are given.

accadere *to happen* (see **cadere**)

acc<u>o</u>gliere *to welcome* (see **c<u>o</u>gliere**)

---

andare *to go*
Indicativo presente: vado, vai, va, andiamo, andate, vanno
Futuro: andrò, andrai, andrà, andremo, andrete, andranno
Condizionale: andrei, andresti, andrebbe, andremmo, andreste, andr<u>e</u>bbero
Imperativo: va' (vai), vada, andiamo, andate, v<u>a</u>dano
Congiuntivo presente: vada, vada, vada, andiamo, andiate, v<u>a</u>dano

---

avvenire *to happen* (see **venire**)

---

bere *to drink*
Passato remoto: bevvi, bevesti, bevve, bevemmo, beveste, b<u>e</u>vvero
Futuro: berrò, berrai, berrà, berremo, berrete, berranno
Condizionale: berrei, berresti, berrebbe, berremmo, berreste, berr<u>e</u>bbero
The Latin stem **bev-** *is used in all other forms with regular endings.*

---

cadere *to fall*
Passato remoto: caddi, cadesti, cadde, cademmo, cadeste, c<u>a</u>ddero
Futuro: cadrò, cadrai, cadrà, cadremo, cadrete, cadranno
Condizionale: cadrei, cadresti, cadrebbe, cadremmo, cadreste, cadr<u>e</u>bbero

---

c<u>o</u>gliere *to pick*
Indicativo presente: colgo, cogli, coglie, cogliamo, cogliete, c<u>o</u>lgono
Passato remoto: colsi, cogliesti, colse, cogliemmo, coglieste, c<u>o</u>lsero
Congiuntivo presente: colga, colga, colga, cogliamo, cogliate, c<u>o</u>lgano
Imperativo: cogli, colga, cogliamo, cogliete, c<u>o</u>lgano
Participio passato: colto

---

comparire *to appear*
Indicativo presente: compaio, compari, compare, compariamo, comparite, comp<u>a</u>iono
Passato remoto: comparvi, comparisti, comparve, comparimmo, compariste, comp<u>a</u>rvero
Congiuntivo presente: compaia, compaia, compaia, compariamo, compariate, comp<u>a</u>iano
Imperativo: compari, compaia, compariamo, comparite, comp<u>a</u>iano
Participio passato: comparso

---

compire (c<u>o</u>mpiere) *to complete*
Indicativo presente: compio, compi, compie, compiamo, compite, c<u>o</u>mpiono
Congiuntivo presente: compia, compia, compia, compiamo, compiate, c<u>o</u>mpiano
Imperativo: compi, compia, compiamo, compite, c<u>o</u>mpiano
Participio passato: compiuto
Gerundio: compiendo

---

compr<u>e</u>ndere *to understand* (see **pr<u>e</u>ndere**)

---

contenere *to contain* (see **tenere**)

---

dare *to give*
Indicativo presente: do, dai, dà, diamo, date, danno
Passato remoto: diedi (detti), desti, diede (dette), demmo, deste, diedero (dettero)
Futuro: darò, darai, darà, daremo, darete, daranno
Condizionale: darei, daresti, darebbe, daremmo, dareste, darebbero
Congiuntivo presente: dia, dia, dia, diamo, diate, diano
Congiuntivo imperfetto: dessi, dessi, desse, dessimo, deste, dessero
Imperativo: da' (dai), dia, diamo, date, diano

---

dire *to say*
Indicativo presente: dico, dici, dice, diciamo, dite, dicono
Imperfetto: dicevo, dicevi, diceva, dicevamo, dicevate, dicevano
Passato remoto: dissi, dicesti, disse, dicemmo, diceste, dissero
Congiuntivo presente: dica, dica, dica, diciamo, diciate, dicano
Congiuntivo imperfetto: dicessi, dicessi, dicesse, dicessimo, diceste, dicessero
Imperativo: di', dica, diciamo, dite, dicano
Participio passato: detto
Gerundio: dicendo

---

dispiacere *to be sorry, to mind* (see **piacere**)

---

distrarre *to distract* (see **trarre**)

---

divenire *to become* (see **venire**)

---

dovere *to have to, must*
Indicativo presente: devo (debbo), devi, deve, dobbiamo, dovete, devono (debbono)
Futuro: dovrò, dovrai, dovrà, dovremo, dovrete, dovranno
Condizionale: dovrei, dovresti, dovrebbe, dovremmo, dovreste, dovrebbero
Congiuntivo presente: debba, debba, debba, dobbiamo, dobbiate, debbano

---

fare *to do, to make*
Indicativo presente: faccio, fai, fa, facciamo, fate, fanno
Imperfetto: facevo, facevi, faceva, facevamo, facevate, facevano
Passato remoto: feci, facesti, fece, facemmo, faceste, fecero
Futuro: farò, farai, farà, faremo, farete, faranno
Condizionale: farei, faresti, farebbe, faremmo, fareste, farebbero
Congiuntivo presente: faccia, faccia, faccia, facciamo, facciate, facciano
Congiuntivo imperfetto: facessi, facessi, facesse, facessimo, faceste, facessero
Imperativo: fa' (fai), faccia, facciamo, fate, facciano
Participio passato: fatto
Gerundio: facendo

godere   *to enjoy*
Futuro: godrò, godrai, godrà, godremo, godrete, godranno
Condizionale: godrei, godresti, godrebbe, godremmo, godreste, godr<u>e</u>bbero

---

imporre   *to impose* (see **porre**)

---

intervenire   *to intervene* (see **venire**)

---

introdurre   *to introduce* (see **tradurre**)

---

mantenere   *to maintain* (see **tenere**)

---

morire   *to die*
Indicativo presente: muoio, muori, muore, moriamo, morite, mu<u>o</u>iono
Congiuntivo presente: muoia, muoia, muoia, moriamo, moriate, mu<u>o</u>iano
Imperativo: muori, muoia, moriamo, morite, mu<u>o</u>iano
Participio passato: morto

---

opporre   *to oppose* (see **porre**)

---

parere   *to appear*
Indicativo presente: paio, pari, pare, paiamo, parete, p<u>a</u>iono
Passato remoto: parvi, paresti, parve, paremmo, pareste, p<u>a</u>rvero
Futuro: parrò, parrai, parrà, parremo, parrete, parranno
Condizionale: parrei, parresti, parrebbe, parremmo, parreste, parr<u>e</u>bbero
Congiuntivo presente: paia, paia, paia, paiamo (pariamo), paiate, p<u>a</u>iano
Imperativo: pari, paia, paiamo, parete, p<u>a</u>iano
Participio passato: parso

---

piacere   *to please*
Indicativo presente: piaccio, piaci, piace, piacciamo, piacete, pi<u>a</u>cciono
Passato remoto: piacqui, piacesti, piacque, piacemmo, piaceste, pi<u>a</u>cquero
Congiuntivo presente: piaccia, piaccia, piaccia, piacciamo, piacciate, pi<u>a</u>cciano
Imperativo: piaci, piaccia, piacciamo, piacete, pi<u>a</u>cciano
Participio passato: piaciuto

---

porre   *to put*
Indicativo presente: pongo, poni, pone, poniamo, ponete, p<u>o</u>ngono
Passato remoto: posi, ponesti, pose, ponemmo, poneste, p<u>o</u>sero
Congiuntivo presente: ponga, ponga, ponga, poniamo, poniate, p<u>o</u>ngano
Imperativo: poni, ponga, poniamo, ponete, p<u>o</u>ngano
Participio passato: posto
Gerundio: ponendo

---

possedere   *to own, to possess* (see **sedere**)

---

potere   *to be able to, can*
Indicativo presente: posso, puoi, può, possiamo, potete, possono
Futuro: potrò, potrai, potrà, potremo, potrete, potranno
Condizionale: potrei, potresti, potrebbe, potremmo, potreste, potrebbero
Congiuntivo presente: possa, possa, possa, possiamo, possiate, possano

---

prevedere   *to foresee* (see **vedere**)

---

ridurre   *to change* (see **tradurre**)

---

riempire   *to fill*
Indicativo presente: riempio, riempi, riempie, riempiamo, riempite, riempiono
Congiuntivo presente: riempia, riempia, riempia, riempiamo, riempiate, riempiano
Imperativo: riempi, riempia, riempiamo, riempite, riempiano

---

rifare   *to redo* (see **fare**)

---

rimanere   *to remain*
Indicativo presente: rimango, rimani, rimane, rimaniamo, rimanete, rimangono
Passato remoto: rimasi, rimanesti, rimase, rimanemmo, rimaneste, rimasero
Futuro: rimarrò, rimarrai, rimarrà, rimarremo, rimarrete, rimarranno
Condizionale: rimarrei, rimarresti, rimarrebbe, rimarremmo, rimarreste, rimarrebbero
Congiuntivo presente: rimanga, rimanga, rimanga, rimaniamo, rimaniate, rimangano
Imperativo: rimani, rimanga, rimaniamo, rimanete, rimangano
Participio passato: rimasto

---

riuscire   *to succeed* (see **uscire**)

---

rivedere   *to see again* (see **vedere**)

---

salire   *to go up*
Indicativo presente: salgo, sali, sale, saliamo, salite, salgono
Congiuntivo presente: salga, salga, salga, saliamo, saliate, salgano
Imperativo: sali, salga, saliamo, salite, salgano

---

sapere   *to know*
Indicativo presente: so, sai, sa, sappiamo, sapete, sanno
Passato remoto: seppi, sapesti, seppe, sapemmo, sapeste, seppero
Futuro: saprò, saprai, saprà, sapremo, saprete, sapranno
Condizionale: saprei, sapresti, saprebbe, sapremmo, sapreste, saprebbero
Congiuntivo presente: sappia, sappia, sappia, sappiamo, sappiate, sappiano
Imperativo: sappi, sappia, sappiamo, sappiate, sappiano

---

scegliere *to choose*
Indicativo presente: scelgo, scegli, sceglie, scegliamo, scegliete, scelgono
Passato remoto: scelsi, scegliesti, scelse, scegliemmo, sceglieste, scelsero
Congiuntivo presente: scelga, scelga, scelga, scegliamo, scegliate, scelgano
Imperativo: scegli, scelga, scegliamo, scegliete, scelgano
Participio passato: scelto

sciogliere *to dissolve*
Indicativo presente: sciolgo, sciogli, scioglie, sciogliamo, sciogliete, sciolgono
Passato remoto: sciolsi, sciogliesti, sciolse, sciogliemmo, scioglieste, sciolsero
Congiuntivo presente: sciolga, sciolga, sciolga, sciogliamo, scioglicate, sciolgano
Imperativo: sciogli, sciolga, sciogliamo, sciogliete, sciolgano
Participio passato: sciolto

scomparire *to disappear*
Indicativo presente: scompaio, scompari, scompare, scompariamo, scomparite, scompaiono
Passato remoto: scomparvi, scomparisti, scomparve, scomparimmo, scompariste,
  scomparvero
Congiuntivo presente: scompaia, scompaia, scompaia, scompariamo, scompariate,
  scompaiano
Imperativo: scompari, scompaia, scompariamo, scomparite, scompaiano
Participio passato: scomparso

scomporsi *to lose one's calm* (see **porre**)

sedere *to sit*
Indicativo presente: siedo (seggo), siedi, siede, sediamo, sedete, siedono (seggono)
Congiuntivo presente: sieda, sieda, sieda (segga), sediamo, sediate, siedano (seggano)
Imperativo: siedi, sieda (segga), sediamo, sedete, siedano (seggano)

sostenere *to support, to maintain* (see **tenere**)

stare *to stay*
Indicativo presente: sto, stai, sta, stiamo, state, stanno
Passato remoto: stetti, stesti, stette, stemmo, steste, stettero
Futuro: starò, starai, starà, staremo, starete, staranno
Condizionale: starei, staresti, starebbe, staremmo, stareste, starebbero
Congiuntivo presente: stia, stia, stia, stiamo, stiate, stiano
Congiuntivo imperfetto: stessi, stessi, stesse, stessimo, steste, stessero
Imperativo: sta' (stai), stia, stiamo, state, stiano

supporre *to suppose* (see **porre**)

tacere *to be silent*
Indicativo presente: taccio, taci, tace, taciamo, tacete, tacciono

Passato remoto: tacqui, tacesti, tacque, tacemmo, taceste, tacquero
Congiuntivo presente: taccia, taccia, taccia, tacciamo, tacciate, tacciano
Imperativo: taci, taccia, taciamo, tacete, tacciano
Participio passato: taciuto

tenere *to keep*
Indicativo presente: tengo, tieni, tiene, teniamo, tenete, tengono
Passato remoto: tenni, tenesti, tenne, tenemmo, teneste, tennero
Futuro: terrò, terrai, terrà, terremo, terrete, terranno
Condizionale: terrei, terresti, terrebbe, terremmo, terreste, terrebbero
Congiuntivo presente: tenga, tenga, tenga, teniamo, teniate, tengano
Imperativo: tieni, tenga, teniamo, tenete, tengano

togliere *to remove* (see **cogliere**)

tradurre *to translate*
Indicativo presente: traduco, traduci, traduce, traduciamo, traducete, traducono
Imperfetto: traducevo, traducevi, traduceva, traducevamo, traducevate, traducevano
Passato remoto: tradussi, traducesti, tradusse, traducemmo, traduceste, tradussero
Congiuntivo presente: traduca, traduca, traduca, traduciamo, traduciate, traducano
Congiuntivo imperfetto: traducessi, traducessi, traducesse, traducessimo, traduceste, traducessero
Imperativo: traduci, traduca, traduciamo, traducete, traducano
Participio passato: tradotto
Gerundio: traducendo

trarre *to take out*
Indicativo presente: traggo, trai, trae, traiamo, traete, traggono
Imperfetto: traevo, traevi, traeva, traevamo, traevate, traevano
Passato remoto: trassi, traesti, trasse, traemmo, traeste, trassero
Futuro: trarrò, trarrai, trarrà, trarremo, trarrete, trarranno
Condizionale: trarrei, trarresti, trarrebbe, trarremmo, trarreste, trarrebbero
Congiuntivo presente: tragga, tragga, tragga, traiamo, traiate, traggano
Congiuntivo imperfetto: traessi, traessi, traesse, traessimo, traeste, traessero
Imperativo: trai, tragga, traiamo, traete, traggano
Participio passato: tratto
Gerundio: traendo

trattenere *to hold back* (see **tenere**)

udire *to hear*
Indicativo presente: odo, odi, ode, udiamo, udite, odono
Congiuntivo presente: oda, oda, oda, udiamo, udiate, odano
Imperativo: odi, oda, udiamo, udite, odano

uscire *to go out*
Indicativo presente: esco, esci, esce, usciamo, uscite, escono
Congiuntivo presente: esca, esca, esca, usciamo, usciate, escano
Imperativo: esci, esca, usciamo, uscite, escano

---

vedere *to see*
Passato remoto: vidi, vedesti, vide, vedemmo, vedeste, videro
Futuro: vedrò, vedrai, vedrà, vedremo, vedrete, vedranno
Condizionale: vedrei, vedresti, vedrebbe, vedremmo, vedreste, vedrebbero
Participio passato: visto (veduto)

---

venire *to come*
Indicativo presente: vengo, vieni, viene, veniamo, venite, vengono
Passato remoto: venni, venisti, venne, venimmo, veniste, vennero
Futuro: verrò, verrai, verrà, verremo, verrete, verranno
Condizionale: verrei, verresti, verrebbe, verremmo, verreste, verrebbero
Congiuntivo presente: venga, venga, venga, veniamo, veniate, vengano
Imperativo: vieni, venga, veniamo, venite, vengano
Participio passato: venuto

---

vivere *to live*
Passato remoto: vissi, vivesti, visse, vivemmo, viveste, vissero
Futuro: vivrò, vivrai, vivrà, vivremo, vivrete, vivranno
Condizionale: vivrei, vivresti, vivrebbe, vivremmo, vivreste, vivrebbero
Participio passato: vissuto

---

volere *to want*
Indicativo presente: voglio, vuoi, vuole, vogliamo, volete, vogliono
Passato remoto: volli, volesti, volle, volemmo, voleste, vollero
Futuro: vorrò, vorrai, vorrà, vorremo, vorrete, vorranno
Condizionale: vorrei, vorresti, vorrebbe, vorremmo, vorreste, vorrebbero
Congiuntivo presente: voglia, voglia, voglia, vogliamo, vogliate, vogliano
Imperativo: vogli, voglia, vogliamo, vogliate, vogliano

Gruppo B

These verbs are irregular only in the passato remoto and/or the participio passato. Regular forms are given in parentheses.

		Passato remoto	Participio passato
accendere	*to light*	accesi	acceso
accorgersi	*to notice*	accorsi	accorto
appendere	*to hang*	appesi	appeso
aprire	*to open*	(aprii)	aperto
assistere	*to help*	(assistei)	assistito

		Passato remoto	Participio passato
att**e**ndere	*to wait*	attesi	atteso
chi**e**dere	*to ask*	chiesi	chiesto
chi**u**dere	*to close*	chiusi	chiuso
concl**u**dere	*to conclude*	conclusi	concluso
conf**o**ndere	*to confuse*	confusi	confuso
con**o**scere	*to know*	conobbi	(conosciuto)
copr**i**re	*to cover*	(coprii)	coperto
corr**e**ggere	*to correct*	corressi	corretto
c**o**rrere	*to run*	corsi	corso
cr**e**scere	*to grow*	crebbi	(cresciuto)
dec**i**dere	*to decide*	decisi	deciso
dif**e**ndere	*to defend*	difesi	difeso
dip**e**ndere	*to depend*	dipesi	dipeso
dip**i**ngere	*to paint*	dipinsi	dipinto
disc**u**tere	*to discuss*	discussi	discusso
distr**u**ggere	*to destroy*	distrussi	distrutto
div**i**dere	*to divide*	divisi	diviso
espl**o**dere	*to explode*	esplosi	esploso
espr**i**mere	*to express*	espressi	espresso
ev**a**dere	*to escape*	evasi	evaso
f**i**ngere	*to pretend*	finsi	finto
gi**u**ngere	*to arrive*	giunsi	giunto
ill**u**dersi	*to delude oneself*	illusi	illuso
ins**i**stere	*to insist*	(insistei)	insistito
l**e**ggere	*to read*	lessi	letto
m**e**ttere	*to put*	misi	messo
mu**o**vere	*to move*	mossi	mosso
n**a**scere	*to be born*	nacqui	nato
nasc**o**ndere	*to hide*	nascosi	nascosto
off**e**ndere	*to offend*	offesi	offeso
offr**i**re	*to offer*	(offrii)	offerto
p**e**rdere	*to lose*	persi (perdei) (perdetti)	perso (perduto)
persu**a**dere	*to persuade*	persuasi	persuaso
pi**a**ngere	*to cry*	piansi	pianto
pi**o**vere	*to rain*	piovve	(piovuto)
p**o**rgere	*to hand*	porsi	porto
pr**e**ndere	*to take*	presi	preso
r**e**ggere	*to govern*	ressi	retto
r**e**ndere	*to give back*	resi	reso
res**i**stere	*to resist*	(resistei)	resistito
r**i**dere	*to laugh*	risi	riso
ris**o**lvere	*to solve*	risolsi (risolvei) (risolvetti)	risolto
risp**o**ndere	*to answer*	risposi	risposto
r**o**mpere	*to break*	ruppi	rotto
sc**e**ndere	*to descend*	scesi	sceso
scopr**i**re	*to discover*	(scoprii)	scoperto
scr**i**vere	*to write*	scrissi	scritto
scu**o**tere	*to shake*	scossi	scosso
soffr**i**re	*to suffer*	(soffrii)	sofferto
s**o**rgere	*to rise*	sorsi	sorto
sosp**e**ndere	*to suspend*	sospesi	sospeso
sp**e**gnere	*to turn off*	spensi	spento

		Passato remoto	Participio passato
spendere	*to spend (money)*	spesi	speso
spingere	*to push*	spinsi	spinto
stendere	*to stretch out*	stesi	steso
succedere	*to happen*	successi	successo
tendere	*to hold out*	tesi	teso
trascorrere	*to spend (time)*	trascorsi	trascorso
uccidere	*to kill*	uccisi	ucciso
vincere	*to win*	vinsi	vinto

This vocabulary contains all the Italian words and expressions that appear in the text, with the exception of the most obvious cognates and the expressions that are glossed in the text itself. Only those meanings that correspond to the text use have been given.

An asterisk * before a verb indicates that the verb requires **essere** in compound tenses. (**isc**) after an **-ire** verb indicates that the verb is conjugated with **-isc-** in the present indicative, present subjunctive, and imperative.

A dash (—) in a phrase indicates that the Italian word appears therein in its basic form, with no article. Articles and changes in form are indicated.

In Italian words of two or more syllables, the stress usually falls on the next-to-last syllable. Exceptions to this rule are indicated by a line below the vowel of the syllable to be stressed.

ABBREVIATIONS

adj	adjective	*inv*	invariable
adv	adverb	*m*	masculine
conj	conjunction	*pr*	passato remoto
def art	definite article	*pl*	plural
f	feminine	*pp*	past participle
inf	infinitive	*prep*	preposition
interj	interjection	*subj*	subjunctive

A

abbandonare   to abandon

abbasso   down with

abbastanza   enough

l'abbazia   abbey

l'abbigliamento   clothing

abbracciare   to embrace

l'abbraccio   embrace

abile   able

l'abilità   ability

abitare   to live, reside

abituarsi (a)   to get used (to); abituato a used to, in the habit of

l'abitudine   habit

abusivo   unauthorized

*accadere (*pr* accaddi)   to happen

accanto   nearby; — a (*prep*) near

accelerare   to accelerate

accendere (*pp* acceso; *pr* accesi) to light; to turn on

l'accendino (l'accendisigari) lighter

accennare   to nod

acceso   turned on

l'accesso   access

l'accessorio   accessory

accettare (di + *inf*)   to accept

accidenti!   darn it!

accogliere (*pp* accolto; *pr* accolsi)   to receive

accomodarsi   to make oneself comfortable

accompagnare   to accompany

accontentarsi   to be content with

accordo   agreement; d'—! agreed! essere d'— to be in agreement; andare d'— to get along; mettersi d'— to come to an agreement

accorgersi (di) (*pp* accorto; *pr* accorsi)   to notice

accusare   to accuse

acerbo   green, unripe

l'acquario   aquarium

l'acquisto   purchase

adagio   slowly

adattarsi   to adapt oneself

adatto   appropriate

addio   farewell

addirittura   simply

addormentarsi   to fall asleep

adeguarsi   to adapt oneself

adesso   now

adolescente   adolescent

adoperare   to use

adulare   to flatter

adulto   adult

l'aeroplano (l'aereo)   airplane, plane

l'afa   mugginess

l'affamato   hungry person

l'affare (*m*)   business, bargain

affascinante   fascinating

affermare   to state

l'affermazione (*f*)   statement

affezionato (a)   fond (of)

affidabile   reliable

affittare   to rent

l'affitto   rent; prendere in — to rent (as renter)

affollarsi   to gather

affrettarsi   to hasten

affrettato   hurried

affrontare   to face, to confront

l'agenzia   agency

aggiungere (*pp* aggiunto; *pr* aggiunsi)   to add

aggiustare   to fix, repair

ahimé   alas

aiutare (a + *inf*)   to help

l'aiuto   help

l'albergo   hotel

l'albero   tree

l'alcolico   alcoholic drink

alfine   finally

l'alibi (*m*)   alibi

allarmato   alarmed

allarmarsi   to become alarmed

allegro   cheerful

l'allenamento   training

l'allenatore (*m*)   coach

allontanarsi   to go away, walk away

allora   then

allungare   to extend

almeno   at least

alto   tall, high; in — high up

l'alto   high point

altrimenti   otherwise

alzare   to raise; alzarsi to get up, stand up; essere alzato to be up; stare alzato to stay up

l'amante (*m or f*)   lover

l'amarezza   bitterness

l'ambasciatore (*m*)   ambassador

l'ambiente (*m*)   environment

l'ambulanza   ambulance

a meno che   unless

l'amica (*f*)   friend

l'amicizia   friendship; fare — to make friends

l'amico (*m*) (*pl* gli amici) friend

ammazzare   to kill

ammalarsi   to get sick

ammettere (*pp* ammesso; *pr* ammisi)   to admit

ammirare   to admire

ammobiliare   to furnish

l'amore (*m*)   love; per l'— del cielo! for heaven's sake!; — proprio pride

l'anatra   duck

anche   also, too; even; — se even if

ancora   still, yet, again

*andare   to go; andarsene to leave, go away

l'andata   going; — e ritorno round trip

l'anello   ring

l'anfiteatro   amphitheater

l'angolo   corner

l'anima (l'animo)   soul

l'anno   year

annoiarsi   to get bored

annoiato   bored

annunciare   to announce

l'annunciatore (*m*), l'annunciatrice (*f*)   announcer, speaker

l'annuncio   announcement; want ad

annusare   to sniff

ansimante   panting

l'antibiotico   antibiotic

l'anticipo   advance; in — in advance

antico   ancient, antique

l'anticoncezionale (*m*) contraceptive

l'antipatia   dislike

antipatico   disagreeable, unpleasant, not likeable; essere — a not to please

anzi   rather; on the contrary

aperto   open

l'apice   peak

l'apparecchio   device

*apparire (*pp* apparso; *pr* apparvi)   to appear

l'appartamento   apartment

appena   just, just barely; as soon as

appendere (*pp* **appeso;** *pr* **appesi**) to hang

l'appetito appetite

applaudire (**isc**) to applaud

applicare to fit

apposta on purpose

apprendere (*pp* **appreso;** *pr* **appresi**) to learn

apprezzare to appreciate

approfittare to take advantage

l'appuntamento appointment, date

appunto precisely; **per l'appunto** precisely

l'appunto note

aprire (*pp* **aperto**) to open

l'arancia orange

l'arena arena

l'argento silver

l'argomento subject, topic; proof, reasoning

l'aria air

l'arma (*pl* **le armi**) arm, weapon

l'armadio wardrobe

armato armed

arrabbiarsi to get angry

l'arredamento home furnishing

arrestare to arrest

arricciare to curl; **— il naso** to turn up one's nose

arrischiare to risk

***arrivare** to arrive

l'arrivo arrival

***arrossire** (**isc**) to blush

l'arte (*f*) art

l'articolo article; item; **articoli sportivi** sporting goods

artificiale artificial

artistico artistic

l'ascensore (*m*) elevator

l'asciugamano towel

asciutto dry

a seconda di according to

l'asilo kindergarten; **— infantile** nursery school

ascoltare to listen, listen to

aspettare to wait (for), expect; **aspettarsi** to expect; **l'aspettativa** expectation

l'aspetto aspect, appearance

l'aspirina aspirin

assassinare to assassinate

l'assegno check

assicurare to assure; **assicurarsi che** (+ *subj*) to make sure

le assicurazioni insurance

assistere (**a**) (*pp* **assistito**) to attend

assoluto absolute

l'assoluzione (*f*) absolution

assomigliare (**a**) to resemble

assumere (*pp* **assunto;** *pr* **assunsi**) to hire, to take on

assurdo absurd

l'atleta (*m or f*) athlete

attaccare to attack; **— discorso** to strike up a conversation

attendere (*pp* **atteso;** *pr* **attesi**) to wait (for)

attento attentive; **stare —** to pay attention

l'attenzione (*f*) attention; **fare — ** to pay attention; **—!** watch it!

l'attesa wait

l'atto act, action

l'attore actor

attorno around; **— a** (*prep*) around

attraversare to cross

attraverso across

l'attrice (*f*) actress

attuale contemporary, present

augurare to wish; **augurarsi** to hope

l'augurio good wish

l'aula classroom

aumentare to raise, increase

l'aumento raise

autentico authentic

l'autista (*m or f*) driver

l'autobus (**il bus**) bus

l'automobile (*f*) (**l'auto** *f*) car

l'automobilista (*m or f*) motorist

l'autopubblica taxi

l'autore author

l'autostrada highway

avanti forward; come on; **—!** come in!; **andare —** to go on, go ahead

avere (*pr* **ebbi**) to have; **— a noia** not to like; **avercela con** to be angry at, bear a grudge against

***avvenire** (*pp* **avvenuto;** *pr* **avvenni**) to happen

l'avvenire (*m*) future

l'avventura adventure

avvertire to inform, warn

avviarsi to start out, set out

avvicinarsi (**a**) to approach, go near

l'avvocato lawyer

B

il babbo father, dad

baciare to kiss

il bacio kiss

il baffo moustache

il bagagliaio trunk

bagnarsi to get wet, soaked

bagnato wet

il bagno bath; bathroom; **fare il —** to take a bath

balbettare to stammer, stutter

ballare to dance

il ballo dance

il bambino, la bambina child

la bambola doll

la banca bank

la bancarella market stall

il banco school desk

il bandito bandit

il bar café

la barba beard

la barca boat; **— a vela** sailboat

barocco Baroque

la barzelletta joke

la basilica basilica

basso low, short

il basso low point

basta enough

***bastare** to suffice, last, be enough

il bastimento ship

bastonare to beat with a stick

il bastone stick

battere to beat; **battersi per** to fight for

il bebé baby

beffarsi di to make fun of

la bellezza beauty; **che —!** how nice!

bello beautiful, fine; **fa —** the weather is nice

bene well

il bene good; **fare del —** to do good

il benefattore benefactor

la benzina gasoline

bere (*pp* **bevuto;** *pr* **bevvi**) to drink

il berretto   beret
la biancheria   laundry; — intima lingerie
bianco   white
la biblioteca   library
il bicchiere   glass
la bicicletta   bicycle
il biglietto   ticket
il bimbo, la bimba   child
biondo   blond
la birra   beer
il bisogno   need; avere — di to need
la bistecca   beefsteak
bloccare   to stop
bloccarsi   to get stuck
blu (inv)   blue
la bocca   mouth
bocciare   to flunk
bollito   boiled
la bomba   bomb
il bombardamento   bombing
la borsa   purse; — di studio scholarship; o la — o la vita! either your money or your life!
il bosco   woods, forest
la bottiglieria   liquor store
il braccio (pl le braccia)   arm
il brano   passage, selection
bravo   good, clever, skillful; fare il — (la brava) to be a good boy (good girl)
breve   short, brief; in — in a short time
il brigante   bandit
brillante   shiny
britannico   British
il brivido   shiver; avere i brividi to shiver
il bronzo   bronze
bruciare   to burn
bruno   dark-haired; dark
brusco   abrupt; brusque
brutto   ugly; fa — the weather is bad
bucato   with holes
il buco   hole
buffo   funny
la bugia   lie
bugiardo   insincere
il bugiardo   liar
buio   dark
il buio   dark, darkness; al — in the dark

il burro   butter
bussare   to knock
la busta   envelope
buttare   to throw; — giù to jot down

C

il cacao   cocoa
la caccia   hunting, hunt; chase; andare a — to go hunting; dare la — a to chase
cacciare   to throw out
il cacciatore   hunter
*cadere (pr caddi)   to fall
il caffè   coffee; café
la caffeina   caffeine
il calcio   kick; soccer; dare un — a to kick
caldo   hot, warm
il caldo   heat; avere — to be hot; fa — it is hot (weather)
la calligrafia   handwriting
la calma   calm
il calore   warmth
calvo   bald
la calza   sock, stocking
la calzoleria   shoe store
i calzoni   pants, trousers
cambiare   to change, alter something; to exchange; to become different; — casa to move; cambiarsi to change one's clothes
il cambiamento   change, alteration
il cambio   change, financial transaction; in — in return
la camera   room; — da bagno bathroom; — da gioco playroom; — da letto bedroom
la cameriera   waitress, maid
il cameriere   waiter
la camicetta   blouse
la camicia   shirt
il camion   truck
camminare   to walk
la campagna   country; in — in(to) the country
la campana   bell
il campanello   doorbell
il campionato   championship
il campione   champion
il campo   field
il cane   dog
il/la cantante   singer

il canto   singing
la canzone   song
capace (di + inf)   capable
i capelli   hair
capire (isc)   to understand
la capitale   capital (city)
il capitano   captain
*capitare   to happen
il capo   head; chief, boss; da — from the beginning; dolore di — headache
il capolavoro   masterpiece
il cappello   hat
il cappotto   winter coat
il carabiniere   policeman
la caramella   candy
il carattere   disposition
il carcere   prison
il cardinale   cardinal
carico (pl carichi)   loaded
la carità   charity; per —! for goodness' sake!
la carne   meat; flesh; di — e ossa real
caro   dear; expensive
la carriera   career
la carrozzeria   body (of a car)
la carta   paper; card; — di credito credit card; giocare a carte to play cards
il cartello   sign (written or printed)
il cartellone   billboard
la cartolina   postcard
il/la cartomante   fortune teller
i cartoni animati   cartoons
la casa   house, home; a (in) — at home; a — di at, to the house of
la casalinga   housewife
il caso   case; chance; event; a — at random; fare — a to pay attention to; per — by chance
la cassa   case
la cassaforte   safe
la cassetta   tape
la cassiera   woman cashier
il castello   castle
il catalogo   catalogue
la categoria   category
la catena   chain
la cattedra   teacher's desk
la cattedrale   cathedral
la causa   cause, reason; a — di because of

il cavallo   horse; **andare a** — to ride a horse

cavare   to take out; **cavarsela** to get by, to manage

il cavolo   cabbage

celebrare   to celebrate

celebre   famous

celibe   single (man)

la cena   supper

cenare   to have supper

la cenere   ash; **ridurre in** — to destroy

il centesimo   cent

il centro   center; **in** — downtown

la cerca   search; **in** — **di**   looking for

cercare   to look for; — **di** + *inf* to try

cerebrale   cerebral, mental

il cerino   waxed match

certo   certain; certainly

la certosa   monastery

cessare (**di** + *inf*)   to stop, cease

chiacchierare   to chat

chiamare   to call; **chiamarsi** to be named

chiaro   light, clear

chiassoso   noisy

la chiave   key; **chiudere a** — to lock

chiedere (*pp* chiesto; *pr* chiesi) to ask, ask for; **chiedersi** to wonder

la chiesa   church

chinarsi   to bend down

il chirurgo   surgeon

chissà (**chi sa**)?   who knows?

chiudere (*pp* chiuso; *pr* chiusi) to close; to turn off; — **a chiave** to lock

chiuso   closed

il cibo   food

il cielo   sky, heaven; **per l'amor del** —! for heaven's sake!

il ciglio (*pl* le ciglia)   eyelash

la ciliegia   cherry

la cima   top, summit; **in** — **a** at the top of

il cinema (cinematografo) movie theater

la cinepresa   movie camera

il cioccolato   chocolate; **il cioccolatino** chocolate candy

cioè   that is

circa   about, approximately

il circo   circus

il circolo   club

la citazione   quotation

la città   city, town

la civetta   owl

la civiltà   civilization

la classe   students in a course, classroom

il/la cliente   client

la clinica   public hospital

la coda   tail

il cofano   hood (of a car)

cogliere (*pp* colto; *pr* colsi) to pick

il cognato   brother-in-law

la colazione   breakfast, lunch; **fare** — to have breakfast/lunch

collaborare   to collaborate

la collana   necklace

il/la collega   colleague

il collettivo   group

il colletto   collar

collezionare   to collect

la collina   hill

il collo   neck

il colloquio   interview

la colonia   camp

la colonna   column

colorato   colored

il colore   color

il colorito   coloring

il colpo   banging; blow; **di** — suddenly

colpire (isc)   to strike, hit

il coltello   knife

il comandante   chief

comandare   to order, command

combattere   to fight

come   like, how; as; — **se** as if; — **mai** how come

cominciare   to begin

il/la commensale   table guest/companion

commentare   to comment (on)

commerciare   to deal, trade

commettere (*pp* commesso; *pr* commisi)   to commit

il commissario   inspector

commissione d'esame   examining committee

commosso   moved

commovente   moving

commuovere (*pp* commosso; *pr* commossi)   to move, touch; **commuoversi** to be moved, touched

comodo   comfortable

il comodo   convenience, comfort; **fare i propri comodi** to do as one pleases

la compagnia   company, companionship; **fare** — to keep company

il compagno   companion, friend

*comparire (*pp* comparso; *pr* comparvi)   to appear

la compassione   sympathy

compassionevole   sympathetic, understanding

(**in**) compenso   in return

comperare (comprare)   to buy

compiere (compire)   to complete

il compito   homework, task; — **in classe** written test

il compleanno   birthday

la complicazione   complication

il complimento   compliment; **fare un** — to pay a compliment

il comportamento   behavior

il componimento   composition

comportarsi   to behave

comprendere (*pp* compreso; *pr* compresi)   to understand

la comprensione   understanding

comprensivo   understanding, sympathetic

comune   common

comunicare   to communicate

la comunicazione   communication

comunista   communist

concentrare   to concentrate; **concentrarsi** to concentrate one's thoughts

il concessionario   dealer

concludere (*pp* concluso; *pr* conclusi)   to conclude

condannare   to condemn

la condizione   condition; **a** — **che** on condition that

le condoglianze   condolences

la condotta   behavior

il condotto   pipe

il/la conducente   driver

la conferenza   lecture; conference

confessare to confess; to admit; **confessarsi** to confess to oneself

la confidenza confidence, secret

confondere (*pp* confuso; *pr* confusi) to confuse; **confondersi** to get confused

il confronto comparison

la confusione confusion

il congedo leave of absence

coniugato married

il/la coniuge spouse

il/la connazionale compatriot

conoscere (*pp* conosciuto; *pr* conobbi) to know; to meet

consegnare to hand over

la conseguenza consequence

conservare to keep

il conservatorio music school

considerare to consider, examine

la considerazione consideration, comment

consigliare (**di** + *inf*) to advise; **— bene/male** to give good/bad advice

il consiglio advice

la consolazione consolation

il consultorio public clinic

consumare to use; to consume

il consumismo consumerism

il contadino farmer, peasant

(in) contanti cash

contare to count; **— (di** + *inf*) to plan

contemporaneamente at the same time

contenere to contain

contento glad, content

il contenuto content

continuare (**a** + *inf*) to continue

il conto account; check, bill; **per — suo** by himself/herself

il contorno side dish

contrario opposite

contravvenire a to go against

la contravvenzione fine, ticket

contro against

controllare to check

la contropartita compensation

la convalescenza convalescence

conversare to converse, chat

convincente convincing

convincere (*pp* convinto; *pr* convinsi) to convince

convinto convinced

coperto cloudy

la coppia couple

coprire (**di**) (*pp* coperto) to cover (with)

il coraggio courage

il corpo body

correggere (*pp* corretto; *pr* corressi) to correct

correre (*pp* corso; *pr* corsi) to run

il corridoio corridor

la corsa race; **di —** running

la corsia lane; hospital ward

il corsivo italics

il corso course; (main) street

cortese kind, courteous

il cortile courtyard

corto short

il corvo raven

la coscienza conscience; **avere la — tranquilla** to have a clear conscience

così so, thus; like this

cosiddetto so-called

cosmopolita cosmopolitan

*****costare** to cost

costoso expensive

costretto compelled

costringere (**a** + *inf*) (*pp* costretto; *pr* costrinsi) to compel

costruire (isc) to build

cotto cooked

la cravatta tie

credere to think, believe

la crema custard

*****crescere** (*pp* cresciuto; *pr* crebbi) to grow, grow up

il cristallo crystal

criticare to criticize

la crociera cruise

crudo raw

il cruscotto dashboard

il cucchiaio spoon

la cucina kitchen

cucinare to cook

cucire to sew

il cugino, la cugina cousin

cuocere (*pp* cotto; *pr* cossi) to cook; **— al forno** to bake; **— alla griglia** on the grill; **— a vapore** to steam

il cuoio leather

il cuore heart

la cupola dome

curare to take care of, treat

la curiosità curiosity

curioso curious

D

da from, by; at (to) the place of; with; since

dannato darned

il danno damage

dappertutto everywhere

dare (*pp* dato; *pr* diedi) to give; **— le dimissioni** to resign, to retire; **— un dispiacere** to worry, to trouble (someone); **— un esame** to take an exam; **— retta (a)** to listen to, heed, mark someone's words

dato che since

il datore di lavoro employer

davanti in front; **— a** (*prep*) in front of

davvero really, indeed

il debito debt

decidere (**di** + *inf*) (*pp* deciso; *pr* decisi) to decide; **decidersi** (**a** + *inf*) to make up one's mind

decisamente decidedly

la decisione decision; **prendere una —** to make a decision

deciso firm, decided

dedicarsi to devote oneself

la deduzione deduction

il delitto crime

demolire (isc) to demolish

il dente tooth

il/la dentista dentist

dentro inside; **— a** (*prep*) inside

la denuncia (denunzia) turning in, indictment

denunciare (denunziare) to turn in, report

il dépliant brochure

derubare to rob (a person)

descrivere (*pp* descritto; *pr* descrissi) to describe

il deserto desert

desiderare to wish

il desiderio wish, desire

desideroso (**di** + *inf*) desirous, eager

il destino destiny

destro   right; **a destra** to the right

di   of; **— là (lì)** from there

il dialogo   dialogue

il diamante   diamond

il diario   diary

il diavolo   devil; **al —** to hell with

dichiarare   to state, declare

la dichiarazione   statement, declaration

la dieta   diet

dietro   behind; **— a** (*prep*) behind

difendere (*pp* **difeso**; *pr* **difesi**) to defend

la differenza   difference

difficile   difficult; improbable

digerire (**isc**)   to digest

digiunare   to fast

il digiuno   fast

la dignità   dignity

dignitoso   dignified

***dimagrire** (**isc**)   to lose weight

dimenticare (**dimenticarsi**) (**di +** *inf*) to forget

dimostrare   to show

i dintorni   surroundings

il dio (*pl* **gli dei**)   god

il/la dipendente   employee

***dipendere** (**da**) (*pp* **dipeso**; *pr* **dipesi**)   to depend (on)

dipingere (*pp* **dipinto**; *pr* **dipinsi**) to paint

il diploma   school certificate

dire (*pp* **detto**; *pr* **dissi**)   to say, tell

diretto   bound

dirigere (*pp* **diretto**; *pr* **diressi**) to direct

dirigente   executive

diritto, dritto   straight

la direzione   direction

il diritto   right; law; **avere — a** to be entitled to

disabitato   uninhabited

il disagio   discomfort, uneasiness

il disastro   disaster

il disco   record

discorrere (*pp* **discorso**; *pr* **discorsi**)   to talk; **— del più e del meno** to talk of this and that

il discorso   speech, talk

la discoteca   discotheque

discreto   discreet

la discussione   argument; discussion; **avere (fare) una —** to have an argument

discutere (*pp* **discusso**; *pr* **discussi**)   to discuss, argue

disegnare   to design, draw

disgraziatamente   unfortunately

disgraziato   wretched

disgustoso   disgusting

disoccupato   unemployed

la disoccupazione   unemployment

disordinato   messy

il disordine   disorder, mess

dispendioso   expensive

disperato   desperate

***dispiacere**   to be sorry, to mind

disposto   willing, disposed; placed

il disprezzo   contempt

dissuadere (*pp* **dissuaso**; *pr* **dissuasi**)   to dissuade, to deter

distante (*adv*)   far away

distintamente   distinctly

distrarre (*pp* **distratto**; *pr* **distrassi**)   to distract; **distrarsi** to let one's mind wander

distruggere (*pp* **distrutto**; *pr* **distrussi**)   to destroy

disturbare   to bother

disubbidire (**isc**)   to disobey

la ditta   business, firm

il dito (*pl* **le dita**)   finger

il divano   sofa, davenport

***divenire** (*pp* **divenuto**; *pr* **divenni**)   to become

***diventare**   to become

diverso   different; *pl* different, several

divertente   amusing

divertire   to amuse; **divertirsi** to have a good time

dividere (*pp* **diviso**; *pr* **divisi**)   to share; to divide

la divisa   uniform

il divieto   prohibition

divorziare   to divorce

divorziato   divorced

la doccia   shower; **fare la —** to take a shower

il/la docente   teacher

il documento   document

dolce   sweet

il dolce   dessert; **i dolci** sweets

il dollaro   dollar

il dolore   pain, sorrow; **— di capo** headache

doloroso   painful

la domanda   question; **— di assunzione** job application; **fare una —** to ask a question

domandare   to ask; **domandarsi** to wonder

domani   tomorrow

la domenica   Sunday

la domestica   maid

il domicilio   residence; **consegnare a —** to deliver to a customer's house

dominare   to control

donare   to give (as a present)

la donna   woman

dopo   after, afterwards

dorato   gilt, gold-plated

dormire   to sleep

il dormitorio   dormitory

il dovere   duty

la dozzina   dozen

il dubbio   doubt

dubitare   to doubt; to fear

dunque   well then, therefore

durante   during

***durare**   to last

la durata   duration

E

ebbene (*interj*)   well

ebreo   Jewish

eccellente   excellent

eccellere   to excel

eccetera (**ecc.**)   etcetera (etc.)

l'eccezione (*f*)   exception

economico   economical

ecco   here is, here are; here you are; **— tutto** that's all

l'edificio   building

educato   well-mannered, polite

l'educazione (*f*)   upbringing

effettivamente   actually

egoista   selfish

elastico   elastic

l'eleganza   elegance

elencare   to list

l'elenco   list

l'elettrauto   electrical parts repair shop

l'elettrodomestico   appliance

emarginato   excluded

l'emergenza emergency
emigrare to emigrate
energico energetic
enorme enormous
entrambe/i both
*entrare to go in, come in; — in
   vigore to be in force (of law)
l'entrata entrance
eppure and yet
l'erba grass
ereditare to inherit
l'eremo hermitage
erigere (pp eretto; pr eressi) to
   build, to erect
l'eroina heroine
l'errore (m) mistake
esagerare to exaggerate
l'esame (m) exam; dare (fare)
   un — to take an exam; — del
   sangue blood test; — di
   riparazione make-up exam
esasperante exasperating
esatto correct
esclamare to exclaim
l'esclamazione (f) exclamation
l'esempio example
l'esercito army
esibirsi (isc) to perform
esigere (pp esatto) to demand,
   insist
esigente demanding
l'esigenza demand
l'esilio exile
esitare to hesitate
l'espediente (m) expedient, resource, device; vivere di espe-
   dienti to live by one's wits
l'esperimento experiment
*esplodere (pp esploso; pr
   esplosi) to explode
l'esplosione (f) explosion
esprimere (pp espresso; pr
   espressi) to express
essenziale essential
*essere (pp stato; pr fui) to be
l'est (m) east
l'estate (f) summer
estero foreign; all'— abroad;
   dall'— from abroad
l'età age
eterno eternal
*evadere (pp evaso; pr evasi) to
   escape
evidente evident
eventuale possible

l'evidenza evidence
evitare to avoid
evolutivo developmental

F

fa ago
la fabbrica factory
la faccenda matter; le faccende
   di casa household chores
la faccia face
facile easy; likely
la facoltà college, school
fallire (isc) to fail, be unsuccess-
   ful, go bankrupt
il fallo fault; senza
   — undoubtedly
falso false
la fame hunger; avere — to be
   hungry
famoso famous
il fango mud
la fantascienza science fiction
la fantasia imagination,
   fantasy
fantasticare (di + inf) to
   imagine
fare (pp fatto; pr feci) to do,
   make; — arrabbiare to
   make someone angry; —
   bene (male) a to be good
   (bad) for; — sì che + subj to
   cause; — tardi to be late; —
   + def art + noun to be a (+
   profession); farcela to make it,
   to manage; non farcela not to
   cope, to be unable to go on;
   farcela a + inf to manage to
   do something; farsi capire to
   make oneself understood; —
   male to get hurt; — farsi
   operare to undergo surgery
i fari headlights
la farina flour
il fascino charm
il fascismo fascism
il fastidio nuisance, bother; dare
   — (a) to bother
il fatto fact, matter
la favola fable, fairy tale
favoloso fabulous
la febbre fever; avere la — to
   have a fever
felice happy
femminile feminine
il femminismo feminism

le ferie holidays, vacation
ferirsi to injure oneself
il ferito, la ferita wounded, in-
   jured person
fermare to stop; fermarsi to
   stop, come to a halt
la fermata stop (bus, streetcar,
   train)
fermo stopped; fermi tutti! no
   one move!
ferreo of iron
il ferro iron
la festa party, holiday
festeggiare to celebrate
fiaba fairy tale
la fiamma flame
il fiammifero match
il fidanzato, la fidanzata fiancé,
   fiancée
fidarsi (di) to trust
la fiducia confidence, trust;
   avere — in to trust
la fiera fair
la figura figure; fare bella — to
   look smart, elegant
la figurina trade card
la fila row
il film movie, film
filtrato filtered
il finale ending
finalmente at last
il finanziere financier
finché (non) (conj) till, until
la fine end
la finestra window; il finestrino
   train window
fingere (di + inf) (pp finto; pr
   finsi) to pretend
finire (isc) to finish, end
fino a (prep) till, until; as far as
finora until now
la finta pretense; fare — di
   (+ inf) to pretend
finto fake, false
il fiocco tassel; con i fiocchi
   excellent
il fiore flower; in — in bloom
fiorentino Florentine
firmare to sign
fischiare to whistle (= to boo, in
   U.S.A.)
fissare to establish; — un
   appuntamento to make an
   appointment
fitto thick

la flanella   flannel
la foca   seal
la foglia   leaf
il foglio   sheet (of paper)
la folla   crowd
fondare   to found
il fondatore   founder
il fondo   background; bottom; end; in — in the background; in reality; in — a at the bottom of, at the end of
la forchetta   fork
la foresta   forest
il forestiero   stranger
la forma   shape; essere in — to be in good shape
il formaggio   cheese
la formica   ant
forse   perhaps, maybe
forte   strong; fast; adv loudly, fast
la fortuna   luck, fortune; per — luckily, fortunately
fortunato   lucky, fortunate
la forza   strength; —! come on!
la foschia   haze
la fotografia (la foto)   photograph; fare una — to take a picture
il fotoromanzo   romance magazine that uses photos
fra   between; in
il fragore   roar
il francobollo   stamp
la frase   sentence; phrase
il fratello   brother
la frattura   fracture
freddo   cold
il freddo   cold; avere — to be cold; fa — it is cold (weather)
frenare   to brake
il freno   brake
frequentare   to attend (school)
frequente   frequent
fresco   fresh, cool
la fretta   haste, hurry; in — in a hurry; avere — to be in a hurry
il frigorifero (il frigo)   refrigerator
fritto   fried
la frutta   fruit
il fucile   gun
*fuggire   to flee, run away
fumare   to smoke

il fumetto   comic strip
il fumo   smoke, smoking
funzionare   to work, function
fuori   out, outside; — di (prep) outside

G

la gamba   leg
garantire (isc)   to guarantee
il gatto   cat
gelato   frozen
il gelato   ice cream
il gelo   frost
geloso   jealous
il gemello   twin
il generale   general
la generazione   generation
il genere   kind
i generi alimentari   food items
il genero   brother-in-law
generoso   generous
il genitore   parent
la gente   people
gentile   kind
il gentiluomo   gentleman
il gesto   gesture
gettare   to throw
già   already, yet; sure, of course; non — certainly not
la giacca   jacket, short coat
giallo   yellow
il giallo   thriller (movie or book), detective story
il giardiniere   gardener
il giardino   garden
il ginocchio (pl le ginocchia)   knee
giocare   to play; — a to play (a game, sport)
il giocattolo   toy
il gioco   game
la gioia   joy
il gioielliere   jeweler
il gioiello   jewel
il giornale   newspaper
il/la giornalista   journalist
la giornata   day; — feriale weekday; — festiva holiday; — lavorativa working day
il giorno   day; al — d'oggi nowadays; di — during the day
la giostra   merry-go-round
il/la giovane   young person
il giovanotto   young man
la giovinezza   youth

girare   to turn; to go around; to visit; girarsi to turn around
il giro   tour; fare un — to take a tour
la gita   short trip; fare una — to take a short trip
giù   down
giudicare   to judge
il giudice   judge
il giudizio   judgment
*giungere (pp giunto; pr giunsi)   to arrive
giurare   to swear, promise
giusto   right, correct
godere   to enjoy
la goccia   drop
il golf   sweater
il golfo   gulf
gonfio   swollen
la governante   governess
gradire (isc)   to enjoy, appreciate, welcome
il grado   state, condition; rank; essere in — (di + inf) to be in a position to
grande   big, great
grandinare   to hail
la grandine   hail
il granturco   corn
grasso   fat, greasy
gratis (adv)   free
la gratitudine   gratitude
gratuitamente   free
gratuito (adj)   free
grave   serious
la gravidanza   pregnancy
grazie   thanks, thank you
greco (pl greci)   Greek
gridare   to shout, scream
grigio   grey
la griglia   grill
grosso   big
guadagnare   to earn
il guaio   trouble, predicament
il guanto   glove
guardare   to look (at)
la guarigione   recovery
*guarire (isc)   to get well
il guasto   trouble, breakdown
la guerra   war
guidare   to drive
gustare   to enjoy, savor, appreciate
il gusto   taste
gustoso   tasty

I

l'idea   idea
identico   identical
idiota   idiotic, stupid
ieri   yesterday
illudersi (*pp* illuso; *pr* illusi)   to delude oneself
illuminare   to light something up; illuminarsi to light up
l'illusione (*f*)   illusion, delusion
illustrare   to illustrate
imbarazzato   embarrassed
l'imbarazzo   embarrassment
imbattibile   unbeatable
imbucare   to mail
immaginare, immaginarsi   to imagine
immaturo   immature
imparare (a + *inf*)   to learn
*impazzire (isc)   to go crazy
impedire (isc) (di + *inf*)   to prevent
l'impegno   engagement, commitment
impersonale   impersonal
l'impiegato   clerk; — statale public servant
l'impiego   employment, job
imporre (*pp* imposto; *pr* imposi)   to impose, to require
importante   important
*importare   to matter
impossibile   impossible
impostare   to mail
imprecisato   undetermined, undefined
impressionare   to scare
l'impressione (*f*)   impression
imprestare   to lend; farsi — to borrow
improvviso   sudden; all'— suddenly
inaugurare   to open
l'incantesimo   spell
incapace   incapable
l'incendio   fire
incerto   uncertain
l'inchiesta   inquiry
l'incidente (*m*)   accident
incominciare   to begin
l'incomunicabilità   incommunicability
incontrare   to meet
l'incontro   meeting

incoraggiare (a + *inf*)   to encourage
l'incubo   nightmare
incuriosire (isc)   to make curious
l'indiano   Indian
indiavolato   infernal
indicare   to point at, indicate
indietro   back
indirizzarsi   to address oneself
l'indirizzo   address
indistinto   unclear
indisturbato   undisturbed
indovinare   to guess
indotto   induced
l'industriale (*m or f*)   industrialist
l'infanzia   childhood
infastidito   annoyed
infelice   unhappy
l'inferno   hell
l'infezione (*f*)   infection
infischiarsi di   not to care about
l'inflazione (*f*)   inflation
informarsi   to inquire
ingannare   to swindle, deceive
l'ingegnere (*m*)   engineer
l'ingegneria   engineering
l'ingessatura   cast
l'ingiustizia   injustice
ingiusto   unjust
l'ingresso   entrance, admission
*ingrassare   to get fat, put on weight
l'inizio   beginning
l'iniezione   shot; fare un'— to give a shot
innamorarsi (di)   to fall in love (with)
innamorato   in love; essere — (di) to be in love (with)
innestare   to engage; — la marcia to engage the clutch
inoltre   also, moreover
l'insegna   sign (over stores or public places)
l'insegnamento   teaching
l'insegnante (*m or f*)   teacher
insegnare   to teach
inserire (isc)   to insert
l'inserzione (*f*)   want ad
insicuro   insecure
insieme   together; — a (*or* con) together with
insipido   tasteless
insistere (*pp* insistito)   to insist

insolito   unusual
insomma   in short, anyway
insopportabile   unbearable
l'insuccesso   failure
l'insufficienza   failing grade
insultare   to insult
l'insulto   insult
intendere   to mean; intendersi di to be knowledgeable about; — (+ *inf*) to plan
l'intenzione (*f*)   intention; avere — di + *inf* to intend
interessante   interesting
interessare   to interest; interessarsi (a *or* di) to be interested (in)
interno   internal
intero   entire
l'interprete (*m or f*)   interpreter
interrogare   to interrogate, question
l'interrogazione   oral test
interrompere (*pp* interrotto; *pr* interruppi)   to interrupt
*intervenire (*pp* intervenuto; *pr* intervenni)   to intervene
l'intervista   interview
intervistare   to interview
intimo   intimate
intorno   around; — a (*prep*) around
introdurre (*pp* introdotto; *pr* introdussi)   to introduce, insert, bring in
l'intuito   intuition
inutile   useless
invano   in vain
invariabile   invariable
invece   instead, on the contrary; — di instead of
l'inventore (*m*)   inventor
l'inverno   winter; d'— in winter
inviare   to send
invidiare   to envy
invitare   to invite
l'invitato   guest
l'invito   invitation
irritato   irritated
iscriversi (*pp* iscritto; *pr* iscrissi)   to register
l'iscrizione (*f*)   inscription, registration
l'isola   island
l'isolamento   isolation
isolare   to isolate

l'ispirazione (*f*) inspiration
l'istante (*m*) instant, moment
l'istituto department; — **professionale** trade school
istruire (**isc**) to instruct, educate
istruito educated
l'istruzione (*f*) education
l'itinerario itinerary

L

là there
il labbro (*pl* le labbra) lip
il ladro thief
laggiù down there
il lago lake
lamentarsi (**di**) to complain (about)
la lampadina light bulb
il lampo lightning
lanciare to throw
largo wide, broad
lasciare to leave; to let; — **cadere** to drop; — **in pace** to leave alone; — **stare** (**perdere**) to leave alone
lassù up there; **di** — from up there
il lato side; **ai lati** on the sides
la laurea university degree
laurearsi to graduate (from a university)
la lavagna blackboard
lavare to wash; **lavarsi** to wash up
la lavastoviglie dishwasher
la lavatrice washing machine
lavorare to work
il lavoratore/la lavoratrice worker
il lavoro work, job
leale loyal; fair
legare to tie
la legge law
leggere (*pp* letto; *pr* lessi) to read
leggero light
il legno wood
lento slow
il leone lion
la lepre hare
la lettera letter; **alla** — literally; **le lettere** humanities; **fare lettere** to study humanities
il letterato man of letters
il letto bed; **a** — in bed

la lettura reading
lì there
la libbra pound
liberare to free
il libretto universitario grade record book
la licenza permit
licenziare to fire, to dismiss
il liceo prep school
libero free
lieto glad
la lingua language
il liquore liqueur, liquor
liscio straight (hair)
litigare to argue, quarrel
il litigio quarrel
il locale place, premises
lodare to praise
la lode praise
logico logical
lontano far
la luce light
lucido clear
il lume light
il/la luminare famous professional
la luna moon; — **di miele** honeymoon; **avere la** — (**le lune**) **per traverso** to be in a bad mood
il luna-park amusement park
lungo long; along; **a** — a long time
il luogo place; **avere** — to take place

M

ma but
macché nonsense; not on your life
la macchia blur; spot, stain
macchiato spotted, stained
la macchina car; machine
la maestà majesty
il maestro/la maestra elementary school teacher
magari if only
maggiore bigger, greater; older
maggiorenne of age
la magia magic spell
magico magic
magro thin, skinny, lean
mai ever; **non... —** never
malato sick, ill; — **di** sick with
la malattia sickness, illness

male (*adv*) badly, poorly
il male pain; disease; — **di testa** headache; **fare del male** to hurt/damage (someone); **farsi** — to get hurt; **andare a** — to spoil, go bad
malinconico sad
il maltempo bad weather
la mancanza lack, absence
*mancare to lack; — **di** + *inf* to fail, neglect
la mancia tip
mandare to send
mangiare to eat; **dare da** — to feed
la mania mania, craze
la maniera way, manner
la mano (*pl* le mani) hand; **mani in alto!** stick 'em up!; **sotto** — handy; **stringere la** — **a** to shake hands with
la manovra maneuver
mantenere (*pp* mantenni) to support; to keep; — **una promessa** to keep a promise; — **una scommessa** to stick to a bet
il mappamondo globe
la marachella prank
la marcia march, running; **in** — marching
il marciapiede sidewalk
il mare sea
la margarina margarine
la marinara sailor suit
il marito husband
marittimo maritime
la marmellata jam, preserve, marmalade
il marmo marble
marrone (*inv*) brown
il martirio martyrdom
il marzapane marzipan candy
il marziano Martian
mascherato masked
maschile masculine
massimo greatest
masticare to chew
la materia subject
materno maternal
la matricola (*m or f*) freshman
il matrimonio wedding, matrimony
il mattino (la mattina) morning
la maturità baccalauréat

maturo mature

il meccanico mechanic

la medicina medicine; — **di stato** public health care

il medico doctor, physician

meditare to meditate

meglio (*adv*) better; **fare — a +** *inf* to be better off doing something

il melone melon

meno less; **essere da —** to be inferior; **fare a — di** to do without; **non posso fare a — di** + *inf* I cannot help doing (something)

la mensilità monthly payment

la menta peppermint, mint

mentalmente mentally

la mente mind; **venire in —** to come to mind

mentre while

la meraviglia marvel, wonder, surprise

meraviglioso marvelous

la merce merchandise, goods

la merenda snack

meritare to deserve

il merito merit

mescolarsi (**a**) to get mixed (with)

il mese month

il messaggero messenger

il mestiere job, trade

la metà half

il metallo metal

mettere (*pp* **messo;** *pr* **misi**) to put; **mettersi** to put on; **— a +** *inf* to start

la mezzanotte midnight

mezzo half; **in — a** between, amidst, in the middle of

il mezzogiorno noon

mica at all

il miele honey

il miglio (*pl* **le miglia**) mile

migliorare to improve

il miliardo billion, a thousand million

la minaccia threat

minore smaller, lesser; younger

minorenne minor, under age

il minuto minute

miope nearsighted

il miracolo miracle

la misericordia mercy

la missione mission

la misura measurement; amount; size

il mobile piece of furniture; **i mobili** furniture

la moda fashion

modificare to modify, change

il modo way, manner; **ad ogni —** at any rate

la moglie wife; **chiedere in —** to ask in marriage

il momento moment

il monastero monastery

il mondo world

la moneta coin

la montagna mountain; **in —** in(to) the mountains

montare to mount

*****morire** (*pp* **morto**) to die

la morte death

morto dead

il morto, la morta dead person; **un — di fame** a good-for-nothing

mostrare to show

il motivo reason

la motocicletta (**la moto**) motorcycle

la motonave motorboat

il motore motor

il mucchio pile; **un — di** a lot of

la multa fine, ticket

il mulino mill

muovere (*pp* **mosso;** *pr* **mossi**) to move; **muoversi** to move, change place

il muro wall

la musica music

il/la musicista musician

mutare to change

muto silent, dumb

N

*****nascere** (*pp* **nato;** *pr* **nacqui**) to be born

la nascita birth

nascondere (*pp* **nascosto;** *pr* **nascosi**) to hide; **nascondersi** to hide oneself

il nascondiglio hiding place

nascosto hidden; **di —** secretly

il naso nose

il nastro ribbon

natale native

il Natale Christmas

naturale natural

la nave ship

la nebbia fog

necessario necessary

negare to deny

il negozio store, shop

il nemico (*pl* **i nemici**) enemy

il neonato newborn

neppure not even

nero black

il nervo nerve

il nervosismo nervousness

la neve snow

nevicare to snow

il nido nest; day care center

niente nothing

il/la nipote nephew; niece; grandchild

nobile noble

la noia annoyance; **avere a —** not to like; **dare — a** to bother; **prendere a —** to take a dislike to; **venire a —** to become a bother

noioso boring

noleggiare to rent (movable things)

il noleggio rent

il nolo fee for rental; **prendere a —** to rent

il nome name

nominare to appoint; to mention

non not; **— ... affatto** not at all; **— ... che** only

il nonno, la nonna grandfather, grandmother

nonostante in spite of

normale normal

notare to notice; **farsi —** to attract attention

la notizia piece of news; **le notizie** news; **avere notizie di** (**ricevere notizie da**) to hear from

noto well-known

la notorietà notoriety

la notte night; **di —** at night; **la —** at night

la novella short story

le nozze wedding, nuptials; **viaggio di —** honeymoon

nubile single (woman)

il/la nudista nudist

nulla nothing

numeroso numerous

la nuora sister-in-law

nuovo new; di — again
nutrirsi di to feed on
la nuvola cloud

O

obbedire (isc) to obey
obbligare (a + inf) to oblige
obbligatorio mandatory
l'obiezione objection; fare — to
    raise objection
l'occasione (f) opportunity,
    bargain
gli occhiali glasses
l'occhiata glance
l'occhio eye
*occorrere (pp occorso; pr
    occorsi) to need
occulto hidden
occupare to occupy; occuparsi
    di to take care of, attend to
occupato busy
odiare to hate
l'odore (m) smell
offendere (pp offeso; pr offesi)
    to offend; offendersi to take
    offense
l'offensiva offensive
l'offerta offer
offrire (pp offerto) to offer
l'oggetto object
oggi today; al giorno d'—
    nowadays
ogni every; — tanto now and
    then
oltre beyond; — a besides, in ad-
    dition to; — tutto after all
l'ombrello umbrella
l'onda wave; andare in — to go
    on the air
onorare to honor
l'opera work; opera
l'operaio worker, workman
operistico operatic
l'opinione (f) opinion
opporre (pp opposto; pr opposi)
    to oppose
opportuno appropriate
opposto opposite
l'opposto opposite
oppure or
ora now
l'ora hour, time
l'orario schedule; in — on
    schedule
ordinare to order

l'ordine order; mettere in — to
    straighten
l'orecchio ear
ormai by now
l'oro gold
l'orologeria clock mechanism
l'orologio watch; clock
orribile horrible
l'orso bear
l'orto vegetable garden
l'ortopedia orthopedics
osare to dare
l'ospedale (m) hospital
l'ospite (m or f) house guest
osservare to observe, watch,
    point out
l'osso (pl le ossa) bone
ostinato obstinate, stubborn

P

il pacco package
la pace peace, calm; lasciare in
    — to leave alone
il paesaggio landscape
il paese village; country; il pae-
    sello little village
pagare to pay; farsi — to charge
la pagella report card
la pagina page; a — ... on
    page . . .
il paio (pl le paia) pair, couple
il palazzo palace; apartment
    house
la palla ball; il pallone big ball
pallido pale
il pallino polka dot; a pallini
    polka-dotted
il palmo palm
il paltò winter coat
la panchina bench
la panna cream
il panorama panorama, view
i pantaloni pants, trousers
la pantofola slipper
il papa pope
il papà daddy
il parabrezza windshield
il paradiso paradise
il paradosso paradox
il paragone comparison
il parco park
parecchio a lot of; pl several
il/la parente relative
*parere (pp parso; pr parvi)
    to seem

il parere opinion
la parità equality; — dei diritti
    equal rights
parlare to speak, talk; — di to
    talk about
il parmigiano Parmesan cheese
la parola word
la parte part, side; d'altra — on
    the other hand; dalla — di in
    the direction of; da una — on
    one side; fare — to be a part;
    la maggior — di most
partecipare (a) to participate (in)
la partenza departure
particolare particular; out of
    the ordinary, unusual; in —
    particularly
il particolare detail
*partire to leave, go on a trip,
    depart
la partita game
il partito political party
il parto childbirth
il passaggio passing; lift;
    di — passing through;
    chiedere un — to hitchhike,
    ask for a lift
il/la passante passerby
il passaporto passport
passare to spend (time); to stop
    by, pass by, go by
il passatempo pastime
la passeggiata walk; fare una
    — to take a walk
il passo step; commettere un
    — falso to do the wrong
    thing; fare due passi to take
    a short walk
la pasticceria pastry shop
la pasta pastry
la pastiglia tablet
il pasto meal
il pastore shepherd
la patata potato
la patente driver's license
paterno paternal, on one's
    father's side
la paura fear; avere — (di) to be
    afraid (of)
il pavimento floor
la pazienza patience; avere — to
    be patient
pazzo mad, crazy
peccato too bad
il peccato sin

il/la pediatra   pediatrician
il pegno   token
la pelle   skin; leather
la pelletteria   leather store
la pelliccia   fur coat
la pellicola   movie, film
la penna   pen; una buona — a good writer
pensare (a)   to think (about); — di (qualcosa o qualcuna) to have an opinion on (something or somebody); — di + *inf* to plan
il pensiero   thought; essere (stare) in — per to worry about
la pensione   inexpensive hotel; andare in — to retire
il pentimento   regret
pentirsi (di)   to repent, regret
il pepe   pepper
per   for
la pera   pear
perché   why, because; so that
perciò   therefore
il percorso   route
perdere (*pp* perso; *pr* persi) to lose; — il treno to miss the train; — di vista to lose touch with
la perdita   loss
perfetto   perfect
perfezionarsi   to improve oneself
il pericolo   danger
pericoloso   dangerous
il periodo   period
la perla   pearl
la permanenza   stay
il permesso   permission
permettere (*pp* permesso; *pr* permisi) to allow; potersi — to be able to afford
però   however
perplesso   perplexed
persino   even
la persona   person; *pl* people
il personaggio   important person; character
persuadere (a + *inf*) (*pp* persuaso; *pr* persuasi) to convince
pesare   to weigh
la pesca   peach
pescare   to fish
il pesce   fish

il peso   weight
il pettegolezzo   gossip; fare pettegolezzi to gossip
pettinare   to comb
il petto   chest
il pezzo   piece
*piacere (*pp* piaciuto; *pr* piacqui) to like
il piacere   pleasure; fare — a to give pleasure to, to please
piacevole   pleasant
piangere (*pp* pianto; *pr* piansi) to cry
piano (*adv*)   slowly
il piano   floor, story; plan; surface; piano; — regolatore town plan
piantarla   to stop it; piantala! stop it!
la pianura   plain
il piatto   dish, plate; il primo/il secondo — first/second course
la piazza   square
piccante   spicy
picchiare   to beat
piccino   tiny
piccolo   small, little; da — as a young boy
il piede   foot; andare (venire) a piedi to walk, go on foot; essere in piedi to be up; stare in piedi to stand
pieno   full
la pietà   pity
la pioggia   rain
piovere (*pp* piovve)   to rain
la pipa   pipe
il pittore   painter
la pittura   painting
pitturare   to paint
più   more; plus; non — no more, no longer; sempre — more and more
il più   the greater part; parlare del — e del meno to talk about this and that
la piuma   feather
piuttosto   rather
la plastica   plastic
poco   not much; fra — shortly; un — (un po') a little
il poema   poem
la poesia   poem; poetry
il poeta   poet

poggiato   placed
poi   then, afterwards
polacco   Polish
la politica   politics
politico   political; uomo — politician
la polizia   police
il poliziotto   policeman
il polso   pulse, wrist
la poltrona   armchair
la polvere   powder; dust
il pompiere   fireman
il ponte   bridge
popolare   popular
il popolo   people (of a country)
porgere (*pp* porto; *pr* porsi) to hand, give, extend
porre (*pp* posto; *pr* posi)   to put; — a termine to finish
la porta   door
il portafogli   wallet
portare   to bring, take, carry, accompany; to wear
il portico   arcade
la portiera   door (of a car)
posare   to put down
la posizione   position, standing
possedere   to own, possess
la posta   mail; le poste postal services
il posteggio   parking place
il postino   mailman
il posto   place; a — in order, in place; — di lavoro position
potente   powerful
potere   to be able; non poterne più (di) not to be able to take
il potere   power
povero   poor
pranzare   to dine, have dinner
il pranzo   dinner
la pratica   practice; fare — to practice
la precauzione   precaution; per — as a precaution
precipitarsi   to rush
preciso   precise
la predica   sermon
predire (*pp* predetto; *pr* predissi) to foretell
la preferenza   preference
preferire (isc)   to prefer
pregare (di + *inf*)   to pray, beg
il pregiudizio   prejudice
premiare   to reward

il **premio** prize
la **premura** haste, hurry; concern
prendere (*pp* **preso**; *pr* **presi**) to take, pick up; to have (food); **prendersela** to take offense
preoccupare to worry, trouble; **preoccuparsi** (**di**) to be concerned, to worry (about)
preoccupato worried
la **preoccupazione** worry
preparare to prepare
la **prepotenza** arrogant action, bullying
presentare to present, introduce, get people acquainted
il **presente** person present
la **presenza** presence; **alla — di** in the presence of
presso near, at
il **prestito** loan
la **prestazione** performance; service
presto (*adv*) early, soon, quickly; **al più —** as soon as possible; **fare — a** + *inf* to do something quickly
il **prete** priest
pretendere (*pp* **preteso**; *pr* **pretesi**) to demand, expect
la **pretesa** demand
prevedere (*pp* **previsto**; *pr* **previdi**) to foresee, forecast
prezioso precious
il **prezzo** price
la **prigione** prison, jail
il **prigioniero** prisoner
prima before; **— di** (*prep*) before; **— o poi** sooner or later
il **primato** record
la **primavera** spring
il **principe** prince
la **principessa** princess
il **principio** beginning; **in —** at the beginning
probabile probable
il **problema** problem
processare to try (in a court of law)
il **prodotto** product
produrre (*pp* **prodotto**; *pr* **produssi**) to produce
la **professione** profession
il/la **professionista** professional
profondo deep

il **profumo** perfume
il **programma** program
proibire (**isc**) (**di** + *inf*) to prohibit
la **proibizione** prohibition
la **proiezione** projection
la **promessa** promise
promettere (**di** + *inf*) (*pp* **promesso**; *pr* **promisi**) to promise
promosso successful
pronto ready; **il — soccorso** emergency room
pronunciare to pronounce
il **proposito** purpose; **a —** by the way; **a — di** with regard to, apropos of
la **proposta** proposal
il **proprietario** owner
proprio own; (*adv*) truly, really, exactly
il **prosciutto** cured ham
proseguire to continue
prossimo next
il/la **protagonista** protagonist
protestare to protest
la **prova** test, trial; rehearsal
provare to try, try on, try out; to feel; **— a** + *inf* to try
*__provenire__ (*pp* **provenuto**; *pr* **provenni**) to come (from)
la **provvista** supply
la **prudenza** prudence
la/lo **psichiatra** psychiatrist
pubblicare to publish
pubblico public
il **pugno** fist; punch; **dare un — a** to punch
pulire (**isc**) to clean
punire (**isc**) to punish
la **punta** tip
la **puntata** installment
il **punto** point, stitch; **— di vista** point of view
puntuale punctual, on time
la **puntura** sting, injection
pure also; (*with imperative*) by all means, go ahead
purtroppo unfortunately

Q

qua, qui here
il **quadrato** square
il **quadro** painting
la **qualifica** qualification

qualsiasi any
quando when; **da —** since
quanto how much; as; **— a noi** as for us; **per —** although; as far as; **per — possibile** as much as possible
quasi almost, nearly; **— (che)** as if
i **quattrini** money
la **quiete** calm
quieto quiet
quindi then; therefore
quotidiano daily

R

la **rabbia** anger
il **raccolto** harvest
raccomandare to recommend; **raccomandarsi** (**a**) to depend on; to ask favors of
raccontare to tell, narrate, recount, relate
il **racconto** tale, short story
il **radio** radium
la **radio** radio
la **radiografia** x-ray
radunare to gather
il **raffinato** refined man
il **raffreddore** cold; **avere il —** to have a cold; **prendere un/il —** to catch a cold
raggiante radiant, beaming
il **raggio** ray
raggiungere (*pp* **raggiunto**; *pr* **raggiunsi**) to reach
la **ragione** reason; **avere —** to be right; **dare — a qualcuno** to concede that someone is right
il **ragioniere** accountant
rallentare to slow down
rammendare to mend
il **ramo** branch
il **ranocchio** frog
la **rapa** turnip
il **rapimento** kidnapping
rapinare to rob (a person)
rapire (**isc**) to kidnap
rapito enraptured, entranced
il **rapporto** relationship
rappresentare to represent
raro rare
rassegnarsi to resign oneself
la **razza** kind, race
il **razzo** rocket
il **re** (*pl* **i re**) king

reagire (isc) to react
reale real
realizzare to realize, achieve
la realtà reality; **in —** actually
recarsi to go
recitare to play, act
la réclame advertising
la reclusione imprisonment
il reddito income
referenziato with references
regalare to give (as a gift)
il regalo gift; **fare un — a** give a gift to
reggere (pp retto; pr ressi) to govern
il/la regista movie director
il registro register
la regola rule
il regolamento rule
regolarmente regularly
il relatore thesis advisor
rendere (pp reso; pr resi) to return, give back; **— + adj** to make; **rendersi conto (di)** to realize, understand
la repubblica republic
la residenza residence
respinto failed
respirare to breathe
il respiro breath
responsabile (di) responsible (for)
il/la responsabile responsible party
***restare** to remain, stay
restaurare to restore
restituire (isc) to return, give back
il resto change, money given back; rest, remainder
la rete net, network; **— televisiva** TV channel
retribuito paid
il retrovisore rear-view mirror
retta; dare — a to listen to, heed
rialzarsi to get up again
riaprire (pp riaperto) to reopen
ribattere to retort
ribelle rebellious
il ribrezzo disgust
la ricerca research
la ricetta (medica) prescription
riccio curly
ricco rich
ricevere to receive

il richiamo call
la richiesta request
riconoscere (pp riconosciuto; pr riconobbi) to recognize
ricopiare to copy
ricordare to remember; **— qualcosa a qualcuno** to remind someone of something; **ricordarsi (di)** to remember
il ricordo memory
***ricorrere (pp ricorso; pr ricorsi)** to recur, occur
ricoverare to hospitalize
ridere (di) (pp riso; pr risi) to laugh (at)
ridicolo ridiculous
ridurre (pp ridotto; pr ridussi) to reduce; **— in cenere** to turn to ashes, to destroy
rievocare to recall
riempire (di) to fill (with); **riempirsi (di)** to get filled (with)
rifare (pp rifatto; pr rifeci) to do again
rifiutare (rifiutarsi) (di + inf) to refuse
riflettere to think
la riga stripe; **a righe** striped
riguardare to concern
riguardo a on the subject of
la rima rhyme
rimandato a settembre failed in one or more subjects
***rimanere (pp rimasto; pr rimasi)** to remain; **— contento** to be satisfied
rimproverare to reprimand, scold
ringraziare (di) to thank (for)
rinnovare to renew
rinunciare (a) to give up
***ripartire** to leave again
***ripassare** to stop by again
ripetere to repeat
riposarsi to rest
riprendere (a + inf) (pp ripreso; pr ripresi) to resume, start again; to take back
***risalire** to go up again
il rischio risk
riservato reserved
il riso laughter
risolvere (pp risolto) to solve
la risorsa resource
risparmiare to save

rispettabile respectable
rispettare to respect
rispondere (pp risposto; pr risposi) to answer, reply
la risposta answer
il ristorante restaurant
***risultare** to be known
il risultato result
risuolare to resole
il ritardo delay; **essere in —** to be late
ritirare to withdraw; to pick up; **ritirarsi** to retire, to withdraw (from an exam)
***ritornare** to return, go back
il ritorno return; **andata e —** round trip
ritrovarsi to find oneself again
la riunione reunion
riunire (isc) to reunite
***riuscire** to be successful, turn out, come out; **— a or di + inf** to succeed in
la riuscita issue, result; **la buona —** success; **la cattiva —** failure
rivedere (pp rivisto; pr rividi) to see again; to revise
rivelare to reveal
la rivista magazine
rivolgere la parola to talk, to address
la roba stuff
romantico romantic
il romanzo novel
rompere (pp rotto; pr ruppi) to break; **rompersi** to get broken
rosa (inv) pink
la rosa rose
roseo rosy
rosso red
rotto broken
rovesciato upside down
la rovina ruin
rovinare to ruin
rubare to steal
il rudere ruin
la ruga wrinkle
rullare to roll (of drums)
il rumore noise
la rupe cliff

S

il sacco sack; **un — di** a lot of
sacrificare sacrifice

il sacrificio sacrifice
la sala room, hall; — d'ingresso
  entry hall; — da giochi
  arcade; — da pranzo dining
  room; — operatoria surgery
  room
salato salty
il saldo sale
il sale salt
salire to climb, go up; — in
  macchina to get in a car
la salita climb; in — on the climb
il salotto living room
saltare to jump; — in aria to
  explode
il salto jump
salutare to greet, say goodbye to
la salute health
il saluto greeting
salvare to save
il sangue blood
il sanitario doctor
sano healthy
santificare to observe, sanctify
santo saint, holy, saintly; —
  cielo! for heaven's sake!
sapere (pr seppi) to know, have
  knowledge of; to find out; il
  saper vivere rules of etiquette
saporito tasty
il sarto tailor
sbagliare (sbagliarsi) to make
  a mistake, to be mistaken;
  — strada to take the wrong
  road
sbagliato wrong.
lo sbaglio mistake
sbattere to slam
sbottonato unbuttoned
sbrigarsi to hurry up
lo scaffale bookshelf
la scala staircase; sequence; lo
  scalone big staircase
scaldare to warm up; scaldarsi
  to get warm, become excited
scalzo barefoot
scambiare to exchange;
  scambiarsi to give (to) one
  another
lo scambio exchange
scandalizzarsi to be shocked
lo scandalo scandal
lo scapolo bachelor
*scappare to run along, run
  away

la scarpa shoe; — da ginnastica
  sneaker
scatenato boisterous
la scatola box
*scattare to click
lo scatto sudden movement; di
  — suddenly
scegliere (pp scelto; pr scelsi) to
  choose
la scelta choice
la scena scene
scendere (pp sceso; pr scesi) to de-
  scend, get off; — dalla
  macchina to get out of a car
lo schermo screen
scherzare to joke
lo scherzo joke, practical joke,
  trick; fare uno — to play a
  trick; per — jokingly
la schiava, lo schiavo slave
la schiena back
schifoso lousy; disgusting, filthy
sciare to ski
gli sci skis
la scienza science
la scienziata, lo scienziato
  scientist
la scimmia monkey
la sciocchezza foolishness; trifle
sciocco foolish; sciocchino little
  fool
sciogliersi (pp sciolto; pr sciolsi)
  to come untied;
  to dissolve
lo sciopero strike; fare — (scio-
  perare) to strike; essere in —
  to be on strike
lo sciroppo syrup
*scivolare to slide
lo scoiattolo squirrel
lo scolaro pupil
la scommessa bet; mantenere
  una — to stick to a bet
scommettere (pp scommesso; pr
  scommessi) to bet
*scomparire (pp scomparso; pr
  scomparvi) to disappear
scomporsi (pp scomposto; pr
  scomposi) to lose one's calm
sconcertato disconcerted
scontento discontented,
  unhappy
lo sconto discount
scontrarsi to collide
la scoperta discovery

*scoppiare to explode; — a ridere
  (piangere) to burst out laugh-
  ing (crying)
lo scoppio explosion
scoprire (pp scoperto) to
  discover
scorso last, past; l'anno — last
  year
la scrivania writing desk
scrivere (pp scritto; pr scrissi) to
  write
lo scrittore, la scrittrice writer
lo scultore sculptor
scuro dark
la scusa apology; excuse;
  chiedere — to apologize
scusarsi to apologize
se if, whether
sebbene though, although
secco dry
il secolo century
secondo according to
sedere, sedersi to sit, sit down
la sedia (seggiola) chair
il sedile seat; — anteriore/
  posteriore front/back seat
seduto seated
il segnale sign, signal, message
segnare to mark
il segno mark, sign; in — di as a
  sign of; fare — di + inf to
  motion
la segreteria registrar's office
il segreto secret
seguente following
seguire to follow; to take
  (a course)
il seguito succession; al suo —
  following him/her; di
  — consecutively
il semaforo traffic light
sempre always, all the time; —
  più more and more
sensibile sensitive
il senso sense
il sentiero trail
sentimentale sentimental
il sentimento feeling
sentire to feel; to sense; to hear;
  to smell; — dire che to hear a
  rumor that; — parlare di to
  hear of; sentirci to be able to
  hear; sentirsi to feel
senza without; senz'altro of
  course

separarsi to separate, part
separato separated
il sequestro kidnapping
la sera evening, night; **la —** at night
la serata evening
il serbatoio tank
sereno clear
serio serious; **sul —** seriously
la serranda rolling door shutter
la serva maid, servant
servire to serve; to help; **— a** to be of use, to be good for; **servirsi di** to use
la servitù servants
il servizio service; **essere di —** to be on duty; **— giornalistico** news report; **— sanitario** health-related service
la seta silk
la sete thirst; **avere —** to be thirsty
la settimana week
severo severe
sfasciarsi to fall apart
la sfiducia mistrust
la sfortuna bad luck
sfortunatamente unfortunately
sfortunato unlucky
sforzarsi (**di** + *inf*) to make an effort
lo sforzo effort
sgradito unpleasant
lo sguardo look
siccome as, since
la sicurezza safety
sicuro sure; safe
la sigaretta cigarette
significare to mean
il significato meaning
il signore gentleman
il silenzio silence
la silenziosità quietness
silenzioso silent
simile similar
la simpatia liking, attraction
simpatico likeable, congenial, nice; **essere — a** to please
la sinagoga Jewish temple, synagogue
sincero sincere
il singolare singular
singolo single

la sinistra left side; **a —** to the left; **tenere la —** to keep to the left
sinistro left, sinister
il sistema system
sistemarsi to settle (down)
la situazione situation
smettere (**di** + *inf*) (*pp* **smesso**; *pr* **smisi**) to stop, cease
snello slender
la società society
socievole sociable
soddisfatto satisfied
la soddisfazione satisfaction
sodo firm; hard-boiled (egg); **lavorare —** to work hard
soffiare to blow
soffrire (*pp* **sofferto**) to suffer, stand, tolerate; **— di** to suffer from
la soggezione awe
il soggiorno stay
sognare to dream, dream of or about; **sognarsi** (**di** + *inf*) to imagine
il sogno dream; **fare un —** to have a dream
il soldato soldier
il soldo penny; **i soldi** money
il sole sun
solitario aloof, lonely
solito usual; **di —** usually
solo alone, lonely; (*adv*) only
soltanto only
somigliare (**a**) to resemble
la somma sum
la sonata sonata
il sonetto sonnet
il sonno sleep; **avere —** to be sleepy
sopportare to tolerate
sopra on, upon, over
il sopracciglio (*pl* **le sopracciglia**) eyebrow
soprattutto above all
sordo deaf
la sorella sister
*sorgere (*pp* **sorto**; *pr* **sorsi**) to rise
sorpreso surprised
sorridente smiling
sorridere (*pp* **sorriso**; *pr* **sorrisi**) to smile
il sorriso smile
la sorte fate, destiny

la sorveglianza watching over, surveillance
sorvegliare to watch over
sorvolare to skip, fly
sospeso (*pp* of **sospendere**) suspended
sospetto suspect
sospirare to sigh, sigh for
il sospiro sigh
sostenere (*pp* **sostenni**) to maintain
sotto under; **— casa** near home
il sovrano sovereign
spagnolo Spanish
spalancare to open wide
la spalla shoulder; **in —** on one's shoulders
sparare (**a**) to shoot
*sparire (**isc**) to disappear
spaventare to scare, frighten
spaventarsi to get scared
spaventato scared
lo spavento scare, fright, fear
spaventoso frightful
lo spazio space
spazzolare to brush
la specialità specialty
la specie kind
spedire (**isc**) to mail
spegnere (*pp* **spento**; *pr* **spensi**) to turn off
spendere (*pp* **speso**; *pr* **spesi**) to spend (money)
spensierato carefree
la speranza hope
sperare (**di** + *inf*) to hope
sperduto lost
la spesa expense; shopping; **fare la —** to buy groceries
spesso thick; (*adv*) often
lo spettacolo show
spettegolare to gossip
la spia spy
spiacente sorry
*spiacere to mind
spiacevole unpleasant
spiare to spy on
gli spiccioli small change, small bills
spiegare to explain; **spiegarsi** to make oneself clear
la spiegazione explanation
gli spinaci spinach
spingere (*pp* **spinto**; *pr* **spinsi**) to push, to drive

sporco dirty

lo sportello door (of a piece of furniture)

sportivo (*adj*) sports

lo sportivo sportsman

lo sposo, la sposa bridegroom, bride

sposare to marry; **sposarsi** to get married; **sposarsi con** to marry

sposato married

sprecare to waste

*__sprizzare__ to spray

spronare to spur, incite

lo spruzzo splashing

squallido squalid, dreary

lo squillo ringing

stabilire (**isc**) to establish; **stabilirsi** (**isc**) to settle

staccare to detach, separate; **staccarsi** to fall out; to come loose

la stagione season

la stampa press

le stampelle crutches

stancare to tire out; **stancarsi** (**di** + *inf*) to get tired

stanco tired

la stanza room (in a building)

*__stare__ (*pr* **stetti**) to stay; — **bene** to be well; — **bene a** to look good on; — **per** + *inf* to be about to

starnutire (**isc**) to sneeze

la statua statue

la stazione station

la stella star

stendere (*pp* **steso**; *pr* **stesi**) to spread

la stenografia shorthand

steso (*pp* of **stendere**) stretched out

stesso same; **lo —** just the same

lo/la stilista designer

la stima esteem

lo stipendio salary

stirare to iron

lo stivale boot

la stoffa material; **le stoffe** textiles

la storia story; history

la strada street, road; **farsi —** to grow, to advance in one's career

straniero foreign

strano strange

strettamente strictly

stretto tight

stringere (*pp* **stretto**; *pr* **strinsi**) to tighten, to grasp; — **la mano** (**a**) to shake hands with

la striscia stripe

lo studio study; — **legale** attorney's office

studioso studious

stupido stupid

stupirsi (**isc**) **di** to be astonished at

stupito astonished, astounded

su on; come on; about

subire to undergo

subito immediately

*__succedere__ (*pp* **successo**; *pr* **successi**) to happen; to succeed*

successivo following

il successo success

il sud south

sudato perspiring

la sufficienza passing grade

il suggerimento suggestion

suggerire (**isc**) to suggest

il suocero father-in-law

suonare to play, ring; — **uno strumento** to play an instrument

il suono sound

superare to overcome; to pass

supplicare to beg, to implore

supporre (*pp* **supposto**; *pr* **supposi**) to suppose

la supposizione conjecture, supposition

supremo supreme

sussurrare to whisper

la sveglia alarm clock

svegliare to awaken; **svegliarsi** to wake up

svelto quick

la svendita sale

svenire to faint

lo sviluppo development

la sventura misfortune

T

il tabaccaio tobacconist

tacere (*pp* **taciuto**; *pr* **tacqui**) to be quiet; to keep quiet

tagliare to cut

il tailleur woman's suit

tale such

il tamburino drummer boy

il tamburo drum

tanto so, so much; — **... quanto** as much as; — **più** all the more

tardare to be late

tardi late; **fare —** to be late

la tasca pocket

la tassa tax

il tassì (**il taxi**) taxi

il tatto touch; tact

la tavola (**il tavolo**) table

il tè tea

tedesco German

la telecronaca telecast, TV report

telefonare (**a**) to call, phone

il telefono telephone; **al —** on the phone

il telegiornale TV news

il teleromanzo TV serial

la televisione television

il televisore TV set

il tema topic, theme

temere to fear

temibile to be feared

il tempo time; weather; **a — perso** in one's spare time; — **pieno**/— **parziale** full/part time

il temporale thunderstorm

tendere (*pp* **teso**; *pr* **tesi**) to hold out

tenere (*pr* **tenni**) to keep, hold; to consider; — **a** to value, care about; **tenuto conto di** considering that

la tensione tension

tentare (**di** + *inf*) to try, attempt

terminare to finish

il termine end; **porre — a** to end

la terra earth; land; **a —** on the ground

il territorio territory

il/la terrorista terrorist

---

*When **succedere** has this meaning, it has regular forms.

la tesi (di laurea) dissertation
la testa head; a — bassa with
    one's head down
testamento last will
il/la testimone witness
testimoniare to bear witness,
    give evidence
il tetto roof
la tigre tiger
il timore fear
il tipo character, type (of person
    or thing)
tirare to pull
toccare to touch; — a to
    happen to
togliere (pp tolto; pr tolsi) to
    remove
tollerare to tolerate
tondo round; in — around
il tono tone
il topo mouse; il topolino little
    mouse
il tormento torment
*tornare to return; — indietro to
    go (come) back
la torta cake
il torto wrong; avere — to be
    wrong; dare — a to blame
il Totocalcio Italian soccer
    betting pool
tra between, among; in
il tradimento treason
tradurre (pp tradotto; pr
    tradussi) to translate
il traffico traffic
il tragitto way
la trama plot
il tramonto sunset
tranquillizzato reassured
tranquillo calm, quiet
trarre (pp tratto; pr trassi) to
    take out
trascorrere (pp trascorso;
    pr trascorsi) to spend
    (time)
trasferirsi (isc) to move, change
    residence
trasformare to transform; — in
    to turn into
traslocare to move, change
    residence
trasportare to transport
il trasporto transportation;
    mezzo di — means of trans-
    portation

trattare to treat; — di to be
    about, deal with; trattarsi di
    to be a question of
trattenere (pr trattenni) to hold
    back
il tratto stretch, period of time;
    a(d) un — suddenly
la trattoria restaurant
tremare to tremble
la tribuna platform
tribunale court
triste sad
trottare to trot
trovare to find; to visit; trovarsi
    to happen to be; trovarsi
    (bene) to like it (in a place),
    to feel comfortable
il trucco trick
la truppa troup
tuonare to thunder
il tuono thunder
il turco Turkish language
il turismo tourism
il turno turn, shift; a — in turn
tuttavia however
tutti all, everybody; tutti e due
    (tutt'e due) both
tutto all, whole; del — com-
    pletely

U

ubbidiente obedient
l'uccello bird
uccidere (pp ucciso; pr uccisi) to
    kill
udire to hear
l'ufficiale officer
ufficialmente officially
l'ufficio office
uguale equal
ultimo last, latest
umano human
umido humid
l'umore (m) mood; essere di
    buon (cattivo) — to be in a
    good (bad) mood
l'umorismo humor
unico only
l'università university
universitario of the university
l'uomo (pl gli uomini) man
l'uovo (pl le uova) egg
urbano of the city
urgente urgent
urlare to scream

urtare to bump against
usare to use
*uscire to go out, leave; — di
    casa to leave the house
gli usi e i costumi customs
l'uso use; fare — di to use
utile useful
utilizzare to use

V

la vacanza vacation; in — on
    vacation
valere la pena to be worth
    while
la valigia suitcase
la vanità vanity
il vapore steam
il vaso vase
vecchio old
vedere (pp visto or veduto; pr
    vidi) to see, watch, meet;
    fare — a to show, non —
    l'ora di + inf to look for-
    ward to
il vedovo/la vedova widower,
    widow
la veduta view; di larghe vedute
    broad-minded
il velo veil
veloce fast, rapid
la velocità speed
vendere to sell
la vendita sale; in — for sale
*venire to come
il vento wind
veramente truly, really
la verdura vegetables
vergognarsi (di) to be ashamed
    (about)
verificarsi to happen
la verità truth
vero true, real
verso toward, towards; about,
    around
la vertigine dizziness; avere le
    vertigini to be dizzy
il verso verse
vestire to dress; vestirsi to get
    dressed
vestito dressed
il vestito dress, suit
la vetrina shop window
il vetro glass
via away; — — gradually
viaggiare to travel

il viaggio   trip, travel; **fare un —** to take a trip
la vibrazione   vibration
la vicenda   event; succession; **a —** mutually
vicino   near
il vicino   neighbor
vietare   to forbid; **vietato** forbidden
il vigile   policeman
in vigore   in force (of a law)
la villeggiatura   vacation; **posto di —** vacation place
vincere (*pp* **vinto**; *pr* **vinsi**) to win
la visione   vision; **film di prima —** first-run movie
la visita   visit; **fare — a** to visit, pay a visit to
visitare   to visit; to examine
il viso   face

la vista   view, sight; **punto di —** point of view
la vita   life; **fare la bella —** to enjoy life
la vitamina   vitamin
la vite   screw
vittorioso   victorious
il vitto   food
vivere (**di**) (*pp* **vissuto**; *pr* **vissi**) to live (on)
vivo   alive
il vizio   vice, weakness
la voce   voice; **a bassa —** in a low voice, softly
la voglia   desire; **avere — di** to feel like
volentieri   with pleasure, gladly
volere (*pr* **volli**) to want; **— bene a** to love; **— dire** to mean; ***volerci** to take

la volgarità   vulgarity
il volo   flight
la volontà   will
la volpe   fox
la volta   time; turn; **a sua —** in turn; **qualche —** sometimes; **alle volte** at times
voltare   to turn; **voltarsi** to turn around
il volto   face
il voto   grade
vuoto   empty

Z

la zampa   paw
la zia   aunt
lo zio   uncle
la zitella   spinster
zitto   silent; **stare —** to keep quiet

INDICE ANALITICO

419

LITERARY
CREDITS

The authors wish to thank the authors and holders of copyright for their permission to reprint the following excerpts:

Susanna Agnelli: "Ricordi d'infanzia," from *Vestivamo alla marinara,* Arnoldo Mondadori Editore, Milano, 1975.

Dino Buzzati: "Non è mai finita," from *Siamo spiacenti di,* Arnoldo Mondadori Editore, Milano, 1975.

Carlo Cassola: "Padre e figlia," from *Monte Mario,* Rizzoli Editore, Milano, 1973.

Antonio De Crescenzo: from "Tonino Capone ovvero filosofia napoletana," in *Storia della filosofia greca,* Arnoldo Mondadori Editore, Milano, 1983.

"Digiunare fa bene" adapted from "Il medico insegna a digiunare" by Carlo Gioia, in *Corriere Salute,* 24 Settembre 1990, *Corriere della Sera.*

Natalia Ginzburg: "La stanza," from *L'inserzione,* in *Ti ho sposata per allegria ed altre commedie,* Giulio Einaudi Editore, Torino, 1968.

Mario Lodi: "Il Primo Giorno," in *Il Salvagente* N. 26. Supplemento dell *'Unita'* del 9.IX.1989.

Gianni Rodari: "Il topo dei fumetti," from *Favole al telefono,* Giulio Einaudi Editore, Torino, 1962. "Avventura con il televisore," from *Tante storie per giocare,* Editori Riuniti, Roma, 1974.

Other credits

All cartoons by permission of Disegnatori Riuniti, Milan, Italy.

Photo credits

p. 18, Monkmeyer Press / Hugh Rogers; p. 44, Stock Boston / Michael Dweyer; p. 75, Monkmeyer Press / Michael Kagan; p. 101, Beryl Goldberg; p. 129, Beryl Goldberg; p. 155, Bettmann Archives; p. 180, Tony Stone Worldwide; p. 204, Photo Researchers, Inc. / Fabio Ponzio / Agenzia Contrasto; p. 231, Monkmeyer Press / Irene Bayer; p. 254, Beryl Goldberg; p. 287, Stock Boston / Dave Bartruff; p. 316, Monkmeyer Press / Irene Bayer; p. 340, H. Armstrong Roberts; p. 369, Monkmeyer Press / Hugh Rogers